# チベット仏教
# 発展史略

王　森　著
田中公明　監訳
三好祥子　翻訳

科學出版社東京　国書刊行会

# 元代チベット十三万戸分布図

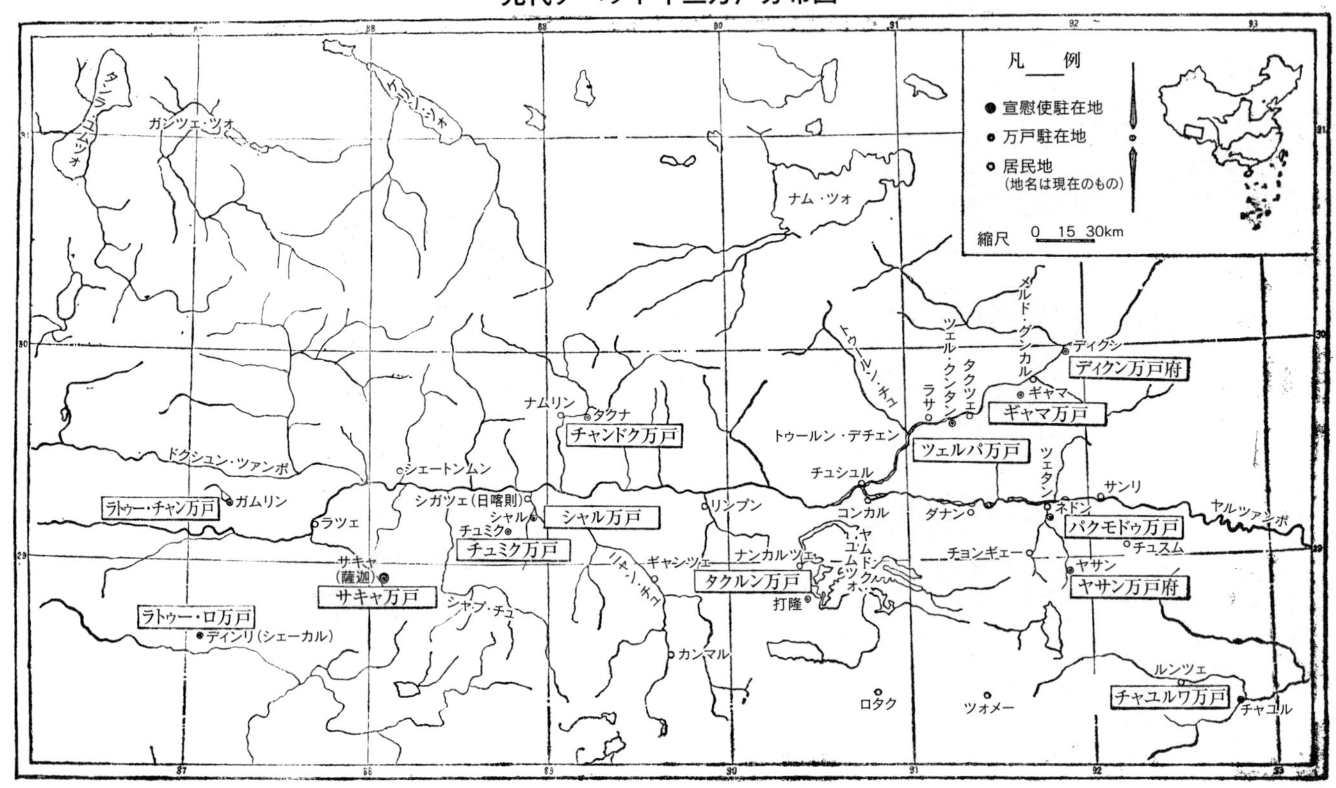

# 再版まえがき

王森（1912～1991）氏はチベット・宗教・因明・古代文字の分野で著名な学者である。1963年からチベット仏教の研究を始め、65年に「関于西蔵仏教史的十篇資料」としてまとめたものを、『西蔵仏教発展史略』と改題し、中国社会科学院から正式に出版している。本書はチベット語・中国語及びその他の言語資料をもとに、チベット仏教の変遷の歴史を系統的かつ平易に述べたもので、チベット社会の歴史を背景に考察を重ね、氏ならではの論説が展開されている。特に吐蕃末期からサキャ政権成立までの400年に及ぶ分裂期について概括し、元代チベット十三万戸の先進性について述べたことは、当時の研究の空白を補填する重要な研究であった。当時氏の口述記録と整理を担ったのは常鳳玄・鄧鋭齢・祝啓源の3氏であったが、3氏は現在も著名な学者として活躍している。氏はさらに『ツォンカパ伝論』『ツォンカパ年譜』を執筆してゲルク派創始者であるツォンカパが推し進めた宗教改革について述べており、これらは現在においてもツォンカパ研究を代表する論文となっている。この2論文は付録として巻末に収録した。

本書はチベット仏教についてわかりやすく述べており、出版以来チベット学を志すものにとっての必携書であると同時に、一般読者にとっても格好の教科書となっている。しかし2002年に中国蔵学出版社から再版されて8年が経過した今、すでに品切れとなっているため、改めて再版をおこなうものである。再版にあたり、原文を尊重したうえで寺院名・人名・地名を現在通用する言い方に改め、ワイリー表記を追加、明らかな誤字、脱字などを訂正した。読者の便に資すれば幸いである。

2009年12月

編者記す

# 初版まえがき

本書はもともと社会科学院民族研究所からの要請により執筆されたものである。当時、すでにいくつかの重要な問題については提起済みであったため、本書の歴史叙述は内容にばらつきがあり、一般的な通史とは異なる部分もある。とはいえ内容はすべてチベット仏教の歴史に関するものであり、当初は「十篇資料」としていたのである。今回出版にあたり、内容との整合性をはかるため『チベット仏教発展史略』と改題した。

本書は特殊な歴史条件下における特殊な産物であり、現代の“史略”という定義に照らすといくばくかの不備がある。まず、チベット仏教の栄枯盛衰を叙述するにあたり、当時の経済及び政治背景が示されていない点、また記述が明末清初までで、近代以降の記述がない点、さらにモンゴル及び青海地方の仏教についても言及されていない点である。これらの点については著者の力不足と健康の問題はあれど、増補の機会を待つのみである。諒解を請う。

時間的な制約もあり、当時の著者は資料を見た後構想をまとめ、週に1回口述して常鳳玄・鄧鋭齢の両氏に記録してもらっていた。1963年10月から翌年の5月にかけて草稿を作成し、その後民族研究所での所内刊行のタイプ印刷版出版決定までに3度著者自身で修正を施している。（市販前の）タイプ印刷版は1965年4月に300部発行された。1974年、民族研究所は同書を関連機関に配布、意見を求めた。その後1983年になってようやく公開出版が決まり、再度の修正を求められたため、その夏病床にあった著者は手書きで修正、増補をおこなったのであった。1983年7月12日に完成した原稿は祝啓源氏によって整理・清書・印刷がおこなわれた。

20年前、常鳳玄・鄧鋭齢両氏は懸命な努力をはらって記録をとり、私を助けて語句の斟酌をおこない、本書原稿は完成をみた。印刷は、祝啓源氏の協力によるものである。3氏の協力なしに本書の出版はなかった。心より感謝の意を述べたい。

『ツォンカパ伝論』及び『ツォンカパ年譜』は1963年7月から8月にかけ

て執筆したもので、本文とは別の一部分をなす。本文の黄教（ゲルク派）の章と関連があるため、すでに発表されたものではあるが付録として巻末に収録した。参考にされたい。

1983年7月13日
王　森

# 凡　例

## 1．本文の表記について

・原著の注記は、短いものは（）で括って本文中に記載し、長いものは章ごとに(1)(2)…の注番号を該当箇所に付し、それぞれの章末に原注として記載した。

・訳者による補注については、短いものは〔〕で括って本文中に記載し、長いものは章ごとに〔1〕〔2〕…の注番号を該当箇所に付し、それぞれの章末に訳注として記載した。

## 2．チベット語のローマ字表記について

・王森は当初、中国式のローマ字表記を用いていたが、刊本では国際的に普及しているワイリー Wylie 式のローマ字表記に変更された。ところが原著では、原稿にあった中国式のローマ字表記が一部に残存している。本書では、これをすべてワイリー式に統一した。

（例）vod → 'od

・チベット語の語と語の切れ目は、スペースを挿入するのが一般的だが、本書では、原著の表記を尊重してハイフンとした。

（例）Blo bzang grags pa'i dpal → blo-bzang-grags-pa'i-dpal

・チベット語の固有名詞は、語頭あるいは最初の文字の基字を大文字にする

ことが多いが、本書では、原著の表記を尊重して、すべて小文字で表記している。

（例）Blo-bzang-grags-pa'i-dpal → blo-bzang-grags-pa'i-dpal

・ただしサンスクリット語の固有名詞については、学界で広く定着しているドイツ式のローマ字表記を用い、語頭字を大文字とした。なおサンスクリット語のローマ字表記は、原著でも不正確な箇所が多い。本書では注記することなく訂正した。

（例）シャーキャシュリーバドラ Śākyaśrībhadra
　　　ヴィクラマシーラ Vikramaśīla

・基字ཡ（ya）に前綴字ག（ga）がついた形は、ག（ga）にཡ（ya）の足がついた形གྱ（gya）と区別する必要がある。ワイリー式の正則では、གཡའ（g'ya'）となるが、本書では原著の表記を尊重して（g･ya'）と表記した。

## ３．チベット語のカナ表記について

・チベット語のカナ表記に関しては、国内的に統一された規範がなく、従来からさまざまの学者が、独自の方法で表記してきたため、不統一が生じている。本書監修者は言語学の専門家ではないので、チベット語の正則綴字にもとづき、下記のように表記の統一をはかることにした

| ཀ་（ka） | カ | ཁ་（kha） | カ | ག་（ga） | カ | ང་（nga） | ガ |
|---|---|---|---|---|---|---|---|
| ཅ་（ca） | チャ | ཆ་（cha） | チャ | ཇ་（ja） | チャ | ཉ་（nya） | ニャ |
| ཏ་（ta） | タ | ཐ་（tha） | タ | ད་（da） | タ | ན་（na） | ナ |
| པ་（pa） | パ | ཕ་（pha） | パ | བ་（ba） | パ | མ་（ma） | マ |
| ཙ་（tsa） | ツァ | ཚ་（tsha） | ツァ | ཛ་（dza） | ツァ | ཝ་（va） | ワ |
| ཞ་（zha） | シャ | ཟ་（za） | サ | འ་（'a） | ア | ཡ་（ya） | ヤ |
| ར་（ra） | ラ | ལ་（la） | ラ | ཤ་（sha） | シャ | ས་（sa） | サ |
| ཧ་（ha） | ハ | ཨ་（a） | ア | | | | |

(1)　若干の子音字は、これに前綴字あるいは頭字がつくことで、まったく

異なった発音となる。すべての例について挙げることはできないので、専門書を見られたい。

（例）dbu[ʔu]→ウ　dbyangs[jaŋ]→ヤン　zla[da]→ダ

(2)　なお ka, kha, ga, ta, da, pa, pha, ba の基字に、ra 字の足（ra btags）がつくと、子音が反り舌音となるが、これをカナ表記ではタ行音で音写する。

（例）khro[ʈʻo]→ト　skra[ʈa]→タ　bkra[ʈa]→タ

［本書における用例］bkra-shis →タシー（吉祥・人名）

(3)　有声音の系列は、単独で語頭に立つ場合は無声音となるが、前綴字あるいは頭字が付された場合は、有声音化する。

（例）de[te]→テ　bde[de]→デ　sde[de]→デ

［本書における用例］sde-pa →デパ（地域の首領・第巴）

(4)　反り舌音となる場合も、基字が有声音の系列に属する場合は、この例に準ずる。

（例）grags[ʈak]→タク　sgra[ɖa]→ダ　dgra[ɖa]→ダ

［本書における用例］blo-bzang-grags-pa'i-dpal →ロサンタクペーペル（ツォンカパの法名）

(5)　後綴字のうち -n, -l が付された語は、直前の母音がウムラウト化する。

（例）stong[toŋ]→トン　ston[tøn]→トゥン

gsar[sar]→サル　gsal[sɛl]→セル

［本書における用例］'brom-ston →ドムトゥン（人名）

(6)　後綴字のうち -d, -s は、現代の中央チベットではまったく発音されないが、直前の母音がウムラウト化し長母音となる。

（例）gna'[na]→ナ　gnas[nɛː]→ネー

sa[sa]→サ　sad[sɛː]→セー

［本書における用例］gnas-rnying →ネーニン（地名）

(7)　語頭では発音されない前綴字や頭字が、単語中ではリエゾンによって発音されることがある。この現象には、地方や、話し手の知識教養によってかなりの相違が認められるが、本書では監修者が、中央チベット出身の教養ある僧侶の発音を参考にして定めた。

（例）bde-mchog[demtɕok]→デムチョク

rgya-mtsho[gjãtso]→ギャムツォ

［本書における用例］bsod-nams-rgya-mtsho

→スーナムギャムツォ（ダライラマ三世）

上の例でも、現地の発音は「ギャンツォ」に近いが、本書では前綴字 m- に由来すると推定される鼻音は、「ム」で音写している。

（例）rdo rje［dorʥe］→ドルジェ

［本書における用例］lha-lung-dpal-gyi-rdo-rje →ラルン・ペルギドルジェ（人名）

上の例でも、口語の発音は［do:ʥe］に近いが、これを「ドージェ」と記すると、単なる長母音と区別できなくなるので「ドルジェ」とする。

(8) 単語中において、先行する音節の後綴字 -l, -', -r は、直後の音節の前綴字 m-,'- とリエゾンして鼻音化することがある。

（例）dkyil-'khor［kyĩkor］→キンコル（曼荼羅）

mkha'-'gro［k'ãɖo］→カンド（荼吉尼）

［本書における用例］yar-'brog →ヤムドク（地名）

(9) また現在の正書法では開放語末となる字も、後綴字 -' があるものと同様、リエゾンすることがある。

（例）sku-'bum［kũbum］→クンブム

ting-nge-'dzin［tiŋŋẽdzĩ］→ティンゲンズィン

dge-'dun［gẽdun］→ゲンドゥン

ただし地名などで、上記の正則綴字にもとづくカナ表記が、現地の発音あるいは慣用的カナ表記と著しく異なる場合には、この限りではない。

（例）mtho-lding［t'oliŋ］→トリン　bla-brang［labraŋ］→ラブラン（甘粛省）

sde-dge［derge］→デルゲ

・ナカグロの打ち方

名前・法名の内部では、原則としてナカグロを打たない。これに対して氏族名＋名前、称号＋名前、活仏の名跡＋法名などは、区切りにナカグロを打つ。

（例）rngog-blo-ldan-shes-rab →ゴク・ロデンシェーラプ（人名）

bu-ston-rin-chen-grub →プトゥン・リンチェントゥプ（人名）

si-tu-chos-kyi-'byung-gnas →シトゥ・チューキジュンネー（人名）

# 目　次

# 第1章　吐蕃時代のチベット仏教

チベット仏教は、チベットに伝来した仏教がその地で発展をとげたものである。仏教伝来以前、チベットにはポン教（Bon）と呼ばれる固有の宗教があった。ポン教には中国古代の巫覡〔神に仕え、祈禱や神おろしをおこなう者。「巫」は女性、「覡」は男性を指す〕に似た者がおり、吉凶の占いや災いを払うための祈禱をしたり、病の治療や葬送、悪鬼払いや神おろしなどを主におこなっていた（ポン教の詳細についてはトゥカン『宗派源流』に詳しい。またホフマン『チベットの宗教』にも関連の記述があるのでここでは詳しく述べない）。ソンツェンガムポ（srong-btsan-sgam-po：617 ～ 650）以前から、ポン教の指導者は政権に関与している。上記『宗派源流』に引用される史料によれば、ニャティ・ツェンポ（gnya'-khri-btsan-po：伝説上の初代ツェンポ）から 26 代にわたり、歴代ツェンポはポン教にもとづき国を治めたという。ダライラマ五世『チベット王臣記』には古代チベットに存在したドゥンナドゥン（mdun-na-'don）という官職（ツェンポの傍にあって天文地象から吉凶を占う）の記載があるが、ゲンドゥンチュンペル『白史』によれば、ドゥンナドゥンは古代チベットの王の傍にあって、クポン（sku-bon）と呼ばれた者の職位であるという。これらの史料から説明できるのは、古代のツェンポ周辺には高い位についていたポン教徒がおり、その一部は政治・軍事等の政策決定に関与してツェンポと共に人々を支配する側にいたということである。ポン教をもって国を治めるとは、そのような意味合いがあるといえよう。ソンツェンガムポ以降も、ポン教徒は一定の地位を保っていた。『舊唐書』にはツェンポはその臣と年に 1 度の小規模な盟約、3 年に 1 度の大規模な盟約を結び、巫に告げるとある〔『舊唐書』巻 196 上〕が、これらはあきらかにポン教の指導者を示している。長慶年間以前の唐蕃会盟に関する記載のなかにおいても、その主たる人物は“巫”であった。8世紀の末頃にティソン・デツェンが仏教振興をはかるまで、ポン教はチベットにおいて支配者側に位置する宗教であった。その勢力はツェンポの政策をも左右し、影響は庶民にも及んでいた。『冊府元亀』には吐蕃の風俗として「呪誓を好み、鬼神におもねる」等の記述がある。当時のチベットは奴隷制社会であり、政治の上では複数の大奴隷主による連合統治がおこなわれていた。ツェンポという名称も、これら連合体における最高位であり、実際は奴隷主のなかのトップであるにすぎない。連合体は、表面上盟友として関係を保っていたものの、その実際は共同の利益によって結びついたものであった。ソンツェンガムポはそのすぐれた知略をもって国内の行政制度を整え、国外では異民族を併合して唐朝と婚姻を結びその地位を高めたが、実際の政治は大ルンにゆだねて“議事は下より生じる”として毎年冬と夏に各民族の奴隷主を招集し、国事を定めていた。当時、中国の封建専制政権では中央の指示が末端まで行き渡っていたので、それとはまったく異なる体制であったのがわかる。吐蕃では、まだ強固な統一政権が成立していなかったといえるだろう。ポン教の支配者層もまた利益共同体であり、統一された組織的な宗教にはなっていなかった。8世紀中葉以前、ポン教の主な役割は吐蕃奴隷主層に協力して奴隷階級の人々の意識をコントロールし、宗教儀式を用いて支配することであった。

古代チベットの文化は、現存の史料から見る限り極めて低水準であったといえる（新舊『唐書』には、彼らに文字はなく、縄を結んだり木に瑕をつけたりして約束をするとある〔『舊唐書』巻196上及び『新唐書』巻216上〕)。ソンツェンガムポの父ナムリ・ソンツェン（gnam-ri-srong-btsan）は周辺奴隷主と連合あるいはその征服をはかって現在のウー・ツァン地区に政権を樹立したが、そこから中国文化の輸入が始まった（チベット語史料では彼の時代から医薬品や暦の輸入が開始されたとしている)。その子ソンツェンガムポの時代になると、チベットの文化はめざましく発展した。仏教も彼の時代に導入されている。

あるチベット僧が残した記録によれば、仏教はソンツェンガムポの祖先ラ・トトリニェンツェン（lha-tho-tho-ri-gnyan-btsan）の時代に伝来したといわれる。伝説によると、ある日天上から宝箱が落ちてきた。中には金の塔や経典、まじない文などが入っていたらしい。グー・ロツァワ・シュンヌペル『青史』によれば、おそらくインド人によってもたらされたのではないかという。当時のチベットには文字がなく、またこの宝箱のもつ意味を解する者もいなかった。そのため人々はそれらの宝物を当地に留め置いて去ったという。当時の状況からすれば、吐蕃の周辺国では仏教が広く信仰されており、『青史』の解釈は根拠のないものではない。しかし天から落ちてきたというこの宝箱は、あきらかにボン教と関連している。ある説（H. Hoffmann, 1956）によれば、ボン教の伝説を仏教徒が取り入れたのではないかとしており、この説にも一理ないわけではない。しかしこの伝説にも根拠はなく、チベット語史料を見ても、チベット人にさしたる影響はなかったようで、ラ・トトリニェンツェンの時代に仏教が伝来したというのはあくまで伝説にすぎないようだ。

ソンツェンガムポは強大な武力を擁した吐蕃政権を確立した人物である。『舊唐書』吐蕃伝によれば、「弄贊（すなわちソンツェンの古音）ハ弱冠ニテ位ヲ嗣ギ、性ハ驍武、英略多クシテ、其ノ隣国羊同及ビ諸羌之ニ賓服ス」〔『舊唐書』巻196上〕とある。彼は軍事面に留まらず、政策面でも才能を発揮した。チベット文字は彼の指示によって制定されたものである。他に法律・官制等も定めて新たな奴隷政権の枠組みをつくり上げたのであった。隣国との関係では、経済や文化の点で劣る党項（タングート）や吐谷渾には武力をもって応じ、工芸技術に優れたネパールやあらゆる点で先進的であった唐朝に対しては、婚姻をもって修好を保つ策を採った。その権勢と共に国の生産技術は向上し、吐蕃は豊かな生活文化をもつに至ったのである。彼はネパール国の王アンシュヴァルマン（Aṃśuvarman：玄奘は光冑とする）の娘ティツン（khri-btsun）を妃とした（『プトゥンの仏教史』等参照）。また唐ともよしみを通じ、文成公主を娶って妃としている。アンシュヴァルマンは仏教を篤く信仰しており（『大唐西域記』巻7）、唐の太宗自身は仏教徒ではなかったものの、当時の長安において仏教は隆盛を極めていた。チベット語史料には、ネパールのティツン公主と唐の文成公主は共に仏教を篤く信仰したとあり、これは当時の状況と符合している。2人の公主がそれぞれ仏像、法物、経典を持参し、また多くの僧を帯同したというのもおおよそ事実のようである。この2人の影響でソンツェンガムポ自身が仏教を重要視するようになったというのもごく自然ななりゆきといえようが、彼が仏教を重視したのには政治的考慮、あるいはチベット文化向上という目的があったと思われる。チベット語史料にあるように、仏教を篤く敬うその姿が必ずしも事実であるとは限らないのである（当時の仏教は彼の奴隷統治に影響を与えていないと思われる。ソンツェンガムポは厳しい処罰や多くの殺戮など、仏教徒らしからぬさまざまな蛮行をおこなった）。当時吐蕃の文化基盤はまだ脆弱で、固有信仰であったポン教の存在もあり、仏教の受容には限界があった。

ソンツェンガムポが特に注意を払ったのは、吐蕃内部の統治体制の確立と周辺国との関係である。官制や法律の制定に始まり、中国文化の導入による文化や生産技術の向上、医学や暦算等の知識も取り入れた。また貴族の子弟を長安に派遣して学問をさせ、漢族の文人に文書を管理させた。実際、仏教の導入は副次的なものであった。チベット語史料の中では、ソンツェンガムポの仏教導入が誇張して描かれているが、後世チベットの仏教徒がその名を借りて自身をより高く評価しようとしたのであろう。ティツンと文成両公主がそれぞれ帯同した職人に建立させた大昭寺・小昭寺を除くと、彼自身が建立したという伝説のある寺院は四茹四寺[1]・四厭勝寺・四再厭勝寺のみである。これらは1体の像が供えられた程度のごく小規模な祠状のもので僧も常駐しておらず、もちろん仏教を学べるような場所ではなかった。これら小規模寺院建立の目的は、チベット語史料にもあるとおりむしろ土着の妖魔を抑え、鎮めるためと思われ、仏教寺院とはいえ、その目的は極めてポン教的であった。このように仏教とポン教を同列に見たのは、ポン教同様人々を威圧するためであったのかもしれない。中国に仏教が伝来した漢代、当時の皇帝たちも仏教と道教を同様に扱った。つまりこれらの寺院は当時のチベット社会に大きな影響を与えていないといえる。当時の史料に両者が対立する記載がないことも、これらの説明の裏付けになろう。

後になってチベット仏教が一定の地位を占めることになったのは、2人の公主が建立したトゥルナン寺（チョカン、大昭寺）・ラモチェ寺（小昭寺）の存在が大きい。トゥルナン寺はネパールのティツン公主に同行したネパールの職人が建立したといわれているが、チベット語史料によれば、建立の際、文成公主に頼んで地形を調べ、悪鬼を鎮めたという。これはおそらく中国に古来伝わる風水であり、そこにポン教の思想が加わったものと思われる。トゥルナン寺は、思想上は中国の風水とチベットのポン教双方に属する寺院ということができるだろう。トゥルナン寺はラサにあったため、後にチベット仏教が受容発展していく中心地となっていく。またティツン公主の建立によることから、在籍したのはおそらくネパール僧であると考えられる。ラモチェ寺は文成公主により、中国の職人に命じて建立された。内殿には公主がもたらした釈迦牟尼像が安置され、漢人僧侶が法要をおこなった。義浄（635 ～ 713）『求法高僧伝』には、8 人の漢人僧侶が長安とインドの間を往き来したという記述がある。彼らはラサを経由し、ある者は文成公主から旅費を与えられたという。これらの記述から、吐蕃では中国、ネパールの僧侶が活動していたことがわかる。文成公主の乳母には 2 人の子があり、共にネパールで受戒出家したという（1 人は後に還俗）。しかし中国やネパールの僧がいたとはいえ、その数は 5 人に満たず、戒を授けうる最低条件を満たしてはいなかった。

チベット語史料にも、サムイェー寺建立以前、受戒出家したチベット人は一人もいなかったとある。またチベット語史料には、当時のラサにはインド・ネパール・漢人の僧侶に加え、チベットのトンミ・サンボータ（thon-mi-sam-bho-ta）を頭とする人々がいて、合同で仏典の翻訳をおこなったともある。しかしその仏典は久しく存在せず、それほど普及しなかったとみられ、やはりチベット社会への影響は少なかったといえるだろう。現在では翻訳の事実自体も定かではない。チベット語史料にはソンツェンガムポが経典にもとづき法を制定したとの記述もある。しかしこれもまた比較的古い史料には記載がなく、後の史料では北部のホル（hor：かつてウイグル（回鶻）を指した）とユゲラの国（yu-ge-ra'i-yul：場所不明〔おそらくユグル国を指すと思われる〕）から法律などを取り入れたとの記載もある。経典をもとにした法制定というのは恐らく後世の仏教徒の創作であろう。

ソンツェンガムポの死後、ツェンポを継承したマンソン・マンツェン（mang-srong-mang-btsan：650 ～ 676 在位）とドゥーソン・マンポジェ（'dus-srong-mang-po-rje：676 ～ 704 在位）について、チベット語史料には彼らと仏教の関係について、何の記載もされていない。別の史料では、文成公主がラサにもたらした仏像はこの両ツェンポの時代、地下に埋蔵されたともある。おそらく2人の公主の信仰は吐蕃王室に何の影響ももたらさず、ただ両公主と共にチベットに仏教が伝わったにすぎないのであろう。ティデ・ツクツェン（khri-lde-gtsug-btsan：704～755在位）は再び唐と婚姻関係を結び、金城公主（?～739）をチベットに迎えた。710年、チベット入りした金城公主は、文成公主がもたらした釈迦牟尼像をトゥルナン寺に移し、漢人僧に供養させたという。金城公主がチベットに入って以降、20～30年の間に西域の于闐国などでは仏教を排斥する動きが生まれ、少なからぬ僧侶が新疆の東南部、吐蕃の管理下にある地域に流れ込んだ。当地の役人からの報告を聞いたティデ・ツクツェンは金城公主の勧めもあって彼らを保護下におき、ラサへと向かわせた。チベット語史料によれば、ティデ・ツクツェンはタクマル・カチュ（brag-dmar-kwa-chu または brag-dmar-ka-ru：現在のサムイェー寺付近）等に複数の寺（5寺とも7寺ともいう）を建立して僧らを迎え入れ、宗教活動をおこなわせたという。彼らの滞在によって、おそらく吐蕃の統治者には仏教に対する一定の理解が生まれ、また社会にも変化が見られるようになったと思われる。伝えられる所では、ティデ・ツクツェンはカイラス巡礼をおこなったインド人僧侶を招こうとした（インド人にとってもカイラスは古来より聖地である）ものの、果たされなかったという。また当時『カルマシャタカ』『金光明経』の翻訳がなされたともいわれる。于闐から多数の僧が流入して活動をおこなったことでツェンポは仏教を重視し始めたが、このことはポン教徒とその支援者たる貴族の不満を引き起こした。739年頃チベットで疫病が流行した際、彼らは仏教の導入がポン教の神の怒りをかったと主張したため、于闐などからの僧はチベットから離れていった（彼らは西方のガンダーラ国へ向かったという）。こうしてポン教徒及び支持者である貴族と仏教との対立が始まったのである。

金城公主がチベットに流入してきた僧を保護し、仏教の導入を進めた以上に重要なことは、彼女が唐とチベットの友好に全力をつくし、儒学をチベットにもたらしたことである。公主は玄宗に請うて『詩』『礼』『左伝』『文選』等を入手した。チベット貴族の子弟を長安の国子学に派遣し、儒学を学ばせることは文成公主以来、60～70年の永きにわたり継続された。漢文史料の記載によれば、この時期のチベット人は中国風にすることを好んだという。

儒学だけでなく医学を学びに来る者はさらに多く、さまざまな医学書がチベット語に翻訳された。チベット医学の典籍である『ギューシ（四部医典）』もまた金城公主の時代に中国やインド・于闐等の医師を招聘して編纂されたものである。その内容は漢方理論を主としており、寸・関・尺等の字はみな漢字から引用された。唐とチベットの交流で主だったものは、これら儒学・医学及び技術や音楽などであり、中国において隆盛を誇った仏教は、チベットではまだそれほどの地位を占めていなかったようである。

ティデ・ツクツェンの晩年、彼はバ・サンシ（桑希 sba-sang-shi：チベットに留まった漢人の末裔ともいう）らを取経のため長安に派遣した。ツェンポが仏教を重視していたことがうかがえる記録であるが、この時点でなお出家したチベット人はおらず、寺院も小規模なものに留まっていた。唐の開元年間（713 ～ 741）、新羅の僧慧超がインドに赴き、パミール高原を越えて 721 年に安西にたどり着いた。著書『往五天竺国伝』には“吐蕃ニ至ル。無寺無僧ニシテ総ベテ仏法ナシ”とある。記載された時期に 20 ～ 30 年ほどのずれはあるものの、チベットにおける仏教の軽視ぶりがよくわかる。

755 年、ティデ・ツクツェンが世を去り、ティソン・デツェン（khri-srong-lde-btsan：742 ～ 797 在位）が幼くして即位した。権力を掌握した大臣は仏教を禁じてポン教を擁護する政策をとった。シャンシュン（zhang-zhung：現在のガリー南部）から体系化したポン教を導入して奨励すると同時にチベット語への翻訳も進めたため、ポン教の理論系統化が進んだ。やがてティデ・ツクツェンによって長安に送られたバ・サンシら 4 人が帰国した。彼らは長安で翻訳した経典や医学書、多くの漢文経典（チベット語史料によればおよそ 1000 巻）と共に漢人僧 1 人を伴っている。しかしティデ・ツクツェンはすでに亡く、幼主は無力で仏教排斥の嵐の中ではいかんともし難く、彼らはやむなくもち帰った経典をチムプ（mchims-phu：現在のサムイェー付近）の洞穴に隠し、漢人僧を帰国させたのであった。バ・サンシらは秘密裏に上申をおこなったものの、幼いツェンポに力はなく、人目をはばかり仏書を読むばかりであった。しかし成人後のティソン・デツェンは仏教に同情的な一派と組んで仏教弾圧派の大臣（マシャン・チョンバチェ）を除いたため、再び仏教の発展が始まった。バ・セルナン（sba-gsal-snang：出家後の名はイェシェーワンポ）

らを長安に送り、経典や漢人僧を求めた。とはいえ仏教排斥派の勢力もなお強く、ティソン・デツェンは仏教を保護したものの排斥派をも無視できないという状況にあった。バ・セルナンは、ラサに戻ると排斥派の締め出しに遭い、マンユル（mang-yul：現在のキーロン）で官吏をさせられた。セルナンはこの機会を利用してネパール経由でインドに向かい、マハーボーディ寺院やナーランダー寺院等の寺院を巡礼するのだが、帰路のネパールで、著名な学者シャーンタラクシタ（Śāntarakṣita：zhi-ba-'tsho、寂護あるいは静命とも）と出会うことになる。シャーンタラクシタはチベットで仏教を広めてほしいとセルナンに請われ、シャーンタラクシタもティソン・デツェンとの会見や、仏教の伝授に意欲を示した。ティソン・デツェンもセルナンの報告によってシャーンタラクシタのことを知り、招聘を考えた。シャーンタラクシタがネパールの金剛乗のまじない師（ネパールでは古来より“霊験あらたか”なまじない師が有名であった。吐蕃の大臣等はこのような人物の支配下におかれることを恐れた）のような人物ではないかと考えた大臣たちは、先んじて彼の人となりを調べたが、彼が“品行方正で学識豊か”（シャーンタラクシタの学問は顕教であったためこのように判断したようである）であると知った。こうしてセルナンを使者に立てた、チムプにおけるシャーンタラクシタとティソン・デツェンの会見が実現したのであった（763頃）。シャーンタラクシタはチムプに4か月滞在し、統治者の要請に応じた基本的な“道徳”や、仏教徒の基礎的な“理論”等を講じた。その内容は“十善”（一、不殺生　二、不偸盗　三、不邪淫（夫婦以外に男女関係をもってはならない）　四、不妄語（うそをいわない）　五、不悪口（人の嫌がる話はしない）　六、不両舌（二枚舌を使わない）　七、不綺語（真実を語らず、おもしろおかしい話をしない）　八、不貪欲　九、不瞋恚（怒り・うらみを表にださない）　十、不邪見（間違った見解をいだかない。彼らは仏教以外、特に因果応報を信じない宗派をすべて邪見と称した。仏教以外の宗教の否定である）、十八界（眼、耳、鼻、舌、身、意を六根とし、色、声、香、味、触、法を六境、また眼識等を六識として全部で十八界とする。仏教徒が表面上の現象から主観世界を分析し、内に神我なく、外に変わらない実物は存在しないという唯心主義説明）、十二因縁（一、無明　二、行　三、識　四、名色　五、六入　六、触　七、受　八、愛　九、取　十、有　十一、生　十二、老死　などである。この十二因縁は仏教徒にとって人生における重要な説教であり、解釈は各宗派により異なるが、主として内に常我なく、外に常神なし、あるいは業果真実〔衆生は自己の善悪の行為の結果を必ず受けるという意味〕などがある）等々であった。当時のチベットは飢饉で疫病も流行していた。仏教排斥派の人々は、シャーンタラクシタがチベットに来たせいでポン教の神々が怒り、災いをもたらすのだと責め立てた。シャーンタラクシタはネパールへと逃れざるを得なかったが、その去り際、パドマサンバヴァという人物をチベットに招くようティソン・デツェンに進言していった。

パドマサンバヴァ（padma-'byung-gnas：蓮華生）はウッディヤーナ国（u-rgyan：現在のパキスタン・スワート渓谷一帯、この地の人は古来よりまじないに長けていることで有名だった。玄奘『大唐西域記』参照）の人で、まじないや呪術に優れた人物として名を馳せていた。彼の妻はシャーンタラクシタの妹であったので、シャーンタラクシタは彼の力をもってポン教徒に打ち勝たせようと思ったのである。間もなくティソン・デツェンはパドマサンバヴァに使いを出した。使いはマンユル・クンタン（mang-yul-gung-thang：現在のキーロン北部）でパドマサンバヴァと邂逅した。伝説によれば、パドマサンバヴァは道中“鬼怪を手なずけ”ながらサムイェー（bsam-yas）付近までたどり着いたのだという。ポン教徒が彼に太刀打ちできず、仏教が優勢を占めたことを指すのであろう。ティソン・デツェンはシャーンタラクシタも呼び戻し、寺院の建築を始めさせた。

チベット仏教史上に名高いサムイェー寺は、779年頃建立されたチベット最初の仏教寺院（それまではサンガの組織もない小規模な寺院しかなかった）である。付近にはツェンポの冬の宮殿（タクマル brag-dmar：赤い岩の意）があった。場所を選定したのはパドマサンバヴァ、定礎式を司ったのはティソン・デツェン、寺の規模を取り決めたのはシャーンタラクシタである。寺院は古代インド・パーラ朝のゴーパーラ（Gopāla：8世紀後期頃在位）がマガダ（magadha）に建立したオーダンタプリ僧院（odantapuri）にならったといわれるが、実際には仏教徒の考える世界構造を基本概念にしたとされる。3層の本殿は須弥山を、それを囲む四つの建物は四大洲を表す。その脇にはそれぞれ2つの建物があり、八中洲を表している。本殿の脇にある2つの小さな建物は、日と月を表した。その他にも数棟の建物や塔などもあり、建物を囲む円形の壁は鉄囲山をかたどったとされる。密教でいう“壇城”（曼荼羅のこと。平面が多いが立体もある）も往々にしてこれらの様式を採用しているため、マンダラを模したともいわれている。

サムイェー寺の本殿が3層であることから、チベット人はこれらを三様寺ともいう。下層はチベットの建築様式を採用し、安置してある仏像はチベット人の面影を残している。中層は漢人の建築様式で、仏像もまた漢風である。上層はインド様式を採用していて、仏像はインド風となっている。当時のチベットに中国やインドの仏教が流入していた状況を反映したものといえよう。文成公主の入蔵以来、チベットには漢人僧が滞在していたが、僧だけではなく多くの漢人も同行していたようである。チベット僧法成が訳した『釈迦如来像法滅尽之記』には、公主が600人の漢人を連れてきたとの記述がある。唐との戦争時には捕虜として僧をチベットに連れ帰ったこともあったようだ。一例を挙げると徳宗の建中四年（783）夏4月に「蕃ニ没シテ将士僧尼等沙州ニ到ル、凡ソ八百人」（『太平寰宇記』）とある。これらは沙州に住む人々のことを指すが、チベットと唐との数度にわたる戦いの中で捕われた僧が、本来の地へ戻ろうとしたことも考えられる。金城公主入蔵の際にも僧俗の漢人を伴った。建中二年（781）、唐はツェンポの請いに応じて僧良琇・文素の2人をチベットへ正式に派遣した。2人は1年間つとめ、その後は他の僧が交代した（「初、吐蕃使ヲ遣ワシテ沙門ノ善ク講ズル者ヲ求ム。是ニ至リテ僧良琇・文素二人ヲ遣ハシテ行ス。歳一ニシテ之ヲ更タム。」（『冊府元亀』外臣部980）、また『唐会要』・『仏祖統記』等にも字句のわずかな差違はあるものの同様の記述がある）。漢人僧がチベット入りし、チベット人もまた中国で仏教を学んだ。さらにチベット貴族の子弟は長安に留学して儒学や漢語を学んでいたため、中国仏教はチベットで一定の影響力をもっていた。伝説によればソンツェンガムポはインドからクサラ（Kusara）・サインカラ（Sainkara）という2人の僧を招き、ティデ・ツクツェンもカイラス巡礼を果たした2人のインド人を招いたといわれる。2人のインド人がラサに来ることはなかったが、遣わされた使者は彼らのもとで五部経（パンチャラクシャーと呼ばれる5種類の陀羅尼経典（密教経典）のこと）を学び、また同じ時期にネパールからはインド人シャーンタラクシタが入蔵した。インドの伝統仏教は、それが釈迦牟尼の故郷からもたらされたという理由で、チベットでは一定の勢力をもっていた。

同じ仏教徒といっても中国とインドではその教えは異なる。中国仏教では経論を講ずるものもあれば、"頓悟成仏"を主張する禅師もいた。インド仏教ではパドマサンバヴァの流れを引く密教やシャーンタラクシタの流れを引く中観派があった（瑜伽行中観派はシャーンタラクシタや弟子のカマラシーラKamalaśīla（蓮華戒）に代表される。この2人とシャーンタラクシタの戒師ジュニャーナガルバ（智蔵）を合わせ東部三中観師という）。一方ポン教は貴族の支持を受けて勢力の回復をはかっており、当時のチベット宗教界は複雑な様相を呈していた。サムイェー寺が建立される前、出家したチベット僧は皆無であった。つまり正式な仏教徒であるチベット人が1人もいなかったことになる。ティソン・デツェンはサムイェー寺を建立すると、インドから12名の根本説一切有部の僧（説一切有部は当時のインドで力のあった小乗仏教の一派。インドの大乗仏教徒は顕密を問わず、説一切有部の僧から授戒していた）を招き、シャーンタラクシタと共に貴族の若者を出家させた。比丘戒を授ける場合、受戒してから10年以上たった僧が10人必要とされるが、仏教があまり広まっていない地域では5人でも認められた。このとき受戒したのは7人とも6人とも伝えられ、名もそれぞれ異なるが、おもな者としてはイェシェーワンポ（ye-shes-dbang-po：すなわちバ・セルナン）、ペルヤン（dpal-dbyangs）、ヴァイローチャナ（bai-ro-tsa-na）、リンチェンチョク（rin-chen-mchog）で、彼らが最初のチベット人出家者となった。少し後にはティソン・デツェンの妃ブロ（'bro-bza'）氏をはじめとする貴族の子女30人も漢人僧摩訶衍（大乗僧）より受戒して尼となったほか、男性数人も出家して僧となっている。ティソン・デツェンは訳経可能な人材を養成するため、ヴァイローチャナら2人とナムカニンポ（nam-mkha'-snying-po）ら5人をそれぞれ1グループとしてインドに留学させた。それと前後してインドからはヴィマラミトラ（Vimalamitra：無垢友）とダルマキールティ（Dharmakīrti：法称）を招聘して（両者とも密教）訳経のための人材養成をおこなわせると共に、密教を講じさせたのであった。こうしてアーナンダ（Ānanda：シャーンタラクシタがチベット入りする前から商人として滞在。シャーンタラクシタとツェンポが仏教について語る際には通訳となった）、チベット人リンチェンチョク、カワ・ペルツェク（ka-ba-dpal-brtsegs：漢文に通ず）、チョクロ・ルイギェンツェン（cog-ro-klu'i-rgyal-mtshan）、イェシェーデ（ye-shes-lde）等が訳経を始めたのであった。この時代、300人ものチベット人が出家を果たした。仏教勢力は拡大したが、同時にポン教徒との対立や仏教宗派間の矛盾も大きくなっていった。

ある資料によれば、一部貴族の支持のもと、ポン教は経典の訳出と編纂に力を注いでおり、仏教徒も各言語からの訳出をより精力的におこなった。ティソン・デツェンはポン教側の貴族に配慮し、シャンシュン地方の香日烏堅など著名なポン教の指導者を招いてサムイェー寺に住まわせたものの、すぐに問題が生じた。きっかけは、ポン教徒が境内で祭祀をおこなった際、儀式のため多くの家畜を殺したことだったという。仏教徒は寺院内での殺生を禁止しており、ただちにティソン・デツェンに抗議した。すなわち「国に2人の主は立たず、同所に2つの宗教は共存せず」、もしポン教を排さなければすべてのインド人が帰国するとした。ティソン・デツェンはこの問題解決のため、トゥンカル地方（don-mkhar）で弁論大会を開いた。仏教側からはシャーンタラクシタ、パドマサンバヴァ、ヴィマラミトラなど、ポン教側からは香日烏堅、塘納本苯波、黎希達仍などが出席し、互いに優劣を競った。弁論終了後、ティソン・デツェンは仏教側の勝利を宣言し、ポン教徒には棄教して仏教徒になるか、納税する庶民になるかを選ばせ、従わない場合国外へと追放したのであった。ある資料によると、ポン教徒は仏教の経典をうわべだけ替えてポン教の経典としていたため、それを聞いた王が非常に怒り、改竄したポン教徒を処刑してしまったのだという。ポン教はこれによって大きな打撃をこうむり、一部は仏教徒となり、他の者は他郷へ去った。当時ティソン・デツェンがポン教を排斥し、根絶やしにしようとしたのはおそらく事実と思われる。その後、王は全土に令を下し、貴族や大臣たちと共に仏教を奉じることを誓言した。この後永遠に仏教から離れないことも誓い、自身や貴族の子弟のために僧をつけて師とし、仏教を学ばせた。僧は階級で分けられ、時期に応じて穀物、肉類、バター、衣類、紙や墨などの必需品が支給された。またサムイェー寺に200戸を与え、有力な僧にはチュールン（chos-blon）の地位を授け、“大ルン”の上位とした（この段階で、チュールンは軍事にたずさわっていないようである）。こうして仏教は吐蕃において“国教”の地位についたのであった。大きな打撃をこうむったとはいえ、ポン教もまだ一部貴族からの支持を失っておらず、命脈を保っていた。棄教をよしとせず他郷に去ったものがその地で細々とポン教を伝えていたが、“国教”

の地位は、仏教に完全に取って代わられたのであった。

ヴァイローチャナはインドのマハーボーディ寺院で金剛乗の師から密教を学び、帰国後その教えを伝えたが、2方面からの反対にあった。一方はシャーンタラクシタ門下の徒やインドで顕教を学んだパンディタ等からで、ヴァイローチャナの学んだものは仏教ではないと非難された。これは仏教内の顕教、密教間の矛盾によるものである。もう一方はポン教支持の貴族たち、なかでもティソン・デツェンの正妃ツェパン氏（tshe-spang-bza'：蔡邦氏）からの強い反対である。これはポン教の立場からの反対であったが、それぞれ立場は違っても、反対の理由はほぼ同じであった。密教は仏教ではなく黒魔術や妖術の類であり、導入は吐蕃のためにならないというのである。ティソン・デツェン自身はヴァイローチャナを支持していた。ヴァイローチャナはパドマサンバヴァの継承者であり、金剛乗派を伝える人物である（密教は金剛乗ともタントラ乗、マントラ乗とも称した）。とはいえ反対派の勢力は大きく、死を求める者まで現れるに至って、ティソン・デツェンはヴァイローチャナを守るため、彼をかくまわざるを得なかった。伝説によれば、ツェンポは彼をかくまった上で、タントラを翻訳させた（密教儀軌は多くが"～タントラ"という名称となっており、密教経典の総称をタントラという）。王は自ら彼に食事を運んで支えたという。また反対派をごまかそうと、乞食をヴァイローチャナに仕立て、鍋に閉じ込めて入水させたように見せかけることまでしたが、ツェパン氏に見破られてしまった。仏教側・ポン教側いずれの文献にもツェパン氏はポン教徒であるとの記載があるが、彼女は一貫して仏教に反対しつづけた。仏教の隆盛により、ツェンポがその地位を失うのではないかと恐れたことがその理由であったようだ。策略が見破られたティソン・デツェンは、ヴァイローチャナをやむなくカムのツァワロン（tsha-ba-rong：チベット自治区林芝地区及び塩井以西の怒江河谷一帯[(1)]）に移動させた。ヴァイローチャナはここでも密教経典の翻訳にたずさわっていたらしい。ナムカニンポもまたインドで金剛乗を学び、帰国後同様に反対派の攻撃に遭っていたが、彼はティソン・デツェンの病を治したことがあったため、堂々と保護を受けていた。ツェパン氏の反対は強硬で、数々の例を挙げては密教の導入を否定した。すなわちカパーラ（kapāla）は人の頭蓋骨、バスタ（basuta）は人の内臓を掬いだしたもの、カンリン（rkang-gling）は人のすねの骨、シンチェンヤンシ（zhing-chen-g·yang-gzhi）は人の皮を剝いだものである。ラクタ（rakta）は供物に注ぐ人の血、マンダラ（dkyil-'khor）は虹のようにけばけばしい、カルパ（gar-pa）は人骨でできた首飾りを下げた人。その教えが何であれ、チベットに流れ込んできた罪悪にすぎないというわけである（『ペマカタン』79品参照）。ツェパン氏は金剛乗の儀式で用いられる一連の法具の悪しき点について簡潔に述べているが、一般のチベット人にとっても同様であった。これらは確かに密教で常用される法具ではある（『元史』にも人の皮をもって仏像の台座とする記述があり、『元史』列伝巻92、『南邨輟耕録』巻2には人の心臓を供物とする記述がある。元代のチベット僧は中国を訪れた際もこのようなことをしていたらしい）。これらの言に抗しきれなくなったティソン・デツェンはまたしても金剛乗の人々を各地に流浪させることになる。後にヴィマラミトラがチベットに来た際にも同様の反発に遭ったのだが、彼はそれを乗り越え、ヴァイローチャナやナムカニンポらをラサに呼び戻させている。インド僧であるヴィマラミトラやダルマキールティ、チベット僧であるヴァイローチャナやナムカニンポはその教えや経典の翻訳で知られ、下両部すなわち所作、行タントラの経典の翻訳と共に、上両部すなわち瑜伽、無上瑜伽の伝授をおこなった。それらを授かったものはごく少数にすぎなかったが、訳本は今もニンマ派のタントラ全集に保存されており、ニンマ派の祖師は古くパドマサンバヴァやヴィマラミトラ、ダルマキールティ、ヴァイローチャナたちまでさかのぼることができる。しかしチベット社会における密教の浸透は、依然として一部に留まっていた。

ティデ・ツクツェンとティソン・デツェンの時代、長安から漢人僧を招き、度重なる唐蕃両国の紛争時には僧を虜にすることもあった。金城公主は多くの漢人僧を帯同し、唐の徳宗もまたチベットに多くの僧を派遣した。これらの漢人僧の活躍について、詳しいことはよくわからないが、おそらく活動の中心は経典を講じること、あるいは経典の翻訳であったと思われる。チベット側にも漢文に深く通じた訳僧は多く、『デンカルマ目録（ldan-dkar-dkar-chag）』中34種が漢文からチベット文に翻訳されたと明示されていることからもその点がうかがえる（『五部遺教』にも漢文を解するチベット人訳僧の存在が示されており、またチベット人訳僧が科判を詳細に記しているが、これも漢人僧から学んだものである）。漢人僧の中には禅僧もいた。中でも有名なのは、チベット文献によく登場する摩訶衍（まかえん）である。摩訶衍は781年か782年に招聘を受けチベットに入った。敦煌写本『頓悟大乗正理決』には“大唐国ニ漢僧大禅師摩訶衍等三人ヲ請フ”とあり、ティソン・デツェンの妃ブロ氏は摩訶衍のもとで出家し尼となった。シャーンタラクシタの死後、摩訶衍の影響は急速に拡大した。チベット語史料によれば、シャーンタラクシタの教義を奉ずるものはイェシェーワンポやペルヤンなど数人にとどまり、ほとんどのチベット僧は摩訶衍を奉じていたという。イェシェーワンポやインド僧は、勢力回復をはかってティソン・デツェンにカマラシーラの招聘を請うた。カマラシーラはシャーンタラクシタの弟子にあたる人物である（両者はインド大乗中観自立論証派（dbu-ma-rang-rgyud）に属する瑜伽行中観派の代表的人物である）。チベット到着後、カマラシーラはティソン・デツェン主催のもと、摩訶衍と論争をおこなった。この論争は3年（792年頃～794年頃）もの間続いたという。『頓悟大乗正理決』の記載によると、摩訶衍が勝利し、両者はチベットで共存したとあり、別のチベット語史料によれば、摩訶衍は一度は勝ったものの結局は負けてしまい、チベットを追われて唐に戻ったとする。さらにティソン・デツェンはその後チベット人が禅宗を学ぶのを禁じたという。ある本によれば、ティソン・デツェンは龍樹の中観派を学ぶべきだとしたものの、禅宗もまた龍樹を重要な祖師としている。摩訶衍はその後敦煌に行き、その地で重要な人物となった。敦煌のチベット人役人は摩訶衍を丁重に扱い、決して見下したりしなかった。現在ある資料から判断すると、禅宗はチベットで断絶したわけではなく、後のニンマ派、カギュー派等にも影響を与えている。しかし当時の訳経目録を確認する限り、カマラシーラ等が伝えた中観派が主流を占めており、やはりインド系の教えが優勢を占めていたといえよう。

ソンツェンガムポの時代にも訳経はおこなわれていたといわれるが、実物は存在せず、確認はできない。ティデ・ツクツェン時代にも経論の訳出はおこなわれたが、主に漢文経典から翻訳されたものであった。ティソン・デツェン時代の初期にも一部訳経はおこなわれたが、サムイェー寺建立後に、中国やインド・于闐などから多くの僧を招聘、チベット人の翻訳者を養成したうえでようやく大規模な翻訳事業が開始された。翻訳された経典は3度にわたって整理された。『チムプ目録（mchims-phu-dkar-chag）』『パンタン目録（'phang-thang-dkar-chag）』『デンカルマ目録（ldan-dkar-dkar-chag）』である。現存するのは『デンカルマ目録』のみで、収録された経典は700（この目録は『テンギュル』内に収録。824年成立）あまりとなっている。これほど膨大な数の経典は、ティソン・デツェンの強力な推進と資金援助なしには成立し得ず、僧の存在も仏教の発展に不可欠であったろう[2]。

797年、ティソン・デツェンは世を去り、長子のムネ・ツェンポ（mu-ne-btsan-po：在位797～798）が即位した。彼も父親同様仏教を保護し、僧への供養や訳経事業を継続した。チベット語史料によれば、ムネ・ツェンポはサムイェー寺内で三蔵を供養する法会を始めている（そのうち経蔵を供養する法会は近年まで続いていた）。法会の際、供養のために臣下が多くの珠を捧げているのを見たムネ・ツェンポは、属民の財産の平均化を命じたといわれている。チベット語史料にもあるこの"貧富の平均化（平均財富）"を、彼は3度おこなったようだ。その背景に何があったのかは今となっては知る由もない。しかし彼はそれからまもなく母親に毒を盛られ殺害された。仏教排斥派貴族の扇動か、あるいはティソン・デツェン死後の後継者をめぐる争い（『新唐書』巻222南詔伝異牟尋致韋皐書）がまだ続いていたのかもしれない。

ムネ・ツェンポの後を継いだティデ・ソンツェン（khri-lde-srong-btsan：ムネ・ツェンポの弟、在位798～815）も、父であるティソン・デツェンの政策を継承し、訳経事業を奨励してカルチュン寺（skar-chung）を建立した。彼は一部の大臣に加え、有力な僧の後押しによってツェンポの地位を得たので、特に僧を重用した。中でも幼少期の師であるニャン・ティンゲンジン（ban-de-myang-ting-nge-'dzin-bzang-po）はことさら彼の信任を得ており、政治に対する一定の発言力をもってペンデ・チェンポ（ban-de-chen-po：『唐書』では鉢闡布・鉢掣逋などと表記「元和五年（810）五月唐憲宗徐復ニ命ジテ吐蕃ニ使シ併ニ鉢闡布ニ書ヲ賜フ。指ス所或ハ即ハチ此人ナリ」とある）と称された。ティソン・デツェンは子らに仏教を学ばせる際、同時にそれぞれの師を定めたが、ニャン・ティンゲンジンは幼いティデ・ソンツェンの師となっていた。兄ムネ・ツェンポの死後、ティデ・ソンツェンは兄弟間の後継者争いに巻き込まれたが、ニャン・ティンゲンジンは僧や貴族をティデ・ソンツェン支持で固めたため、即位後も信頼されたようだ。これは僧が政治に関与する先例となった。『舊唐書』『新唐書』によれば、元和四年（809）、吐蕃は唐に和を請うているが、これにニャン・ティンゲンジンが関わっていた可能性はあろう。翌元和五年には両国の使節が往き来し、憲宗はペンデ・チェンポ（たとえば『新唐書』では「鉢闡布ハ浮屠ニ虜トナリ国事ヲ豫ル者ナリ」とある）に勅書を与えている。チベット語史料にも、唐とチベットの僧が和平交渉を仲介して調停をはかったことが記されている。これらの事実から、元和長慶年間における唐とチベット両国間の和平にチベット僧が少なからず関わっていたのは事実であり、当時の僧が政治に関わるほどの力を有していたと見ることができる（新旧『唐書』にも「国政蕃僧号シテ鉢擘逋ナリ」とある）。この時代を発端に、吐蕃では僧が政治に関わるようになっていく。またこの時期、すでに大量の経典が翻訳されていたが、原本はさまざまな地域や国からもたらされたものであったため訳文は統一されておらず、混乱が生じていた。ティデ・ソンツェンはこの点に注目し、経典の整理をはかるべく、インド僧とチベット訳経師に校正や整理を命じている。この事業は、彼の子ティツク・デツェンの時代になってようやく完成した。

815年ティデ・ソンツェンが世を去った。彼にはツァンマ（gtsang-ma：出家）、ラジェ（lha-rje：夭折）、ルントゥプ（lhun-grub：夭折）、“酒ヲ嗜ミ、凶悖ニシテ恩少シ”（『舊唐書』より）といわれたダルマ（dar-ma）などの子らがいた。ニャン・ティンゲンジンはルンたちと議論を重ねた後、第五子ティツク・デツェン（khri-gtsug-lde-btsan、またの名レルパチェン ral-pa-can：在位815～838頃、漢文史料の表記は“可黎可足”）をツェンポに立てた。ティツク・デツェンは父以来の翻訳仏典の統一作業を完成させ（それらは『テンギュル』ca函の『翻訳名義大集（mahāvyutpatti）』となった）、すでに翻訳された経論の校訂作業と共に、多くの翻訳経典を世に送った。翻訳された経典はサンスクリット語から翻訳された顕教の経論が中心で、密教経典には制限が加えられている。小乗仏典についても、説一切有部の範囲内に収められた。その後ティツク・デツェンはウンチャンド（ヤルツァンポ河とキチュ河の合流点近く、現在の曲水県あたり）にタシーゲペル・ツクラカン（bkra-shis-dge-'phel-gtsug-lag-khang）を建立し、極端な仏教優遇策を打ち出していく。あるときティツク・デツェンは自身の頭髪に細長い絹の布きれをまとい、その端を座に結びつけてそこに僧を座らせたという（ここからもう一つの呼び名レルパチェン（長髪の人の意）がつけられた〔山口瑞鳳は“有髪の僧”の意味だとしている（『チベット』下 改訂版）〕）。また彼は頭巾をまず僧に踏ませてから、頭にかぶったとも言われている。すべて“以髪掩泥”〔布髪掩泥とも。髪を泥の上に敷いてうつぶせになること〕、あるいは佛を敬う行為の表れと見られる。北斉の文宣帝にも、“常ニ髪ヲ地ニ布ヒテ上ニ践マシム”との逸話がある（この“上”は法上という僧を示す）。また僧に対する供養として、7戸で1人の僧を養うべしと定め、僧に対し不満をもつ者に対しては厳罰に処した。悪意をもって僧を指さした者はその指を切り落とし、同様に僧をにらみつけた者はその眼をえぐるとした（同様の法は元の武宗の時代にもあり“凡ソ民ノ西僧ヲ殴スル者ハ其ノ手ヲ截チ、之ヲ罵ル者ハ其ノ舌ヲ断ツ”というその令は、後に仁宗によって廃止された。これらの法令はあきらかに当時のチベット僧が自身の歴史に照らして提議したものである）。また人々が仏教の“道徳”に従うよう求め、日常で使用されるはかり類までも、経典にある、インドで使用されていたものに変更する有様であった。彼の行動の最たるものは、その権力をも師僧に委ねたことである。ツェンポはペンデ・チェンポのペルギユンテン（dpal-gyi-yon-tan）をチュールン（chos-blon：教法大臣の意）とした。この地位は大ルンの上位にあたり、内外の軍政を掌握するものである（長慶二年（822）唐の劉元鼎がチベット入りして盟約に臨んだ際〔いわゆる唐蕃会盟〕、チベット側のトップとして対応にあたった。ラサに現存する会盟碑には吐蕃側役人側の最初に名前が記載されている）。これらの政策は多くの人々の不満を引き起こさずにはおかず、中でもポン教を支持する貴族ウェー・ギェルトレ（dbas-rgyal-to-re）らは密かにティツク・デツェンの排除を謀った。ティツク・デツェンの兄ツァンマは出家者であったため弟の支持者であったが、ウェー・ギェルトレはツァンマの引き離しを謀ると共に、ペルギユンテン（dpal-gyi-yon-tan）とツェンポの妃ガンツル（cog-ro-bza'-dpal-gyi-ngang-tshul）の私通といった流言まで流した。そしてウェー・ギェルトレはティツク・デツェンが酒に酔った隙を見てついに暗殺を果たしたのであった。

ティツク・デツェンの死後、ウェー・ギェルトレらはダルマ（dar-ma-'u-dum-btsan：在位 838 ～ 842[2]）をツェンポに立てた。ウェー・ギェルトレは大ルンとなり、仏教を弾圧してポン教の勢力回復をはかった。僧への数々の特典の供与も停止となり、僧の多くは逃亡するようになった。タシーゲペル・ツクラカンの建立事業は中止となり、大昭寺やサムイェー寺の門前には石が積まれて封鎖された。僧が飲酒する図が描かれ、文成公主は羅刹鬼とされた(釈迦牟尼は文成公主によってチベットにもたらされたため)。こうして仏教の大弾圧が始まったのであった。多くの仏像が破壊されて土の中に埋められ、移動できない仏像は縄で縛られた。経典は火や水の中に投じられ(僧によって岩穴の中に保存されたものもある)、リンチェンチョク、ニャン・ティンゲンジンらはインド僧と共にインドへと逃亡を謀ったが、ウェー・ギェルトレが放った刺客により殺されたという。チベットに残った僧は、還俗するか、棄教してポン教徒になるかを余儀なくされ、拒否した場合は、弓矢をもたされ猟に行かされた(仏教徒は殺生を禁じるため猟はできない。猟の強制はつまり棄教の強制と同義であった)。これらの破仏はまずラサとサムイェーから始まり、そこから全国に広がって徹底的におこなわれた。842年、無理やり猟に出されたある僧がラルン(lha-lung:現在の山南ロタク地方)という所に行った。そこには修行を修めた1人の僧がいた。名をペルギドルジェ(lha-lung-dpal-gyi-rdo-rje)という。破仏の状況を聞くと弓矢を隠しもってラサに向かい、ダルマが碑文を読んでいるまさにそのときその額めがけて矢を放った。ラルン・ペルギドルジェはダルマ暗殺の混乱の中その場をすり抜け、西寧まで逃亡を続けた。ダルマの死後、吐蕃は混乱の渦に巻き込まれて分裂した。統一政権としての吐蕃は滅亡し、歴代ツェンポが帰依した仏教も、ここで百余年の分断が生じることになる〔3〕。

現存の史料を見ると、歴史上比較的信用できるナムリ・ソンツェンからダルマまでの時代は奴隷社会の状況を示している(ナムリ・ソンツェン以前すでに奴隷社会に入っていたようである)。ナムリ・ソンツェンは奴隷主の一部を征服あるいは連合して奴隷主が軍事的に連盟する政権をつくり上げた。盟誓を頻繁におこなってツェンポへの忠誠を保証させていたのである(盟誓は往々にして個々の事柄に対しておこない、忠誠の対象もツェンポ個人であった)。奴隷主はツェンポの臣を称してはいたものの、自分の領地内では奴隷や領地の世襲など、すべて自身の管理下に置いていた。ソンツェンガムポの時代は奴隷主間での連盟をさらに強化し、ツェンポ個人への忠誠をその子や孫にまで保証させた。同時にツェンポ自身も他の奴隷主の利益を侵害しないことを保証したのである。これらの形式により、ソンツェンガムポ自身の実力が強化される一方で、奴隷主はその既存の勢力の代表として吐蕃の政権に参加した。ソンツェンガムポは実力を保持していたとはいえ、他と比べて勢力が盛んであるというにすぎなかった（だからこそ文成公主の降嫁を求め、その地位を確固たるものにするべく動いた）。"文治武功"により、吐蕃はその規模を拡大したが、ツェンポの権力は絶対的なものではなく、ルンの中琮は吐蕃のことを称して「……上下一力ニシテ、議事ハ自ラ下ス、人ノ利スル所ニヨリテ而シテ行ヒ、是能ク久クシテ而シテ彊ナリ」（『新唐書』吐蕃伝）としており、彼を含む奴隷主たちは、政権に対し相当の発言力があったことがうかがい知れる。大ルンもまた、往々にしてこれら奴隷主の中で実力あるものが任命された。これらの統治機構は一般の人々に対しては厳格な刑をもって臨み、奴隷はその場で殺されても文句は言えなかった。政権の内部は利害によって結びついていたのである。奴隷社会では、戦争時に新たな奴隷を確保することが求められる。吐蕃の南方はヒマラヤを越えればもう熱帯地方で、チベット軍には不得手な地域である。西方のガリー地区はまだ荒れ果てた地区であり、利が少ない。富や奴隷の獲得に適していたのは北方あるいは東方であった。党項を下し、吐谷渾を滅ぼした後、吐蕃は唐朝と境を接し、その後200年の永きにわたり干戈を交えることになる。奴隷主は軍官となり、配下の人々を兵とし、さらには奴隷もいた。占領地はツェンポの所有であるが、そこで得た捕虜や掠奪物等の戦利品は軍官や兵士の所有となった。吐蕃の奴隷主にとって、戦争は富や奴隷を拡充でき、権勢強化をはかるための有効な手段なのである（同時に吐蕃政権に対する発言権も増大し、大ルンへの就任や政治の実権を握る可能性もある）。特に吐蕃初期、唐との戦争は利の多いものであった。中晩期に至るとツェンポの権勢を凌ぐような貴族が現れ、唐との戦争を利用して己の権勢を拡大すべく多くの戦闘をおこなおうとしたが、ツェンポは弱小貴族を取り込み、戦争は利が少ないとして和平をはかろうとした。吐蕃政権内のこうした状況の変化により、ティデ・ツクツェンとティソン・デツェン親子以降のツェンポと貴族との間では、対唐政策で常に矛盾を抱えるようになっていった。

ティソン・デツェンは多くの寺院を建立し、主だった貴族を招集して崇仏を誓わせ、またその子弟に命じて僧を師として仏教を学ばせた。また信任する僧をチュールンに任じ、仏教を至高の地位に押し上げていった。これら崇仏の理由が何だったのか、その原因を史書の記載に見出すことはできないが、おそらくは仏教を利用して政権内部や君臣間、国家間の矛盾を解決していこうとしていたのだろう。戦争を厭う仏教徒の根本的な教義が政権の和平政策と合致したためとも考えられる。当時、高位の僧はほとんどが貴族の子弟であったため、ツェンポの崇仏によって新たな関係が構築された。また僧をチュールンにすることによって有力貴族が大ルンになる慣例を打破しようとした。ティソン・デツェン以降、チュールンは内外の軍政を掌握してペンデ・チェンポと称し、唐との長慶会盟の場に参列するまでになった。これこそティソン・デツェンが崇仏を推し進めたことの結果であろう。しかしチベットにおいて仏教は、その始まりから統治者の道具であった。ツェンポの保護を受け、高僧は政権を握り、勢力は増大の一途をたどった。民間では仏教の基礎は定まっておらず、信徒も多くはなかった（7戸が1人の僧を養うという政策がおこなわれたときも多くの反対があり、ダルマの破仏を経て、その子によって仏教が復権した際、寺院が壊滅状態であったことがその状況を物語る）。ダルマの破仏により僧への供養が止められただけで、僧はただちに他所へと去らねばならなかった。ダルマはポン教への信仰を強いたり、猟師として殺生をさせたりしたため、仏教を奉じ続ける道はなかったのである。その命を拒む僧は、ツェンポの勢力の及ばぬ場所へ逃げていった。こうして、チベットでは百余年にわたって仏教が絶えることになった。中国でもこの時期、会昌年間に大規模な破仏が生じていたが、その結果はまったく異なっている。このことからもわかるように、当時チベットに仏教はまだ根づいておらず、そのため破仏を生き延びるだけの生命力もなかったのである。

## 原注

（1） 最近の調査と伝説によれば、ツァワロンは川西大小金河一帯。
（2） 別史料では841年即位、843年破仏、846年暗殺とある。

## 訳注

〔1〕 チベットは羅刹女の寝そべった形に見立てられており、ソンツェンガムポは羅刹女の身体の各所にあたる土地に鎮守の寺院を建立して仏教の導入をはかろうとした。四厭勝寺は四鎮肢寺

廟（mtha'-'dul gtsug-lag-khang)、四再厭勝寺は四鎮節寺廟（yang-'dul gtsug-lag-khang）ともいわれ、それぞれ羅刹女の肩や腰及び四肢にあたる部分に建てられたとされる。

〔2〕 後に『パンタン目録』の写本がポタラ宮で発見され、2003年に北京の民族出版社から刊行されている（田中公明「『パンタンマ目録』と敦煌密教」『東方』第26号　2010年3月）

〔3〕 山口瑞鳳『チベット』では、ウェー・ギェルトレがダルマ弑逆の当事者であり、ラルン・ペルギドルジェの話は伝説にすぎないとしている。

## ［表１－１］　吐蕃歴代ツェンポ系譜

ソンツェンガムポ（srong-btsan-sgam-po : 617 ～ 650）
｜（孫）
マンソン・マンツェン（mang-srong-mang-btsan : 在位 650 ～ 676）
｜（子）
ドゥーソン・マンポジェ（'dus-srong-mang-po-rje : 在位 676 ～ 704）
｜（子）
ティデ・ツクツェン（khri-lde-gtsug-btsan : 704 ～ 755）
｜（子）
ティソン・デツェン（khri-srong-lde-btsan : 755 ～ 797）
｜（子）
ムネ・ツェンポ（mu-ne-btsan-po : 在位 797 頃～ 798）
｜（弟）
ティデ・ソンツェン（khri-lde-srong-btsan : 在位 798 頃～ 815）
｜（子）
ティツク・デツェン（khri-gstug-lde-btsan : 在位 815 頃～ 838）
｜（兄）
ダルマ・ウィドゥムテン（dar-ma : 在位 838 頃～ 842、原注(2)も参照）

伝説上のツェンポの系譜のうち、本書で挙げた人名は以下の通り

初　　代：ニャティ・ツェンポ（gnya'-khri-btsan-po）
⋮
二十六代：ティトクツェン（khri-thog-btsan）
｜（子）
二十七代：ラ・トトリニェンツェン（lha-tho-tho-ri-gnyan-btsan）
⋮
三十一代：ナムリ・ソンツェン（gnam-ri-srong-btsan、ソンツェン・ガムポの父。ソンツェン・ガムポはヤルルン王家第三十二代に相当する）

# 第2章　仏教の復興と広がり

吐蕃王国晩期、政権内部の争いは激しく、多くのツェンポが不慮の死を遂げた。842年、ダルマの弑逆以来、第一妃ナナム氏（sna-nams）と養子ユムテン（yum-brten：漢文資料における「乞離胡」。『通鑑』に「論恐熱、舍国族ニ謂ヒテ綝氏ヲタテ」とあり、養子と知れる）を立てたことで、一部の貴族は不満を抱いていた。翌年、第二妃ツェポン氏（tshe-spong）が子ウースン（'od-srung）を生んだのをきっかけに、貴族たちは王子をめぐって2派に分かれ、血なまぐさい抗争が繰り広げられた。ド・カム地区（mdo-khams）〔アムド・カムを指す〕の将軍らも一族の中で派閥を異にして争い、戦乱は二十余年の長きにわたった。吐蕃は鎮圧のために各部族軍をひどく消耗させてしまい、吐蕃の支配下にあった党項・吐谷渾などの部族は離脱していった。吐蕃軍についていた奴隷とその奴隷主たちも互いに争い、その支配から自由になった奴隷たちは“嗢末”軍と化した。

ウー・ツァン地区〔ラサを中心としたウー地区とシガツェ・ギャンツェを中心としたツァン地区を合わせた名称〕ではユムテン、ウースンが成年に達しても両者をめぐる権力闘争が止まず、貴族や奴隷主らの衰退は甚だしかった。戦乱により吐蕃時代に成立したさまざまな社会制度や盟約が破綻、税収不足で徴収は苛烈を極め、人々は塗炭の苦しみを味わった。869年頃、ウー・ツァン地区では奴隷平民の大叛乱（'bangs-gyen-log）が起こった。叛乱は嵐のようにウー・ツァン全域にひろがり、20年もの長きにわたった。877年には歴代ツェンポの墓さえ暴かれるに至った。戦乱によって奴隷主の多くは姿を消し、残ったのはごくわずかであった。とはいえ決起側も組織的統一を果たせず、勢力の拡大にも限界があったため、混乱は容易に終息しなかった。9世紀末、ウースン派はユムテン派に追われてチベット西部ガリー（mnga'-ris）へ去り、争いはようやく落ち着きをみせたものの、社会は依然として混乱状態にあった。あるチベット語史料によると、当時のチベット社会は、谷ごとに役人がおり、それぞれ強固なトーチカを建てて属民を武装化させていたような状況であったという。また別のチベット語史料によれば、秋の収穫期になると部落では住民を2組にわけ、1組は収穫物を掠奪から守るため武器をもち、もう1組が作物の収穫や保存にあたった。天災に見舞われると他の部落から穀物や牛馬を掠奪し、分配したという。

この時期、政治の混乱、奴隷占有制度の崩壊があり、牧畜業に比して農業の発展がみられた。手工業技術は労働人民のもとで保持されたが、中原の封建文化・漢土及びインドの仏教文化などはその享受者であった吐蕃の貴族同様衰退していった。ダルマ王の頃隆盛を誇ったポン教は、教団としては壊滅の危機にあったものの、各地で個々に活動していた者たちは不穏な時代に乗じて積極的に動き回り、めざましい活躍を見せていた。

史料不足のため当時の社会経済状況の特色を示すことは困難であるが、この時期のウー・ツァン地区は奴隷制社会から封建制社会へと転換していく過渡期であったと思われる。わずかな資料から判断するに、残存していた奴隷主の統率力は弱体化、しかし決起側も強力な政権を構築できず、どの地域も不均衡な状況のまま、階級闘争は激化して各地で族長間あるいは部落間の争いが頻発、100年近くにわたる混乱状態となっていた。このような状況のもと、新たな封建秩序、特に社会の安定と生産の安定が求められたのは当然のなりゆきであった。こうしてウー・ツァン地区における仏教復興の機運が生じたのである。

チベット語史料によれば、ダルマの破仏時代、チュオ・リ（chu-bo-ri：曲水以南のツァンポ河南岸）地方に3人の僧がいた。名をツァン・ラプセル（gtsang-rab-gsal）、ヨ・ゲジュン（g·yo-dge-'byung）、マル・シャーキャムニ（dmar shākya-mu-ni）という。彼らは僧が猟をするのを見て仏法の滅亡を悟り、戒律と論書を携えてガリー地方に逃げ、その後北方のウイグルに向かった。ウイグルもまた崩壊期にあり（840年ウイグル帝国滅亡）、わずかに残った勢力は現在の新疆東部付近に王国を建てていたが、そこでは仏教とマニ教が流行していた。3人はその地でシャーキャシェーラプ（shākya-shes-rab）という役人の保護を受けたものの、言葉の問題もあり、さらに東進してチベットのド・カム地区（現在の西寧付近）に至った。晩年、3人は1人の弟子をもった。名をゴンパ・ラプセルという。

ゴンパ・ラプセル（dgongs-pa-rab-gsal：892～975）はツォンカ・デカム（tsong-kha-bde-khams：現在の青海省循化以北黄河北岸）の人で、ツァン・ラプセルを師、ヨ・ゲジュンを軌範師[1]として出家し沙弥戒を受けた。仏教の教義に通じてラチェン（bla-chen：大ラマの意）と称されたゲワラプセル（dge-ba-rab-gsal：ゴンパ・ラプセルは通称）の誕生である。20歳（911）のときツァン・ラプセルとヨ・ゲジュンを軌範師に、マル・シャーキャムニを羯教師〔教授師に同じ。受者に受戒の作法を教授する者〕に、西寧の漢人僧侶コワン（ko-vang）とキバン（gyi-ban）の2人を尊証師〔受戒を証明する者〕として比丘戒を受けている（規定上は10人の僧が必要だが、辺境で、かつ仏教がさほど盛んでなかったため、師3人に漢人僧侶2人を加え計5人での受戒が認められた。5人は最低限の人数であるため、師3人以外に漢人僧2人に請うて不足を補った）。『青史』には、ゴンパ・ラプセルが比丘戒を受ける以前、ヌン・ジャムペル（non-'jam-dpal）から密教を、バン・リンチェンドルジェ（bang-rin-chen-rdo-rje）から発菩提心法を、キ・ギェルウェーツクトル（skyi-rgyal-ba'i-gtsug-tor）からは“中観”“因明”を、ナム・ガンデンチャンチュプ（nam-dga'-ldan-byang-chub）からは瑜伽を学んだとの記載がある。比丘戒を受けた後は、甘州（現在の甘粛省張掖）へ足を運び、そこでコルン・センゲタクパ（go-ron-seng-ge-grags-pa）から律蔵、四阿含とその註釈を学んでいる。さらに前チベット〔ラサを中心とした地域。前述のウー地方とほぼ同じ〕で法を学ぼうとまずルンタン・ジクテンクン（lung-thang-'jig-rten-kun：アムド地区）へ向かったところ、あるチベット人からウー・ツァンが天災と飢饉に見舞われていること、またネパールとインドに学び、現在アムドに住むカウン・チョクタクパ（kwa-'on-mchog-grags-pa）という僧がいることを知る。そこでラツェ・ビクティク（lha-rtse-bhig-tig）に行ってカウン・チョクタクパに『大乗阿毘達磨集論』『現観荘厳論』や『菩薩地』などを学んだ。またタンティ（dan-ti：西寧タール寺東南、循化以北黄河岸上）地方にいた侏儒九兄弟の求めに応じて以後その地に留まった（940頃）。その地では上層階級から多くの支持を受け、布施は雲の如く集まったという。その頃、漢人僧侶の多くは禅宗に属しており、明心見性

（心境を清浄にして自分の本性を見出すこと）や頓悟成仏（速やかに仏となること）ばかりを説き、寺院の建築修理や因果応報について関心を払う者は少なかった。ゴンパ・ラプセルはその財力と人材を駆使して多くの寺院を建て、因果応報を説いた。それは上層階級を含む多くの支持者を生み、当地の族長であったバコン・イェシェーユンドゥン（sba-gong-ye-shes-g·yung-drung）やトゥム・イェシェーギェンツェン（grum-ye-shes-rgyal-mtshan）らがラプセルの戒を受けて出家している。ゴンパ・ラプセルはその地で名を広め、晩年には彼から戒を授かった人々（いわゆるウー・ツァンの10人）がウー・ツァンに戻って寺院を建立し、戒を授けるなどの行動を始め、ようやく仏法の復興が果たされた。これを“下路弘伝”（アムド地区をチベット人はmdo-smadと称した。smadは“下”の意）と称する。

ウー・ツァン地区では、ダルマの破仏によって寺院が閉鎖され、僧は四散した。ユムテン、ウースン及びその子孫の時代になると仏教は禁止の対象ではなくなったが、それでも正式な出家者はいなかったため、正式な宗教活動もおこなわれず、ましてやサンガもなかった。『プトゥンの仏教史』によれば、当時閉鎖されていた寺の門を開けてもそこには上座の阿羅漢と称する僧とも俗人ともいえない人物がいるだけで、夏の安居の時期3か月のみ戒律を守り、他の時期はまったく俗人同様だったという。対してポン教は比較的活動していたようだ。寺などの組織をもたない点では同様であったが、戦乱の時代、ポン教は極めて流行（古代ボン教は災いよけの祈禱や復讐のまじないを主な活動としており、天災人災極まるときこそその“市場”は拡大する）しており、仏教経典をポン教経典へと改竄する行為も盛んにおこなわれ、仏教徒と称するポン教徒まで現れた。当時の宗教界はかなりの混乱期であったとみられる。ウースンの子孫が後チベット〔シガツェ・ギャンツェを中心とした地域。前述のツァン地方とほぼ同じ〕やガリー地方へ逃げて戦乱は終息に向かい、社会がようやく安定しつつあった時期であり、人々は安定を望んだが、支配者（地域の支配者）たちは搾取、統治の維持を望み、仏教がその手段として利用されることもあった。チベット語史料では、この時期についてイェシェーギェンツェン（ye-shes-rgyal-mtshan：ユムテンより六代後の子孫）に多くのページを割いている。彼はタンティで仏教が復興していることを聞き及び、後チベットのある王と同じ時期に人（10人あるいは6人とも）を送り、出家させたうえ法を学ばせたという。彼らこそチベット語史料に現れる下路弘伝をはじめたルメーらウー・ツァンの10人（6人とも）である。その名は史料によって異なるが、ここでは前チベットのルメー・ツルティムシェーラプ（klu-mes-tshul-khrims-shes-rab）、ラクシ・ツルティムジュンネー（rag-shi-tshul-khrims-'byung-gnas）、ディン・イェシェーユンテン（'bring-ye-shes-yon-tan）、バ・ツルティムロドゥー（sba-tshul-khrims-blo-gros）、スムパ・イェシェーロドゥー（sum-pa-ye-shes-blo-gros）、また後チベットのロトゥン・ドルジェワンチュク（lo-ston-rdo-rje-dbang-phyug：クルモラプカ gur-mo-rab-kha の人）、ツォンツン・シェーラプセンゲ（tshong-btsun-shes-rab-seng-ge：シャプ・コガ shab-go-nga の人）、デトゥン・シュンヌツルティム（'bre-ston-gzhon-nu-tshul-khrims）の名を挙げておこう。ガリー出身の2人（ウーギェー・プンニー 'od-brgyad-spun-gnyis ら）[2]もいた。彼らはタンティでゴンパ・ラプセルから受戒し、その弟子から律蔵と経論を学んだ。ある文献によれば、ルメーが受戒したとき、漢人が尊証師を務めたのだという。ウー・ツァンの10人は975年頃、相次いでウー・ツァンに戻った。ロトゥン・ドルジェワンチュク（lo-ston-rdo-rje-dbang-phyug）は商人を同伴して戻り、クルモ地方（gur-mo）に小さな寺院を建てた。これは商人の希望に沿ったもので、後にここは市場となり、寺院も長く繁栄した。ロトゥン・ドルジェワンチュクはそこで24人に戒を授け、彼らもまた後にチベットに寺院を建立した。ツォンツン・シェーラプセンゲ（tshong-btsun-shes-rab-seng-ge）とデトゥン・シュンヌツルティム（'bre-ston-gzhon-nu-tshul-khrims）も同様に寺を建て、信徒を集め、さらにはその弟子や孫弟子も寺院を建立している。前蔵のルメー・ツルティムシェーラプとスムパ・イェシェーロドゥー（sum-pa-ye-shes-blo-gros）はウー・ツァンに戻ってしばらくサムイェー寺に留まり、後にカチュ大僧院（kva-chu：ティデ・ソンツェンにより建立）に住んで教えを広めた。スムパ・イェシェーロドゥーはドゥタン（'bros-thang）にメル寺（me-ru）を建て、ラクシ・ツルティムジュンネー（rag-shi-tshul-khrims-'byung-gnas）はカムで教えを広めた。バ・ツルティムロドゥー（sba-tshul-khrims-blo-gros）とディン・イェシェーユンテン（'bring-ye-shes-yon-tan）も前チベット（馬蔡・康松）で寺を建て弟子を取った。こうして彼らウー・ツァンの10人やその弟子、孫弟子たちは各地で寺を建立し、教えを広めていった。ルメー・ツルティムシェーラプの影響は大きく、弟子の数も最も多かった。『青史』によれば、前チベットに再び仏教の灯がともったのは978年である。ルメーの弟子で主だった4人は“四柱”（チベット語史料の中で、ルメーの弟子は“四柱”“八梁”“三十二椽”と称された。柱（ka-bzhi）は部屋に柱のある如く、その言葉重要なること柱の如く、等の意味がある）と呼ばれた。その1人であるシャン・ナナム・ドルジェワンチュク（zhang-sna-nam-rdo-rje-dbang-phyug：976～1060）は18歳のとき（993）ルメーのもとで出家した。ラツァク・タルギェー寺（ra-tshag-dar-rgyas）を建立し、その後1012年（37歳）にはギェル・ルクレーキ・ツクラカン（rgyal-lug-lhas-kyi-gtsug-lag-khang：後のギェル・ラカンで、1240年に焼失したが後に再建された）を建立している。シャンはかつてインドに留学し、インド僧を相手に律を講じたこともある。1060年に世を去った後は弟子ディン・ツルティムチャンチュプ（'bring-tshul-khrims-byang-chub）がギェル・ルクレーキ・ツクラカンの後継者となったが、この人物こそがポトワ（po-to-ba：1031～1105、第4章カダム派参照）の戒師であった。ギェル・ルクレーキ・ツクラカンはその富により非常に有名であった。“四柱”の2人目ゴク・チャンチュプジュンネー（rngog-byang-chub-'byung-gnas）は、ルメーから戒を授かった後、イェルパ寺（yer-pa：吐蕃時代の寺院）に住まいを定め、後にシュイ・クンガラワ（zhu'i-kun-dga'-ra-ba）など10以上の寺を建立した。この寺は生活管理（bza'-mi）を徹底したことで知られている。四柱の3人目はレン・イェシェーシェーラプ（klan-ye-shes-shes-rab）で、ギェルサルカン（rgyal-sar-gang）に住んだ。最後はトゥメル・ツルティムジュンネー（gru-mer-tshul-khrims-'byung-gnas）で、彼を中心とした7人でタンポチェ寺（thang-po-che：11～13世紀において非常に有名な寺院）を建立した。ルメー本人もかつてそこに住んだことがある。この寺からはその後多くの経を講ずる者が出た。レン・イェシェーシェーラプの死後は弟子クトゥン・ツゥンドゥーユンドゥン（khu-ston-brtson-'grus-g·yung-drung：1011～1075）が寺を継承した。この4人（前述の四柱）及び弟子、孫弟子の建立した寺院はそれぞれの教えを継承していき、“ソン（曹）”と呼ばれる集団を形成していった。また当時通称タパ・グンシェー（gra-pa-mngon-shes：1012～1090、本名ワンチュクバル dbang-phyug-'bar あるいはシェーラプギェルワ shes-rab-rgyal-ba とも）と呼ばれた人物がおり、彼は羊飼いを5年ほどしたあと、タムパ・サンギェー（第7章1.シチェー派参照）ら多くの師から密法を学び、“成就”を得て名をあげ、多額の布施でタタン（grva-thang）寺をはじめとした100以上の寺院を建立したとされ、最後は俗人に戻ったという。『マニカンブム（ma-ṇi-bka'-'bum：十万宝訓）』は彼の著作である。こうしてルメーと弟子たちはウー・ツァン地区に寺院を建立、多くの弟子を育成した。しかしタンポチェ寺を継承したクトゥン・ツゥンドゥーユンドゥンは『般若経』を講じて名をあげ、タパ・グンシェーは修密法で有名であった。これらの学問は別の師から受け継いだもので、すべてがルメー系統のものではないようだ。

10世紀後半、梵蔵に通じたパドマシュリーというネパール人翻訳者がインドから2人のパンディタをチベットに招いた。1人の名をスムリティ・ジュニャーナキールティ（Smṛtijñānakīrti：念智称）、もう1人はタラリンワ（phra-la-ring-ba）という。2人がガリーに到着した直後、翻訳者は病で死んでしまい、2人は言葉もわからぬこの地で途方に暮れてしまった。タラリンワの詳細は不明だが、スムリティ・ジュニャーナキールティは後チベットのタナク（rta-nag）地方に流れていき、牧畜を業としたことが記録に残っている。あるときチェルロ・セツァ・スーナムギェンツェン（dpyal-lo-se-tsa-bsod-nams-rgyal-mtshan）という人物と出会った。彼はスムリティ・ジュニャーナキールティがパンディタであることを知り、教えを請うためメンルン（sman-lung）へ招いた。スムリティ・ジュニャーナキールティはチベット語を学んだ後、西カムへおもむき、デンロンタン（'dan-slong-thang 現在名不詳）で『倶舎論』『チャトゥシュピータ』など顕密の経典を長く論じ、訳経もおこなった。リチュ・セルカク（Li-chu-gser-khag）にも行ったという。すでにチベット語に深く通じていたようで、チベット語の文法書である『語言門論（smra-sgo-mtshon-cha）』（現在テンギュル se 函に収録）を著している。彼の弟子の中で最も重要な人物はセツン（bse-btsun）、ドムトゥン（'brom-ston）及びクトゥン・ツゥンドゥーユンドゥンの3人で、彼らは西カムでスムリティ・ジュニャーナキールティに経を学んだ後、ウー・ツァンに向かっている。10世紀末にはウー・ツァンの10人のうち1人が西カムにやってきたともいわれるが、詳細はわからない。いずれにせよ、スムリティ・ジュニャーナキールティの活動により、小規模ながら西カムは仏教学の中心地となったのである。

後チベット西部のラトゥー（la-stod：ラツェ以西一帯）にいたウースンの後裔（ウースンの孫タシーツェク bkra-shis-brtsegs の子孫）は、ロトゥン・ドルジェワンチュク（lo-ston-rdo-rje-dbang-phyug）が後チベットで寺を建立するなどの活動をしていると聞き、ラトゥーに寺院を建立するため人を送ってほしいと申し入れた。ロトゥン・ドルジェワンチュクは彼の弟子シャーキャシュンヌ（shākya-gzhon-nu）とイェシェーツゥンドゥー（ye-shes-brtson-'gros）をラトゥーに派遣した。あまねく仏法を広めるためにはまずインドで学問をつむべきであると考えた2人は、ドクミ・シャーキャイェシェー（'brog-mi-shākya-ye-shes：994～1078）とタクロ・シュンヌツゥンドゥー（stag-lo-gzhon-nu-brtson-'gros）という2人の青年をインドへ留学させた。留学に先立ち、2人はまずチベットとネパールでサンスクリットを学び、それからインドのヴィクラマシーラ寺院（Vikramaśīla：マガダ国にあった寺院）へ向かった。タクロ・シュンヌツゥンドゥー（stag-lo-gzhon-nu-brtson-'gros）は山に向かって礼拝するばかりで学問的に見るべきものはなかったが、ドクミ・シャーキャイェシェーは寺に8年間留まって戒律と般若及び密法を、その後東インドに4年留まり、プラジュニェーンドラルチ（Prajñendraruci）から密法を専門に学ぶと同時にラムデー（道果教授とも。チベットに伝わる重要な密法の一つで、主にサキャ派が伝承している）をも学んだ。チベットに戻った後は、ニュグルン（myu-ku-lung）〔最近の研究ではニュグルンは洞窟で、ドクミはそこで家族と共に住んだといわれる〕に住み、インドから招聘したガヤダラ論師（Gayadhara）からラムデーに関わるすべてを5年間学んだ。また『ヘーヴァジュラ』『ヴァジュラパンジャラ』『サンプタ』等の密典を訳し、弟子に教えを授けた。ドクミの教え方には特徴があった。密法の教えを授ける度、弟子に多額の礼金を要求するのである（当時は法、特に密教を伝授される際、供養や財産の献上は必須であったが、彼は特に高額を求めた）。彼の弟子で著名なのはサキャ寺を建立したクン・クンチョクギェルポ（'khon-dkon-mchog-rgyal-po：1034～1101）で、カギュー派の創始者マルパ（mar-pa-chos-kyi-blo-gros：1012～1097）も彼からサンスクリットを学んでいる。

ウースンの息子ペンコルツェン（dpal-'khor-btsan）は民に殺され、その長子（上記タシーツェクbkra-shis-brtsegs のこと）はユムテン派に攻められてラトゥー（la-stod）を去り、独立した。次子ニマグン（nyi-ma-ngon）はその統治する地で叛乱がおこると、腹心3人と共に騎馬隊百騎を伴い西方ガリーに逃走し、プラン（spu-rangs）地方の高官の娘と結婚してのちにその地の王となった。ニマグンには3人の子があった。長子リクパグン（rig-pa-mgon）、次子タシーデグン（bkra-shis-lde-mgon）、3人目のデツングン（lde-btsun-mgon）である。ニマグンの死後、ガリーは3つに分割（mnga'-ris-skor-gsum：すなわちガリー・コルスム、第9章参照）され、3人の息子がそれぞれの王となった。長子リクパグン（rig-pa-mgon）はマルユル（mang-yul あるいは mar-yul：現在のラダック地方）、次子タシーデグン（bkra-shis-lde-mgon）はプラン（spu-rangs：すなわちプラン宗一帯）、デツングンはシャンシュン（zhang-zhung：グゲ gu-ge ともいう。ツァプラン rtsa-brang ～トリン mtho-lding 一帯。この3地域は現在の版図よりも大きい）をそれぞれ支配した。シャンシュン（zhang-zhung）の王デツングン（lde-btsun-mgon）には2人の子があった。長子をコルレ（kho-re）、次子をソンゲ（srong-nge）という。長子コルレ（kho-re）は仏像の前で出家し、名をイェシェーウー（ye-shes-'od 智光の意）と改めた。当時、ガリーやウー・ツァンの宗派の中には、密教経典の字面ばかりにとらわれ、成仏の道と称して女性を虐げ、済度の手段に首を切り、さらには死体を用いた錬金術などまがまがしい術をおこなう者があった。インドやポン教の影響を受けたと思われるこれらの行為は危険なだけでなく、統治者が求める社会の安定をも脅かすものでもあった。イェシェーウーは仏教の力をもってこれらの行為を正そうと考えたのである。仏教の復活を願うウー・ツァンの統治者にもこれらの狙いがあったろう。出家後のイェシェーウーはリンチェンサンポらをカシミールへ留学させ、またインド人僧をチベットに招聘すべく積極的に働きかけた。この頃サムイェー寺をまねたトリン（mtho-lding）寺を建立している。イェシェーウーはダルマパーラ（Dharmapāla：東インドの人。当時カシミールに滞在していた）とその3人の弟子をチベットに招き、ガリーに戒律伝承（チベット人のいう"高地律"である）をうち立てた。カシミールへと送り出された第一陣の留学生は21人と伝えられるが、チベット人にカシミールの気候は合わず、多くがその地で命を落とし、ガリーに戻ったのはリンチェンサンポ（rin-chen-bzang-po：宝賢の意）とレクペーシェーラプ（rma-legs-pa'i-shes-rab）ただ2人であったという。

リンチェンサンポ（958～1055）はグゲのニュンヴァム・レーニ（snyungvam-rad-ni）地方出身で、13歳（970）のときイェシェーサンポ（ye-shes-bzang-po）のもとで出家した。イェシェーウーの命によりカシミールへ留学、最初の7年で多くの顕密経典を学んだ。2度目の留学ではマガダ国におもむき、3度目は再度カシミールへ向かった。彼は75人ものパンディタから学んだといわれる。帰国後は多くのインド人僧侶をガリーに招き、その協力のもと訳経にはげんだ。顕教では17部の経典、33部の論書、密教では108部のタントラを訳したといわれ、その中には『秘密集会タントラ』の聖者流とジュニャーナパーダ流の註釈と『初会金剛頂経』のアーナンダガルバ釈など重要な密教経典が含まれている。リンチェンサンポの出現によって仏教の理論と結びつくことで、密教がより“高み”へと押し上げられた、とチベットでは考えられており、彼以降に訳された密教経典を“新密咒”、スムリティ・ジュニャーナキールティ（Smṛtijñānakīrti）以前の吐蕃時代を含む密教経典を“旧密咒”と称する（一般的に、チベットではランダルマ以前の仏教を前伝期bstan-pa-snga-dar、ゴンパ・ラプセルとリンチェンサンポ以降の仏教を後伝期bstan-pa-phyi-darと呼ぶ。新旧密咒の区分とほぼ相応してはいるが、完全に一致しているわけではない）。リンチェンサンポは新たなサンスクリット経典をもとに、吐蕃時代の旧訳本の改訂もおこなっており、その著作の多さと影響の大きさから、ロチェン（lo-chen：大訳経官の意）と称された。レクペーシェーラプも『量釈論頌』『量釈論第一品ダルマキールティ自釈』『後三品釈』〔3〕及び『釈迦慧疏』等の因明の重要経典を訳出しており、その一部は弟子のイェバルが註釈をほどこしている。これらは旧因明といわれ、レクペーシェーラプはロチュン（lo-chung：小訳経官、リンチェンサンポに対比しての称）と称された。リンチェンサンポの業績は訳経に留まらず、寺院の建立や修築など多岐にわたった。今もガリーからラダックに至る地域の人々は、一帯の主だった重要寺院のほとんどはリンチェンサンポが建立したというのである。イェシェーウーの子ラデ（lha-lde）が王のとき、父に金剛阿闍梨（rdo-rje-slob-dpon：密教の尊称で後世にも踏襲された）の尊称を送り、プラン地方（spu-rangs）の荘園（gzhis-ka）を私有の荘園として与えたうえ、そこから得られる税収の一部が提供された。これがチベットにおける寺院所有の荘園の始まりである。

イェシェーウーは多くのインド人僧をチベットに招いたが、中でもチベットに大きな影響をもたらしたのはアティーシャ（Atīśa、本名Dīpaṃkaraśrījñāna：982 ～ 1054）である。アティーシャはインドのサホール国（生まれはBhagaipur：現在のバングラデシュ）の人で、マガダ国にあったヴィクラマシーラ寺院（超岩寺）で上座を務めた重要な人物である。アティーシャをチベットへ招く費用調達のため、イェシェーウーは兵を率いてガリー西北の異民族地域へ向かったものの、カルルク（kar-logまたはGarlog：当時の国の名。イスラムを信仰していた）に捕えられた。カルルクは釈放の条件としてイェシェーウーの改宗とシャンシュン地方の属国化、あるいは本人と同じ重さの黄金を支払うよう求めた。イェシェーウーの甥チャンチュプウー（byang-chub-'od）はその臣下や寺院の僧などの所有するあらゆる黄金をかきあつめて叔父の身を購おうとしたが、黄金はその重さに達せず、獄中のイェシェーウーとの面会が許されただけであった。イェシェーウーはその黄金を身代金ではなく、アティーシャ招聘のために使うことを望んだため、チャンチュプウーはガリーに戻り、望み通りナクツォ・ツルティムギェルワ（nag-tsho-tshul-khrims-rgyal-ba）訳経僧らをヴィクラマシーラ寺院に派遣してアティーシャのチベット来訪を請うたのであった。アティーシャはイェシェーウーがその身を仏教に捧げたこと、チャンチュプウーの嘱望の念に感じ入りチベット行きを決意した。しかし寺院の他の上座が、アティーシャが長く寺院を離れるのを許さないであろうことを見越し、聖地巡礼に行くと偽って寺院を出発、まず大菩提寺などの聖地を参拝したのちネパールに向かった。アティーシャは1040年に寺院を出発した後ネパールに1年留まり、1042年にようやくチベット入りを果たしている。ガリーに滞在した3年の間、アティーシャはチャンチュプウーのために『菩提道灯論』等を著し、リンチェンサンポらの協力のもと顕密経典の訳出をおこない、経典の講義や密法の灌頂などもおこなった。しかしアティーシャが最も重視したのは業果（業は意識的言行を指す。善行は善果を生み、悪業は悪果をもたらす。自身の業は今生あるいは来世に至ってその報いを受ける。これらは古代インド人が強く信じる信仰である）の闡明である。かれは帰依（すなわち、仏に帰依する、法に帰依する、僧に帰依するといういわゆる三帰依）することを熱心に唱えたため、業果ラマと呼ばれた。1045年、アティーシャはインドに帰国するべくプラン（spu-rangs）に至ったが、ネパールの戦乱に遭遇、足止めとなったところにドムトゥン・ギェルウェージュンネー（'brom-ston-rgyal-ba'i-'byung-gnas：1005～1064、以下ドムトゥン 'brom-ston）の出迎えを受けた。ドムトゥンは西カムで経を学び、セツン（bse-btsun）の弟子としてあるインド人（おそらくスムリティ・ジュニャーナキールティ Smṛtijñānakīrti）からサンスクリットを学んでいる。アティーシャがガリーにいると聞き、同志と図ってウー・ツァンにも招こうとやって来たのであった。ドムトゥンはアティーシャに拝謁したうえでウー・ツァンの状況を説明、ウー・ツァンの僧には手紙を認め、すぐ迎えをよこすよう申し送った。アティーシャは迎えと共にウー・ツァンへ向かい、9年間滞在した。その間サムイェー（bsam-yas）、ラサ（lha-sa）、イェルパ（yer-pa）、ペンユル（'phan-yul）、ニェタン（snye-thang）などの地を訪れている。多くの弟子の中でも著名なのはクトゥン・ツゥンドゥーユンドゥン、ゴク・レクペーシェーラプ（rngog-legs-pa'i-she-rab）、ドムトゥンなどで、特にドムトゥンは9年間片時も離れることなくアティーシャに付き従い、その学問を最もよく継承したといわれている。1054年、アティーシャはニェタンで卒した。ドムトゥンはその弟子を率いてレディン（rva-sgreng：ラサの北、4日行程ほど。現在のレディン寺付近）に至り、1056年レディン寺を建立、カダム派（bka'-gdams-pa）を形成した。

1076年、チャンチュプウー（byang-chub-'od）の甥ツェデ（rtse-sde：当時のグゲ王）は法会を開催した。チベット語史料に見られる“丙辰法会”がそれで、当時チベット各地から多くの著名な僧が参加した。史料からはその法会の内容をうかがい知るべくもないが、法会以降、多くの若い僧侶がカシミールやインドへ向かい、訳僧となった。ある史料には、この時期（10～13世紀）、訳僧は160～170人ほどおり、カシミールや東インドからきた訳僧も70～80人ほどいたという。そのなかで、最も著名でありその後のチベット仏教に大きな影響を与えたのはゴク・ロデンシェーラプ（rngog-blo-ldan-shes-rab）らで、ほかにもリンチェンサンポ、ドクミ・シャーキャイェシェー（'brog-mi-shākya-ye-shes）、グー・ククパレーツェー（'gos-khug-pa-lhas-btsas）、マルパ・チューキロドゥー（mar-pa-chos-kyi-blo-gros）、パツァプ・ニマタク（pa-tshab-nyi-ma-grags）などがおり、ある者は翻訳を通じてチベット仏教で最も影響ある顕教経典や密教タントラ、修行の法を伝え、またある者は経論の伝承を講義する組織をつくった。彼らがインドやカシミールで得た学問は多様で、その見解もさまざまであったため、チベットには多くの宗派が興ることとなった。これらは後にチベットに出現したさまざまな教派の思想、修行法の土台となっている。この時期のチベット仏教は、多種多様の思想がさまざまに入り乱れている状態であった。ダライラマ五世はその著書『チベット王臣記』の中で、師匠クントゥン（'khon-ston）がこの時期の状況について述べた一節を引用しているので、参考にされたい。

ウーデ（'od-lde：チャンチュプウー byang-chub-'od の兄弟）の子ツェデのとき、ウー・ツァン・カムの3区から三蔵に通じた法師を招き、自身が施主となって衆人を供養し、法会をおこなった（1076年の丙辰法会）。サンカル・ロツァワ（zang-mkhar-lo-tsa-ba）が『量釈荘厳論』を訳したのはこのときである。ラ・ロ（rva-lo）、ニェン・ロ（gnyan-lo）、キュンポ・チューツゥン（khyung-po-chos-brtson）、ツェン・カウォチェ（btsan-kha-bo-che）、ゴク・ロデンシェーラプ（rngog-blo-ldan-shes-rab）、マルトゥン・テーパシェーラプ（mar-thung-dad-pa-shes-rab）らは共にタクポ・ワンギェル（dvags-po-dbang-rgyal）を代表とする法団に従い法会に参加した。ツェン・カウォチェ（btsan-kha-bo-che）はサッジャナ（sajjana）より弥勒〔五〕法を学んでいる。ラ・ロ（rva-lo）、ニェン・ロ（gnyan-lo）の2人は法会の後インドにおもむき〔法を学んでいる〕。この後まもなく、タクカルワ（brag-dkar-ba）はキーシュー・ニャンテンパボンカ（skyid-shod-nyang-bran-pha-bong-kha）にサンガ（僧伽／組織）をたちあげ、その地で修行をおこない、仏教の流布に努めた。これらの人と〔おおよそ〕同じ時期、ラン（glang）、シャル（shar）等のカダムのシュン派（bka'-gdams-gzhung-pa）の継承者が、またロ（lo：ドムトゥン 'brom-ston の弟子で1095年にロ寺を建立したチェンガワ・ツルティムバル spyan-snga-pa-tshul-khrim-'bar）、チャユル（bya-yul）、ギャマ・リンチェンガンパ（rgya-ma-rin-chen-sgang-pa）等のカダム・ダムガク派（gdam-ngag-pa）の継承者も〔登場した〕。彼らはカダム派の“七宝教法”（lha-chos-bdun-ldan：1釈迦、2観音菩薩、3ターラー菩薩、4不動明王、以上を“四本尊”すなわち lha という。5経蔵、6律蔵、7論蔵、以上を“三蔵”すなわち chos という。合わせて“七宝”であり、カダム派の基本となる教えである）を広く伝えた。サンプ（gsang-phu）

地方ではゴク訳経官師弟（rngog-lo-yab-sras：ゴク・レクペーシェーラプとゴク・ロデンシェーラプとは叔父・甥の関係であり、師弟でもある）たちが〔因明と弥勒五法の〕講義をおこない、正しい理論で僧を導いた。パツァプ訳経師（pa-tshab-lo-tsa-ba）は中論を訳して伝え、ギャ・ドゥルジン（rgya-'dul-'dzin）、ツォナパ（mtsho-sna-pa）たちは律蔵を伝えた。ニェルシク師弟（gnyal-zhig-yab-sras）は般若（『現観荘厳論』）と因明を、ゴク・アーリヤデーヴァ（rngog-ārya-de-va）はグー派律学（'dul-ba-'gos-lugs）を伝えた。チャガンパ・スーナムリンチェン（bya-sgang-pa-bsod-nams-rin-chen）はマル派律学（'dul-ba-mar-lugs）を、ラマ・ゴクパ師弟（bla-ma-rngog-pa-yab-sras）はマル派『ヴァジュラパンジャラ』『ヘーヴァジュラ』「菩薩の三部作」[4]を広めた。スルチュンパ（zur-chung-pa）とジェ・ドプクパ（rje-sgro-phug-pa）は界部7経、幻化部8部、心部20経（すべてニンマ派の密法）を、ラ・チューラプ（rva-chos-rab）、ロンワ・ガ訳経師（rong-ba-nga-lo）、チェル訳経師（dpyal-lo）、ラワ訳経師（gla-ba-lo-tsa-ba）、ド訳経師（'bro-lo-tsa-ba）はヤマーリの法と『時輪タントラ』を広めた。サキャ派三白（sa-skya-pa-dkar-po-rnam-gsum：すなわち"サキャ5祖"のうちサチェン・クンガニンポ、スーナムツェモ、タクパギェンツェンの3人）とその弟子はドクミ派（'brog-mi-lugs）口伝の『ヴァジュラパンジャラ』『ヘーヴァジュラ』「菩薩の三部作」とチャクラサンヴァラなどの密法を伝え、ジェプツン・ミラ（rje-btsun-mi-la）、ガムポパ（sgam-po-pa）、ドゥクパ（'brug-pa）、トプ（khro-phu）、ディ（'bri）、タク（stag）などは大印法門と〔ナーロー〕六法を広めた。シャーキャシュリー（Śākyaśrī）らは経（顕教）及び咒（密咒）など正しい道理とその道筋を伝えた。この時代、十力を備えた浄飯王子（釈迦のこと）の教誡と解悟という珠玉の宝は、"白分"（1日から15日まで）の月光のように光り輝いた。顕教の善巧と密咒の成就を共に備えたのは、その年齢の違いにかかわらず、みな同じ世代の者たちである。

上記の記載には少なからぬ誤謬があるものの、この時期のチベット仏教の状況を大まかに描き出していよう。

ウー・ツァンやガリー地区では10世紀後半頃から仏教の復興が見られた。11～12世紀に入ると社会にも浸透し、活発な活動が見られるようになる。西寧地方からもたらされた仏教は、ロトゥンやルメーなど、後には彼らの弟子によって広められ、最初は吐蕃時代の廃寺や古い廟を拠点としつつ、新たな寺院も建立された。その弟子やさらに弟子の時代になると、ウー・ツァン地区には次々と寺院が建立された（手元資料の統計によれば、およそ200か所前後）。彼らの活動は主として寺の建立、信徒の獲得、戒律の伝授、因果応報の宣伝等であった。ガリー地区では、ツェンポの後継者達が統治していたが、その地位と財力をもってチベット人の仏教徒を育成し、インドの著名な僧を数多く招聘した。彼ら自身もその一部は出家して僧になり、仏教の教えを広めることに力を尽くした。こうしてガリー地方の仏教は活況を呈しつつあった。この地域における仏教徒の主な活動もまた寺院の建立と大量の訳経であった。西カム地方は、ダルマの破仏時多くの僧が逃げ込んだ地域で、ウー・ツァンの10人のうち一部の人々もこの地で活動していたため、10世紀から11世紀頃には仏教の教学活動がおこなわれていた。ウー・ツァン、カム、ガリー一帯では、吐蕃の統治が崩壊した後、政治的には分裂して戦乱は頻発、社会不安が渦巻いていた。そのような混乱状態が100年ほど続いた後、10世紀の中後期に至ると漸く社会は安定しつつあったものの、政治上の分裂は以前のままであった。支配者が仏教を保護し、僧に資金援助をするのは、搾取側として自身の立場保持に有効なためでもあるが、彼ら吐蕃の後裔の多くはすでに貴族の身分を失っており、彼らもまたその出口を求めたのであろう。当時の著名僧の大半はこれら貴族の転身した姿である。11世紀中頃になると、ガリー地方の仏教はかなりの勢力となっていた。ウー・ツァン地区に加え、ラサやサムイェーでも寺院が復興されて、往時の旧観を取り戻しつつあった。当時ドムトゥンがアティーシャに語った話によると、その頃僧の数は数千人にも達していたという。とはいえ僧は各地に分散しており、所属も異なっていたためその教えもまた一様ではなかった。この頃、アティーシャはガリーの統治者の招聘をうけ、またドムトゥンらにはウー・ツァンへと招かれていた。ヴィクラマシーラ寺院上座という地位とその博識、加えて修証をもって主とする一貫した仏学の系統は、ガリーやウー・ツァンの僧たちの知識と相俟って教理の系統化、教学の規範化のための手本となる作用をもたらしたのであった。またアティーシャはチベット社会に対して業果、帰依などの教えを積極的に説いたため、上層部のラマを含む支配者層に大いに受け入られ、チベット仏教に大きな影響を与えたものの、統一宗派の成立にまで至ることはなかった。当時の社会はまだ混乱のさなかで、寺院の規模もその出現を可能にするほどではなかったためと思われる。またチベット入りしたインド僧の宗派はさまざまで、インド留学したチベット僧も同様であった。むしろさまざまな宗派が芽吹き、併存する状況だったといえよう。この時期、特筆すべきは訳経の分野である。吐蕃時代の翻訳経典はサンスクリットの原文に依拠して校訂や改訂をおこなったものが少なからずあり、またまだ翻訳されていなかった新経典や、当時インドで流行していた教えなども大量に翻訳されて流入した。その中には密教経典も含まれている。その後、インドの顕密各派の主だった経典はほとんどチベット語に訳された。そのため顕教の教義や密教の修行について、思想の系統化、修行上の体系化がおこなわれるようになり、後世さまざまな宗派が発生する下地となった。支配者層の支持を得ていたとはいえ、十分な庇護のもとにあったわけではない僧がさまざまな手段で信者を獲得し、人々の間に根をおろしていったことは注目に値する。この点については資料が少なく、きちんとした解釈を述べることはできないが、わずかな材料から判断できるのは、一部の仏教徒がその知識を売り物に収入を得ていたことである。たとえばドクミ・シャーキャイェシェーは教えを授けるごとに多額の謝礼を取ったし、マルパ訳経師が密法を授ける条件は全財産を捧げることであった。また別の訳経師は医学書を1冊翻訳すると、謝礼として数十両の金子を求めたという。少なからぬ僧は寺を維持するために人々から多額の金を徴収し、その大部分はさらに別の商売にも手を染めている。さらによく見られたのは、呪文を唱えて雹を防ぐ、まじないで疫病を防ぐなどと偽って多くの布施を得ることなどで、布施に頼って人々を騙したり、因果応報や“道徳”規定などで統治者寄りの宗教活動をおこなうだけでなく、功名をあさる行為などもおこなわれていた。一般的に僧、特に高位の僧は一定の社会経験と知識を有する。彼らが寺院用にと選定する土地は往々にして交通や交易の中心地であった。寺院の宗教活動は内外の文学芸術を大いに利用し、その地の文化の中心となっていくのである。寺周辺に定期市を組織する場合もあった。多くの僧は医薬の知識をもっており、それを活用することで手持ちの財産を増やすこともあった。リンチェンサンポは『八分医方要集』とその詳細な註釈（インド古代伝統医学の主要な医学書で、唐代以前の翻訳本もあるが現在は失われている）を翻訳している。またある僧は暦算の知識をもっており（季節の推測、農暦の把握に用いるが、吉日吉事を調べるなどとして人々を騙すこともあった）、たとえばギチョ訳経師ダウェーウーセル（gyi-jo-zla-ba'i-'od-zer）は1027年に『時輪タントラ』を訳し、後に別の僧が詳細な注をつけているが、中国で古代使用されていたような干支を合わせる記載が勧奨された。また災いを避けるまじないの類については、有害無益とはいえ人々が自然や社会の環境に対し何の力ももたないことにつけ込んでおり、人々は容易に騙され、あまつさえ僧に感謝さえするのである。チベット人の子供が学問を始める際、ポン教や仏教の僧を師とするが、11～12世紀頃になると仏教を学ぶ子供が増えたという記載が残っており、教育もまた仏教の独擅場となって仏教勢力の発展に寄与している。こうして仏教は寺院を拠点にしてチベットの文化や生活、教育の分野に入り込み、僧はその地を代表する階層となっていった。12世紀後半には、あちこちで生じた権益をめぐる戦いの中、これらの人々が仲介者となって有力者から統治権を手に入れる者まで出現した。タクルンタンパ・タシーペル（stag-lung-thang-pa-bkra-shis-dpal：1142～1210）はダル人とロンパ人との争いの仲介をおこない、その後両族の居住地を統治したという（『青史』）。またある寺の主が死去した際、その甥が寺のケンポを継承したことにより一族が土地の有力者となって、最終的に統治者となったという話もある。チャ・ドゥルジン・ツォンドゥーバル（bya-'dul-'dzin-brtson-'grus-'bar：1091～1166）はスルプ地方（zur-phu）に戒律を主とした寺院を建立したが、彼の死後、甥のロク・チューワン（rog-chos-dbang）が継承して最終的にはロク家がその地を統治するに至った（『青史』）。かつてその地を統治していた貴族がその子弟を出家させて宗教的地歩をかため、以後統治範囲を拡大させていくケースはサキャのクン氏、パクモドゥのラン氏などにもみられる。仏教徒は社会にその地歩をかためつつ、さまざまな道のりのもと支配者へと登り詰めていった。また統治者から重用され、その地位を利用する者もいた。さらには仏教唯心哲学と文学、歴史などの知識を蓄え、当地の“学者”となって、支配者からの尊敬を得た者もいた。当時のチベット社会には、これらに対抗しうる学問は他に存在しなかった。統治者はその子弟を学ばせるのに他の選択肢をもたなかったのである。仏門の弟子として、僧たちは麻薬のような役目をする因果応報の思想を浸透させていった。こうして仏教はその地を掌握しつつ発展し、各宗派が成立しうる基盤を整えていった。13世紀の"政教一致"に至る社会の基礎はここに成立を見るのである。

## 訳注

〔1〕 阿闍梨の漢訳。戒律を授けられた新たな修行僧は、10年間必ず1人の長老に付き従わなければならなかったが、この長老を軌範師という。弟子の軌則、師範である者の意。

〔2〕 'od brgyad spun gnyisを、Bu ston chos 'byung（プトゥン仏教史、北京版、1988）は、mnga' ris pa 'o brgyad spun gnyisとする。E. Obermillerの英訳（Heidelberg版、1931）p.202は、mnga' ris pa 'od brgyad sbung nyis（sic）とする。

〔3〕 ダルマキールティは自著『量釈論』の第1章の註を自ら著したが、第2章から第4章の註は、弟子のデーヴェーンドラブッディに書かせた。これが『後三品釈』である。

〔4〕『時輪』の大註『ヴィマラプラバー』、『ヘーヴァジュラ』のヴァジュラガルバ註、『サンヴァラ』のヴァジュラパーニ註の総称。

# 第3章 ニンマ派

この教派の名称をニンマ派（rnyng-ma-pa）という。ニンマには“古”と“旧”という2つの意味がある。この派は8世紀のパドマサンバヴァ（pad-ma-'byung-gnas：蓮華生）の教えを継承し、他の宗派と比べて300年ほどさかのぼりうることから古い歴史のある派という意味がある。また、吐蕃隆盛時に翻訳された旧密呪を主としているとの自称から“旧”の意味ももつ。チベット仏教には多くの異なる宗派があり、インドの小乗18派はその戒律の違いによって、また大乗はその教義の違いによって別の派に区分されるが、チベット仏教はその伝承と、修行する密法の違いから派が区別される。密法のそれぞれが依拠する典籍は、その訳出された時代によって大きく新密呪と旧密呪に区分される。新密呪はリンチェンサンポ及び彼以降の僧により訳出された典籍で、旧密呪はダルマの破仏以前のそれである。ニンマ派が尊重し、伝えてきたのはパドマサンバヴァ、ヴィマラミトラらインド出身者及びヴァイローチャナ、ニャン・ティンゲンジンらチベット出身者が伝承してきた旧密呪であるため、旧派すなわちニンマ（rnyng-ma）と称される。

8～9世紀頃、インドの密教が支配者主導でチベットに伝来した際、その導入に反対した者は多かった。ティソン・デツェンの時代、密経典籍の訳出は厳しく制限され、既訳のものも含め公開は禁止されて、顕教のように公にされ、流布することはなかった。ニンマ派の伝える経典も個別あるいは秘密裡に伝授されていたものである。ダルマの破仏は寺院やその組織を破壊したに止まらず、仏教が吐蕃支配層や社会に及ぼした影響をも失わしめた。一般的なチベット語史料では、破仏時代、密教は顕教が受けたほどには打撃をこうむらず、父子、兄弟間での伝承もおこなわれたとされている。9世紀後半から10世紀前半の密法は、社会が混乱する中で家族によって伝承され、当時流行していたポン教の影響を少なからず受けた。そのため11世紀になって新たに訳出された密法とは内容に大きな違いがある。旧密咒は新興のカダム派、カギュー派、サキャ派のように寺院をもったりサンガを組織することもなければ系統的な教義をもつこともなく、11世紀のいわゆる“三スル”（zur-gsum）の登場をまって、ようやく寺院の建立や広範な活動がおこなわれるようになった。この時期をもってニンマ派が成立したともいえるだろう。

ニンマ派の組織は緩やかで、その教えもさまざまである。信徒は各地に分散し、それぞれ家族間でその教えを継承した。そのためこの宗派について統一した、系統的な記述をおこなうのは困難であるが、大まかにいって２つの内容に分類することができる。一つは経典や仏教理論を重視せずに呪術や法術に頼り、個別に行動する一群で、彼らをガクパ（sngags-pa）という。咒を念誦する人の意味である。その数は多く、ポン教に近い彼らを、チベットでは真のニンマ派と称している。しかしこの一群は史料に記載がないため、これ以上の紹介は困難である。別の一群は他の教派同様尊重する経典をもち、師弟や父子間で継承されている。その経典は２つに分類され、一つは８～９世紀頃チベット語に訳出されて以来、師弟あるいは父子間で連綿と伝承された、カマと称する経典（bka'-ma、以下の本文を参照）で、もう一つはいわゆる発掘された、と称してその実偽造された経典である。彼らが述べるところでは、パドマサンバヴァ等が密法を後世に伝えるとして地中に埋めたり洞窟の中に隠した経典が、数百年を経て発掘されたものだという。これをテルマ（gter-ma）という。他教派の者からすれば、父祖代々伝えられたという経典もインド伝来の翻訳経典ではなくニンマ派の偽造であろうし、ましてテルマなどは“発掘した”と称するものの、偽造したものを自らが地中に埋め、発掘したとの詭弁のもと保管していたとしか思えないものである。したがって他教派はニンマ派が依拠する経典の真実性を認めておらず、12～13世紀頃まで、他教派の学識ある人々からは、ニンマ派はチベット仏教の一派とはみなされなかった。状況が変わったのは、サキャパンディタ・クンガギェンツェン（1182～1251）がシャンチュ河谷、塞輿地方の古い寺でアティーシャ所伝の『金剛橛』を発見してからのことである（『青史』参照）。ニンマ派にはポン教由来（おそらく一部はインド由来）の呪術が混在しており、また中心的な教義には中国の禅宗に類似した部分があるため、経典を墨守する、他教派の人々の反感もわからないではない。しかしニンマ派の奉ずる“経典”と“テルマ”に、時代をさかのぼりうるものがあるのも確かである（比較的信頼できる史料や伝説などが残されている）。11 世紀から 12 世紀にかけ、ニンマ派は教派としての形をととのえたが、その際に後伝期の新訳密咒の影響を受けて顕教理論を重視するようになった。ニンマ派がチベット仏教の一派であることは明らかで、後のチベット語史料でもニンマ派はチベット仏教の一宗派であるとされている。

いわゆる三スルは、同じスル家に属する 3 人のことをいう。1 人目は通称スルポチェ（zur-po-che：大スルの意）、本名シャーキャジュンネー（shākya-'byung-gnas：1002 ～ 1062、ウパルンパ 'u-pa-lung-pa とも）といい、彼はさまざまな旧密咒の学者から当時流行していたニンマ派の教えを学び、典籍の整理をおこなった。まず根本タントラを、続いて註釈及び解説、その成就法と儀式について明確に規定し、組織的に系統化した。彼はニンマ派の典籍を整理系統化した最初の人物であり、彼以降、ニンマ派は教派としての形をとるようになった。スルポチェはウパルン寺（'u-pa-lung-pa：そのため、彼はまたウパルンパとも称される）を建立し、多くの弟子をもった。弟子は、常時修行していた者だけで 108 人を数えたという。中でも優秀な 4 人の弟子がおり、その中の 1 人がスルチュン（zur-chung：2 人目のスルである）であった。スルポチェはドクミ訳経師に百両を献じ、ラムデーの教えを受けた。また顕教徒、ポン教徒と共に廟を建てたといい、顕教やポン教と良好な関係を築いていたことがうかがえる。彼は行者として生涯妻帯はしなかった。スルチュンは養子である。

スルチュン・シェーラプタクパ（zur-chung-shes-rab-grags-pa：1014 ～ 1074、ギャウォパ rgya-bo-pa[1]とも、ラジェチェンポ lha-rje-chen-po とも。大医師の意）は、もともとスルゴム（zur-sgom）と呼ばれた乞食僧の子であった。親子でスルポチェの所へ物乞いに行った際、スルポチェは彼をもらい受け、シェーラプタクパと名付けたのである。スルポチェの養子ということで、人々は彼をスルチュンと呼んだ（小スルの意）。スルチュンはスルポチェから多くの教えを学んだが、密教の伝授だけはされなかった（当時、密教の教えを受けるには多額の金が必要であった)。スルポチェはスルチュンを裕福な寡婦の娘と結婚させ、その金で密法を学ばせた。密法を修得するとスルチュンは寡婦とその娘を棄てたという。スルポチェがスルチュンに『集密意経』(アヌヨーガ乗の釈タントラ)を講じさせた際には300人もの聴衆が集まった。スルポチェの知識をすべて吸収したスルチュンはウパルン寺の後継者となったが、さらなる学問を求めて3人の僧に寺を任せ、ギャウォ地区(rgya-bo)へと向かった。ギャウォの山が9つ連なる険しい場所で13年の修行をした彼を、人はギャウォパと呼んだ。後に一切の事物はみな金剛薩埵の性であると悟り、大円満の境地(rdzogs-chen：ニンマ派独自の最高の法。以下の本文を参照)を得たという。またスルチュンはグー・ククパレーツェー('gos-khug-pa-lhas-btsas：アティーシャの弟子)に会って『ヘーヴァジュラ』の講義を受けている。またニェン・ロ(nyan-ro)では顕教を学んだ4人と問答をおこなった。4人はスルチュンに同時に問いかけるなどしたが、スルチュンを論破できなかった。4人はその後スルチュンの弟子となっている。スルチュンの名声が高まると共に、富もまた彼に集まり、当時の仏教徒の中では最も裕福であったという。スルチュンの弟子は多く、著名な弟子は“四柱、八梁”と称された。息子が3人、娘が数人いて、みなニンマ派の修行をして成就したという。最も著名で、彼の後継者となった弟子はドプクパである。

ドプクパは3人目のスルであり、名をシャーキャセンゲ(shākya-seng-ge：1074～1134、ラジェチェンポ・ドプクパ　lha-rje-chen-po-sgro-phug-paとも。ドプクパ大医師の意)といった。スルチュンの末息子にあたる。ドプクパの生まれた年にスルチュンが世を去ったため、彼は母とおじに育てられ、15歳(1088)から学問を始めた。19歳の頃には、家の財産管理に追われて学問もままならなかったが、父の著名な弟子(前述の“四柱”である)を自宅に招いて学問を続けた。師からはニンマ派の経、幻、心の三部密法の教授や儀式、灌頂などを学び、別の人物からは大円満法も学んで一角の人物となったのである。弟子は1000人にも及んだが、その中の多くは顕教から密教へと学問を改めたものである。ドプクパはドプク地方に寺院を建立したが(ドプク寺)、これが彼の名の由来となった。

以上三スル、特に2人目と3人目のスルは共にラジェチェンポという名をもっていることから医者であったと思われる。彼らの後継者にもラジェという名をもつ者が多いことから、医学を修めるのは伝統であったのかもしれない。13 世紀頃、彼らの継承者であったシャーキャウー（shākya-'od）は彼が“発掘”したという“ツェチュ”（tshe-chu：聖なる水の意、経典の名と思われる）を世祖フビライに献じ、フビライは彼にパーシ（pa-shi：漢文で法師の意だが、モンゴル文では師、チベット文では帝師に相当する役職の意）という名号を与えている。また、ユントゥン・ドルジェペル（g·yung-ston-pa-rdo-rje-dpal：1284 ～ 1365）という人物は新旧の密咒やニンマ派の教法、『時輪タントラ』をよくし、呪術をもって著名であったので、元の成宗テムルの招きを受けて上京、金剛舞を捧げた。多くの褒美を得、また皇帝の要請に応じて日照り地区に赴き、雨乞いをおこなっている。またサンギェータクという者は皇帝に謁見して広大な土地を賜った。これらのことから、初期ニンマ派と元朝には一定の関係があったようである。三スルから連綿と継承されたこの一派は 14、5 世紀頃になると消息不明となった。おそらくその頃から衰退に向かったと思われる。

三スルが伝承した前述のカマ（bka'-ma：口頭伝承経典）は、『幻網』〔マハーヨーガの根本聖典〕、『普集経』〔アヌヨーガの根本聖典〕という 2 点が主な内容となっている。スルポチェとほぼ同時代に同じように伝承を受けた人物として、ロンソム・チューキサンポ（rong-zom-chos-kyi-bzang-po：後チベットのクンロン地方出身のため、名の前に“ロン”が加わっている）がいる。ロンソム・チューキサンポは生没年不詳だが、おそらく 11 世紀頃の人物と思われる。13 歳頃から経典学識に優れた者として名高かった。因明、ヴェーダや宗教以外の典籍にも通じていたほか、サンスクリットも解し、訳経もおこなっている。密教典籍の訳出以外に注疏や論著も著しており、またスムリティ・ジュニャーナキールティ（Smṛtijñānakīrti）の著した『語言門論』に註釈を施し、チベット語の文法書も作成するなど、その多才ぶりにチベットのパンディタ（インドで五明に通じた人物に与えられる称号。第 5 章サキャ派参照）の称がある。ロンソム・チューキサンポが伝承した密法は“心品”が主であったが、ニンマ派をチベット仏教と認めない者から見ると、この“心品”もまた承認できない対象となるようだ（彼の仏教はインド伝来の正当な仏教ではないと認識されていた）。伝承の後の展開はよくわかっていないが、おそらく 3

つの系統に分かれたとされている。第1の系統は“セムデ”（sems-sde：心部）、第2は“ロンデ”（klong-sde：界部）、第3は“メンガクデ”（man-ngag-sde：秘訣部または教誡部）といわれる。これらの3系統は個別に伝承されると共に互いに関連しており、ニンマ派ではこの3系統、特に最後のメンガクデを“ゾクチェン”（rdzogs-chen：大円満、大究竟）と称して主要かつ独自の教えとしている。14世紀になると、ロンチェン・ラプジャムパ（klong-chen-rab-'byams-pa、本名ティメーウーセル dri-med-'od-zer：1308～1364）という人物が登場する。ロンチェン・ラプジャムパは12歳（1319）で出家し、さまざまな師からニンマ派及びその他宗派の密法を学んだ。サンプ寺（gsang-phu-dgon-pa）においても著名な僧から“弥勒五法”や“ダルマキールティの七論”などの顕教を学んでいる。その後岩穴で3年の苦行をしたロンチェン・ラプジャムパは顕密に通じた僧として名をあげた。ロンチェン・ラプジャムパはニンマ派の密法をまとめ上げ、またニンマ派密法に関する多くの書を著した。それらの書は後世極めて重要視され（最も有名なのは『ズードゥン（七蔵）』）、ニンマ派必読の書となった。彼はチベット最大の権力者タイシトゥ・チャンチュプギェンツェン（Ta'i-si-tu-byang-chub-rgyal-mtshan）から敵視されたこともあったが、後に人を介して和解し、宗教活動を再開している。彼はブータンにも赴いてタルパリン（thar-pa-gling）という寺院を建立しているが、ブータンにおけるニンマ派はこの寺院から始まった。ブータンの後はネパールにも向かっている。以降、ブータンとネパールのニンマ派の徒は西カムのゾクチェン寺に赴き学ぶようになった。

以上ニンマ派の口頭伝承経典についての簡単な歴史状況を述べた。次に紹介するのはテルマ（埋蔵経典）についてである。ニンマ派では12世紀中頃からテルトゥン（gter-ston：埋蔵経典を発掘する人）が陸続と出現した。最も著名なのはニャン・ニマウーセル（nyang-nyi-ma-'od-zer：1124～?）で、発掘した多くのテルマは“上部伏蔵”と呼ばれている。またグル・チューキワンチュク（gu-ru-chos-kyi-dbang-phyug：1212～1273）が発掘したテルマは“下部伏蔵”と言われる。この2人以降も多くのテルトゥンが現れたが、15、6世紀頃のラトナリンパ（ratna-gling-pa）は“上部伏蔵”“下部伏蔵”及びそれ以降に発掘されたもの、さらに自身の発掘したものを合わせてまとめあげた。これを“ロ・テル”（lho-gter：南蔵）という。また16世紀はじめにはラトゥー・

チャン（la-stod-byang）の支配者一族の出身であるリクジン・グーキ・デムチュルチェン（rig-'dzin-rgod-kyi-ldem-'phyul-can：生没年不詳）というテルトゥンが現れ、彼の発掘したテルマをまとめたものを“チャン・テル”（byang-gter：北蔵）という。

これらのテルマがすべてニンマ派のものというわけではない。もちろんニンマ派に伝承され、史料とみなしうるものも存在するが、中には『五部遺教』（bka'-thang-sde-lnga）、『マニカンブム』（ma-ni-bka'-'bum）、『蓮華生遺教』（padma-bka'i-thang-yig）など吐蕃時代の歴史に関するものも保存されているようであり、またわずかではあるが医学書もテルマの形式で伝えられている。

16世紀の終わり頃、ラトゥー・チャンの支配者タシートプギェル（bkra-shis-stobs-rgyal：生没年不詳）はシンシャクパ・ツェテンドルジェ（zhing-shag-pa-tshe-brtan-rdo-rje）に敗北した。領地を失い、各地を放浪しているうちに集団となり、エーヴァム・チュンコル（e-vam-chos-'khor）と称した。エーヴァム・チュンコルはヤルツァンポ河北側にドルジェタク寺（thub-bstan-rdo-rje-brag：16世紀末建立）という寺院を建てた。この寺院は一貫して前チベットにおけるニンマ派の拠点寺院の一つとなった。ドルジェタク寺の僧が依拠したのはチャン・テル及び三スル以来伝承された典籍であり、座主は転生ラマによって継承されている。17世紀中頃には、ギュルメードルジェ（'gyur-med-rdo-rje：1646-1714）という僧がヤルツァンポ河の南側にオギェン・ミンドゥルリン寺（o-rgyan-smin-grol-gling：ロカ地区ダナン県）という寺を建立した。この寺院もまた前チベットにおけるニンマ派の主要寺院となっている。ミンドゥルリン寺はロ・テル及び三スル以来の典籍が主であり、座主は父子（あるいは舅婿間）による継承である。この2寺院の奉ずるテルマは異なっており、両寺院はウー・ツァン地区を代表するニンマ派の2支派となっている。1718年、ジュンガル部のチベット侵攻により両寺院は深刻な掠奪と破壊を受けたが、ポラネーが中央チベットを管理していた時期、その資金援助によって再建されている。

上記以外にもカム地区にはニンマ派の比較的大きな寺院が3寺ある。互いに従属関係はなく、上記2寺院との関連もないので、ニンマ派下部の支派であると考えられる。3寺のうち最も早く建立されたのがカトク寺（ka-thog）

で、12世紀にガタムパ・デシェクシェーパ（sga-dam-pa-bde-gshegs-shes-pa：1122～?、パクモドゥ・カギューのドルジェギェルポの従兄）によって建立された。デシェクシェーパはドプクパの孫弟子にあたり、ロ・テルを主に、三スル以来伝承された典籍を奉じている。歴代デルゲ王（sde-dge-rgyal-po）の庇護を受け、座主は代々転生ラマにより継承された。第2の寺はゾクチェン寺（rdzogs-chen）といい、17世紀終わりに建立された。デルゲ王ガクワンタシー（ngag-dbang-bkra-shis）が1684年にペマリンジン（pad-ma-rig-'dzin：1625～1697）を招き、翌年建立させたものである（寺はデルゲ東北部）。ゾクチェン寺はカムで最も有名なニンマ派の寺院となり、名声はドルジェタク寺やミンドゥルリン寺をも凌ぐものであった。各地の僧がゾクチェン寺に集まり、遠くはブータンやネパールから訪れる者もあった。寺の学問制度はゲルク派の影響を受けて13部の顕教を必修としており、そこにはロンチェン・ラブジャムパやキェンツェ・ウーセル（mkhyen-brtse-'od-zer：18世紀の人物）といったニンマ派僧の著作も含まれる。この寺院も転生ラマによって継承された（初代はダライラマ五世の弟子）。18世紀中頃（1746？）、ゾクチェン寺の僧シチェン・ラプジャムパ（zhi-chen-rab-'byams-pa）はゾクチェン寺からそう遠くないところにシチェン寺（zhi-chen）を建立した。この寺院はゾクチェン寺より小規模で（1951年以前ゾクチェン寺の僧は500～600人、シチェン寺は100人ほど）あるが、支寺ではなく独立した別の寺院である。第3の寺はペルユル寺（dpal-yul：四川省白玉県）で、17世紀に建立された。創建者はリクジン・クンサンシェーラプ（rig-'dzing-kun-bzang-shes-rab：生没年不詳）である。この寺院の教えはパクモドゥ・カギュー派のマルツァン支派とニンマ派の教えが融合したもので、その顕密の教習法も他のニンマ派寺院とは異なっている。この寺院も転生ラマによって継承され、カルマ・ヤンシー（karma-yang-srid）と称された[2]。歴代カルマ・ヤンシーはみなデルゲのペルプン寺（dpal-spung：カルマ・カギュー派のタイシトゥ・リンポチェの主寺）で受戒した。上記の3寺院にシチェン寺を加えた4寺院はニンマ派の寺院であり、これにカルマ・カギュー派のペルプン寺を加えた5寺院は歴代土司の庇護を受け、それぞれの座主はデルゲの土司から師として遇されていた。この5寺院はすべてデルゲの管轄内にある。

上記以外にもニンマ派の寺院はあるが、ここでは前チベットのサムイェー寺（bsam-yas）を紹介する。サムイェー寺は8世紀にシャーンタラクシタとパドマサンバヴァによって建立された、ニンマ派に属する密法の典籍が最も早く翻訳され、伝承された場所である。したがってサムイェー寺は理論上ニンマ派の中心寺院であるが、幾度となく火災にみまわれる中、サキャ派の資金提供により再建を果たしたため、サキャ派の管轄下に入った。現在は護法神殿のみがニンマ派の管轄となっている。居住するのはニンマ派を主とした僧で、彼らはカシャク（bka'-shag）〔ダライラマ政庁の内閣〕に極めて重用され、政治上重大な事象が起こった際には必ずといっていいほど厄払いや祈禱を求められた。

カギュー派やサキャ派とは異なり、ニンマ派は中心となる寺院と継続した伝承がある訳でもなく一筋通った歴史をたどれる訳でもない。11世紀に教派として形成された後は分散して発展を遂げてきた。元朝とのわずかな繋がりを除いては権力集団との密接な関係もなく、安定した寺院集団も成立していない。16、7世紀に至ってようやく大規模な寺院が建立され、ダライラマ五世の庇護を受けたドルジェタク寺やミンドゥルリン寺が大きな発展を遂げた。ダライラマ五世は自らもナムパルギェルワ・ペンデレクシェーリン（rnam-par-rgyal-ba-phan-bde-legs-bshad-gling）を建立してニンマ派の教えを伝承している。この寺院はドルジェタク寺やミンドゥルリン寺と同様、1718年ジュンガル部に破壊され、修復後ゲルク派の寺院に改められた[(1)]。ダライラマ五世はかつてカギュー派のトゥースムキェンパ（dus-gsum-mkhyen-pa）が建立したロタク（lho-brag）のラルン寺（lha-lung）を奪ってニンマ派に与えたり、ニンマ派寺院建立に協力するなど、ニンマ派に近い行動が多い。ゲルク派の領袖たるダライラマ五世であるが、彼が学び、奉じてきたのはニンマ派の密法であった。ニンマ派密法に関する著作も多く、この時期のニンマ派発展に大きく寄与している。ダライラマ五世の時代、チベットはグシ・ハーンとその子孫の手中にあった。ダライラマのデシー（sde-srid：摂政）はグシ・ハーンが行政を掌握する中でその重要な協力者となり、絶大な権力を握った。当時の社会は封建農奴制であり、ダライラマ五世は農奴に対し残酷な処刑などの罰則を設け、領主の土地に縛りつけた。農奴が領主に従属し、自身の権利をまったくもたないという情況が強化されていたのである。これらの残酷な統治を補完するため、鬼神、呪術などの迷信、神や兇悪な鬼なども利用した。こうした野蛮な儀式（鮮血滴る頭蓋骨を用いたり、心臓を鬼神に捧げる等）をおこなうため、ダライラマはニンマ派を選択したともいえよう。ツォンカパ以降、ゲルク派上層部はこれらの儀式に反対の立場であったが、ダライラマ五世以降の権力者（ポラネーなど）及びゲルク派の行政権を握る上層ラマはニンマ派を支持、あるいはニンマ派から学んだ。こうしてニンマ派は一貫して存続し、また既述のように歴代カシャクは戦争や災害などの重大事件が生じるとサムイェー寺内のニンマ派僧に厄払いを求めたため、ニンマ派はチベット社会での地位を高めると同時に、人々に恐怖を植えつけたのであった。西カム地方におけるニンマ派四大寺院はデルゲ土司の庇護を受け、各寺院の座主とペルプン寺のタイシトゥ・リンポチェ（カギュー派）はデルゲ土司から5人の師傅と称せられた。これら寺院の及ぼす影響もまた、前チベットのニンマ派寺院と大同小異であった。

ニンマ派の特徴の一つに、ポン教との類似がある。両者ともに“九乗”の説があるが、“九乗”の起源についてはよくわかっていない。ニンマ派が教派として形成された後に生まれたとみられるが、ニンマ派は分散して発展しているため、その歴史を語るとき、たいていはまず“九乗”や“三部”を紹介し、その後それぞれの伝承が紹介されている。歴史についてはすでに述べたので、ここでは“九乗”、“三部”の概念について述べるとともに、ニンマ派自身の見解も見てみたい。

いわゆる“九乗”とは、1、声聞乗　2、縁覚乗（または独覚乗とも。ここまでの二乗はいわゆる小乗に相当する）　3、菩薩乗（菩薩乗は大乗に相当。ここまでの三乗は顕教各派を概括したもの。ニンマ派では共の三乗という。顕密共修の三乗の意）　4、作密　　5、行密　6、瑜伽密（4～6の三乗をニンマ派では外密乗あるいは外の三乗という。他教派がタントラ密典を4部に分割したうちの3部である）　7、マハーヨーガ（大瑜伽）　8、アヌヨーガ（随瑜伽）　9、アティヨーガ（無上瑜伽）：（7～9の三乗をニンマ派では内密乗あるいは内の三乗という。他教派の第四部無上瑜伽部に相当）である。前述の“幻化部”は7、マハーヨーガに相当し、“集経部”は8、アヌヨーガに相当する。“ゾクチェン”は9、アティヨーガに相当する。ニンマ派では7～9の三乗をニンマ派独自のものだとして内の三乗あるいは無上内三乗と称する。4～6の三乗は他教派とも共有されるもので、外の三乗あるいは無上外三乗といわれる。9、アティヨーガは“セムデ”“ロンデ”“メンガクデ”に分かれるが、これはいわゆるニンマ派の“三部”である。“三部”は歴史上も多くの伝承があるが、みな“ゾクチェン”に包括された。それぞれの伝承は繁雑であるため個々では述べない。三スル以来伝承された経典は、この“九乗”に準じて特に7と8を主としており、ロンソム・チューキサンポの伝えたものは9、アティヨーガを主としているようである。ロンチェン・ラプジャムパの時代になって“ゾクチェン”の教えがおこなわれたが、これは無上瑜伽乗に相当し、そのうち“メンガクデ”が中心的な教えとなっている。これらの中心思想は、中国の“明心見性”“真認本真”などの禅の思想と非常な類似性が見られ、チベット仏教における中国の影響を見て取ることができる。恐らくは8世紀の摩訶衍か、その後のチベットに滞在した漢人僧が残したものだと考えられる。

ニンマ派の寺院内にある神像は怪奇で数も多いが、主なものはどの寺にも共通する成就部八教説（sgrub-pa-bka'-brgyad）である。以下ニンマ派の呼称で紹介すると、まず1、文殊（身） 2、蓮華（語） 3、真実（意） 4、甘露（功徳） 5、金剛橛（事業）の五種は“出世間五部”といわれ、世間から超越することを指し、道を修め、成仏の際に用いる本尊である。この“身”“語”“意”“功徳”“事業”等の文字は、自身の身語等を成仏させるための修行を指し、これらの像はその種の法を修める際に用いる本尊である。6、マモ・ブートン 7、ムーパ・タクガク 8、ジクテン・チュートゥーの三部は“世間三部”といわれ、ポン教由来とされる。マモ・ブートンの“マモ（ma-mo）”は、ポン教にあらわれる悪神のことである。チベットの歴史家は、これらがポン教由来であると言ってはばからない（『青史』のシュンヌペル等）。

## 原注

(1) この箇所の説明はポタラ宮のナムギェル・タツァン（rnam-rgyal-grva-tshang：タツァンは経堂、学堂などの意味）を示していると思われる。これは密法を修行するダライラマ五世直属の僧により組織されたもので、当時はニンマ派またはゲルク派の教えを主として修行していた。ナムギェル・タツァンはポタラ宮の中に設けられたもので、独立した寺院ではない。

## 訳注

〔1〕 王森の漢字音写「嘉臥巴」に基づき rgya-bo-po を rgya-bo-pa に訂正した。

〔2〕 カルマ・ヤンシーのヤンシーは生まれ変わり、特に誰々の後生という場合の後生に相当する。転生ラマと似た言葉であるが、転生ラマとは異なり、制度的な意味をもたない場合がある。

# 第4章 カダム派

カダム派（bka'-gdams-pa）はアティーシャに源を発し、ドムトゥンが創始し、ポトワの時代にペンユル（'phan-yul）で流行した教派である。ランリタンパ（glang-ri-thang-pa）、シャルワパ（shar-ba-pa）、そしてラ・ドウェーグンポ（lha-'gro-ba'i-mgon-po）に至る系統によって、カダム派を大きく発展させたのがカダム・シュン派である。別にチャユルワ（bya-yul-pa）すなわちシュンヌウーがジャマ・リンチェンガンパから相承した系統をダムガク派（bka'-gdams-gdams-ngag-ba）という。

チベット仏教の教派名は寺院名や地名からとることが多いが、教派の特徴やその布教法から名付けられることもある。カダムの場合は後者で、その教えの特徴が名の由来となっている。カダムの“カ”（bka'）は教え、つまり言教（言葉で教えること）を意味し（仏教では、仏のすべての教えは文字及び文字が解き明かす義理を主体とする。言葉すなわち仏の教えであり、言教という）、仏教のすべての顕密経論を指す。カダムの“ダム”（gdams）は教誡、教授を意味し、僧に対し修行を進めさせる指導及び支持を指す。両者をつなげた“カダム”とは、仏の一切の言教（あらゆる顕密経論）を僧たるものの行為と修行（ここには日常的行為や“修心”と密教修法も含まれる。つまり凡夫から仏に至るすべての過程）への指示、指導とみなすことである〔『青史』英訳版, p.264, 268; トゥカン『宗派源流』漢訳版, pp.38-39〕。このような考え方はアティーシャの『菩提道灯論』（byang-chub-lam-gyi-sgron-ma）にその淵源をたどることができる。

アティーシャはチャンチュプウーのために『菩提道灯論』を著したが、これはカダム派にとって主要論文の一つとなっている。いわゆる“凡夫”が仏となるまでの過程について述べており、そこに至るまでの主な修行内容と段階がかいつまんで説明されている（70頌、漢字でおよそ2000字程度）が、本書では内容の骨子のみを述べるに留めておきたい。著書では人を3種に分類している。一、下士（世間からの解脱を希求せず、今生の快楽のみを追求する。天乗）、二、中士（世間流転の苦からの個人的解脱を希求し、他人の済度を意識せず。小乗）、三、上士（自身の解脱と衆生の済度を求める。大乗）である。その上で、それぞれに応じた学習法を軸とした修習内容を列記し、仏への帰依、法への帰依、僧への帰依（いわゆる三帰依）あるいは戒学、定学、慧学（いわゆる三学）などを説く。最後の部分では“慧”及び五道十地など三学修習の階位次第を広く論じ、“菩提心”をもって三帰三学五道十地の道を貫くとする。末尾では密教の優位性を説いたうえで、タントラを等級に分けて4つに分類しているが、これらの教理内容や階位、タントラの四部については別の研究に譲りたい。アティーシャの著作は仏教徒の実際の修習を中核とし、教学のあらゆる内容を系統的に整理しており、11世紀以前の仏教書もこれらの体系の中に組み込むことができる。また中国の華厳、天台、法相などの教判と同様の作用があり、チベット仏教がまだ曖昧模糊とした時期に成立したこの書は、当時の仏教において唯一系統だった思想であった。この書は後にカダム派が一教派として成立するための思想的基礎となり、チベットの仏教徒が実修を主とする考えを確立したのであった（チベットでは玄学はあまり普及せず、実修面に偏る部分が多い。これは三玄によって般若が重んじられた六朝期の禅宗と対照的である）。アティーシャは他にも『入二諦論』『中観教授論』（観に重心を置いた唯心哲学）、『摂菩薩行炬論』『発菩提心論』（行に重心を置いた修行法）など30前後の著作がある。

チベットにおけるアティーシャの弟子は、ガリー地方にチャンチュプウー、リンチェンサンポ、ツルティムギェルワなど、ウー・ツァン地方にクトゥン・ツゥンドゥーユンドゥン、ゴク・レクペーシェーラプ、ドムトゥン、ネンジョルチェンポ（rnal-'byor-chen-po）、グンパワ（dgon-pa-ba）などがいるが、最も名の知れているのはドムトゥン、クトゥン・ツゥンドゥーユンドゥン、ゴク・レクペーシェーラプの3人であろう。3人はルメーの弟子から受戒・出家、西カムでセツンから経論を学び、梵語も学習したのち、チベット入りしたアティーシャの弟子となったのである。中でもドムトゥンはアティーシャに長く仕え、その学説を最も深く知る者であった。

ドムトゥン（'brom-ston-rgyal-ba'i-'byung-gnas：1005～1064）はトゥールン（stod-lung：ラサの西北）の豊かな家に生まれた。幼いときに母親を亡くし、継母と折り合いが悪かったため家を出て、シュ（gzhu）の地で師からチベット語を学んだ。その後カムへの道中でネパールに向かうセツンと出会い、意気投合したのち、請うて侍者となった。セツンがネパールから戻る折には侍者となることを申し出、セツンが一足先にカムに戻る際も、ドムトゥンは隊商を伴ってセツンの後を追った。ドムトゥンはセツンの身の回りの世話と共に畑仕事や羊の世話もおこなって、熱心に学んだという。近所に1人のインド人が住んでいたので、ドムトゥンは彼から梵語を学んでいたが、そこで当時インドを代表する学者であったアティーシャの存在を知ることになる。アティーシャが現在ガリーにいると聞くや、ドムトゥンはアティーシャの許で学びたいとセツンに請うた。セツンはドムトゥンに1頭のロバとカバン、本を与えたという。道中のペンユルでは、カワ・シャーキャワンチュク（ka-ba-shākya-dbang-phyug：ルメーら10人のうちバ・ツルティムロドゥーとラクシ・ツルティムジュンネーの弟子）と会った。アティーシャをチベットに迎える際には、カワ・シャーキャワンチュク及び地方有力者と協議している。1045年の初め、プランの地においてドムトゥンはアティーシャと初めて会った。ドムトゥンは、ラサやサムイェーにいる数千の僧たちはアティーシャがチベットに来るのを熱望していると訴えた。アティーシャはチベット行きを決意し、ドムトゥンはカワに書状を送って状況を知らせた。書状を受けとったカワは、ギェル・ラカンのシャン・ナナム・ドルジェワンチュク（ルメーの四柱の1人）や土地の有力者と協議して使者を出し、アティーシャはついにペルタンからチベット入りしたのであった。ドムトゥンはこの日以来アティーシャに付き従い、離れることがなかったという。1054年、アティーシャはニェタン（snye-thang）で卒し、ドムトゥンがその継承者となった。1055年、ドムトゥンはニェタンでアティーシャの一周忌の会をおこなった。その後寺院を建立し、トゥールン地方へ向かわんとしたが、ダム地方の有力者たちによってレディン（rva-sgreng）に招かれた。ドムトゥンは1056年の初め、弟子と共にレディンを訪れてレディン寺を建立、以後この寺を拠点としてカダム派が形成されていくことになる。ドムトゥンは生涯比丘戒を受けなかった（そのため厳密には僧ではなく居士となる）が、経を講じて多くの弟子を育てた。レディン寺建立から数年後、ドムトゥンは世を去った。当時レディン寺に常駐する僧は50～60人に過ぎなかったが、ドムトゥンの弟子や孫弟子の時代になると、カダム派は大きく発展していった。

ドムトゥンの死後、レディン寺のケンポはアティーシャの弟子ネンジョルチェンポ（rnal-'byor-chen-po：1015～1078）が継承し、寺院は大きく発展した。ネンジョルチェンポの死後はアティーシャの別の弟子グンパワ（dgon-pa-ba：1016～1082、本名ゼン・ワンチュクギェンツェン'dzeng-dbang-phyug-rgyal-mtshan）がケンポを継いだ。グンパワの死後数年間、ケンポは不在であったが、その後同じく弟子のポトワが継承した。

ドムトゥンの弟子で著名な者は3名おり、1人目をポトワ（本名リンチェンセル rin-chen-gsal：1031～1105）、2人目をチェンガワ（spyan-snga-pa、本名ツルティムバル tshul-khrims'-bar：1038～1103）、3人目をプチュンワ（phu-chung-ba、本名シュンヌギェンツェン gzhon-nu-rgyal-mtshan：1031～1106）という。プチュンワは弟子をとらず、ポトワとチェンガワが個々に弟子をとって教えを授けた。この両者の教えが後のシュン派とダムガク派に発展する（70～71頁表4-1、2参照）。

ポトワは幼い頃ギェル・ラカンで出家し、タクギャプ（brag-rgyab）寺でニェルパ（gnyer-pa：管理人）をしていたが、28歳のとき（1058）レディンへ行ってドムトゥンの弟子となった。ドムトゥンの死後、ポトワはすべての時間をリトリート〔俗人との面会を断って瞑想に専念する修行〕にあてたが、51歳（1081）になるとさまざまな寺を廻っては法を説き、弟子を集めた。付き従う弟子は1000人に達したという。ポトワはアティーシャの『菩提道灯論』を極めて重視し、『大乗荘厳経論』、『菩薩地』（『瑜伽師地論』菩薩地）、『集菩薩学論』、『入菩提行論』（『菩提行経』）、『本生鬘論』、『集法句経』の六論（“カダム六宗典”という。これに『菩提道灯論』を加えた“カダム七論”はカダム派必携の書）などと共に常に講じていたという。レディン寺のケンポをしていたとき寺で諍いが起きたため、寺を離れて別にポト寺を建立、居を移している。カダム派の名声はポトワによるところが大きかった。当時のチベット人はポトワ率いるカダム派の“徳行”（カダム派の僧の行為は仏典、特に戒律で規定された標準的行為に則っていた）を大いにもてはやし、カダム派は勢力を伸ばしたのである。ポトワの弟子のうち、著名な者は8人、中でも特に影響力の大きかったものはランリタンパとシャラパである。

ランリタンパ（glang-ri-thang-pa、本名ドルジェセンゲ rdo-rje-seng-ge：1054～1123）もまた経を講じ弟子を集めることを重視、従う弟子は2000人にも達した。ランリタンパは上記"カダム七論"に加え、"弥勒五法"（byams-chos-sde-lnga）も講じており、ネウスルパ（sne'u-zur-pa）にも師事していた。

シャラパ（sha-ra-ba、本名ユンテンタク yon-tan-grags：1070～1141）はチャン・ロンポ地方（byang-rong-po）の牧人の子であった。ポトワのもとで出家、その智力を受け継いで、多くの経典を記憶していたという。ポトワの死後、その弟子の一部を引き継いだので、自身の弟子と合わせると3600人余にも達した。シャラパもまた経論を講じたが、重視したのは『究竟一乗宝性論』（"弥勒五法"の一つ）であった。また『菩提道灯論自註』をもとに発菩提心の規範を制定し、論文も執筆してカダム派内の教義上の不一致の調和をはかっている。パツァプ訳経師（pa-tshab-lo-tsa-ba, nyi-ma-grags）がインドから戻って『中論』を講じたとき、彼に従う学僧が極めて少なかったため、シャラパは自分の弟子を彼に紹介し、またパツァプ訳経師が翻訳、講義をおこなった『中論』（主に『入中論』及びその註釈）にも協力は惜しまなかったという。シャラパの事業を継承したのは弟子のチャ・チェーカパとトゥムトゥン（gtum-ston）である。

チャ・チェーカパ（bya-'chad-kha-pa、本名イェシェードルジェ ye-shes-rdo-rje：1101～1175、チャ氏の出でチェーカ寺 chad-kha を建立）はルロ（lu-ro）の人で、幼い頃レーチュンから学び、侍者となった。あるときレーチュンに従ってニェル（gnyal）に赴き訳経師ゴク・ロデンシェーラプ主催の討論を競う法会に参加した。チャ・チェーカパは教義の研鑽に興味を覚え、レーチュンの許を離れて広く遊学にでた。比丘戒を受けた後、シャミ（sha-mi）に律を学び、ポトワの弟子トルパ（dol-pa）など2人から法を学んでいる。ヤルルンの法会でランリタンパの"八句の心の訓練法"を聞き、師のもとで教えを受けたいと志すようになった。しかし20歳頃（1120）のラサへの道中、偶然ランリタンパの弟子と知り合った際、師がすでに死去しており、弟子はケンポの地位をめぐって争いの最中であることを聞く。そのためシャラパのもとに至り、彼に師事したのであった。それから12年間、シャラパが世を去るまで教えを受けて菩提心義を修養し、ついに解悟に至る。かつてチェーカパがデープ（'gres-phu, sgom-chung-sdings）のもとにいたとき、菩提心法の講義をおこなった。菩提心法を7つに分け、“七事の心の訓練法”としたのである。これこそカダム派において“七事の心の訓練法”が講じられた最初となった。後にチャ・チェーカパはメルト（mal-gro）へ行ってチェーカ寺を建立し、『三究竟論』及び自伝を著した。チェーカ寺のケンポはセ・チルプパが継承した。

セ・チルプパ（se-spyil-pu-pa：1121～1189、本名チューキギェンツェン chos-kyi-rgyal-mtshan セ氏に属しチルプ寺を建立）は上部ニェルのタルマガン（gnyal-stod-kyi-dar-ma-sgang）出身でチャ・チェーカパから長年法を学んだ。1164年頃チェーカ寺とチルプ寺が建立されたが、チャ・チェーカパが世を去った後には、その両寺院のケンポとなった。セ・チルプパは多くの弟子をもったが、そのうち4人はそれぞれ寺院を建立している。セ・チルプパの死後、両寺院のケンポは弟子のラ・ルンギワンチュク（lha-lung-gi-dbang-phyug）に継承された。

ラ・ルンギワンチュク（本名チャンチュプリンチェン byang-chub-rin-chen：1158～1232）は吐蕃時代のツェンポの末裔であるため、“ラ”を称する。恩師が『カンギュル』全巻の読破を許可したため、ルンギワンチュク（読誦自在者）と呼ばれた。ヤルルンのチョウォ（yar-klung-jo-bo）の王チョウォ・ネンジョル（jo-bo-rnal-'byor：ウースンの孫タシーツェクの後裔）の息子であり、14歳（1171）で優婆塞戒をうけ、翌年出家して律を学び、セ・チルプパに師事した。24歳（1181）で比丘戒を受け、その翌年にはセ・チルプパを継承してチェーカ寺・チルプ寺のケンポを43年にわたって務めた。カチェパンチェン（kha-che-pan-chen）〔シャーキャシュリーバドラ〕に法を学んだこともある。彼を嚆矢として、上記2寺院のケンポはヤルルン・チョウォ王家により継承されることとなった。後にサキャ派との関わりも生じたため、ラ・ルンギワンチュクの死後ケンポの地位はラ・ドウェーグンポに継承された。

ラ・ドウェーグンポ（lha-'gro'-ba'i-mgon-po、本名チャンチュプウー：1186～1259、ドウェーグンポは尊称であり、パクパやガムポパにも同様の称号がある。衆生依怙の意〔西チベット王と同名だが別人〕）はチョウォ・ネンジョルの息子チョバク（jo-'bag）の子である。16 歳（1201）でチェーカ寺に行き、おじのラ・ルンギワンチュクから優婆塞戒を授かり、経を学んだ。おじの死後はチェーカ寺とチルプ寺のケンポを 27 年にわたり務めている（1233 ～ 1259）。この頃、ポト寺の上層ラマとカダム派の有力な僧たちが、協議の上で寺院をラ・ドウェーグンポに献上した。またコンポ（kong-po）地方のタパル寺（rta-bar）、プチュ寺（spu-chu）、チャンルン寺（byang-lung）を主とする 30 近くの寺院及びタクポ地方（dvags-po）のラムダ寺（bla'-mda'）、ケンムンシュー寺（kan-mon-shod）を主とする寺院も所属の農奴と共に寺院を献上した。その後しばらく、上記寺院にはラ・ドウェーグンポの派遣した管理人（mgon-gnyer）と所属民の長官（mi-dpon）が滞在していたのである。その後ラ・ドウェーグンポがニェル地方のサンポチェ寺（zang-po-che）の要請で、大塔の落慶法要を主宰した際にも座主からサンポチェ寺及び支寺を献上され、鍵の管理をおこなっている。ロンツェカル（rong-rtse-kar）大霊堂（gdung-khang-chen-mo）の落慶法要の際も同様に支寺を含む寺院の管理権を献上されている。この頃、サンポチェ及びタクコル（brag-gor）にはセ・チルプパの弟子がおり、イェル（g·ye-ru）、プテル（bu-dal）にはカダム派の大きな支持層とカダム派の僧がいた。この時期に至り、カダム派は統一された指導者のもとに集う寺院集団となったのである。カダム派は前チベットの勢力と密接な関わりがあったとはいえ、政治的活動はおこなっていない。ラ・ドウェーグンポは多くの本尊の現身を見ることができ、また十六羅漢が彼の護法神となったなどといわれていた。そのため、この時代以降、カダム派の僧の周りを十六羅漢が取り囲むという絵が流行したという（十六羅漢自体は漢族地区から入った）。パクパにも非常に尊敬されたといわれるラ・ドウェーグンポは生涯を通じて僧や有力者に法を説いてまわった。

ラ・ドウェーグンポの死後、『青史』の記載には、ケンポの地位がヤルルン・チョウォ王家の子弟へと継承された（1377 年まで継続）とある。つまりこれら 2 寺院及び支寺、さらにそれらに関わる寺院の僧はすべてヤルルン・チョウォの支配下に入ったわけである。王家の一部はサキャ派と関わりをもっており、13 世紀終わり頃、サキャ派とカダム・ディクン派が争った際にもサキャ派についたと思われる。

シャラパの別の弟子トゥムトゥン（本名ロドゥータクパ blo-gros-grags-pa：1106～1166）は師の死後ナルタン（snar-thang）周辺で12年にわたり経を講じ法を伝え（1141～1152）て弟子を集め、1153年にナルタン寺を建立した。この寺院は数十年の後にカチェパンチェン・シャーキャシュリーバドラ（Kha che Paṇ chen Śākyaśrībhadra）の律学で名を挙げたが（シャーキャシュリーバドラの律もまた説一切有部律に属するが、高地律、低地律とは異なりチベットにおける第三の戒律となっている。後に高地律と低地律は融合し、チベットに伝承される戒律は2種のみとなった）、トゥムトゥンはシャラパの教えを伝え続けたという。14世紀の初め、ナルタン寺の僧チョムデン・レルティ（bcom-ldan-ral-gri）は寺所蔵の膨大な訳経を整理校訂して『カンギュル』『テンギュル』の2部に編纂した。これが『チベット大蔵経』編纂の最も初期の記録である。チェーカ寺、チムプ寺及びナルタン寺、またシャラパと彼の弟子たちが建立したその他の寺院が用いたのは、すべてカダム派の僧の著作とカダム派が重視する経論であった。修法を重要視する者もいたが、経論を修法重視の根拠として用いたのである。このような経論重視の方針から、彼らのことをカダム・シュン（経典）派（bka'-gdam-gzhung-pa）という。

ドムトゥンの弟子チェンガワ（spyan-snga-ba、本名ツルティムバル tshul-khrims-'bar：1038～1103、チェンガワとは“眼の前の人”の意で、常にドムトゥンの傍に付き従っていたことによる）は、20歳（1057）のときレディン寺においてドムトゥンに師事、メンガク（man-ngag：師が弟子に対し口頭で手ほどきすること。旧訳では“教授”サンスクリットではウパデーシャ upadeśa）を受けた。ドムトゥンの死後はネンジョルチェンポとグンパワに師事した。チェンガワは幼いときから仏教の一切法は空であるという思想を理解していた。二諦義に長け、サンスクリットをも解して翻訳もおこなったが、密呪を諳んじ仏を祀り、静かに修養することを特に重視した。弟子は数多いが、最も影響力のあった弟子はチャユルワ・チェンポであろう。

チャユルワ・チェンポ（bya-yul-ba-chen-po、チャユルワ、本名シュンヌウー gzhon-nu-'od：1075～1138、チャユル寺を建立、常駐したためこの名がある）はトゥールン地方のクルコルン（stod-lung-gi-gol-go-lung）に生まれた。幼くして父を亡くし、母は再婚したためおばに育てられている。12歳（1086）のとき出家して沙弥となり、クルコルンでニェルパ（gnyer-pa：管理人）として業績を上げた。14歳（1088）でトゥールンパ（stod-lung-pa、本名リンチェンニンポ rin-chen-snying-po：1032～1116、チェンガワの著名な弟子の一人でトゥールン・ツェンド stod-lung-btsan-'gro 寺を建立、100人ほどの弟子がいた）の侍者となった。チャユルワはカダム派の基本的な典籍及びその他の経論のほとんどを研鑽して読込み、ついにチェンガワの侍者としてその身のまわりの世話を一人でこなした。チェンガワがロ寺の堂塔を修理したときも全力で尽くし、その献身的な尽くし方ゆえに、チェンガワはチャユルワを非常に可愛がり、毎日経を講じる際には常にチャユルワを傍に置いた。しかしそれを見た者は、チャユルワが師の歓心を買っているにすぎず、師の講ずる内容については何もわかっていないのだと考えていた。それに対し、チャユルワは自分の研究に邁進するだけで師を尊敬しないのは間違いだと反論している（師を極端なまでに重要視するのはチベット仏教の特徴である）。ある朝、チャユルワが暖炉の灰を棄てに行こうとして階段の第3段目に足をかけたとき、その教えの一切をにわかに悟り、経論の内容がことごとく心中に浮かんだといわれる。チェンガワの死後、チャユルワはプチュン（phu-chung）、ツェルチュン（tshal-chung）などに留まった後、チャン・タルマ（byang-dar-ma）の求めに応じてニェル（gnyer）へと向かった。その後チャユル（タクポ地方以南の一地区）に寺を建て、そこに長く住んだ。チャユルワは密法の2つの次第（生起次第、究竟次第）に長け、2000人もの弟子を抱えた。カギュー派のガムポパ（sgam-po-pa：すなわちダウーシュンヌ）もチャユルワから学んだことがある。主な弟子はツァンパ・リンポチェとトムシェル・リンポチェである。

ツァンパ・リンポチェ（gtsang-pa-rin-po-che、本名ドルジェミキュー rdo-rje-mi-bskyod：1077～1161）は後チベットの生まれで著名なまじない師の家柄であった。ゴク・ロデンシェーラブなど5人の訳経師に師事して広く経論を学んだ後、チャユルワのもとで密法の灌頂をうけた。四部タントラ（一、所作タントラ　二、行タントラ　三、瑜伽タントラ　四、無上瑜伽タントラ）に精通しており顕密両者を共に修行することを主としていた。チャユルワの死後は、ロ寺とチャユル寺のケンポを継承した。以降この両寺院及び支寺は、修持と密法を主におこなうようになった。

同じくチャユルワの弟子トムシェル・リンポチェ（khrom-bzher-rin-po-che、本名リンチェンセンゲ：1100～1170、法名トムシェルの由来は不明。おそらく家族の名であろう）はチム（'chims）地方にある代々密法を伝える家庭に生まれた。シャラパやチャユルワから法を学び、38歳のときにカムカム寺（kam-kam）を建立する。所属の僧は280人を数えた。弟子のギョトゥン・リンポチェ（sgyo-ston-rin-po-che、本名チャンチュプリンチェン：1126～1200）が寺のケンポを継承している。ギョトゥン・リンポチェはギェル・ラカンのケンポも務めたことがある。彼の時代、カムカム寺の僧は500名を超え、チャユルワの修持と密法を主に伝承した。

アティーシャの弟子でレディン寺第三代ケンポ、グンパワの弟子ネウスルパ（sne'u-zur-pa、本名イェシェーバル ye-shes-'bar：ネウスル地方出身）は幼くして出家し、修定に長じていた。26歳でレディン寺に赴きグンパワに師事した。師の死後はポトワに師事している。ポトワがタクルンにいるとき、麻風病（ハンセン病。チベット人はハンセン病を妖蛇のしわざとして龍病と呼び、妖蛇を退治できる者だけが病気を治せると考えていた）がはやり、十数人の僧が罹患した。ポトワはネウスルパを派遣して治療に当たらせたため、人々はネウスルパが修定・経典に通じた僧ではなく道士だと考えたようだ。後に寺を建てたとき、ネウスルパのもとには多くの高名なまじない師が教えを求めにきたという。ネウスルパは修法に関する経典やアティーシャの『菩提道灯論』や『教次第論』などを講じ、その弟子は1000人にも達した。有名な弟子はギェルゴム・チェンポやチャンチュプゲゼーである。

ギェルゴム・チェンポ（dgyer-sgom-chen-po、本名シュンヌタクパ gzhon-nu-grags-pa：1090～1171、ギェル・ラナン dgyer-lha-snang 家の出身で修持者として著名でもあったため、ギェルゴム（ギェル家の修行者）とも呼ばれた）はネウスルパに師事したが、特に修定を重視してチャユルワの弟子にも法を学んでいる。ギャマ地方（rgya-ma）のリンチェンガン地方（rin-chen-sgang）にリンチェンガン寺を建立した。所属の僧は800人ほどである。この寺院はその後ネウスルパの修法と密法を伝承する場所となった。

ネウスルパの別の弟子チャンチュプゲゼー（byang-chub-dge-mdzes：1084～1167）はガリーの人である。幼時に出家して律を習い、ニャク（gnyags）訳経師らから『般若経』と“弥勒五法”を、ネウスルパからはアティーシャの『菩提道灯論』を学んだ。ネウスルパの死後1118年にはチャユルワから法を学び、その後はタクチェン寺（stag-can）に居を構えて死ぬまで離れなかった。タクチェン寺のケンポは弟子のコルチェン（skor-chen）に継承された。後にコルチェンの弟子マルパ・プンパ（mar-pa-phung-pa：1156 ～ 1228）がタクチェン寺のケンポをしていたときにはセルワ・グン（ser-ba-dgon）、ギャサガン（rgya-sa-sgang）、ツェンタン（btsan-thang）、ロンカム（rong-skam）の4寺院も共に管理していたため、タクチェン寺の教えが広まっていった。この系統も、ネウスルパの修持と密法を主としている。

以上、チェンガワとチャユルワの師弟が伝えてきたチャユル寺とカムカム寺の伝承、そしてグンパワとネウスルパの師弟が伝えたリンチェンガン寺とタクチェン寺の伝承、その他寺院の状況を見てきたが、みな師の指導を重視して修行、特に密法の修習に励んでいることがわかる。チベット文史料の中では彼らをカダム・ダムガク派（教授派）と呼ぶ。カダム派の経典や師の伝承内容はさまざまかつ複雑に入り組んでいるため、ここでは簡単に述べるに留めたい。また派生的な寺院の伝承についてはここで挙げることができなかった。両派の伝承系統については表〔70 ～ 71 頁表4-1、2〕を付したので、そちらをご覧頂きたい。

ウー・ツァンにおけるアティーシャの弟子ゴク・レクペーシェーラプ（rngog-legs-pa'i-shes-rab：11 世紀、“ゴク”は吐蕃時代の貴族の名）はディン・イェシェーユンテン（'bring-ye-shes-yon-tan：生没年不詳、ルメーのウー・ツァンの 10 人の 1 人）のもとで出家し、西カムではセツンから教えを学んだ。1045年にはクトゥンらと前チベットに戻り、ラサ近郊にタクナク寺（brag-nag）を建立して教えを広め、アティーシャがニェタンにいると聞くとその地を訪れ、経を学んだという。理知に優れ、ラサに滞在中であったアティーシャとナクツォ訳経師〔アティーシャの弟子ツルティムギェルワのこと〕に『中観心論註』を共訳するよう求め、またアティーシャには『中観優波提舎』執筆を請うた。1073 年ネウトク寺（ne'u-thog：サンプ gsang-phu 地方にあるため、通称サンプ寺）を建立する。レディンでドムトゥンより法を学び、その弟子たちと交流し、アティーシャの教えを極めて尊重した。死後、ネウトク寺のケンポは甥のゴク・ロデンシェーラプ（レクペーシェーラプの弟チューキャプ chos-skyabs の子。弟子でもある）に継承された。

ゴク・ロデンシェーラプ（rngog-blo-ldan-shes-rab：1059～1109）は幼いときから伯父レクペーシェーラプについて学び、他の師のもとでも研鑽を積んで“智解鋭利”と評判となった。17歳（1075）のとき、カシミールへの留学を志していたが、翌年ツェデがガリーで開催した“丙辰法会”にラ（rva）訳経師、ニェン（gnyan）訳経師と共に参加した際、ツェデの息子ワンチュクデ（dbang-phyug-sde）に施主となってもらうことに成功し、カシミール行きを果たしている。カシミールではパンディタのサッジャナ（Sajjana）、パラヒタ（Parahita）など6人の師についた。留学中、資金が乏しくなるたびに、ワンチュクデに援助を請うたが、ワンチュクデはその都度援助し、また『量荘厳論』（仏教論理の大著）の翻訳を委託してもいる。ロデンシェーラプは後にパンディタ・ケルデンギェルポ（skal-ldan-rgyal-po）の協力を得て『量荘厳論』の完全な翻訳を完成させている。カシミールで17年にわたって経を学んだロデンシェーラプは、35歳（1093）頃チベットへ帰郷した。チベットへ戻ってからはブムタクスムパ（'bum-phrag-gsum-pa）やスマティキールティ（Sumatikīrti）のもとで学んでいる。ネパールにも短期間赴き密法を学んだが、帰国後は訳経に専念した。旧訳の改訂も多数あり（『チベット大蔵経』の中で、ロデンシェーラプの訳出した経典は40部余に及ぶ）、大訳経師として名を高めた。ロデンシェーラプはラサやサムイェーなどの地でも講義をおこなっており、弟子トゥールンパの記載によれば、ロデンシェーラプがラサやサムイェーなどで説教をすると、周辺の僧や弟子など23000人もの人が集まり（『青史』73頁）、彼の講義を聞いて『量荘厳論』『量決定論』を講じられるようになった者は55人、『量決定論』を正しく解釈できるようになった者が280人、経論を講じられるのが1800人、経を講じられるのが2130人に達したという。またロデンシェーラプは経論の注疏を著し、多くの人に“量論”（『量決定論』を代表とするダルマキールティの著作及びその註釈。仏教の論理や認識論が中心）、“弥勒五法”、中観の論書などを講じている。ロデンシェーラプはサムイェー付近を旅行中、51歳で世を去った。主だった弟子はシャン・ツェーポン・チューキラマ（zhang-tses-spong-chos-kyi-bla-ma）、前述のトルンパ・ロドゥージュンネー（gro-lung-pa-blo-gros-'byung-gnas）、キュン・リンチェンタク（khyung-rin-chen-grags）、デ・シェーラプバル（'bre-shes-rab-'bar）などで、中でもトルンパ・ロドゥージュンネーは顕密経論の注疏を多く著し、また『道次第広論』『教次第広論』を残した。この2書はアティーシャの『菩提道灯論』に依拠してカダム派教義を解釈したもので、後にツォンカパが『菩提道次第広論』を書いたときにはこの2書をもとにしたという。ロデンシェーラプの弟子及び孫弟子たちはカダム派の経論と著作物を極めて注意深く学んでおり、そのため多くのチベット語史料では彼らこそがカダム派だとしている。サンプ寺は、この後200～300年にわたりその教えと経論で名を馳せたが、他のカダム派とは異なりアティーシャの著作をさほど重視しておらず、『量決定論』『現観荘厳論』に重きを置いている。特に因明（仏教論理と認識論）については独自の一派をなしているといってもよい。サンプ寺の六代ケンポとなったチャパ・チューキセンゲ（phya-pa-chos-kyi-seng-ge：1109～1169）の時代、因明の講義はいっそう盛んとなった。チャパ・チューキセンゲは『量決定論広註』『量論摂義頌』とその自釈、『量論摂義』（無註本）等を著している。『量論摂義』は後に量産されることになる因明入門書の嚆矢である。チベット人が因明を学ぶ独特のやり方、チベット寺院で採用されている弁論方式も彼が創始者であると言われている。サンプ寺が賑わっていた頃、チベット各派の僧が多く来訪した。顕教について各派に与えた影響は大きく、とくにゴク師弟が訳出あるいは改訂した因明の書は広く普及し“新因明”と称されるに至った（レクペーシェーラプの旧因明に対していう）。チャパ・チューキセンゲとその代々の弟子による活動によって、サンプ寺は200~300年にわたり因明における重要な拠点となった。ゲルク派隆盛以前、チベットで伝承された因明はサンプ寺を通じて成立したということもできるだろう。他に“般若”（チベットで学ばれる般若は『現観荘厳論』とその注疏が主）や“中観”（『入中論』とその注疏が主）などもサンプ寺から広まった。サンプ寺はチベット仏教の顕教発展において不可欠の存在となっている。後にサンプ寺は上下二院に分割され、サキャ政権時はそのタツァンのいくつかがサキャ寺の管轄下に置かれた。ゲルク派が興った15世紀になると、サンプ寺はほかの多くのカダム派寺院と共にゲルク派へと改宗した。近年はラサの僧が夏の間だけこの寺で因明を学習する程度となっている。

ガリー地区（当時はラダックも含む）ではリンチェンサンポを頭とするアティーシャの弟子たちがトリン寺（mtho-lding-dgon-pa）を拠点としてガリーの3地域（プラン、グゲ、ラダック）にカダム派を伝えていたとされるが、よくわかっていない。11世紀から12世紀にかけ、チベット各地にはカダム派の師から教えを受けていないにもかかわらず、カダム派を名乗る訳経師が数多くいた。当時のカダム派の地位の高さとそれに伴う訳経師の増加がうかがえよう。

カダム・シュン派はその伝承内容に違いがあるものの、アティーシャの『菩提道灯論』以外にも“カダム六宗典”（『大乗荘厳経論』『菩薩地』『集菩薩学論』『入菩提行論』『本生鬘論』『集法句経』）を用いた。その後訳経事業の発展によって“弥勒五法”（『現観荘厳論』『大乗荘厳経論』（カダム六宗典に含まれるものと同じ）『中辺分別論』『法法性分別論』『究竟一乗宝性論』（最も重要視された））や龍樹の“理聚六論”（『中論』『七十空性論』『六十頌如理論』『廻諍論』『広破論』『宝鬘論』（六書のうち最重要視されたのが『宝鬘論』））が加わった。アティーシャの著作はダムガク派同様極めて重要とされる（上記“カダム六宗典”に加えて“カダム七論”ということもある）。またいわゆる“見”は唯心哲学の分野であるが、アティーシャの『入二諦論』『中観優波提舎』（この2書は特に“見”に重きを置いて講じたもの）を用い、さらに龍樹の『理聚六論』で補強している。あるいは“二諦”“中観”の本源（二諦義、中観義は『中論』を初めとする龍樹の著作中にある）のためともいえよう。“行”つまり修持分野においてはアティーシャの『摂行炬論』及び『発菩提心論』（“行”に重きを置いて講じたもの）と、後には前述の“弥勒五法”も加えられたが、行持方法階位の説の本源のみを探求するためかもしれない（“弥勒五法”のうち『現観荘厳論』『大乗荘厳経論』は“行”を主題としたものだが『法法性分別論』『中辺分別論』に説かれる三性〔偏計所執性、依他起性、円成実性〕、唯心説はカダム派においてはあまり重要視されていない）。これらの点から見ると、カダム派では『菩提道灯論』などに代表されるアティーシャの仏教理論や行持法の体系は受け入れているが、アティーシャの他の著作及び龍樹、弥勒の教えは補助的なものにすぎなかったようだ。これらは彼らの仏教教義についての考え方を示し、カダム派の理論の基礎を形成している。とはいえ、カダム・シュン派はこれらの一体系を明確に伝承しているのみとなっている。

カダム・ダムガク派もまたアティーシャの教学や修行体系を受け継ぎ、そのため『菩提道灯論』をはじめとする“カダム六宗典”を慎重に伝承してはいるが、師の実経験及びその経験から得られたものをより重視しており、またそれらを適切に活用している。これらの経験はまず師から弟子へと口頭で伝授される。記述される場合もあるが、実践の際はやはり師からの教示を待つ。彼らにとって師からの直接的指導は翻訳された仏教の経典以上に重要（だからこそ“ダムガク（教授）派”）なのである。これらの最初のものはチェンガワの“四諦の教導（bden-bzhi'i-khrid）”やプチュンワの“縁起の教導（rten-'brel-gyi-khrid）”ネンジョルチェンポの“二諦の教導（bden-gnyis-kyi-khrid）”である。後に『華厳経』『宝鬘論』『集菩薩学論』『入菩提行論』などによって成立した“大菩提心法”と、さらに発展して“七義修菩提心教授”（七義：一、知母　二、念恩　三、報恩　四、慈　五、大悲　六、増上意楽　七、菩提心　七義の解釈はツォンカパ『菩提道次第広論』参照）などがあるが、これらは顕教の範囲を超えるものではない。

カダム派はアティーシャ以来、密教を最も高い位置に置いてきた。カダム派では上述の顕教の“見”“行”を、密教と共通するものとみなしてきたが、密教にはさらに特殊な修法があって人を“早急に成仏”させうるとし、結果密教は顕教に勝るとした。とはいえ密教は試練を克服した者、あるいは特別に選ばれたような極めて優秀で聡明な人物にのみ伝承されると考えられており、密教を声高に喧伝せず、基礎とするべきは顕教であるとしている。カダム派が伝えてきた密法は『真実摂経』（漢訳名『仏説一切如来真実摂大乗現証三昧大教王経』30巻、宋施護訳）系を主としている。『真実摂経』は四部タントラ（一、所作　二、行　三、瑜伽　四、無上瑜伽）のうちの瑜伽部に属している。このタントラの解釈は顕教を基礎とし、正当な仏教の解釈に留まっている。アティーシャの時代、インドにおいてはすでに無上瑜伽タントラ（『秘密集会』『サンヴァラ』『ヘーヴァジュラ』など）が盛んにおこなわれていたものの、アティーシャとその一派は瑜伽部の『真実摂経』を遵守した。これはカダム派が顕密一環であることを重視しており、無上瑜伽（一部にヒンドゥー教シャークタ派の影響がある）を尊重していたサキャ派、カギュー派とは異なり、またポン教の影響を大いに受けた密法を尊重するニンマ派とはより大きな違いがある。あるチベット僧の著述では、カダム派の顕密教法は比較的“純潔”な仏法だとされており、カダム派が比較的高い評価を得てきた原因にもなっている（サキャ派、カギュー派の高位の僧の多くはカダム派の僧を師として学んだ経験を持つ)。

カダム派の僧が民衆に対しどのような教えを伝えようとしていたのかはよくわかっていない。史料の上でアティーシャは“業果ラマ”“帰依ラマ”などと称されるが、“カダム六宗典”の『本生鬘論』『集法句経』からは、カダム派の僧が“善悪応報”“因果輪廻”“帰依仏門”“超脱生死”等の話をしていたことがうかがえる(『本生鬘論』は仏の日々の善行がよき報いをもたらしたという説話集であり、『集法句経』は因果応報や階級社会の中で統治者に有利な道徳規範等を格言の形で説明したもの)。これらは当時のチベット社会の封建搾取秩序を安定させる作用を果たしたであろう。

11 ～ 12 世紀チベット社会の性質について、以下の結論を確実なものとするほどの材料はないが、社会状況から見て、この 200 年ほどの期間のうちに、封建社会が徐々に形成され、パターン化していったといえるだろう。封建主の勢力はさほど大きくはないものの、当初政治上の分裂状態から、地方の比較的強大な勢力の割拠といった変化が見うけられる。文化的にはなお後れをとっており、吐蕃時代に中国から伝わったさまざまな文化も生産や工芸技術を除くと、一般にはまだ根付いてはいないようである。9 ～ 10 世紀の混乱の時代は消え去った。ボン教は最初の頃こそ活躍したものの、封建搾取秩序の安定には無益であったと思われ、徐々に仏教に取って代わられた。各地の統治者はカダム派が体制の安定に効果的とみたのか、内々に援助をおこない、その発展を支えた。カダム派は当時の需要に合致――つまり当時の封建的経済の基礎を維持しさらに補強するものと見なされたのである。カダム派の寺院はこうした庇護のもとチベット各地に広まっていった(13 世紀、モンゴルのクデンがチベット入りした際の報告によれば、カダム派の寺院が最も多かったという)。後にチベットに封建割拠勢力が出現した際、カダム派はヤルルンの貴族と結んで大規模な寺院集団を形成した。とはいえカダム派は権力を握ってはいない。13 世紀、サキャ派がモンゴル支持のもとでチベットを掌握したときにも、カダム派は僧が政治的権力を握ることに反対している(チョムデン・レルティ bcom-ldan-ral-gri が詩を献じてパクパを嘲った例など)。その後仏教はひたすら人民を洗脳し、統治者の人民統治を補う機能を担ってきた。その意味ではカダム派もまた仏教の正当な伝統を伝承してきた一派であった。

15 世紀の初め、ゲルク派が興ると、カダム派寺院は相次いでゲルク派に改宗した。カダム派に代わり、ゲルク派が上記のような社会的機能をもったことの現れであろう。カダム派はゲルク派に吸収されていき、その後独立した宗派として存在することはなかったのである。

［表4－1］　カダム派歴代伝承略表（シュン派）

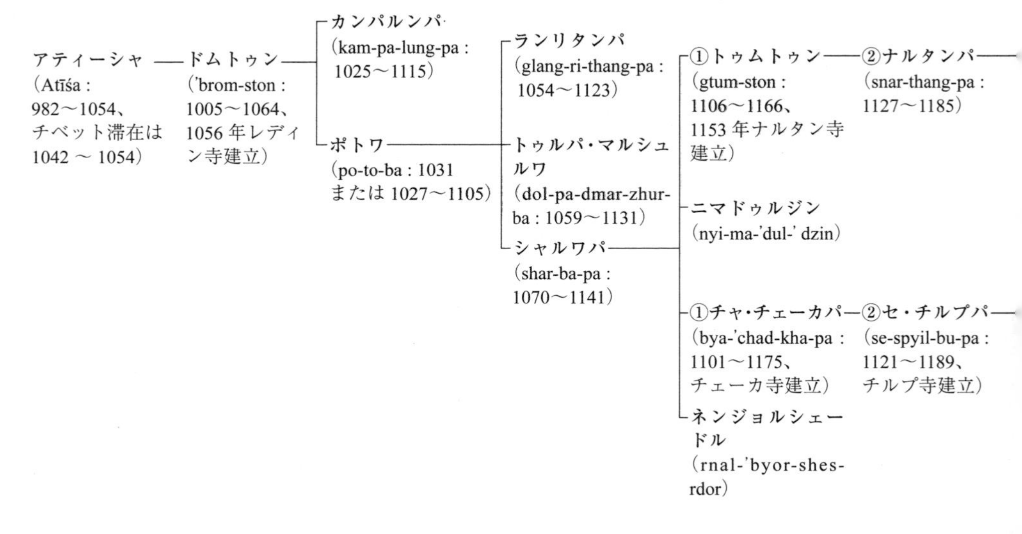


［表4－2］　カダム派歴代伝承略表（ダムガク派）

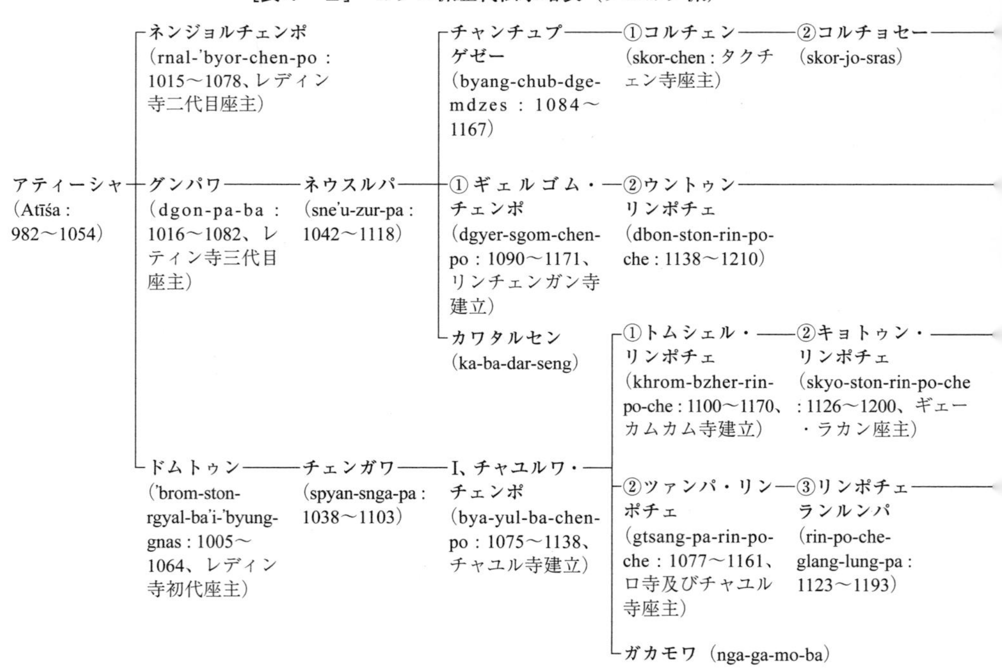

——③シャンツン——④トモチェワ——⑤シャントゥン……以下省略(ナルタン寺座主)
ドルジェウー (zhang-bstun-rdo-rje-'od)
(gro-mo-che-ba)
チューキラマ (zhang-ston-chos-kyi-bla-ma)

┌ネンジョル チャンセン (rnal-'byor-byang-seng、ジョサ寺建立)
└③ラ・ルンギ——④ラ・ドウェー——
ワンチュク (lha-lung-gi-dbang-phyug : 1158～1232)
グンポ (lha-'gro-ba'i-mgon-po : 1186～1259)

┌サンチェンポ——ツォガワ——
(zangs-chen-po)
シェーラプサンポ (mtsho-snga-ba-shes-rab-bzang-po)
┌モンタプパ ……以下省略 (mong-grab-pa)
└リテンパ ……………以下省略
ギェンツェンサンポ (ri-stengs-pa-rgyal-mtshan-bzang-po)

└⑤ラ・タクカワ——⑥ラ・スルカンパ——⑦ラ・ロドゥーウー……以下省略
(lha-brag-kha-ba : 1250～1286)
(lha-zur-khang-pa : 1277～1381)
(lha-blo-gros-'od : 1285～1350)
(チェーカ寺及びチルプ寺座主)

『青史』による

——③マルパ——④シクポクン——⑤サンギェートゥンパ……以下省略(タクチェン寺座主系統)
プクパワ (mar-pa-phug-pa-ba)
ドゥル (zhig-po-kun-grol)
ロモワ (sang-rgyas-ston-pa-lo-mo-ba)

——③サンギェー——④デシェク…… 以下省略(リンチェンガン寺座主系統)
ユンテン (sang-rgyas-yon-tan)
チェンポ (bde-gshegs-chen-po)

——③トムシェル——④シクポドゥ——⑤スーナム——⑥トムシェル ……トゥントゥプ……以下省略
チョセー (khrom-bzher-jo-sras : 1163～1220)
ルタパ (zhig-po-'dul-gra-pa : 1187～1254)
リンチェン (bsod-snam-rin-chen : 1255～1327)
ウンポリンシュン (khrom-bzher-dbon-po-rin-gzhon : 1255～1327)
ペルワ (don-grub-dpal-ba : 1365～?)
(カムカム寺座主系統)

——④サンギェー——⑤セムリンポ——⑥カムルンパ——⑦サンギェー……以下省略
ゴムパ (sang-rgyas-sgom-pa : 1160～1229)
チェ (zem-rin-po-che : 1191～1256)
(kham-lung-pa : 1232～1282)
チョウォ (sang-rgyas-jo-bo : 1232～1312)
(ロ寺及びチャユル寺座主系統

『青史』による

# 第5章 サキャ派

サキャ派（sa-skya-pa）は11世紀頃に成立し、13世紀から14世紀にかけて政治的にチベットを統治した。サキャ派の中心人物は中央における重要人物ともなって元帝国全体の仏教事務を支配した。13世紀中頃、チベットはモンゴルに服し、元朝の版図に入ったが、そこでもサキャ派が少なからず影響を及ぼしている。この章ではサキャ派クン氏一族の状況を見ながら、一族が宗教にあたえた影響について述べたい。政治情況については9章に詳述する。

サキャ派の中心を担っていたのはクン（'khon）という一族であった。理解の一助とするべく、古い史料の方法にならって一族の系譜を述べていきたい。

クン（崑、『元史』では「款」とする）氏は吐蕃以前からの古い貴族だという。ティソン・デツェン王時代、一族からナンルン（nang-blon：内相）を出したとも、シャーンタラクシタがチベット人を得度させた最初の7人のうちの1人、クン・ルイワンポスン（'khon-klu'i-dbang-po-srung）が一族出身であるともいう。しかしクン・ルイワンポスンが7人に含まれるかどうかは資料によって一致していない（初期封建社会において、過去に存在した一族出身の有名人を利用して現代の社会的地位を強化しようとするのはよくあるやり方である）。資料によると、一族はラトゥー地方（la-stod：後チベット・ラツェ以西、北はガムリンを中心に、南はシェーカルを中心とする広大な地域一帯）のヤツァン（ya-tshang：不詳）に居住していたと思われる。8世紀の末頃にはトムパ（grom-pa：おそらくはトムチュ河谷）に移動し、さらに一部がチャン（byang：習慣上ラトゥー・チャン、すなわちガムリン地方を指す）に移動した。クン氏はこのとき2支族に分かれた（すなわちチャンとトムパ）。9世紀にはチャンの後裔であるゲトン（dge-mthong）という者がシャプ（shab：シガツェ西南シャプ河谷）に移動し、ゲトンの孫シャーキャロドゥー（shākya-blo-gros）がその地にヤクルン・チャクション寺（g·yag-lung-jag-gshongs）を建立した。シャーキャロドゥーには2人の息子がいた。長子の名はシェーラプツルティム（shes-rab-tshul-khrims）、次子はサキャ派の創始者クンチョクギェルポ（dkon-mchog-rgyal-po）である。クンチョクギェルポが出るまでのクン氏はニンマ派を信仰しており、成就を得た者もいたという。

クンチョクギェルポ（1034～1102）は、幼い頃に父兄からニンマ派の法を学んだ。当時は後伝期が始まってすでに数十年が経過しており、チベット人は大量の仏典を新たに翻訳していた。いわゆる新密咒が盛んにおこなわれていた時期で、彼はドクミ訳経師シャーキャイェシェー（'brog-mi-shākya-ye-shes：994～1078）などから新訳の密法を学び、"ラムデー"（lam-'bras：道果）を授かって彼自身の教えとするようになる。クンチョクギェルポはまずタポルン（gra-po-lung）に寺院を建立し（この寺院は後にサキャ・コクポ sa-kya-gog-po と称された）、その後1073年にはサキャ地方にサキャ寺（サキャ派の由来はこの寺院名による）を建立した。こうしてサキャ派が徐々に形成されていった。サキャ派は一貫してサキャ寺を拠点寺院とし、"ラムデー"の体系を主な教義とした。

1102年にクンチョクギェルポが世を去ると、息子であるクンガニンポ（kun-dga'-snyin-po：1092～1158 チベット語史料ではサチェン（sa-chen：サキャ派の大師の意）と称される。サキャ派5祖の第一祖である）がまだ11歳であったため、パリ訳経師リンチェンタク（ba-ri-lo-tsa-ba-rin-chen-grags：1040～1111、密法を主とし、密教成就法に関する書籍を翻訳している。現在『テンギュル』所収）が代わって継承した。サチェンはリンチェンタクをはじめとする多くの訳経師・法師から顕密の教法を学び、さらに"ラムデー"の口伝と修法を学ぶに至った。こうして完成された"ラムデー"がサキャ派の主要な教えとなっていった（元代、サキャ派は中国においてもラムデーを主要な教えとした。漢訳本『大乗要道密集』参照）。1111年、サチェンはリンチェンタクに代わり、サキャ寺の座主となった。その後半世紀近くにわたって多くの弟子を育て、サキャ派の隆盛に大きく寄与した。サチェンには4人の子があった。長子クンガバル（kun-dga'-bar）はインドで法を学び、22歳のときインドのマガダで卒した。次子スーナムツェモ（bsod-nams-rtse-mo：1142～1182、サキャ5祖のうち第二祖）はサキャ派の教えのほか、サンプ寺のチャパ・チューキセンゲ（phya-pa-chos-kyi-seng-ge：1109-1169、“弥勒五法”をよくし、『量決定論』註釈及び因明に関する自著で名高い）からも学び、父からサキャ寺の座主を継承した。第三子タクパギェンツェン（grags-pa-rgyal-mtshan：1147～1216、サキャ派5祖のうち第三祖）は戒律を厳格に守ったといわれ、11歳（1157）のときすでに『ヘーヴァジュラ・タントラ』を講じることができたという。13歳で兄に代わって座主の地位に就き、その後57年にわたりサキャ派の発展に尽くした。多くの著作（『サキャ五祖全集』のうち4函を占める）を著し、チベットの歴史書も執筆している。タクパギェンツェンも多くの弟子を育てた。第四子ペルチェンウーポ（dpal-chen-'od-po：1150～1203）は出家せず、妻を娶って嗣子を儲けている（数人の兄弟のうち1人が妻を娶って宗教上の跡継ぎを儲け、他は出家するというのは当時よく見られた状況であった）。

ペルチェンウーポには2人の子があった。長子はかのサパン・クンガギェンツェン（sa-pan-kun-dga'-rgyal-mtshan：1182～1251、サキャ5祖のうち第四祖）、次子はサンツァ・スーナムギェンツェン（zang-tsha-bsod-nams-rgyal-mtshan）である。

サパン・クンガギェンツェンは、もとの名をペンデントゥントゥプ（dpal-ldan-don-grub）といい、幼い頃おじのタクパギェンツェンから教えをうけ、優婆塞戒を授かる際にクンガギェンツェンと名を改めた。9歳（1190）のときには人に説法をおこなっていたといわれる。18歳（1199）で『倶舎論』を学んだ。トプ訳経師（khro-phung-lo-tsa-ba：カギュー派、第6章カギュー派参照）が1204年にインド・ナーランダー寺の最後の座主シャーキャシュリーバドラ（Śākyaśrībhadra：1127～1225、以下シャーキャシュリー）をチベットに招いた折、サパンはシャーキャシュリーや弟子のサンガシュリーなどからダルマキールティ『量釈論』（ゴク・ロデンシェーラプ訳、サパン改訂のものが『テンギュル』に収録されている）などの7つの因明論、『現観荘厳論』などの経論や「声明」（sgra-rig-pa：サンスクリット文法）、「医方明」（gso-ba-rig-pa）、「工巧明」（bzo-rig-pa）及び「詩詞」（snyan-ngag）、「韻律」（sdeb-sbyor）、「修辞」（mngon-brjod：一詞多義と一義多名の学）、「歌舞演劇」（zlos-gar）、「暦学」（skar-rtsis）等を学んだ。これらのうち後者の5種はチベット人によって“小五明”

(rig-gnas-chung-lnga) と称される。「声明」・「医方明」・「工巧明」に「因明」(tshad-ma または gtan-tshigs-rig-pa：仏教徒の論理)・「内明」(nang-don-rig-pa：仏学) を加えたものが、インドあるいはチベットで“五明”あるいは“大五明”(rig-gnas-che-lnga) といわれている。小五明は、かつては大五明「声明」の中に含まれると考えられていた(『大唐西域記』巻2釈5明：“一ニ曰ハク声明、詁訓字ヲ釈ス。詮目流別ナリ。二ニ曰ハク巧明、伎術機関、陰陽歴数ナリ。三ニ曰ハク医方明、咒ヲ禁ジ邪ヲ閑ス、薬石針艾。四ニ曰ハク因明、正邪ヲ考定シ、真偽ヲ研核ス。五ニ曰ハク内明、五乗ヲ究暢ス、因果妙理ナリ”)。

クンガギェンツェンは大小の五明に通じて“パンディタ”(paṇḍita) の称号 (インドでは“五明”に通じたものをパンディタと称する) を得た。サパンとはサキャ・パンディタ (sa-skya-paṇḍita) の略称である。1206年、サパンは25歳でシャーキャシュリーから比丘戒を受けた。インドやチベットの仏教徒の習慣に則って師の名の一部をもらい、その後はシュリーバドラをチベット語に訳したペルサンポ (dpal-bzang-po) を名の後につけてクンガギェンツェン・ペルサンポ (その後多くの高僧がサパンにならって自分の名の後ろにペルサンポとつけるようになった。『元史』『明史』にも“班蔵卜”“巴蔵卜”等の記載があり、すなわちペルサンポを示す) と名乗った。サパンはその後もシャーキャシュリー師弟から広く顕密を学び、名声は高まりつつあった。あるとき、インド人トクチェー・ガワ ('phrog-byed-dga'-ba：俗人) ら6人がサパンの名声を聞きつけ弁論を申し入れた。サパンはトクチェー・ガワらとキーロン (skyid-grong) で顔を合わせ、13日にわたって討論を繰りひろげた。その結果、トクチェー・ガワたちは敗北を認め、剃髪してサパンの弟子となった (彼らの頭髪はその後長い間サキャ寺の鐘楼にぶら下がっていたという) ため、サパンの名声はいっそう高まったのであった。1216年、サパンはサキャ寺の管理権を継承した。サパンには19の著作があるが、後世、特に著名となった作品が『三律儀論』(インド・チベットにおける仏教教派の是非についての評論と仏教に関する自身の見解を述べる。サキャ派必携の書)[1]、『正理蔵論』(『集量論』及び『量釈論』を主とするダルマキールティの因明に関する7著作について総括し、自身の認識論と論理体系を用いて著述したもの。量論を学ぶための必読書でありゲルク派が興る以前の因明に関する名著。また『量決定論』を重視しがちであったチベット因明学を『量釈論』に向けさせた著作でもある)、『サキャ格言』(『善説宝蔵』とも。インド・チベットに伝わる社会論理や処世術に関する内容の格言を民謡などの手法を用いて記す。後に註釈も加わって広く流布し、チベットの社会思想や文学形式に影響を与えた)の3冊であり、これらはチベットの社会や宗教に大きな影響を及ぼしている。

1240年、モンゴルの大ハーン、オゴタイの子クデンは将官ダルハン・タイジ・トルタナクポ(dar-han-tha'i-tsi-tor-da-nag-po)に軍を与えてチベットに進軍させた。当時のチベットは群雄割拠の状態で支配構造が確立しておらず、武力のみに頼った支配は困難と予想されたため、トルタナクポはチベット人の協力者を選んで統治するようクデンに建議した。その頃、チベットで寺院の数が最も多く、広範囲に広まっていたのはカダム派で、中でも戒律が整然として、最も"徳行"があるとされたのはタクルンタンパ(stag-lung-thang-pa)であった。また五明に通じ、最も高い信望を集めていたのはサキャ派のパンディタであった。それらの状況をみてとったタイジ・トルタナクポはサパンを選び、彼を召し出すようクデンに勧めたのであった。1244年、サパンは要請に応じ、パクパとチャクナという2人の甥を伴ってクデンのもとに赴いた。ラサに到着後、サパンは甥2人を先に西涼に行かせ、自身はラサに留まった。おそらくモンゴル帰順についてウー・ツァン各地の有力者と協議をはかったと思われる。その後1246年になって西涼に到着したサパンだったが、クデンはハーン選出〔オゴタイ死後におこなわれ、グユクが選出されたクリルタイ〕のため不在で、翌年になってようやく対面が実現したのであった。サパンはチベットがモンゴル帰順に関する諸条件についてクデンに合意をとりつけた後、チベットに手紙を書き、モンゴルへの帰順を受け入れるよう説得をはかっている。こうしてウー・ツァン地区はモンゴルの支配下に入り、事実上このときから祖国の版図に組み込まれた。同時にサキャ派はチベットの政治、宗教を統治する権力を手に入れたのである。

サパンはこの後西涼を離れることはなかったので、サキャ寺は弟子のシャルパ・シェーラプジュンネー(shar-pa-shes-rab-'byung-gnas)とウユクパ・スーナムセンゲ('u-yug-pa-bsod-nams-seng-ge)が管理した。サパンはクデンの重い病を治癒させたこともあり、その信頼は篤かった。西涼でサパンが仏法を講じた際には4人の通訳がつき、講話はそれぞれモンゴル語、ウイグル語、漢語及び当地のチベット語〔アムド方言のこと〕に訳されたという。またサパンは古代ウイグル文字の字母を利用して四十数文字のモンゴル文字を創成したともいわれる[2]。クデンの命により、サパンの甥パクパは仏法を、チャクナはモンゴル服を纏ってモンゴル語を学んだ。サパンはチベットに帰ることなく、1251年に世を去った。

サパンの弟サンツァ・スーナムギェンツェン（zang-tsha-bsod-nams-rgyal-mtshan：1184～1239）は5人の妻を娶って4人の男子を儲けた。最初の妻はパクパとチャクナを産み、2番目の妻はリンチェンギェンツェン（rin-chen-rgyal-mtshan：1238～1279）という男子を産んだ。3人目の妻はクンタン（gung-thang：後チベット・キーロン以北）地方の頭目の娘で2女を産んだ。4人目の妻はもともと3人目の妻の侍女でイェシェージュンネー（ye-shes-'byung-gnas：1238～1274）を生んだ。5人目の妻は1女を産んでいる。

パクパ（'phags-pa：1235～1280）は本名ロドゥーギェンツェン（blo-gros-rgyal-mtshan：サキャ五祖のうち第五祖）といい、3歳で呪を唱え、8歳で『ジャータカ』を暗唱したという。9歳になると経を講じることもあり、名家の生まれということもあいまって、人は彼を聖者を意味するパクパと呼んだ。10歳（1244）のとき、弟チャクナ（phyag-na：1239～1267、チャクナドルジェ phyag-na-rdo-rje とも）と共におじサパンについて涼州へ赴いたが、途中ラサのチョカン（大昭寺）でサパンの手により出家し、沙弥戒を受けた。その後トゥールンのツルプ（stod-lung-mtshur-phu）で簡単に戒律を学んでから、再度涼州に向かっている（パクパとチャクナはサンツァ・スーナムギェンツェンの子であり、サキャ一族の嫡嗣である。1244年当時、パクパは10歳、チャクナはわずか6歳であった。おそらく人質以上のものではなかったろう）。1247年のクデンとの会見後、サパンはその命に従ってパクパに顕密の仏法と"五明"諸論を学習させた。1251年、クデンとサパンが相次いで世を去り、コデエ・アラルの地でモンケが大ハーンに即位すると、漢とチベットの地は大ハーンの弟フビライの所領地となった。領主が代わったことで、サキャ派の地位も揺らぐことになる。1252年、フビライは南征して大理攻めをおこなった。大理に向かう前、フビライは吐蕃にも兵を出し、クデンの子を通じてカルマ・カギュー派のカルマ・パクシ（karma-pakshi）及びサキャ派のサパンを招聘して同時に引見しようとした。しかしサパンはすでに世を去っていたため、クデンの子は代わりにパクパを送ったのであった。1253年、19歳のパクパは大ハーン・フビライに謁見した。フビライとその夫人、子女は俗人が僧に対する儀礼をもってパクパに接し、同時に密教の灌頂を受けた。こうしてパクパはついにフビライのもとに留まることとなったのであった。カルマ・パクシはフビライへの謁見後、そこに留まるのをよしとせずに北上し、憲宗モンケについている。1255年、21歳のパクパはフビライの命でチベットに戻り、比丘戒を受けて（パクパは漢とチベットの境界付近でタクパサンギェーgrags-pa-sangs-rgyasから比丘戒を受けた）から上都に戻った。当時、仏教と道教はその優劣を競ってしばしば争いを起こしていた。1258年、モンケは勅令を出し、仏教と道教にフビライの前でその優劣を弁じさせることにした。双方が代表17人ずつを出して弁論をおこなったが、パクパも仏教側の代表として参加している（24歳）。弁論の結果、道教側は自らの敗北を認め、道士17人が剃髪して僧となり、道観のいくつかが寺院に変更された（これらは、単なる仏道の優劣ではなく、モンゴル統治者が色目人と漢人の優劣を見極めるというより重要な目的があったと思われる）。カルマ・カギュー派とサキャ派はともにカム地区において勢力と影響力を有していたが、カルマ・パクシがフビライに謁見しながらモンケ側についたのは、サキャ派との勢力争いのゆえであった。サキャ派はクデン側についてチベットにおける領袖の地位を得、パクパもまたフビライに忠誠を誓った。モンケの死後、フビライは大ハーンを称したが、弟アリクブケとその位をめぐって争った。カルマ・パクシはアリクブケ側に協力したと疑われ、フビライはサキャ派を統治に利用することを決めたのであった。1260年に即位したフビライは、パクパを国師に封じて玉印（当時の権力者の証である）を賜った。1264年、フビライは燕京（中都、1267年に中都東北に新城の建設を始め、1272年に大都とした。北京の前身である）に遷都した。燕京に総制院を設立して全国の仏教事務と吐蕃地区の行政事務を司らせ、パクパに命じて国師が総制院を統べるようにした。1265年、パクパはサキャに戻ったが、おそらくはチベット地方行政組織構築のためであろう。彼はまずシャーキャサンポ（shākya-bzang-po）をプンチェン（dpon-chen）としてフビライに推挙、フビライはそれを認めて“衛蔵三路軍民万戸”の印を賜った。チベットの行政事務はプンチェンが、宗教事務は国師（以後は帝師と称す）が掌握するという体制がここに成立した。ただしプンチェンの指名権は国師（あるいは帝師）のもとにあった。この頃、パクパは自身のラタン（bla-brang：ラマの私邸を指す。これはラタンの最も早い記載である。後の大ラマ、特に転生ラマ等のラタンはこれが起源だと思われる）組織を成立させていたようである。1268年、プンチェンのシャーキャサンポはウー・ツァン地区にある13の万戸の万戸長に任命された（13という数はチベット人の伝統的言い方で、厳密な数字ではないと思われる）。こうしてチベット地区には中央が直接支配する行政が敷かれ、パクパは1年間のサキャ滞在ののち大都に戻った。フビライはパクパにモンゴル文字の創成を命じており、パクパは数年かけてチベット文字に似た新たな文字41を作成した。音節は千余となり、モンゴル語の筆写に使用された。フビライは1269年2月にこの新しいモンゴル文字を公布して、詔書をはじめ公文書には一律にこの文字を使用し、そこに以前各民族が使用していた文字を付記することとした。文字創成に功績ありとして、パクパは“帝師大宝法王”の号を加封された上玉印を賜っているが、これが元朝における帝師という役職と肩書の始めとなった。フビライはサキャ派以外の教徒にサキャ派に改宗するよう命を出したが、パクパはこの詔勅の撤回を上奏し、それぞれの教派を尊重させるようにしている。1276年、パクパはサキャに向かう。これが最後のサキャ行きとなった。フビライは太子チンキムにパクパの護送を命じており、パクパは上都においてチンキムのために『彰所知論（shes-bya-rab-gsal）』を講じている。このチベット語原本は現在まで伝わっており、漢訳本も『大蔵経』に所収されている。1277年、パクパはカムと中央チベットの僧7万人を集めてチュミク・リンモ（chu-mig-ring-mo：現在のナルタン寺付近）の地で盛大な法会を開いた。名義上の施主はフビライで、法会の費用以外に僧1人につき金1銭を布施したという。1280年、パクパはサキャで世を去った。フビライはパクパに“皇天之下一人之上開教宣文輔治大聖至徳普覚真智佑国如意大宝法王西天仏子大元帝師”の称号を贈った。元の仁宗延祐七年（1320）、パクパを偲び帝師殿を建立するとの詔があり、孔子廟に似た制度を設けたが、実際の建立は翌年（英宗至治元年（1321））となっている。パクパには三十余に上る著作があり、中でもチンキムに講じたという『彰所知論』が最もよく読まれた。『彰所知論』には簡潔なチベット史の記述もある。パクパの弟子や兄弟、甥やその子など、少なからぬ者が、その縁によって各地で輝かしい地位を手に入れた。ある者は帝師を継承し、ある者は公主や皇帝の姉妹を娶り、またある者は王に封ぜられた。司空、司徒、国公などに封ぜられた者や、金や玉印を賜った者など枚挙にいとまがない。またチベットの有力者が上京して位階を求める例も同様に極めて多かった。元の歴代皇帝の側でも、有力者の籠絡を謀ってさまざまな爵位や恩賞を与えており、『元史』には蕃僧〔チベット僧〕のために国庫が半減したとの記載すらあるほどである。モンゴル、漢、チベット、ウイグルといったさまざまな民族の間では、それぞれの統治者がつくった国境が元の統一政権のもとで消滅したことにより、友好的な往来が可能となった。その結果、民族間の経済的連携や文化技術の交流などが頻繁におこなわれるようになっていく。たとえば中国の印刷機材と印刷技術、木造船と造船技術、建築技術などがチベットに伝えられ、チベット式の像や塔、用具、工芸等の技術は逆に中国へと伝えられていった。パクパはおじサパンが採用した国内志向の政策を継承してチベットと中央との関係を堅固なものとし、加えて漢とチベット、モンゴルとチベットという2国間の経済や文化交流を促進させた。パクパとフビライという2人の関係には、チベットとモンゴルという2民族統治者の結びつきに留まらず、祖国の各民族間の関係を密接に結びつける働きが見られるのである。

フビライがパクパを国師や帝師に封じて以来、元の歴代皇帝は“帝師”を必ずおくようになった。皇帝たちは帝師から仏戒を9度にわたって受け、その後即位する（『南邨輟耕録』巻2）のである。帝師という仕事は元代において中央の重要な職官の一つとなっていた。総制院（1288年に宣政院と改称）もまたパクパ以降歴代の帝師が統べることになっていたが、帝師の地位に就くのは往々にして若い者が多く、実権を握っていたのは帝師の下にある院使であったようだ。ここではパクパ以降の帝師について述べたい（102頁表5-6参照）。

1276年にパクパがチベットに戻ったため、フビライはパクパの弟リンチェンギェンツェン（rin-chen-rgyal-mtshan：『元史』では怜真とも）に命じて帝師を継承させた。チベット語史料によれば、リンチェンギェンツェンは1238年に生まれ、39歳で帝師となり至元十六（1279）年に世を去った。しかし『元史』釈老伝によれば死亡したのは至元十九年（1282）となっている。“九”はおそらく“六”の誤りであり、同じ『元史』の世祖本紀を参照しても、卒した年を至元十六年とするべきであろう。至元十六年とすればチベット語史料とも符合する。リンチェンギェンツェンの死後、フビライはパクパの甥ダルマパーラ・ラクシタ（Dharmapālarakṣita：1268年生まれ、12歳で帝師となり、1287年に世を去った。チャクナの子で『元史』は“答爾麻八剌乞列”として1286年に世を去ったとする）を帝師とした。ダルマパーラ・ラクシタの死後は、パクパの弟子イェシェーリンチェン（ye-shes-rin-chen：1248～1294、40歳で帝師に任ぜられる。『元史』釈老伝には亦摂思怜真とする）に継承させた。イェシェーリンチェンが至元三十一年（1294）に五台山で世を去った後、元の王室はタクパウーセル（grags-pa-'od-zer：1246～1303、49歳で帝師。『元史』では吃刺斯八斡節爾）を帝師とした。タクパウーセルはもとサキャ東院（サパンの弟子たちは東・西・上の3院に別れて居住した。以下の本文参照）ドルジェウーセルの弟子であり、パクパの甥ダクニーチェンポ・サンポペル（イェシェージュンネーの子）のチュープン（mchod-dpon：供仏などの宗教儀礼に携わる官）であったが、後にパクパについてパクパのクンニェル・ゲンポ（dkon-gnyer-rgan-po：管理人）となった。彼はダルマパーラ・ラクシタの死後都に入っており、この時期に帝師となった(1)。元の成宗テムルの元貞元年（1295）には双龍盤紐白玉印を賜った。印の銘は“大元帝師統領諸国僧尼中興釈教之印”である。同時に宝玉で飾った五方の仏冠を賜って大徳七年（1303）に世を去った。その後成宗はリンチェンギェンツェン（rin-chen-rgyal-mtshan：1257～1305、47歳で帝師となる。『元史』には輦真監蔵。上記リンチェンギェンツェンとは別人）に帝師を継承させた。リンチェンギェンツェンはサキャ東院出身で、1288年頃フビライの命によってサキャ寺の四大ラタン（bzhi-thog-bla-brang：サキャ派はラタンを4つに分割した。以下の本文参照）の座主となり、18年その座を守った。その後成宗に招かれ上京して帝師となったのである。大徳九年（1305）に卒した。『元史』釈老伝では、リンチェンギェンツェンの跡を継いで帝師となったのは都家班であると伝える。『元史』表記の慣例からすると、おそらくはドルジェペル（rdo-rje-dpal：生没年不詳。『元史』の記載から、帝師在位年は1305～1313と考えられる）という名の人物であろう。いくつかのチベット語史料には、ドルジェペルが帝師であったという記載がなく、わずかに『紅史』にのみ“サンギェーペルがサキャ寺のケンポであった前にドルジェペルがケンポをしていた”という記述があり、おそらくこのドルジェペルが『元史』にある都家班と同じ人物であると思われる。しかし都家班（＝ドルジェペル）が実際に帝師であったかは不明である。『元史』成宗本紀には大徳九年（1305）の記載として“喫剌斯八斡節爾（すなわちタクパウーセル）・ノ甥相加班（すなわちサンギェーペル（sang-rgyas-dpal：1267～1314））ヲ帝師トナス”とあり、釈老伝の“（大徳九年3月）都家班嗣グ、皇慶二年（1313）卒ス、相爾加思（おそらくサンギェーペル）嗣グ、延祐元年（1314）卒ス”と矛盾する。現在、後チベットのシャル寺で保存されている元代の帝師副署の文書中に一通だけサンギェーペルの書いた文書があり、その末尾には“〔チベット歴〕羊年7月19日于大都”とある。釈老伝の記載通りサンギェーペルが1313年に帝師になり、翌年逝去していた場合、1313年は牛年、1314年は虎年であるため羊年は存在せず、現存の文書と合わないのである。成宗本紀にあるとおり、1305年の帝師就任であれば1307年は丁未で羊年となり、シャル寺の文書とも矛盾しない。おそらく成宗はドルジェペルを帝師に任じたものの、実際には就任せず、サンギェーペルをリンチェンギェンツェンの後嗣ぎにしたと思われる。そのためチベット語史料にドルジェペル（都家班）が帝師になったという記載がないのであろう。釈老伝の“都家班嗣グ、皇慶二年（1313）卒ス”の部分は、おそらく史家の誤りと考えられる。チベット文『紅史』にも“サンギェーペルは帝師タクパウーセルの甥（タクパウーセルの弟の子）であり、サキャ寺のケンポを務め、またカンサル・ラタン（khang-gsar-bla-brang）の座主を務めた。大都に赴きオチャトゥ（o-ja-du：成宗テムル）、コルク（go-lug：武宗ハイシャン）、プヤントゥ（bu-yan-du：仁宗アユルバルワダ）三帝の帝師となり、48歳で大都に卒した”となっている。この記述でもサンギェーペルが成宗、武宗、仁宗の帝師を務めたとあって成宗本紀と同様であり、釈老伝の記述が誤りであることがわかる。

タクパウーセルの死後、パクパの弟子イェシェーリンチェンが帝師の地位を継承してからサンギェーペルに至るまでの人々は、いずれもクン家出身ではなく、サパンとパクパの弟子あるいはその弟子の後継者であった。パクパとチャクナ（チャクナはパクパがフビライに仕えた後サキャに戻り、サキャ寺の主事を務めた。パクパより先に世を去っている）兄弟2人が中央及びチベットにおいて極めて重要な地位を掌握していたことがよくわかるだろう。パクパの異母弟リンチェンギェンツェン（怜真）は帝師を数年務めたが嗣子はおらず、影響は少なかったと思われる。

パクパの別の異母弟イェシェージュンネー（ye-shes-'byung-gnas：1238～1274）の母は奴婢であった。封建社会においてその生まれは差別の対象となり、雲南のフゲチ（フビライの第五子。至元五年（1268）雲南王に封ぜられた）の師傅となるのみで、そのまま雲南で世を去っている。イェシェージュンネーにはサンポペル（bzang-po-dpal：1262～1322、チベット語史料ではダクニーチェンポ・サンポペル bdag-nyid-chen-po-bzang-po-dpal でダクチェンとも）という子がいた。クン氏の習慣ではチャクナの死後にサキャ寺の管理権を継承するはずであったが、パクパとチャクナの系統は、チャクナの死後に生まれた息子であるダルマパーラ・ラクシタに継承させた。ダルマパーラ・ラクシタが20歳で世を去った後はサキャ東院のシャルパ・ジャムヤンシトクパ（shar-pa-'jam-dbyang-bzhi-thog-pa）がサキャ派の座主を18年にわたり務めている。1282年、ダクチェンは自身がサキャ寺の継承者であると認めるようフビライに申し立てたことがある。当時大都ではダルマパーラ・ラクシタが帝師を務めており、ダクチェンはクン氏の一族にあらずと責め立てたので、フビライはダクチェンを離島へと流刑に処した（寧波以東という）(2)。ダルマパーラ・ラクシタの死後、サキャのプンチェンよりダクチェンを迎えたいという申し出があったが、それでもフビライは許さなかった。タクパウーセルが帝師を務めた時代（82頁参照）になってようやく交流が許され、成宗テムルはダクチェンを呼び戻してサキャ寺の座主に任じた。仁宗アユルバルワダの皇慶元年（1312）にダクチェンは国師に任じられた。ここに至り、イェシェージュンネーやダクチェンの系統はようやくサキャ・クン氏の一族と認められたとみられる。ダクチェンは7人の妻を娶り、13子を儲けた。子の1人は早世している（96～97頁表5-1、103～104頁表5-7参照）。

仁宗アユルバルワダの延祐二年（1315）、ダクチェンの子クンガロドゥーギェンツェン・ペルサンポ（kun-dga'-blo-gros-rgyal-mtshan-dpal-bzang-po：1299～1327、『元史』には公哥羅古羅思監蔵班蔵卜。クンガロドゥーとも）は詔によりサンギェーペルの後を継いで帝師の座に就いた（17歳）。クンガロドゥーは11歳（1309）のとき大都にやってきて、24歳（1322）でチベットに戻り、1327年に世を去っている。『元史』釈老伝では至治三年（1323）に卒したとあるが、誤りである。『仏祖歴代通載』には泰定四年（1327）10月に卒したとあり、チベット語史料と符号する。シャル寺に現存する元代の文書中にはクンガロドゥーが“帝師”の名義で大都からウー・ツァンに向けて発した牛年の文書が残されている。牛年とは泰定二年、すなわち1325年である。『紅史』にはクンガロドゥーが仁宗、英宗、泰定帝の3皇帝に帝師として仕えたとあり、丁卯年（1327）に大都で卒したと記載される。各史料から見て、クンガロドゥーが1325年まで帝師の座にあったのは確実であろう。クンガロドゥーの没後、帝師に任ぜられたのは、『元史』釈老伝に“旺出爾監蔵ガ嗣ギ、泰定二年卒ス”とある旺出爾監蔵で、この人物はおそらくワンチュクギェンツェン（dbang-phyug-rgyal-mtshan）であるが、『サキャ世系』にこの名はない。『元史』において、ワンチュクギェンツェンが帝師に在位していたとされる時期がクンガロドゥーのそれと重なっており、チベット語史料と釈老伝が符合しない。ワンチュクギェンツェンはクンガロドゥーの代理人なのか否か、今後の考証がまたれる（『元史』巻30泰定帝紀2、泰定四年（1327）2月の項に“帝師参馬亦思吉思卜長出亦思宅卜卒ス”とあり、この名はチベット、漢どちらの史料にも記載がない。こちらについても今後の研究がまたれる）。次代の帝師はクンガロドゥーの異母弟クンガレクページュンネーギェンツェン・ペルサンポ（kun-dga'-legs-pa'i-'byung-gnas-rgyal-mtshan-dpal-bzang-po：1308～1341、当時18歳であった）が継承した。『元史』では公哥列思八冲納思監蔵班蔵卜とあり、“玉印ヲ賜ヒ、璽書ヲ降シテ天下ニ諭ス。其ノ年ニ卒ス”との記載もあるため、“其ノ年”が何年にあたるのか再考がまたれる。次に帝師の座に就いたのは『元史』釈老伝によれば“天暦二年（1329）輦真喫刺失思ヲ以テ嗣グ”とあり、おそらくもとのチベット語でリンチェンタシー（rin-chen-bkra-shis）あるいはリンチェンタクパ（rin-chen-grags-pa、『釈氏稽古略続集』巻1にこの人名、すなわち輦真喫剌思、とあるため）であろうが、チベット語史料の中にはどちらの名前も見当たらない(3)。これ以降、釈老伝には帝師の記載はないが、元の体制からみて帝師自体は存在していたと思われる。『仏祖歴代通載』巻22末と『釈氏稽古略続集』巻1には、1333年6月初8日に元の順帝が即位して元統と改元され、“礼シテ公哥児監蔵班蔵卜ニ請フテ帝師トナス”との記載がある。ここに記載されている名はクンガギェンツェン・ペルサンポ（kun-dga'-rgyal-mtshan-dpal-bzang-po）で、クンガレクページュンネーギェンツェン・ペルサンポの同母弟である。チベット語史料によれば、1310年に生まれて1358年に世を去った。22歳（1331）のときに大都へ行き、その後帝師に選定されている。クンガギェンツェンがどれだけの期間帝師を務めていたのか、はっきりとした記載はない。しかしチベット文の『賢者喜宴』（第16品）には“クンガギェンツェンは帝師に任ぜられ26年在位した。土狗年（戊戌年、1358）に逝去した。”とあり、元統元年（1333）を彼が帝師に任ぜられた第一年だと仮定すると、没年が1358年（至正十八年戊戌）となり、ちょうど帝師に任ぜられてから26年ということになる。とすればクンガギェンツェンは1358年まで帝師を務めたといえるが、この人物の名は『元史』には見えないのである。クンガギェンツェン以降の帝師も漢文史料に見当たらないが、これには以下の理由が考えられる。第1に元朝晩期の皇帝の在位時は順帝の実録さえ作成されなかった政治の変動期であった。第2にモンゴルの信仰の対象はすでにサキャ派からカギュー派に移っていた（元の文宗トク・テムルはカルマ・カギュー派の黒帽ラマ（カルマパ）三世のランジュンドルジェを招聘し、順帝も同人を招聘、晩年には四世のルルペードルジェを招聘した）。第3にチベットにおいて、サキャ派はすでに支配能力を失っており、実権はパクモドゥ派のチャンチュプギェンツェンの手に渡っていた。第4に中国の仏教寺院と僧の管理権はすでに各地の広教総管府（文宗の至順二年（1331）設置）に移っていた。これらの事情からしてサキャ派が担当してきた帝師の地位は形骸化し、本来の権力はすでになかったものと思われる。帝師の記載が当時の記録にもあまり残されていない原因であろう。

1358年（元至正十八年）から1368年（至正二十八年、洪武元年）にかけ、順帝は北走するに至った[3]。この10年の間にも帝師は設置されたが、それが誰であったかは漢文史料に見出すことができない。チベット語史料にも明確な記述はほとんどないが、『サキャ世系』にのみわずかな記載が見られる。曰くパクパの甥の子クンガレクページュンネーギェンツェン・ペルサンポ（1308～1336：既出の帝師クンガレクページュンネーギェンツェン・ペルサンポの同年生まれ、同名の異母兄弟）の子ラチェン・スーナムロドゥー（bla-chen-bsod-nams-blo-gros：1332～1362）が都に招聘されて帝師になったとあるが、在位期間等の詳細な記述はない。『サキャ世系』にはさらにこのクンガレクページュンネーギェンツェン・ペルサンポの孫で、スーナムロドゥーの甥クンガレクペーロドゥーギェンツェン（slob-dpon-chen-po-kun-dga'-legs-pa'i-blo-gros-rgyal-mtshan：1358~1385）が封を受けて大元国師（これはおじスーナムロドゥーが帝師になったため）となったという記載もあるが、『青史』にはスーナムロドゥーのときに名にも帝師の肩書きをつけたとある。おそらくクンガギェンツェンの没後、つまり1358年以降クンガレクペーロドゥーギェンツェンも帝師の座に就いたのであろう。

『明史』巻331には元の摂帝師〔摂は代理の意〕として喃加巴蔵卜の記載がある。彼は鎮西武靖王卜納剌が明にくだったのち、すなわち洪武五年（1372）12月チベット地区におけるチベット最高官長として最初に明に降った、という身分で翌年（1373）熾盛仏宝国師に封ぜられ、玉印を賜っている。彼は元の元官僚100人余を洪武帝に推挙して官職を与えた。明の太祖にも重視され、元の最後の帝師として尊重された。またチベットの各地区において、明へ帰順するよう宣撫工作をおこなっている。おそらく1362年にスーナムロドゥーが世を去って以降、1368年に順帝が北へ去るまで帝師の代理をしていたのであろう。しかし彼の存在もまた漢、チベットの史料の中に見出すことはできない。喃加巴蔵卜はおそらくチベット語のナムカペルサンポ（nam-mkha'-dpal-bzang-po）あるいはナムギェル・ペルサンポ（rnam-rgyal-dpal-bzang-po）に相当すると思われるが、チベット文史料にはこの人物を説明するに足る材料を見出せない。彼はカギュー派のタクルン寺（stag-lung）の八代目座主であるナムカペルサンポ（nam-mkha'-dpal-bzang-po：1333 ～ 1379、在位1361 ～ 1375）である、という者もいるが、ナムカペルサンポの事蹟に元の摂帝師の記載は見られず、またサキャ派との関係も不明である。さらには北京あるいは南京へ行ったという記載もなければ明の国師の封号を受けたという記載もない。したがって『明史』の喃加巴蔵卜と時代や名前が似ているものの、同一人物とは断定できず、さらなる確証をまちたいところである。

以上、一部を除いた元朝の帝師について述べてきたが、彼らとサキャのクン氏との関係は、調査したかぎり一族に属しているか、あるいは密接な関係のもと、サキャ寺内で権力を掌握している者であった。サキャ派が元朝に帰順してから、最も権勢をふるった者が歴代の帝師であった。しかし帝師は大都に駐在した上でサキャ地方に出向くか、別にサキャ寺の座主を置くことで地方でも実権を握っていた。ウー・ツァン地方の行政及びサキャ直属の土地と農奴に関する事務については別途専門の管理員を置いており、これらは後にプンチェン、ナンチェンと称した。サパンがクデンに仕えていた頃も、サパン自身は西涼に居住しており、サキャ寺では名義上サパンが座主となっていたものの、実際の教務はサパンの指定した3人の弟子がおこなっていた。3人とはシャルパ・シェーラプジュンネー（shar-pa-shes-rab-'byung-gnas）、ヌプパ・ウユクパ・スーナムセンゲ（nub-pa-'u-yug-pa-bsod-nams-seng-ge）、クンパ・キョトゥンティメー（gung-pa-skyo-ston-dri-med）で、前者2人は比較的名の知られた人物であった。この3人はサキャ寺で何代にもわたり継承された邸宅をもっていた。シャルパ・シェーラプジュンネーの邸宅は東院（シャルパとは東院の人の意）、ヌプパ・ウユクパ・スーナムセンゲのそれは西院（ヌプパは西院の人の意）で、それぞれ父親の世代から伝えられたものである。クンパ・キョトゥンティメーの居宅は前院と称した。これらの居宅の力はそれほど大きなものではなかったが、東院は最も長く継承され、勢力も大きかった（西院の二代目は、かつて二代目のサキャ・プンチェン、クンガサンポとともにパクパに反旗を翻したことがあり、以降勢力を失った。これら院の栄枯盛衰は調査不足でわからないことも多い）。パクパの時代、東院のシャルパ・シェーラプジュンネーの3人の子はパクパの弟子となった（そのうち2人は帝師）。パクパが北京にいた頃は、サキャ寺の座主を異母弟チャクナが務めていた（チャクナは西涼でモンゴル語を学び、モンゴルの衣服を身につけていた。後にパクモドゥ派はモンゴル服を身につけているという理由でサキャ派を非難している。モンゴルの法律や生活習慣が採用されていたことは、他のプンチェンからの指摘もある）。1267年にチャクナが世を去ると、パクパはチベットに戻った。パクパの没後はチャクナの子ダルマパーラ・ラクシタがサキャ寺の座主となり、ダルマパーラ・ラクシタが1287年に世を去るとパクパの弟子で東院のシャルパ・ジャムヤンリンチェンギェンツェン（shar-pa-'jam-dbyangs-rin-chen-rgyal-mtshan、一部のチベット語文書ではシャルパ・ジャムヤン shar-pa-'jam-dbyangs となっているが、シャルパ・シェーラプジュンネーが出家する前に儲けた子である）が、フビライの命によりサキャの教法の四大ラタンの座主（sa-skya-bla-chos-bzhi-thog-gdan-sa）となった。チベット語史料によれば、シャルパ・ジャムヤンリンチェンギェンツェンは座主を16年務め、その後都に上がり成宗の帝師になったという。パクパの甥ダクチェン（bla-ma-bdag-nyid-chen-po-bzang-po-dpal）がクン氏の正式な構成員として成宗に認められ、サキャ寺の座主になった頃である。ダクチェンは19年間座主を務め、その後3年の空位期間を経てダクチェンの子ナムカレクペーギェンツェン（nam-mkha'-legs-pa'i-rgyal-mtshan）に継承された。ナムカレクペーギェンツェンも19年座主を務めている。この頃彼の異母兄クンガロドゥーギェンツェン（kun-dga'-blo-gros-rgyal-mtshan）が大都で帝師を務めた。クンガロドゥーギェンツェンは11人の異母兄弟のためにラタンを4つに分割した（bla-brang：母親とその子らにラタン一棟の割で与えた）。すなわちシトク・ラタン（bzhi-thog-bla-brang：サパンの建立）、ラカン・ラタン（lha-khang-bla-brang：初代プンチェン、シャーキャサンポの建立）、リンチェンガン・ラタン（rin-chen-sgang-bla-brang）、トゥンチュー・ラタン（dus-mchod-bla-brang）で、継承者が座主となって代々受け継がれた。サキャ寺の座主は、ナムカレクペーギェンツェンの後リンチェンガン・ラタンのペンデン・ラマタムパ・スーナムギェンツェン（dpal-ldan-bla-ma-dam-pa-bsod-nams-rgyal-mtshan：1312 ～ 1375）が継承した。彼はパクモドゥ派のチャンチュプギェンツェンの師である。サキャ派の失速と同時期、別の2派が新たに成立しているが、それもまたペンデン・ラマタムパ・スーナムギェンツェンが伝えたもので、晩年彼はツォンカパの灌頂師にもなった。ペンデン・ラマタムパ・スーナムギェンツェンが座主を3年務めた後、サキャ寺の座主はラカン・ラタンのタウン・ロドゥーギェンツェン（ta-dbon-blo-gros-rgyal-mtshan）が継承した。タウン・ロドゥーギェンツェンも座主を3年間務めたが、その間前チベットはパクモドゥ派に併合され、後チベットは分裂状態となった。クン氏の内部では権力争いによる紛争が絶えず、サキャ派は以前のように全チベットに影響を及ぼすような座主を輩出することができなかった。以後サキャ派の座主はサキャ寺内の事務及び土地や農奴の管理をするのみとなり、ウー・ツァンの政権掌握はならなかったが、パクパの法王の称号はそのまま踏襲された。『紅史』にはケンポを歴任した人物の名は記載されているものの、サキャ派の宗教情況についての記載はほとんど記載されていない。

4つのラタンのうち、シトク・ラタンはサキャ寺の座主ナムカレクペーギェンツェンを創始者とする〔98頁表5–2参照〕。子の大元（帝師）クンガリンチェン（ta-dbon-kun-dga'-rin-chen：1331～1399、この時代に一族のチュミクへの移動がおこなわれたので、チュミクパ chu-mig-pa ともいう）はかつて元の灌頂国師を務め、パクモドゥ派のチャンチュプギェンツェンの随行員（phyag-phyi）としてツェタンにも行っている。クンガリンチェンの子ロドゥーギェンツェン（blo-gros-rgyal-mtshan：1366～1420）は明から国師に封ぜられた。ロドゥーギェンツェンの子クンガワンチュク（kun-dga'-dbang-phyug：1418～1462）の時代、ギャンツェ地方の領主とは比較的密接な関係をもっていたようだ。クンガワンチュクに嗣子はなく、シトク・ラタンはリンチェンガン・ラタンのナムカギェンツェンの手に渡ったあと断絶した。

リンチェンガン・ラタンはトゥンユーギェンツェン（don-yod-rgyal-mtshan：1310～1347、ペンデン・ラマタムパ・スーナムギェンツェンの兄）を初代とする〔99頁表5–3参照〕。このラタンとシャル（zhva-lu）とは関係が深い。3代を経て15世紀の末頃後継者が絶えた。同系が前後チベットにもいたが、こちらも絶えている（一部カムに向かった者がおり、そちらには後継がいる）。

ラカン・ラタンは帝師クンガギェンツェンを創始者とする〔98～99頁表5–4参照〕。クンガギェンツェンには2人の子がおり、長子はチューキギェンツェン（chos-kyi-rgyal-mtshan：1332～1359）といい、1356年に上京し元の国師に封ぜられた。チューキギェンツェンの子クンガタシーギェンツェン（kun-dga'-bkra-shis-rgyal-mtshan：1349～1425クンタパとも）は『明史』にある昆澤思巴であり、明から大乗法王（theg-chen-chos-rgyal）に封ぜられた。このラタンも3～4代を経て16世紀頃に絶えている。

トゥンチュー・ラタンはクンガレクページュンネーギェンツェン（kun-dga'-legs-pa'i-'byung-gnas-rgyal-mtshan：1308～1336）を初代とする〔100～101頁表5–5参照〕。彼は元の皇帝の姉妹（尚長公主）を妻として、チベット地区の執法の官を受けていた。幼い息子タクパギェンツェン（grags-pa-rgyal-mtshan：1336～1378）は封を受けて王となった。タクパギェンツェンの孫ナムカレクペーギェンツェン（nam-mkha'-legs-pa'i-rgyal-mtshan：1399～1444）は明の永楽帝から輔教王に封ぜられ、世襲も認められている。トゥンチュー・ラタンは現代に至るまで継承されており、他の3ラタン断絶後はこのラタンの出身者がサキャ寺の当主となった。サパンをサキャ寺の初代座主とするなら、近年に至るまで82～83代（1951年に在位していたサキャ法王が第八十二代だとする説もある）にわたり続いたことになる。四十七～八代頃、トゥンチュー・ラタンはプンツォク（phun-tshogs）、ドルマ（sgrol-ma）という2つのポタン（pho-brang）に分かれた。その後両ポタンの継承者が交代でサキャ寺の座主となり、サキャ法王（sa-skya-chos-rgyal）と称した。とはいえこの頃、彼らはサキャ寺に属する二十数か所の荘園をもつ領主にすぎなかった。宗教上、サキャ派は彼らをサキャの子孫院と称している（96～97頁表5-1のサキャ・クン氏歴代系譜参照）。

サパン以前から、サキャ派は宗教的に大きな人望を集めていたが、サパンの時代にそれはピークに達した。サパン以降、弟子たちは顕教の分野でサパンの著述や他の経論を講じたが、特別な規定もなく（ゲルク派では五部論という規定があった）、内容は人により異なっていたようである。密教分野では『ヘーヴァジュラ』の修法を主に、その他ラムデー等の密法もおこなわれたらしい。伝承された系統はそれぞれ異なり、東院と子孫院でもその内容は一致しない。

サキャ派が政治権力を握って以降、中央及びチベットではサキャ派が多く要職につき、その権勢に並ぶものはなかった。一部の著名な僧を除き、その多くは在家のまま法を学んだ。晩年になって出家した場合も、大抵はすでに妻帯の上、子を儲けており、出家、在家の区別はさほど厳密でなかったようだ。特に官途に就いた場合などは往々にしてモンゴルの服を纏い、享楽に溺れて財産や官職に汲々とし、俗人と変わるところのない振る舞いであった。『青史』は大部を割いてサキャ派の三蔵法師たちが世俗の富を享受している様子を描写しており、これは『元史』に記載される、内地の蕃僧が跋扈して悪事を擅にし、不法が横行している有様と一致している。サキャ派が勢力を失った後、彼らの一部はようやく宗教的生活を取り戻した。15世紀後半頃、新たなサキャ派寺院が建立されているが、その一部ではサキャ派の支派を名乗る者も出現し始めた。そのうちの1人にヤクトゥン・サンギェーペル（g·

yag-phrug-sangs-rgyas-dpal）がいる。彼はサキャ寺とサムイェー寺で顕密の教法を学び、その後サキャ寺に住んで弟子をとり経を講じた。弟子の中にロントゥン・マウェーセンゲ（rong-ston-smra-ba'i-seng-ge：1367 ～ 1449、四川金川一帯の人で、この地出身のチベット人をギャロンという。ロントゥンの名はそこから来ている）がいる。ロントゥンはポン教の家庭の出で、18 歳（1384）までは一途にポン教を学んでいたが、18 歳になるとサンプ寺で顕教の経論を学んだ。22 歳（1388）のとき、比丘戒を受け、27 歳（1393）でヤクトゥン・サンギェーペルの弟子となっている。サンギェーペルのもとでサキャ派顕教を学び、大乗法王クンガタシーギェンツェンからはサキャ派密法を学んだ。1435 年にはラサの北盆地区にナレンドラ寺（nālendra）を建立して『現観荘厳論』『般若経』などの顕教を説いた。多くの弟子をもち、『量決定論疏』などの著書もある。ツォンカパに対する反論の著書を出したこともあるが、弟子や孫弟子の多くは後にゲルク派に改宗している。ロントゥンの弟子ラプジャムパ・サンギェーペル（rab-'byams-pa-sang-rgyas-'phel：1411 ～ 1485）は多くの経論に通じていたためにラプジャムパと称せられた（“ラプジャムパ”は、後に経論に通じた者の学位を示す名称として各派共通で用いられた）。ラプジャムパの称号を得た最初の人物である。1449 年、サンギェーペルはデーユル・キェーツェル寺（'bras-yul-skyed-tshal）を建立、この寺院はその後 5 つの支寺に発展した。寺院ではサキャ派の規則に則った経論の講義をおこない、サキャ派晩期の重要な寺院となっている。

14 世紀後半、サキャ派は顕教の分野で著名な人物を世に出した。名をレンダワ・シュンヌロドゥー（red-mda'-ba-gzhon-nu-blo-gros：1349 ～ 1412、レンダ地方の出身のため、レンダワと称される。現在のサキャとラツェの間）という。レンダワはサキャ派のクンガペル（kun-dga'-dpal）とマティパンチェン（ma-ti-pan-chen）に顕教を学び、またナムカサンポ（nam-mkha'-bzang-po）、タクパギェンツェン（grags-pa-rgyal-mtshan）らに『秘密集会』等の密法を学んだ。レンダワはサキャ派に留まらず、チベット仏教史においてプトゥン・リンチェントゥプ（bu-ston-rin-chen-grub：1290 ～ 1364）とツォンカパの間に位置する重要な学者である。チベット仏教各派の重視する『中論』、特にチャンドラキールティ（月称）の『入中論』や『中論明句論』等という唯心哲学は、一時期チベットからほとんど失われていた。しかしレンダワの研鑽と普及活動により復活し、サキャ派の唯心哲学はチベット仏教界において重要な地位を占めるに至った。これらの功績によって、レンダワはチベット仏教で一定の地位を保っている。レンダワは多くの著作や注疏を著し、また著名な弟子も育てた。ツォンカパの顕教分野における師はレンダワであり、ツォンカパの高名な2人の弟子ギェルツァプジェとケートゥプジェも、本来はレンダワの弟子であったのを、レンダワがツォンカパに紹介したものである。サキャ派では13部の経論を学ぶ必要があるが、これはゲルク派の影響を受けて定められた。

サキャ派の密教分野における3つの支派は以下の通りである。ゴル派（ngor）、コンカル派（gong-dkar）、ツァル派（tshar）で、これらはパクパの兄弟の孫であるラマタムパ・スーナムギェンツェンから伝わっている。

ゴル派はゴルチェン・クンガサンポ（ngor-chen-kun-dga'-bzang-po：1382～1456）を創始者とする。クンガサンポはサキャで生まれ、9歳で出家した。サキャ東院で『三律儀論』（サパン著）を学んだのをはじめ、顕密の経論を広く学んだ後にブッダシュリー（Buddhaśrī）を根本ラマと定め、彼からサキャ派の道ラムデーを学んだ。ブッダシュリーはラマタムパ・スーナムギェンツェンの孫弟子（ラマタムパ・スーナムギェンツェン→ペンデンツルティム（dpal-ldan-tshul-khrims）→ブッダシュリー→クンガサンポ）にあたる。クンガサンポはサキャ寺のケンポも務め、彼から受戒した者は12000人の多きに上ったという。1429年、48歳のときにエーヴァム・チューデン寺（e-van-chos-ldan）をゴル地方に建立（寺の通称はゴル寺、後チベットのナルタン寺とシャル寺の中間、南方にある。サキャ寺晩期の密教を伝える重要寺院であり、サキャ南院所伝の密法を主とする）し、この寺院を拠点にラムデーを83回、『ヴァジュラーヴァリー』を六十余回講じ、密教の伝授のため前チベットを2度、ガリーを3度訪れたほか、ロ・マンタン地方（glo-bo-smon-thang：現在のネパール領）も2度訪問している。多くの弟子のうち、ゴル寺のケンポを継承したのはクンチョクギェンツェン（dkon-mchog-rgyal-mtshan：1388～1469）である。彼はサキャ派クン氏一族と当時権勢をふるっていたリンプンパから崇敬と支持を得て別途寺院を建立、彼もまた多くの弟子をもった。クンガサンポとクンチョクギェンツェン及び2人の弟子たちによってゴル派が形成された。

コンカル派はトゥトゥン・クンガナムギェル（thu-ston-kun-dga'-rnam-rgyal：1432 ～ 1496）により創始された。彼は幼時より密法を学び、ジェ・チャムパリンパ（rje-byams-pa-gling-pa）から比丘戒を授かってサキャ東院で学んだ。その後スーナムサンポ（bsod-nams-bzang-po）を根本ラマと定め、サキャ寺の子孫院の密法を主に学んでいる。スーナムサンポもラマタムパ・スーナムギェンツェンの孫弟子（ラマタムパ・スーナムギェンツェン→大乗法王クンガタシー→スーナムサンポ→クンガナムギェル）にあたるため、コンカル派もラマタムパ・スーナムギェンツェン由来の支派といえるだろう。1464 年クンガナムギェル 33 歳のとき、前チベットのコンカル・ゾンの東方にコンカル・ドルジェデン寺（gong-dkar-rdo-rje-gdan）、通称コンカル寺を建立した。この寺院もサキャ派晩期、前チベットにサキャ派の密法を伝える重要寺院となった。スーナムサンポの同輩ゾンパ・クンガギェンツェン（rdzong-pa-kun-dga'-rgyal-mtshan：1382 ～ 1436）も当時のサキャ派密法を代表する人物である。ゾンパ・クンガギェンツェンはサキャ寺東院で学んだが、大乗法王クンガタシーを根本ラマと定めている（ラマタムパ・スーナムギェンツェン→大乗法王クンガタシー→ゾンパ・クンガギェンツェン）。かつてはガムリン寺（ngam-ring）、チューテン寺（chos-steng）のケンポを務め、密法を主としたサキャ派の教法を伝えていた。弟子も多く、ゲルク派のケートゥプジェは密法の弟子である。ゾンパ・クンガギェンツェンとトゥトゥン・クンガナムギェルが伝えたサキャ派の密法はサキャ寺子孫院の密法が中心となっている。

16 世紀に入ると、サキャ派からは新たに教法史上に残る人物が現れた。すなわちツァルチェン・ロセルギャムツォ（tshar-chen-blo-gsal-rgya-mtsho：1494 ～ 1566）である。彼はタシールンポ寺で出家し、その後サキャ派のドリンパ・クンサンチューキニマ（rdo-ring-pa-kun-bzang-chos-kyi-nyi-ma）からゴルとコンカル両派所伝のサキャ密法を、サキャの末裔ダクチェン・ロドゥーギェンツェン（bdag-chen-blo-gros-rgyal-mtshan）からは上記 2 派には伝わらない密法を学んでおり、宗教界においては極めて評価が高かった。ダライラマ三世はかつてツァルチェンからサキャ派密法を、ダライラマ五世もツァルチェンの後輩から学んでいる。ツァルチェン・ロセルギャムツォはマンカル（mang-mkhar：サキャの西、ラツェ以南）地方のトゥプテン・ゲペル寺（thub-bstan-dge-'phel）に住んで、多くの著名な弟子を育てた。彼らはその後一派をなし、チベットの文献ではサキャ派のツァル支派と称されている。彼らの支派も過去をさかのればパクパの甥の子ラマタムパ・スーナムギェンツェンにたどり着くと推測される。

## 原注

(1) ある資料によれば、タクパウーセルはパクパの死後、その死を大都のフビライに告げる主導的役割を担ったとされる。

(2) 『サキャ世系』によると、ダクチェンはまず蘇州、次いで杭州に流され、そこで漢人の妻を娶って1子を儲けたが、子は早世したという。その後ダクチェンは海中の普陀山〔浙江省舟山群島〕に至ったとされる。

(3) ドーソン『モンゴル帝国史』上巻に“トク・テムル(すなわち元文宗)は仏教を篤く信仰し、巨金を費やして寺宇を重修している。輦真喫剌失思は、ウイグルの著名なラマである。召して尊び、帝師とした。朝廷の一品以下の高官に命じてみなが郊外まで出迎え、大臣はうつぶせになって觴(さかずき)をすすめたが、帝師は動かなかった。ただ国子祭酒の孛術魯翀が觴をすすめて言った。「帝師は釈迦の徒であり天下の僧の師であります。予は孔子の徒であり天下の儒人の師であります。礼をおこなうにはあたりますまい」帝師は笑い、觴をとって飲み干した。ウイグルのラマはこのような優礼をうけたが、ラマと安西王アーナンダの子ウルク・テムルは無体を謀ったものの事が露見してみな誅せられた”との記載があり、この話の一部は『元史』巻183孛術魯翀伝や『資治通鑑』巻205、『釈氏稽古略続集』巻1にも見える。しかし『元史』釈老伝にはウルク・テムル(『元史』では月魯帖木耳)と共謀して誅せられたのは必蘭納識里とする。この名は『元史』巻36文宗紀5では必剌忒納失裏となっており、共に国師に任ぜられたとはあるものの帝師とはなっていない。剌忒納失裏はサンスクリットでratnaśriであり、宝吉祥の意味がある。輦真喫剌失思はチベット語だが同様に宝吉祥の意がある。ドーソンは名の意味が似ていたため同一人物と誤認したのかもしれない。したがって輦真喫剌失思を必蘭納識里とするのは誤りである。

## 訳注

〔1〕『三律儀論』は、実際には小乗の比丘戒・大乗の菩薩戒・密教の三昧耶戒の分別を述べた書物である。

〔2〕ここでは現在も内蒙古自治区で使用されているウイグル・モンゴル文字の事について述べたものと思われるが、この文字の作成者をサパンに帰するのは妥当ではない。

〔3〕1368年、朱元璋は明の建国後北伐を開始、大都にも迫った。順帝は大都を放棄してモンゴルに退去。中国史ではこれを元朝の滅亡とみなすことが多い。

［表５－１］　サキャ・クン氏歴代系譜

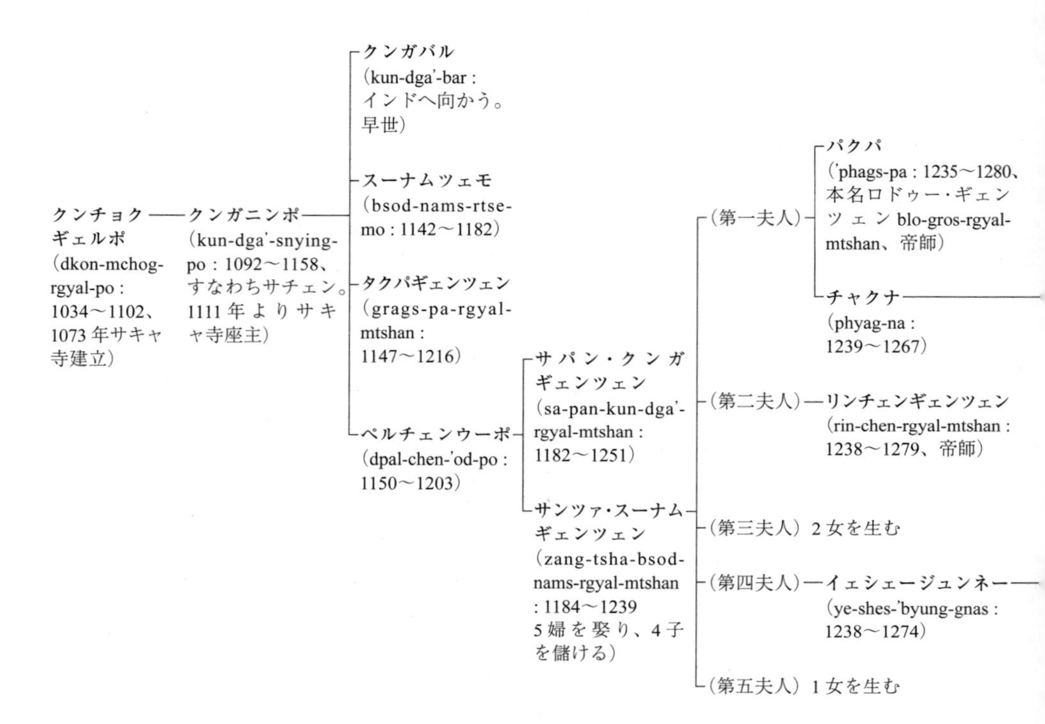

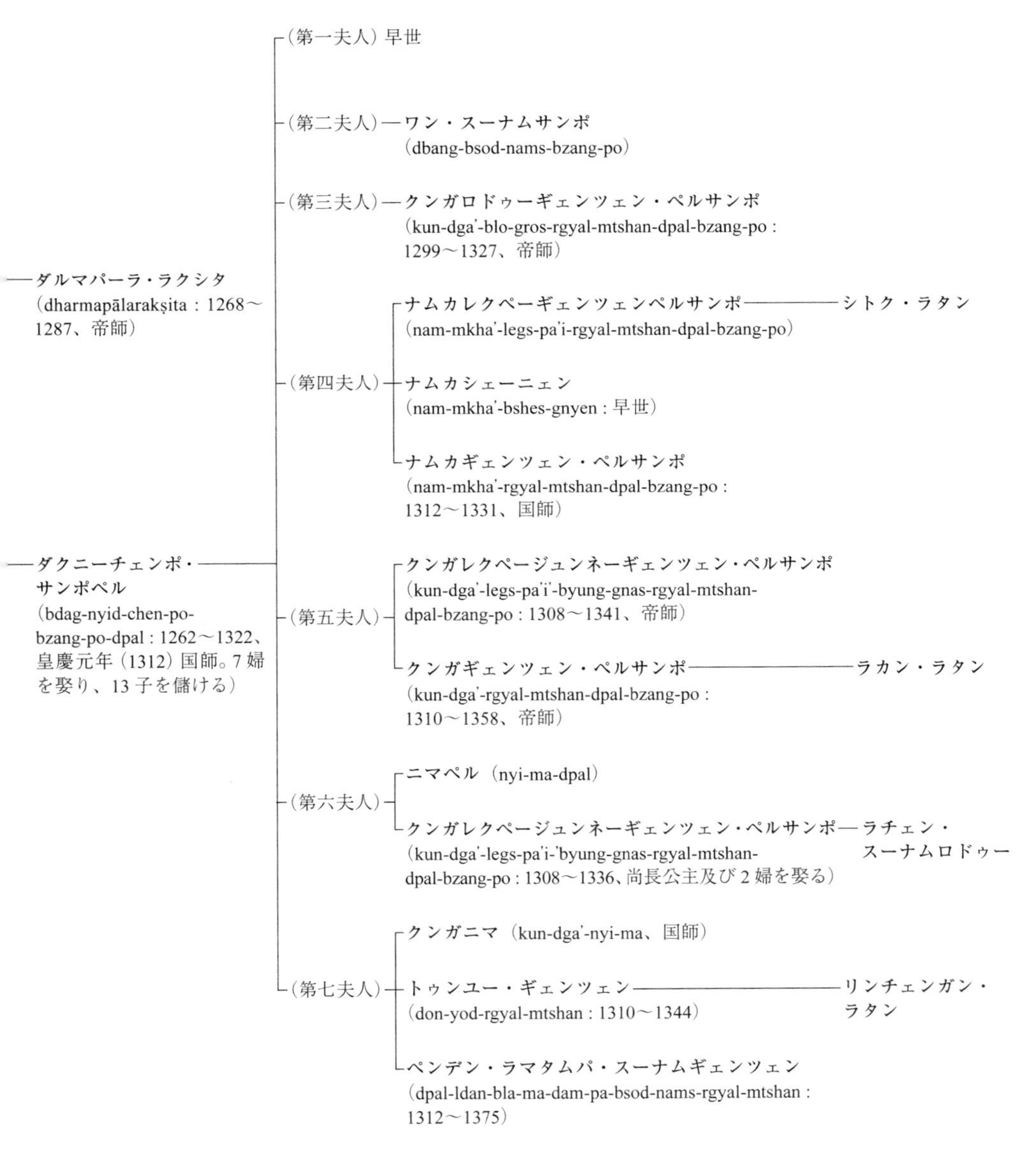


デルゲ版『サキャ世系』による

［表5－2］　シトク・ラタン継承表

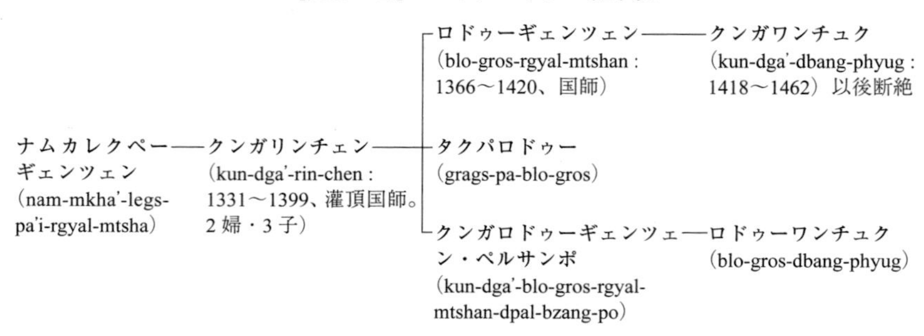


デルゲ版『サキャ世系』による

［表5－4］　ラカン・ラタン継承表譜

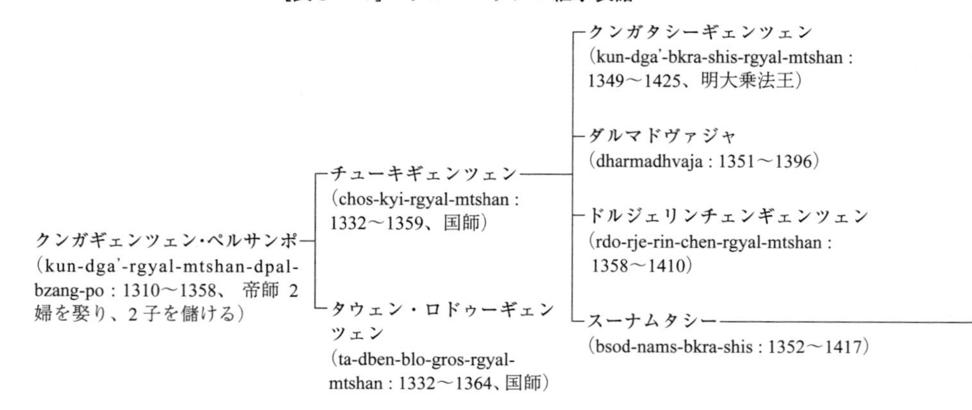

［表5－3］ リンチェンガン・ラタン継承表

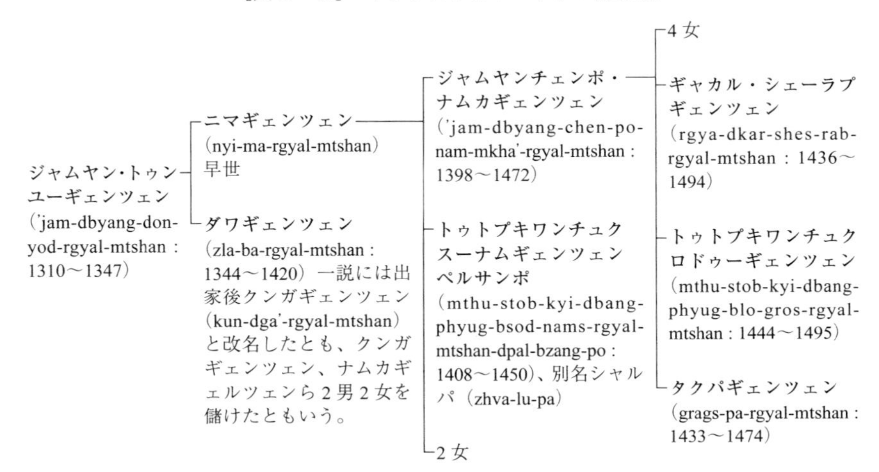


デルゲ版『サキャ世系』による

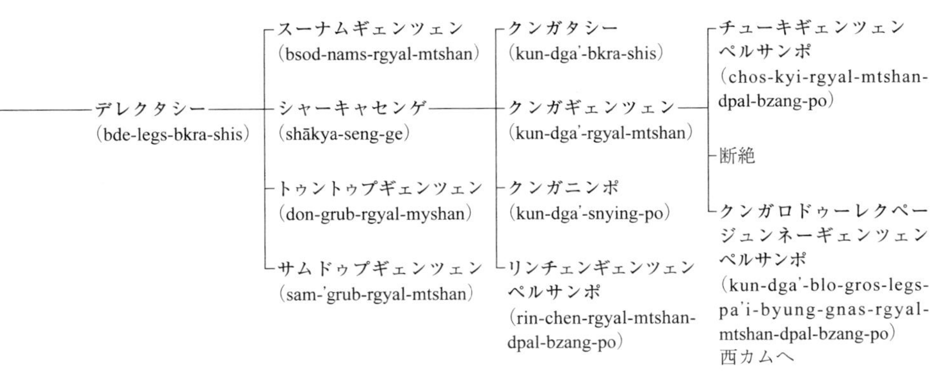


デルゲ版『サキャ世系』による

［表5－5］　トゥンチュー・ラタン継承表

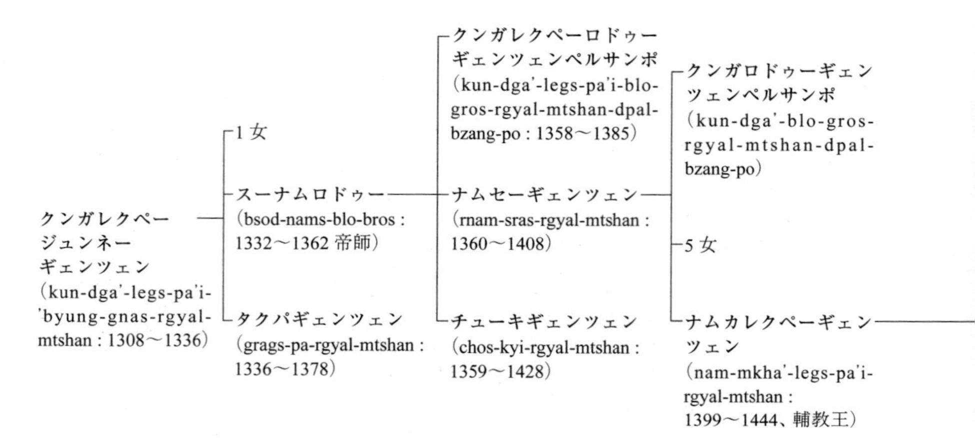

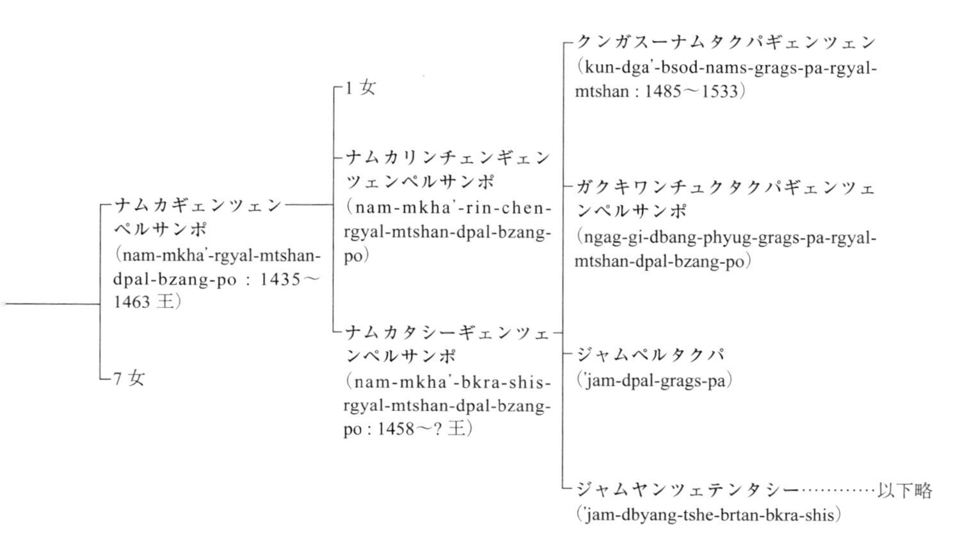


デルゲ版『サキャ世系』による

## ［表5－6］　元代歴代帝師表

（ 一 ）**パクパ**（'phags-pa、本名ロドゥーギェンツェン blo-gros-rgyal-mtshan : 1235 ～ 1280）
世祖フビライにより帝師に封じられる。在位期間 1260 ～ 1276。

（ 二 ）怜真（**リンチェンギェンツェン** rin-chen-rgyal-mtshan : 1238 ～ 1279）
パクパの異母弟。フビライにより帝師に封じられる。在位期間 1276 ～ 1279。

（ 三 ）答爾麻八剌乞列（**ダルマパーラ・ラクシタ** dharmapālarakṣita : 1268 ～ 1287）
パクパの異母弟チャクナの子。フビライにより帝師に封じられる。在位期間 1279 ～ 1286。

（ 四 ）亦攝思怜真（**イェシェーリンチェン** ye-shes-rin-chen : 1248 ～ 1294）
パクパの弟子。フビライにより帝師に封じられる。在位期間 1286 ～ 1294。

（ 五 ）喫剌斯八斡節爾（**タクパウーセル** grags-pa-'od-zer : 1246 ～ 1303）
パクパの従者で、クンニェルゲンポ dkon-gnyer-rgan-po。成宗テムルにより帝師に封じられる。在位期間 1294 ～ 1303。

（ 六 ）輦真監藏（**リンチェンギェンツェン** rin-chen-rgyal-mtshan : 1257 ～ 1305）
サキャ東院出身。フビライよりシトク・ラタンの座主に任ぜられた。成宗テムルにより帝師に封じられる。在位期間 1303 ～ 1305。
（次の帝師は『元史』釈老伝では都家班と誤って記載されているため、ここでは掲載しない。）

（ 七 ）相爾加思（**サンギェーペル** sangs-rgyas-dpal : 1267 ～ 1314）
第五代帝師タクパウーセルの甥で、サキャ寺のケンポをも務めていた。1305 ～ 1314 の間、テムル、武宗カイシャン、仁宗アユルバルワダの三代にわたり帝師を務める。

（ 八 ）公哥羅古思監藏班藏蔔（**クンガロドゥーギェンツェン・ペルサンポ** kun-dga'-blo-gros-rgyal-mtshan-dpal-bzang-po : 1299 ～ 1327）
パクパの甥の孫。1315 ～ 1327? の間、アユルバルワダ、英宗シデバラ、泰定帝イェスン・テムルの三代にわたり帝師を務める。

（ 九 ）旺出爾監藏（**ワンチュクギェンツェン** dbang-phyug-rgyal-mtshan：詳細不明）
『元史』釈老伝によれば、イェスン・テムルに封ぜられて 1323 ～ 1325 の間帝師を務めたとされるが、チベット語史料と矛盾があるため、八代目帝師の代理であるとの疑いもある。

（ 十 ）公哥列思八沖納思監藏班藏蔔（**クンガレクページュンネーギェンツェン・ペルサンポ** kun-dga'-legs-pa'i-'byung-gnas-rgyal-mtshan-dpal-bzang-po : 1308 ～ 1341）
パクパの甥の孫。『元史』によれば、イェスン・テムルにより 1325 年から帝師を務めた。

（十一）輦真喫剌失思（**リンチェンタシー** rin-chen-bkra-shis）
『釈氏稽古略続集』では輦真喫剌思（リンチェンタク rin-chen-grags）とする。生没年不詳。『元史』によれば、1329 年より帝師を務めた。『元史』釈老伝に記載される帝師はこの人物までである。

（十二）公哥児監藏班藏蔔（**クンガギェンツェン・ペルサンポ** kun-dga'-rgyal-mtshan-dpal-bzang-po : 1310 ～ 1358）

パクパの甥の孫。順帝トゴン・テムルに封ぜられて1333～1358の間帝師を務める。

（十三）スーナムロドゥー（bla-chen-bsod-nams-blo-gros : 1332 ～ 1362）
パクパの甥の曾孫。『サキャ世系』によれば、帝師を務めたとあるので、おそらくトゴン・テムルの時代、1358～1362の間に帝師を務めたと思われる。

（十四）喃加巴蔵蔔（ナムギェル・ペルサンポ？ rnam-rgyal-dpal-bzang-po?：詳細不明）
元末、恐らくは1362年以降攝帝師を務めたと思われ、明代には熾盛仏宝国師に封じられたという記載がある。

## ［表5－7］ サキャ寺座主表

（一）クンチョクギェルポ（dkon-mchog-rgyal-po : 1034 ～ 1102）
1073年サキャ寺建立。

（二）パリ訳経師リンチェンタク（ba-ri-lo-tsa-ba-rin-chen-grags : 1040? ～ 1111）
座主在位1102～1111。

（三）サチェン・クンガニンポ（sa-chen-kun-dga'-snying-po : 1092 ～ 1158）
クンチョクギェルポの子でサキャ五祖の初代。1111～1158の47年間にわたり座主を務めた。

（四）スーナムツェモ（bsod-nams-rtse-mo : 1142 ～ 1182）
サチェン・クンガニンポの子でサキャ五祖の2人目。座主在位は1158?～1172。

（五）タクパギェンツェン（grags-pa-rgyal-mtshan : 1147 ～ 1216）
スーナムツェモの弟で、サキャ五祖の3人目。1172年座主に就任し、1216年卒す。

（六）サパン・クンガギェンツェン（sa-pan-kun-dga'-rgyal-mtshan : 1182 ～ 1251）
タクパギェンツェン、スーナムツェモの甥にあたり、サキャ五祖の4人目。座主就任は1216?～1251、うち1244年以降は弟子が代行している。サパンの時代より、サキャ派はウー・ツァン地区において政治宗教の領袖の座を得た。サパン本人は1244年涼州でクデンと会見後そのまま涼州に留まったため、サキャ寺の官吏はその弟子シャルパ・シェーラプジュンネー及びヌプパ・ウユクパ・スーナムセンゲなど3人に委ねられた）

（七）パクパ（'phags-pa : 1235 ～ 1280）
サパン・クンガギェンツェンの甥で、サキャ五祖の5人目。1260年、フビライより国師に封ぜられて1264年以降総制院を管轄した。1269年には大宝法王帝師に封ぜられて玉印を賜っている。シャーキャサンポをプンチェンに任じ、ラタンを建立した。パクパが大都に滞在の折、サキャ寺座主の職務は弟チャクナ phyag-na（1239 ～ 1267）が代行している。

（八）ダルマパーラ・ラクシタ（dharmapālarakṣita : 1268 ～ 1287）
パクパの甥。座主在位は1280～1286。

（九）シャルパ・ジャムヤンリンチェンギェンツェン（shar-pa-'jam-dbyangs-rin-chen-rgyal-mtshan、すなわちシャルパ・ジャムヤンシトクパ shar-pa-'jam-dbyangs-gzhi-thog-pa）
座主在位1287～1304。

（十）ダクニーチェンポ・サンポペル（bdag-nyid-chen-po-bzang-po-dpal : 1262 ～ 1322）

ダルマパーラ・ラクシタの父方の従兄弟で、座主在位は1304～1322の19年間であった。その後1323～1325の間、サキャ寺の座主は空位となる。

（十一）**ケーツンチェンポ・ナムカレクペーギェンツェン**（mkhas-btsun-chen-po-nam-mkha'-legs-pa'i-rgyal-mtshan）
ダクニーチェンポ・サンポペルの子。座主在位は1325～1343の19年間。

（十二）**ペンデン・ラマタムパ・スーナムギェンツェン**（bla-ma-dam-pa-bsod-nams-rgyal-mtshan : 1312～1375）
ケーツンチェンポ・ナムカレクペーギェンツェンの弟。座主在位は1344～1346。

（十三）**ターウェン・ロドゥーギェンツェン**（da-dben-blo-gros-rgyal-mtshan : 1332～1364）
ラマタムパ・スーナムギェンツェンの甥。座主在位は1347～1349。在位当時、パクモドゥのチャンチュプギェンツェンが前チベットの万戸のほとんどをその支配下においており、サキャ派の弱体化は激しかった。1354年、パクモドゥは後チベットもその管理下に置いたため、サキャ派はチベット領袖の地位をついに失った。

# 第6章 カギュー派

カギュー派にはカル・ギュー（dkar-brgyud）とカ・ギュー（dka'-brgyud）という2種類の表記がある。カル・ギューは“白伝”、カ・ギューは“口伝”を意味する。カギュー派の創始者マルパ、ミラレーパは修行の際、常に白い僧服（sham-thabs：当時この種の修行をおこなう者はインドの習慣に準じて白い僧服を身につけた）を着用したためこの称があり、後世になると教え自体を白伝と呼んだ（トゥカン『宗派源流』参照）。しかし一般に通用したのは“カ・ギュー”の方であろう。この教派は密教修習を重視しており、その修行はすべて師からの口伝によった。この師弟間の口伝を極めて重要視したため、口伝を意味する“カギュー”派の称がある。教派にはキュンポ・ネンジョル（khyung-po-rnal-'byor：1086～?）から始まるシャンパ・カギュー派（shangs-pa-bka'-brgyud）とマルパからの伝承を伝えるタクポ・カギュー派（dvags-po-bka'-brgyud）という2系統があり、共にインドに由来している。14、5世紀頃、その勢力はすでに衰えつつあったが、タクポ・カギュー派からの一部の支派が伝承されて現在に至る。現在カギュー派とはいえばこのタクポ・カギュー派を指すが、ここではシャンパ・カギュー派についても簡単に紹介する。

シャンパ・カギュー派の創始者キュンポ・ネンジョルのキュンポは氏族名を、ネンジョルは“瑜伽行者”を意味する称号である。キュンポは10歳（1095）頃からサンスクリットやチベットの言葉を学びはじめ、13歳（1098）になるとポン教、その後ニンマ派のゾクチェンを学んだが満足するには至らなかった。そこでわずかな金子を携えてネパールに赴き、ヴァスマティ（Vasumati）からサンスクリットと密法を学んだ。さらにインドに向かい、マイトリーパ、ニグマ（ni-gu-ma）などからも学んでいる。チベットに戻るとランリタンパ（カダム派ポトワの弟子。第4章カダム派参照）から比丘戒を受けた。前チベットのペンユル（'phan-yul：ラサ北方）に寺を建立した後、後チベットのシャン地方（shangs）へ赴き、そこに滞在した3年の間に108の寺を建立し多くの弟子を育てたという。この教派はシャン地方に勢力を広げたため、シャンパ・カギューと称される。後に弟子がジャク寺（'jag）とサムディン寺を建立し、この2寺院を拠点としてシャンパ・カギュー派の2つの支派が形成された。15世紀頃の吊り橋の建設で著名なタントンギェルポ（thang-stong-rgyal-po：1385～1464）はこの派に属している。14、15世紀にはツォンカパとケートゥプジェ師弟がシャン地方に赴き、シャンパ・カギュー派の僧から法を学んだ。しかしその後、この教派は忘れられ、その名を聞くこともなくなってしまった。

タクポ・カギュー派の創始者はタクポ・ラジェ（dvags-po-lha-rje）だが、その源流はマルパとミラレーパにある〔163頁表6-1参照〕。マルパ（mar-pa：1012～1097）の本名はチューキロドゥー（chos-kyi-blo-gros）といい、ロタク（lho-brag：前チベット南部）の豊かな家に生まれた。15歳（1026）のとき、ドクミ訳経師（ドクミ訳経師は当時サキャ寺近くのニュグルンという洞窟に家族と滞在していた）のもとで密法を学ぼうとしたが、密法を伝授されるには多額の金銭が必要となるため、まずサンスクリットのみを学んでインドに赴き、そこで法を学んだ。マルパはインドに3度、ネパールに4度赴いている。インドではナーローパ（Nā-ro-pa）、マイトリーパ（Maitrīpa）、ジュニャーナガルバ（Jñānagarbha）などから『ヘーヴァジュラ』、『秘密集会』、大印などを学んでいる。チベットに戻るとロタク地方のトポルン（gro-po-lung）に居を構えて弟子をとった。マルパは生涯出家することなく弟子に教えを授け、商売を営み、田畑を耕した。マルパにはメートゥン・ツゥンポ・スーナムギェンツェン（mes-ston-tshon-po-bsod-nams-rgyal-mtshan）、ツルトゥン・ワンゲ（mtshur-ston-dbang-nge）、ゴクトゥン・チュークドルジェ（rngog-ston-chos-sku-rdo-rje：1036～1102）、ミラレーパ（mi-la-ras-pa）という4人の著名な弟子がいた。最初の3人はマルパから『秘密集会』『サンヴァラ』『ヘーヴァジュラ』『チャトゥシュピータ』『マハーマーヤー』などの密教経典の解釈を伝授され、特にツルトゥン・ワンゲとゴクトゥン・チュークドルジェは当時から名が知られていたこともあって、後世にも長く伝承された。ミラレーパは、マルパの修行法を受け継いだ。それは弟子のガムポパに伝承され、後のタクポ・カギュー派のもととなった。

ミラレーパ（mi-la-ras-pa：1040 ～ 1123）は、仏教のみならず、チベット史においても極めて名高い人物である。後チベットのクンタン地方（gung-thang：キーロン以北）生まれでもとはキュンポ（khyung-po）氏族に属していたが、祖父の代からミラ家へ改称し、クンタンに居住するようになった。父親は商売で財をなしたが、ミラレーパ7歳（1046）のときに病没した。当時母親はまだ24歳だったので、伯父が財産占有のため自身の子に再嫁させようとした。しかし母親がこれを拒否したため、伯父は親子を騙して全財産を奪い、2人は貧困の中にうち捨てられたのであった。その後、母親は伯父に仇討ちしようとミラレーパに呪術を学ばせた。ミラレーパはツァンロン地方（gtsang-rong）でクト魔術（すなわちポン教の呪術）を学び、チベット人の書いた伝記によれば、伯父の子、嫁、親類や友人など35人を呪い殺したという（チベット人の迷信や呪いについては『舊唐書』『新唐書』の吐蕃伝にそれぞれ記載がある）。母親は周囲から白眼視されたが、次はミラレーパにヤルルンで“放雹法”（これもポン教の術である）を学ばせた。伝記の語るところによれば、ミラレーパは再び母の命に従い、村中の田畑を雹で滅茶苦茶にしたという。後にミラレーパはこれらの罪を深く悔い、仏教を信仰するようになる。最初にロン（rong）でニンマ派の僧からゾクチェンを学んだが満足せず、ロタクに住むマルパの元を訪れた。マルパはミラレーパに畑仕事や建設作業ばかりさせ、他に何も教えようとしなかった。伝記によれば、これは以前におこなった呪詛、降雹、殺人、傷害などの罪業を消滅させるための行であったという。ミラレーパはマルパの言いつけをよくこなして勤労に励んだため、マルパは自身の学んだ密法の修行法すべてを伝授したのであった。この修行法は“修身”（チベット仏教では顕教は修心に重きを置き、密教は修身に重きを置くという。修身とは呼吸、脈、明点など生理的分野でのやり方を指す）を主としており、現在我々がいうところの“気功”に類似したところから入り、一定程度に達するとある種の体験が得られるという。これらの体験は、仏教の唯心哲学におけるいわゆる“境界”と結びついている。ミラレーパらはこれらの内容をさらにいくつかの段階に分類した。カギュー派はまず“拙火定”（drod）からはじめ、次に“ナーロー六法”等の法を修行し、最後に“万有一味”“怨親平等”“染浄無別”“明空無別”“郷楽無別”等の“境界”を親証するに至る。この“境界”のことをカギュー派では“大印”(phyag-rgya-chen-po)という。ミラレーパの“レーパ”の称は、この“拙火定”を得たためである(修証をして成就ありの意、酷寒のときでも単衣の綿の衣服だけでこと足りる〔ミラレーパは粗末な綿の単衣で極寒を凌いだという逸話から〕)。ミラレーパは38歳(1077)のときからマルパのもとで学び、6年8か月を共にすごした後、45歳(1084)で家に戻った。母は他界しており、妹は他所で乞食をしていたのでキーロン、ニェラム(gnya'-lam)一帯の山中で師からの教えをもとに9年間の修行に入った。この間、口にしたのはわずかな野草のみであったという。この修行の後(1092)、ミラレーパは“境界”に達したといわれる。その後下山したミラレーパは牧民などへの説教を続け、カイラス山も訪れたようである。当時のカイラス山周辺は多くのポン教寺院を擁し、ポン教の勢力下にあった。ミラレーパはポン教の指導者と“闘法”をおこなって勝利したという。以降カイラス周辺のポン教は衰退に向かい、代わって仏教勢力が拡大した。ミラレーパ自身もこの時期に多くの施主と弟子を得たらしい。その後もラチ(la-phyi)、チュパル(chu-bar)等に滞在しながら遊行を続けたが、1123年、84歳のときに毒を盛られて世を去っている(ミラレーパの物語はその弟子がカギュー派の宣伝材料として大いに利用した。ここに紹介したものだけでもカギュー派の教えの一部が見て取れよう)。

ミラレーパには男女を問わず多くの弟子がいたが、中でもレーチュンとタクポ・ラジェが著名である。

レーチュン(ras-chung：1083～1161)は本名をドルジェタク(rdo-rje-grags)という。幼い頃父を亡くしたため、母親はおじに再嫁したものの、下人同様の扱いであった。レーチュンは言葉づかいがはっきりしていたため、村人のために読経して謝礼をもらい、母親やおじを助けた。11~12歳の頃(1093～1094)にミラレーパと出会い、“拙火定”を修行したところ“証験”を得て、その弟子となったという。15歳(1097)のとき、ハンセン病を患ってミラレーパのもとを去り、荒れた小屋で一人暮らしをしていた(清初頃までおこなわれていた、チベットにおける伝染病への対処法)が、ある3人のインド人が通りかかった際、レーチュンの様子を憐れに思い、一緒にインドへ連れ帰った。そこで教わった呪法（金剛手呪）により、病気は全快したという。チベットへの帰路、ネパールでアトゥルヤダーサ（Atulyadāsa）から『サンヴァラ』などタントラの解釈を学んでいる。チベット帰国後はミラレーパのもとに戻ったが、ミラレーパはレーチュンを再度インドに派遣して、マルパが学び終えていなかった密法（無身空行母法）を学ばせようとした。レーチュンはインドでティプパ（Ti-pu-pa：ナーローパ、マイトリーパの弟子）から上記の教えを含むさまざまな密法を学んだ後、その教えをミラレーパに伝えた。ここからカギュー派にはミラレーパが伝えた“サンヴァラ耳伝”と、レーチュンがもち込んだ“レーチュン耳伝”という2つの系統が生じることになる。“修証”を得たうえにインドでも学んだレーチュンは、ミラレーパのもとを辞して前チベット各地で遊行を始めるようになった。レーチュンは前チベットの多くの地域に滞在しており、ヤルルンにいたときは、ある王族の娘と共に密法を修行している。しかし娘はその後別の人物とも関わりをもったため、レーチュンは意気消沈して去ったという。その後シャムプ（sham-pu）の雪山で修行し、さらにニェル（gnyal：タクポ地区南方）のロロ（lo-ro）地区には長期に滞在して最も多くの弟子を擁した。弟子の中には当地の統治者もいたが、中でもロチゴワ（lo-byi-mgo-ba）はレーチュンの弟子となったあと25年にわたって助手（grel-pon）も務めている。レーチュンの講じたカギュー派の教えはロロ地方を中心として長く伝えられたが、支派を形成するには至らなかった。

ミラレーパのもう一人の弟子タクポ・ラジェ（dvags-po-lha-rje：1079～1153、タクポ・ラジェはタクポ地方の医者の意）は本名をスーナムリンチェン（bsod-nams-rin-chen：幼名はロドゥータク、ニ（snyi）氏族の出身でガムポ寺に住んだためガムポパともいう）という。幼い頃から医学を学び、医学理論で名をあげた。二十余歳で妻を亡くし、悲嘆に暮れる中26歳（1204）で出家受戒する。最初にタクポ地方のマルユル・ロデン（mar-yul-blo-ldan）でサンヴァラ系の密教を学び、その後ペンユルのチャユルワ（第4章カダム派参照）からカダム派の教えを学んだが、“定功”があり、一度坐すと13日の長きにわたり持続できたという。故郷へ戻った後、放浪の乞食からミラレーパのことを聞き、教えを請うためにツァンへ向かった（1110頃）。ミラレーパのもとに向かう前、ペンユルでカダム派の師のもとを訪問すると、カダム派の師は、カダム派だけで十分だ、あるいはカダムの方を棄てるのはよくないなどとミラレーパのもとへ行くことを諫めたが、タクポ・ラジェの決心は固く、ティン（brin：後チベット・ニェラム付近）に向かったのであった。ミラレーパに会った際、ミラレーパは頭蓋骨でつくった杯に酒を満たしてタクポ・ラジェに勧めた。タクポ・ラジェは受戒した僧であるため酒は禁忌であったが、なおも求められたためやむなく飲み干すと、ミラレーパが名を尋ねた。"スーナムリンチェン"と答えると、今度はこれまで学んだ学問について尋ねられた。"サンヴァラ等の灌頂と、カダム派の教法"と答えると、ミラレーパは"入門した以上はこちらの法に従うべきである"と告げた。こうしてタクポ・ラジェはヴァジュラヴァーラーヒーの灌頂（rdo-rje-phag-mo-dbang-bskur）を授かり、修行して"証験"を得たのち拙火定法も受けた。タクポ・ラジェはミラレーパと13か月を共にし、その命により前チベットで111回にわたり修行をおこなっている。彼はニェの地でカダム派のセワルン寺に居住していたが、カダム派の僧から責め立てられるのを畏れ、修行ができなかった。寺を離れてからは3年間修行に励み、ようやくカギュー派の"境界"に達したのであった。ミラレーパに対する信頼はますます堅固となり、その教えのもと外部との関わりを一切断ち、荒れた土地に一人住んで修行に励んだ。1121年、今のタクラガムポ（dvags-la-sgam-po：タクポ地区のヤルツァンポ河北岸、東経93度線以西）に、後にタクポ・カギュー派の拠点寺院となるガムポ寺を建立した（ガムポパの名はこの寺院による）。その後ミラレーパと再会すべくヤルルンに向かったが、ミラレーパはすでに世を去っており（1123）、オデグンギェル山（'o-de-gung-rgyal）で修行を続けた。タクポ・ラジェはガムポ寺を拠点にしながら、カダム派とも交流を続けている。ミラレーパは弟子に対し、常に"大印"と"方便道"を同時に授けており、特に両者の区分をしていなかった。タクポ・ラジェはその方法を改め、弟子の行動をよく観察した上で、密法を受けるに適した者に"方便道"を伝授し、また顕教を受けるに適した者には"大印"を授けるようにした。またカダム派とミラレーパの教えを融合して"大印"を主とした自身の体系を確立し、新たな教派をうち立てたのであった。この教派をタクポ・カギュー派という。後世カギュー派といえば主にこのタクポ・カギュー派を指す。タクポ・ラジェはカギュー派密教の修行や、カダム派の教義の解釈についての本を著しているが、最も著名なのは

『解脱道荘厳論』（thar-rgyan：直訳は“正法如意宝解脱宝荘厳大乗道次第解脱”〔英訳及び邦訳がある〕）である。

タクポ・ラジェは30年にわたってガムポ寺に住み、多くの弟子を育てた。1150年、タクポ・ラジェは座主の座を甥のゴムパ・ツルティムニンポ（sgom-pa-tshul-khrims-snying-po：1116～1169、タクポ・ラジェの密法の継承者でもある）に譲り、1153年に世を去った。その後ガムポ寺座主の座は主としてその氏族、または弟子によって引き継がれたが、時には座主の弟子が継承することもあった。タクポ・ラジェの一族はガムポ寺周辺に多く住んだが、寺院が大きく発展することはなかった（もともとあった小さな廟は、タクポ・ラジェの弟子が周辺に住み着くのに伴い拡大したが、1718年、ジュンガル兵侵入によって焼き討ちに遭った。後に再建されている）。

タクポ・ラジェの弟子のうち、4人が後チベットに寺院を建立して支派を形成し、中でもパクモドゥ派はさらに8つの支派に分かれた。カギュー派ではこれらの支派を“4大8小”と称している。以下に簡単な表を付す。

**カギュー派系統図**

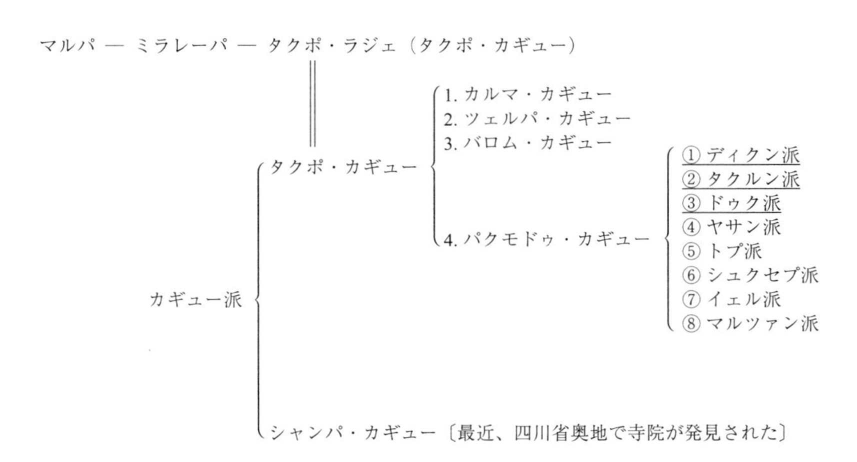


下線のある支派は現在も存続しているもの〔164～165頁表6-2も参照のこと〕。

## 1．カルマ・カギュー派

カルマ・カギュー派（karma-bka'-brgyud）はタクポ・ラジェの弟子トゥースムキェンパ（dus-gsum-mkhyen-pa、本名チューキタクパ chos-kyi-grags-pa：1110～1193、過去、現在、未来を見通す能力があったといわれる。トゥースムキェンパは過去・現在・未来の三世（さんぜ）を知る者の意）から始まる。西カム、テシュー地方（tre-shod）の生まれで、両親は共に密法の行者であった。幼時から父母について学び、16歳（1125）で出家してチューキタクパの名を得た。出家後2年で小さな廟を建て、アティーシャの弟子から密法を学んで修証に験があったという。19歳（1128）で前チベットに行き、翌年にはトゥールン・サタン（stod-lung-sa-thang）でギャマルパ（rgya-dmar-pa）やチャパ（phya-pa）師弟から“弥勒五法”や“中観六論”を学んだ。その後シャルワパ（shar-ba-pa：もとの名はシェーラプドルジェ shes-rab-rdo-rje）とシェーラプセンゲ（shes-rab-seng-ge）師徒からカダム派の教えを6年間、パツァプ訳経師（spa-tshab-lo-tsa-ba）からは中観理聚六論を学んだ。メル・ドゥルジン（mal-'dul-'dzin）からは比丘戒を受け、戒律を学んでいる。さらにはギェル・ラカンでグァ訳経師（rgva-lo）とカムパ・アセン（khams-pa-a-seng）から『時輪』「六支瑜伽」等を学んでいる。30歳（1139）のときタクポ・タクカの地でタクポ・ラジェと面識を得、『チャトゥシュピータ』についての話を聞き、その後ガムポでタクポ・ラジェとその甥タクゴム・ツルティムニンポ（dvags-sgom-tshul-khrims-snying-po）から学んだ。タクポ・ラジェからはカギュー派の“菩提道次第”とその実践法、及び“方便道”を伝授されている。9日の修行の後覚受を得たトゥースムは“定力”によって“拙火”（drod）を引き出し、白い綿衣に身を包んで9か月の修行に入った。両の手は常に発汗していたといい、当時の八百余の行者（みなタクポ・ラジェの弟子）のうち、トゥースムはその修行に我慢強く堪え忍ぶ姿で抜きんでていた。その後タクポ・ラジェはトゥースムをサンリ（sang-ri）で修行させたが、5か月程で呼吸を自由にコントロールできるまでになったという。タクポ・ラジェの元に戻ったトゥースムはそこで3年間生活を共にした。ロロ地方ではレーチュンから“ナーロー六法”等のナーローパ、マイトリーパ所伝の法すべてと“方便道”を学び“楽空無別倶生智”を得たのであった。トゥースムはかつてサキャ派の“ラムデー”やニンマ派の

“ゾクチェン法”を学んだこともあるが、彼自身の認識ではカギュー派の“拙火”“大印”が最も力を得られたようである。前後チベットに30年ほど滞在した間にさまざまな師から顕密の教えを受けたトゥースムは、38歳（1147）のときに西カムのリウォチェ周辺のカルマ地方にカルマ・デンサ寺（karma-gdan-sa：カルマ派の名はこの寺に由来する）を建立した。彼は数千の民衆を集め、当地の支配者の争いの仲裁に入り、大量の財物をガムポ寺及び前チベットの寺院に奉納した。晩年は前チベットでシャン・ツェルパに争いをやめるよう諌めている。1187年にはトゥールン（ラサの西北）にツルプ寺（mtshur-phu）を建立した。カルマ・カギュー派では、最初ツルプ寺とカルマ寺が拠点寺院となっていたが、カルマ・パクシがツルプ寺を増築して以降はツルプ寺が拠点となっている。

カルマ・カギュー派はチベット仏教各派の中で、転生ラマ制度を最も早くから採用し、最も長く続けた教派であった。カルマ・カギュー派には複数の転生ラマ制度があるが、中でも代表的なのが黒帽系と紅帽系である。カルマ・カギュー派は政権を掌握したことはないが、前チベットと西カムにおいては一定の勢力を保っており、中国の皇帝、チベットの行政首脳と密接な関係があった。15、16世紀にはすでにチベット地方勢力をめぐる争いに加わっていたところをみると、それ以前から宗教的実力を糧とした政治活動をおこなっていたと思われる。ここからは、カルマ・カギュー派の転生ラマ系統について、主な事柄を述べていきたい。

黒帽系（zhva-nag-pa）はカルマ・カギュー派の代表的な転生ラマの系統である。上述のトゥースムキェンパを初代とするが、実際は二世のカルマ・パクシから始まった〔166頁表6-3参照〕。

カルマ・パクシ（karma-pakshi：1204～1283）の本名はチューキラマ（chos-kyi-bla-ma：法師の意）といい、チベット仏教をめぐる伝説の中で、いわゆる“神通力”をもつ人物としてパドマサンバヴァに次ぐ地位を占め、トゥプチェン（grub-chen：大成就者の意）とも呼ばれている。トゥースムキェンパが世を去って11年後の1204年、カルマ・パクシは西カムのディルンタムパ・チューチュン（’bri-lung-dam-pa-chos-phyung）地方に生まれた。統治者の家庭で、ツェーポウ氏族（btsad-po-u）に属している。9、10歳の頃から仏教書に親しみ、ポムダクパ（spom-brag-pa：トゥースムキェンパの孫弟子）に師事した。ポムダクパはカルマ・パクシに眼をかけ、大切に育てたという。カトクパ（kha-thog-pa）のもとで出家し、チューキラマの名を授かった。ポムダクパのもとでは10年ほど修行したが、常に一目置かれていたという。修行ののち西カムに戻ったが、500人ほどの民衆を集めて“神通力”を披露し、同時に禁猟区の設定をおこなっている（仏教徒は殺生を戒めるため、一般にチベット僧は人々に狩猟しないよう勧める。チューキラマが禁猟を可能にしたということは、その社会的影響の大きさを物語る）。1247年からツルプ寺に滞在し、6年間を過ごすうちに名声は広く伝わった。1253年に元の使者に召し出され、ロンユル・セルトゥー（rong-yul-gser-stod）でフビライに謁見した[1]。フビライはカルマ・パクシに留まるよう命じたが、カルマはそれをよしとせず、四川西部を北に向かって布教の旅に出た。寧夏とモンゴルの国境付近にトゥルナン・トゥルペーラカン（'phrul-snang-sprul-pa'i-lha-khang）を建立したほか、霊州や甘州にも足を伸ばしている。1256年、チベットへ戻ろうとしていた時に、モンケ（元の憲宗）から召し出され、オンギン（ongin）地方のシラ・オルド（sira-ordo：カラコルム？南方か）で謁見を果たし、そのままモンケのもとに留まった。チベット人が伝えるところによれば、モンケはカルマ・パクシを国師に封じ、金縁の黒い帽子（金縁の部分が多いものの、様式は元朝が国師に与えた帽子とほぼ同じ。現在もツルプ寺に保管されている）と金印を与えたという。これらは1256～1260年頃の出来事だと考えられている[2]。カルマ・パクシはモンケが開催した仏教対道教の優劣を競う弁論大会で道士に勝利している。1259年、モンケは世を去ったが、翌年には開平にいたフビライが真っ先にハーンを名のり、カラコルムでは弟のアリクブケ（arig-boga）がこれに続いたため兄弟が可汗の位をめぐって争った。同年末、フビライはパクパを国師に任命した。おそらく、この時点でチベット地区の統治にサキャ派を利用することは決まっていたようだ。1261年、アリクブケは敗北し、フビライのハーンが決定した。カルマ・パクシはクビライに仕えなかったことに加え、アリクブケに協力したという嫌疑もあって投獄され（チベット人の間に伝わる話では、かつてパクパとカルマ・パクシはクビライの前で寵を争ったことがあるといわれるが、これはサキャ派、カギュー派が地方政権の権力をめぐって争った事実の反映であろう。カルマ・パクシ入獄の裏にはパクパの影響があるかもしれない）、辺境のケウチュ（ke'u-chu：不明）に流された。カルマ・パクシの弟子２人も死罪となっている。カルマ・パクシは1264年に釈放され、自由な宗教活動も許されるようになったため、布教しながらチベットへと向かい、８年後ようやくツルプ寺に帰還した。寺を拡張し、新たな仏像を安置している。1283年、カルマ・パクシはツルプ寺で没した。中央におけるサキャ派との争いに敗北したとはいえ、カルマ・パクシのカムをはじめとする寧夏、甘粛、青海一帯での活動によりカギュー派の勢力は大きく増大した。そして彼からカルマ派の転生ラマ制度が始まるのである。

黒帽派第三世ランジュンドルジェ（rang-byung-rdo-rje：1284 〜 1339）はミラレーパの故郷クンタン地方の生まれである。カルマ・パクシの生まれ変わりで、チベット最初の転生ラマとされた。5歳（1288）でツルプ寺に入り、ウギェンパ（u-rgyan-pa：カルマ・パクシの弟子）から学んだ。7歳で出家、18歳（1301）で比丘戒を受けた後も律を学び、カルマ派、ニンマ派、シチェー派等の密法の他にサンプ寺下院で顕教も学んでいる。学んだのは当時流行していた『中論』“弥勒五法”『大乗阿毘達磨集論』『倶舎論』『瑜伽師地論』『因明論』等であった。その後西カムで遊行し、リウォチェ地区にカルマ・ラテン寺（karma-lha-steng）を建立する。クルティ地方（kol-ti：西カム、ツァワガン地区）では紛争の仲裁もおこなった。ツルプ寺に戻った後はウギェンパから『時輪』を、バセル（sba-ser）から医学と薬学を学び、ガムポやコンポ地区で再度遊行している。コンポでは3年を過ごし、ツァリ山（tsa-ri：タクポ地区）を拝した。また暦算書も著している。前チベットにはデチェンテン寺（bde-chen-steng）を建立、後チベットではサキャ、ギャンツェなど多くの場所で布教しており、コンポ地区には小さな寺院を建てている。信者も徐々に増えていった。1326年にはラサも訪れている。カムのカルマ地方でも寺院を修繕して布教を続け、1328年にはサクサム（sag-zam）という橋を修理し、ルントゥプ・リトゥー寺（lhun-grub-ri-khrod）という寺院も建立した。1331年に元の文宗トク・テムルから詔があり、北京に向かった。翌年にも詔があって再び上京したが、このときトク・テムルはすでに世を去っていたため、次の皇帝寧宗エリンチェンバル即位の際に灌頂を施し、皇弟エンテコスには戒を授けている。ランジュンドルジェが上京している間、デチェンテン寺は弟子のタクパセンゲに任せていたが、タクパセンゲこそ後にカルマ・

カギュー紅帽系をうち立てた人物である。1334年、ランジュンドルジェは北京を発った。途中五台山を詣で、寧夏で法を授けつつ、西カムでは当地の騒乱を終息させている。ツルプ寺に戻った後はサムイェー寺に落ち着き、そこで『カンギュル』の一部と『テンギュル』すべてを筆写させた。1336年、元の順宗トゴン・テムルに召されて再度上京し、灌頂国師に封ぜられて玉印を賜った。そしてチベットには戻ることなく、1339年北京で世を去った（ある本によれば、ランジュンドルジェの死はラマパ（bla-ma-pa）によるものだとするが『元史』にその記載はない。“帝師”は当時口語でラマと称した。順帝の帝師はクンガギェンツェンであり、彼はサキャのクン氏出身であった。ラマパはクンガギェンツェンを指すのかもしれない）。

黒帽系の第四世転生ラマは名をルルペードルジェ（rol-pa'i-rdo-rje、別名シュリー・ダルマキールティ：1340～1383）といい、コンポ地区の裕福な家の子として生まれた。3歳のとき両親と共にニャンポ（myang-po）へ行き、ニャンポやコンプ及びその周辺を巡ったが、そのときランジュンドルジェの弟子グンギェルワ（mgon-rgyal-ba）から転生ラマであるとの認定を受けて第四世転生ラマとなった。ルルペードルジェはユントゥン・ドルジェペル（g·yung-ston-rdo-rje-dpal）らから“ナーロー六法”『時輪』「六支瑜伽」、生起・究竟の二次第などカギュー派及びニンマ派の密法や“弥勒五法”等顕教の教えを学んだ。その後ニェポ（snye-bo）、ケナン（khe-nang）、ツァリ（tsa-ri）、タクポなどの地を遊行している。またパクモドゥ派の大司徒チャンチュプギェンツェン（byang-chub-rgyal-mtshan）に重用され、ツェルパ・ゲウェーロドゥー（tshal-pa-dge-ba'i-blo-gros：『紅史』作者）の要請を受けてツェル・クンタン寺（tshal-gung-thang）にも行っている。1356年には順帝トゴン・テムルの求めに応じて上京した。1357年に比丘戒を受けており、戒律を極めて厳格に守った。60種の文字を解し、多くの書を収蔵したといわれる。ルルペードルジェはデチェンなど多くの地を遊行したが、最後はツルプに戻った。1358年、西カムを通過した際には当地の統治者に出迎えられており、彼らはルルペードルジェの身の回りの世話までしたという。ミニャク・ラプガン（mi-nyag-rab-sgang）では部族紛争の仲裁に入り、25年の休戦に同意させた。1359年には詔書を携えて迎えに来た章陽国師に応じてラプガンを発ってツォンカ（tsong-kha）へ行き、ツォンカパに五戒を授けている。涼州ではサパンが滞在したこともあるトゥルペーデ寺（sprul-pa'i-sde）で法を講じた。1360年は大都へ行き、順帝親子のためヴァジュラヴァーラーヒーの灌頂を授け、『ナーロー六法』を講じて方便道を伝えた（方便道は密教の男女双身の修行法を特に指す場合がある。かつての元朝廷の醜聞はすでに知られていたが、ルルペードルジェが召し出されたのも、あるいはこのことと関係があるかもしれない）。また太子には自身が著した『ジャータカ百事』や『究竟一乗宝性論』『大乗荘厳経論』などの顕教経典と一部の密教について、貴族や長官及びモンゴル、漢、ウイグル、西夏、高麗などの王族や高官などにも法を講じている。大都に5年ほど滞在した後、ルルペードルジェはようやくチベットに戻ったが、帰路甘州（kam-chu）に立ち寄って大寺院を建立している。その後もピリ（bi-ri）をまわってカムに遊びつつ寺を建立し、仏像を制作した。西カムのカルマ地方でも僧や民衆に法を説き、コンポ、ポポ（spo-po：現在のポミ）なども訪れている。大都に赴いたとき、ルルペードルジェは21歳であったが、彼を招いた順帝とその子の荒淫すなわち“演揲児法”（あるいは“延徹爾法”）と関わった可能性もある[1]。しかし当時の甘粛・青海・カム・チベット一帯におけるカルマ派の勢力拡大は顕著で、その代表人物たる黒帽系の転生ラマは中央政権にとって招くべき重要人物であったのは確かである。1368年に明の太祖が即位すると、チベットの支配層は僧俗を問わず都へ召し出された。ルルペードルジェもその1人であったが、彼は上京には応ぜず、その代わりか1374年頃から南京に進貢を始めている。1383年、ルルペードルジェはコンポ北部の荒れ山の麓で生涯を閉じた。彼の死後も南京への進貢は変わることなく継続されている。

黒帽系第五世転生ラマはテシンシェクパ（de-bzhin-gshegs-pa、本名チューペルサンポ chos-dpal-bzang-po：1384～1415）である。父親はニャンポ地区アラニャン（a-la-myang）の密法行者であった。4歳（1387）のときカチューワンポ（mkha'-spyod-dbang-po：カルマ派紅帽系第二世）から教えを受け、『ヴァジュラーヴァリー』“ナーロー六法”『時輪』「六支瑜伽」などの密法を学んだ。7歳（1390）のときツェラガン（rtse-lha-sgang）で出家し、チューペルサンポの名を得た。18歳（1401）の頃西カムへ向かったが、コンギョ（kon-gyo）長官ウーセルナムカ（'od-zer-nam-mkha'：『明史』巻331の護教王宗巴斡即南哥と思われる）から大量の献上物を受けている。当時コンギョ一帯は一触即発の状態であったが、テシンシェクパの調停によって危険が回避された。その後コンギョからリン（gling）、カルマ及びリウォチェ等に赴いて法を説き、最終的にコンポに戻っている。20歳（1403）のときツェラガンで比丘戒を受けた。およそ彼の至る所、常に多くの供物が溢れ、人々に善く法を伝えたという。チベット語史料によればテシンシェクパは“人によく法を守らせる”（これは統治階級が僧に求める何よりのものであった）のである。あるとき、旅の途中に皇帝の使者が来たと聞くと、ただちにツルプ寺に戻り、侯顕や智光がもたらした上京を促す明の成祖の詔を受け取った。テシンシェクパはまず進貢してから侯顕、智光と共に南京へ向かった。西カムを経由し、各地で法を説きつつ旅を進め、永楽四年（1406）冬ようやく南京へ到着した。永楽帝は華蓋殿で宴席を設けて歓待したという。翌年（1407）春、永楽帝は霊谷寺で太祖の冥福を祈り普度大齋を設けた。“多ク霊瑞有リテ、帝大イニ悦ブ”と史書にはある。3月、永楽帝から“如来”の名を賜り（テシンシェクパとは如来の意である tathāgata のチベット語。テシンシェクパを名乗ったのはこの時期以降である。本名チューペルサンポはほとんど使われない）、“万行具足十方最勝円覚妙智慧善普応佑国演教如来大宝法王西天大善自在仏領天下釈教”（略称は大宝法王）に封ぜられた。テシンシェクパの弟子も国師や大国師に任命された（『明史』巻331には4人が大国師に、チベット語史料では6人が国師の肩書きを有したとある）。また永楽帝の命によって五台山顕通寺にも大齋を設け、亡くなった皇后のために祈りを捧げている。永楽六年（1408）に帰郷、往路同様に法を説きつつツルプ寺に帰り着いた。その後も2度にわたり前後チベットを布教してまわっているが、それはチベット語史料にある“法を聞く僧俗官民は枚挙に暇なし”という有様で、パクモドゥ派の闡化王タクパギェンツェン（grags-pa-rgyal-mtshan）もかつてその法を聞いた1人であったという。多くの弟子のうち、著名な者は10人ほどである。永楽十三年（1415）、32歳で世を去った。テシンシェクパが得た大宝法王の称号はその後黒帽系の歴代転生ラマに受け継がれ、明が滅びるまで遣使進貢と共に続けられた。元の世祖クビライがパクパを封じて以来、“大宝法王”の称号はチベット人にとって最も尊重すべきものであった。明の成祖、宣宗が封じた法王号は大宝法王の他に大乗法王、大慈法王があるが、大宝法王に与えた栄誉が最も多彩かつ格の高いものであった。大宝法王はチベットにおけるカルマ・カギュー派の基盤となり、特にカム地区では極めて大きな影響をもたらした。黒帽系は前後チベットでの最大勢力であった闡化王やカムのコンギョ地区の護法王ウーセルナムカなどと一定の関係を保っていたが、大宝法王という号をもつ彼の影響力は他の2人をはるかに凌ぐものであった。とはいえその実勢下にあるのは寺所有の農奴と耕作地、牧地に限られており、地方政権を形成するには至らなかった（元の封じた十数の万戸の中にテシンシェクパの名はない。『明史』においても彼は一遊行僧の扱いでしかなかった）。テシンシェクパは建立した寺院とそこに集う信徒をその勢力の基盤とした。テシンシェクパ以降も黒帽・紅帽両系の転生ラマは、長期間遊行をおこない、法を説いて信者を集め、地方の紛争を仲介して連携を強化することによりその勢力を保持していた。その方針は黒帽系十世チューインドルジェに至るまで継続され、『明史』にも“遊僧”として記載されている。明朝はチベットに対する政策として“多封衆建、優予貢市之権”〔259頁参照〕を用いて直接的な関係を保持した。同時にチベット地区の甘粛、青海一帯は“厳羌胡之隔”でもあり、モンゴル・チベットが連合して内地に侵入するのを防ぎ、地区の統治を維持、強化する必要があると考えられた。そのため明はテシンシェクパのような人物を大宝法王という崇高な封号と重厚な礼儀をもって遇し、歴代のカルマパは封号の権威を利用して自身の勢力拡大の便とした。こうした強大なる実力の基礎の上に紅帽派とシンシャクパ政権との結びつきが生じ、新興勢力ゲルク派との権力争奪闘争が展開されていくのである。

黒帽系第六世はトンワトゥンデン（mthong-ba-don-ldan：1416 ～ 1453）といい、西カム、カルマ近くのトム地方（dom）の生まれ、テシンシェクパの生まれ変わりだと認定された。2歳（1417）で父母を伴ってカルマ寺へ入り、その後コンポ、タクポ、西カムなど各地を歴遊した。チベット語史料には明王室からの召し出しがあったものの上京せず、進貢したのみとある。1436年から1450年までの間に8度の進貢をおこない、1453年に没した。

黒帽系第七世は名をチュータクギャムツォ（chos-grags-rgya-mtsho：1454 ～ 1506）といい、ウギェンパと同じグー（rngod）出身である。彼もまた慣例にならい各地を歴遊した。チベット語史料によると、チュータクギャムツォはインド・ブッダガヤの大パンディタと書翰を交わしていたという。1465年、明の孝宗より命を受けて憲宗の菩提を弔い、また同年にモンゴルの小王（人名不詳だが、年代から推測するとチンギス・ハーン二十七代の子孫マンダグル・ハーン（?～1467）か）からの書翰も受け取っている。チュータクギャムツォは紅帽系四世のチュータクイェシェーとほぼ同時期の転生ラマであり、この2人の時期からゲルク派との闘争が激化した（127頁参照）。

黒帽系第八世は名をミキュードルジェ（mi-bskyod-rdo-rje：1507～1554）という。彼の治世で特に記載すべき事跡はないが、明の武宗から派遣された中官劉允が無駄にした巨額の資金を後世の転生ラマのため回収したのはミキュードルジェである。

黒帽系第九世はワンチュクドルジェ（dbang-phyug-rdo-rje：1556～1603）という。明の神宗に進貢をおこないつつも、モンゴルのある王子（名前不詳）と関わりをもち、過去の黒帽系転生ラマが構築した麗江の知府、木氏とさらなる関係強化をはかっている。この時期、ゲルク派のダライラマ三世とモンゴルのアルタン・ハーンは深く結びつき、モンゴルにはゲルク派の教えが広く浸透していた。ワンチュクドルジェ以降もカルマ派、特に紅帽系の転生ラマはモンゴル・ハーンとの関係構築を目指したが、ゲルク派に遠く及ばなかった。

黒帽系第十世チューインドルジェ（chos-dbyings-rdo-rje：1604～1674）はゴロク地方（mgo-log〔現在の青海省果洛チベット族自治州〕）の生まれで、8歳と14～15歳という2度にわたり明の万暦帝に進貢している。チューインドルジェの前半生は、明朝の衰退、モンゴル・チベットの連携、甘粛や青海一帯からウー・ツァンに至る紛争激化と、波乱に明け暮れた時代であった。チベットではカルマ・カギュー派と後チベットのリンプンパ及びツァン・デパ（gtsang-stod-rgyal-po）という一派が連合して、ゲルク派（黄教）がパクモドゥ派の一部（地方領主）と組んだ一派と対立、それぞれが関係するモンゴルの王侯や軍隊を引き込んで複雑きわまりない戦争状況をつくり出していた（第10章明代におけるウー・ツァンの政治状況参照）。紅帽系第四世がモンゴルに入って以降、モンゴルの一部王侯とカルマ派の上層部が結託したという状況もあった。1610年、わずか7歳のチューインドルジェは、モンゴルのコロギ（kho-lo-gi：青海に割拠。アルタン・ハーンの兄弟の孫か）に招かれるもそれを果たすことができなかったが、1614年にようやくモンゴルに赴いて、モンゴルのダイチン（dai-ching）なる首領に法を説いた。1620年にはチャハルとハルハのハーンから供物を受け取っており、これらはチューインドルジェがモンゴルと往来していたことを示すわずかな記録であるが、この時期より重要なのはウー・ツァンのカルマ派とツァン・デパが結びついたことであった。この連携は紅帽系の五世と六世が中心となっていたが、黒帽系も同じカルマ派として関わりがあったと思われる。これらの点について、カルマ派の伝記ではチューインドルジェを極力弁護するような書き方が目立つ。曰くチューインドルジェは幼い頃から2人のチャクモ・ラマ（lcags-mo-bla-ma）の管理下にあり、実権はこの2人のラマの手にあり云々という調子である。このチャクモ・ラマと紅帽系六世チューキワンチュクとは仲が悪く、ツァン・デパ・プンツォクナムギェル（phum-tshogs-rnam-rgyal）が1620年頃チャクモ・ラマから権力を奪い取って以降も、チューインドルジェとの緊張関係は解消されることなく、その状態は20年の長きにわたった。前述の伝記はゲルク派の政権が安定した頃に書かれたもので、カルマ・カギュー派黒帽ラマが、かつてゲルク派と敵対した過去を免罪するためという意図は明らかであろう。別資料には、1618年にツァン・デパ、プンツォクナムギェルがラサに侵入したモンゴルの一部隊を撃破した後、チューインドルジェがプンツォクナムギェルに対し、前後チベットとその周辺の統治者として“王”位を認定し（通称『十六法』といわれる法律書に記載がある。プンツォクナムギェルの部下による著作である）、あるいは印を与えた（印の銘はサンスクリットの装飾文字で意味は現在不明、おそらく縁起のよい文字を刻した遊印であろう）との記載もある。プンツォクナムギェルが武力で後チベットをコントロールして前チベットを占領したこと、またチューインドルジェが明朝から封ぜられた大宝法王を継承して、“天下ノ釈教ヲ領ス”るような、チベット地区における宗教全体の領袖という身分をもっていたこと、チベット各地方政権の首領が往々にして宗教指導者によって指名されるという習慣などからも考えると、チューインドルジェがツァン・デパを承認したのはおそらく事実であろう。当時前後チベットの合法的な統治者は明から闡化王に封じられたパクモドゥ派であったが、この頃その影響力は衰退の一途にあった。また闡化王やその配下の領主はツァン・デパに対しデパ（管理人）としての承認はしていたものの、王としては認めていない。つまりプンツォクナムギェルはツァン・デパ（gtsang-stod-rgyal-po）を自称していたにすぎず、その地位を確かなものにするためには宗教面で最高の地位にある大宝法王の承認と支持が必要であった。黒帽系に政治的実権はなく、プンツォクナムギェルへの承認は単なる既成事実にすぎなかったが、この一件によって、その結びつきは正式な連合となったのである。ただし実際争いに参与したのは紅帽系六世であり（以下に詳述）、その点に関し、チベットの各地方勢力とグシ・ハーンは1637年（あるいは1640年）に合同で使者を派遣している。1642年盛京に至った使者、及び清の太宗がチベット地方勢力に返信した書状中に見られるのは紅帽系転生ラマのみで、チューインドルジェについては言及していない。

1621年から1625年にかけ、ゲルク派を支持するモンゴル・ハーンの軍が前チベットに到着した。カルマ派もただちにチョクトゥ・ホンタイジの軍を呼んでゲルク派に対応させた。軍を率いるのはチョクトゥ・ホンタイジの子アルスラン（Arslan）であった。アルスランは利に敏く、ゲルク派はその弱点を利用し賄賂を贈って自派に取り込んだ。1635年、紅帽系第六世が世を去ったのも、ある資料によればアルスランによって殺害されたためという。こうした状況の変化に、チューインドルジェはツルプ寺から逃走せざるを得なくなった。その後カルマ派に取り込まれたアルスランはゲルク派を攻撃したが、ゲルク派も再度賄賂を贈ってアルスラン調略を謀っている。アルスランがゲルク派の財を目的にこうした行動を繰り返していた頃、紅帽系第六世の配下にあったシャマル・ラプジャムパ（zhva-dmar-rab-'byams-pa）はチョクトゥ・ホンタイジに書状を送り、断固たる抗議と要求をおこなった。事情を知ったチョクトゥ・ホンタイジは子アルスランに死を賜ったのであった。このとき、チャハルのリンダン・ハーンはカルマ派を支持していたため（リンダン・ハーンはもともとゲルク派を信奉していた）、兵を擁して青海へ向かっていたが、果たせないまま没した。チョクトゥ・ハーン〔2〕もゲルク派を支持するオイラートのグシ・ハーンに滅ぼされてしまい、ここにカルマ派支持のモンゴル・ハーンはすべて消滅したのであった。

グシ・ハーンは青海と西カムの勢力を撃破した後1642年頃チベットに入り、ツァン・デパのテンキョンワンポ（bstan-skyong-dbang-po：プンツォクナムギェルの子であり継承者）を殺害した。ウー・ツァンにおけるカルマ派優勢の状況は一変し、圧倒的なゲルク派優勢となった。このような情勢の中、チューインドルジェの立場はいっそう悪化した。彼はパンチェンラマ四世〔ここでいう四世とはロサンチューキギェンツェンのこと〕の仲介によってダライラマ五世に諒解を請うた。すなわちその権威と監督下に入ることを諒承したのである（ダライラマの代理人がツルプ寺に常駐することになった）。ダライラマ五世もカルマ派及び黒帽派の属寺を承認し（このときラルン寺などいくつかのカルマ派寺院は迫られてゲルク派に改宗した）、チューインドルジェへの妨害を停止した。しかしほどなくしてガルパ（sgar-pa）の戦いが勃発した。ガルパはカルマ・デンサ寺（karma-gdan-sa：トゥースムキェンパ建立）近くに住んでいたと思われるカムの一族の名であり、リンプンパの出身氏族であった。リンプンパはツァンロン（gtsang-rong）掌握以前、西カムの寺院を通じてカルマ派と密接な関係を築いていた。ツァン・デパの実権掌握以降もカルマ派との関係は続いており、これらガルパの人々が兵を挙げてグシ・ハーンとダライラマ五世に反旗を翻したのである。カルマ派との関係からチューインドルジェもその関与を疑われ、グシ・ハーンとダライラマ五世の軍に追われてある建物（場所は不明）に立てこもったという。しかしガルパ軍はほどなくコンポ地区において潰滅に追い込まれたため、チューインドルジェは辛くも脱出して雲南は麗江土司の知府木氏のもとへ身を寄せた。木氏がカルマ派大ラマの信徒であり支持者であったためだが、その喧噪と奢侈に嫌気がさして、ほどなく別の静寂な寺院に身を移したようである。その後馬に載せられる程度のわずかな品だけをもってゴロクへと向かった。新たに転生した紅帽系七世に会うべきだとの声があったためという。途中強盗に馬や衣服すべてを奪われながらも、ぼろぼろの衣服で物乞いをしつつ旅を続けたが、探しに来た関係者がチューインドルジェを見つけ、麗江へつれ戻した。

ツァン・デパ滅亡後大いに低下したとはいえ、チューインドルジェの影響力はカム、ウー・ツァン地区で依然として大きかった。1653年（順治十年、ダライラマ五世が北京からチベットへ戻った年である）順治帝によって北京へと招かれたが、なぜかそれに応じてはいない。ゴロクから麗江に戻った後、チューインドルジェは順治帝に上奏文を送り、1659年には使者を派遣して進貢をおこなっている。1660年、順治帝はチューインドルジェに書を送って印を授与した。清王朝の統治は安定しつつあったのである。チベットにおいてはグシ・ハーンの子ダヤン・ハーンの支配とダライラマ五世の宗教指導者としての地位は盤石のものとなり、黒帽系の入り込む隙はなかった。順治帝は明代の先例にならい、その方針を踏襲する旨、詔の中で提言しているが、ダヤン・ハーン率いるチベット駐在モンゴル軍（タンシュンに駐在）やダライラマ五世の名声とゲルク派の勢力の前に旧勢力の回復は望むべくもなかったのである。チューインドルジェが麗江で流浪状態にあった頃、カルマ派の寺院や僧、財産などは年若い代理人に任されていた。この代理人こそがギェルツァプ・チェンポ・タクパチョクヤン（rgyal-tshab-chen-po-grags-pa-mchog-dbyang：1617～1658、ギェルツァプ活仏五世）である。彼は1653年タクルン寺のシャプドゥン・リンポチェ（zhabs-drung-rin-po-che：当時活躍の人物で、ダライラマ五世と他教派との間の紛争仲裁を手がけている）と共にラサに向かい、ガルパの戦いのときにゲルク派に占拠されたカルマ派寺院の返還をダライラマ五世に要求した。交渉の結果、大部分の寺院がカルマ派のもとに返還されたが、一部の寺院はすでにゲルク派に改宗しており、カルマ派側もダライラマによる教派の管理権を承認したのであった（和平解放の頃も、イクツァン〔秘書機関〕の役人はツルプ寺に駐在していた）。チューインドルジェは60歳（1663）頃ツルプ寺に戻り、1674年に世を去った。死の直前にはダライラマ五世との和解をはかっている。チューインドルジェの治世はカルマ派の教派史上一つの転換点であった。彼以前の数代は、政権の掌握には至らなかったものの、リンプンパやツァン・デパと連携しながら明から大宝法王領天下釈教の封号を得、また有力な地方統治者の支持を受け、その赫赫たる名声は一代に留まらなかった。しかしチューインドルジェの時代になって、中央では明から清への王朝交代があり、地方ではツァン・デパのウー・ツァン制覇がグシ・ハーン親子の軍隊駐留に代わった。清帝室とグシ・ハーン親子の両者は共にゲルク派を支持したため、カルマ派は以降限定的な宗教的指導者の地位に甘んじることになり、ついに政治的権力を手にすることはなかった。

黒帽系第十一世はイェシェードルジェ（ye-shes-rdo-rje：1676～1702）といい、短くも平穏な人生を送った。1686年、デパのサンギェーギャムツォが自らツルプ寺を訪れた。これはダライラマ五世の死後、ゲルク派とカルマ派の関係が和解に向かったことを暗示している。

黒帽系第十二世は、名をチャンチュプドルジェ（byang-chub-rdo-rje：1702～

1732）という。彼の短い生涯において、チベットでは多くの出来事が起こった。1718年、ラサに招かれた際にはジュンガルの将官ツェリントゥントゥプと会見をおこなった。1720年、清軍がダライラマ七世をラサに護送してきた際もラサに赴き、カンチェンネー、ミワン・ポラネーら多くの重要人物（清の将軍を含む）と会見を重ねている。ポラネーが政権を掌握した際には数度にわたり贈り物をしている。1728年には雍正帝に召されて上京した。上京する前に紅帽系八世及びシトゥ・リンポチェ（si-tu-rin-po-che）らとネパール、インドへの巡礼をおこなっている。1730年のミワン・ポラネーによるブータン進軍では、調停をおこなった。1731年には紅帽系第八世と共に再度北京へ赴いたが、翌年2人は北京滞在中相次いで世を去った。これら活動の多彩さから、カルマ派の宗教的地位はなお低くなかったことがうかがえよう。

黒帽系第十三世は名をドゥートゥルドルジェ（bdud-'dul-rdo-rje：1733～1797）といい、彼はテルトゥン（gter-ston：地下や洞窟に埋蔵された経典を発掘した人。ニンマ派に多く、発掘された経典もニンマ派に属するものが多い）としても著名である。鳥や獣の言葉を解すという伝説をもち、その記載は多くが鳥や獣との対話に費やされており、政治的事柄は少ない。

黒帽系第十四世テクチョクドルジェ（theg-mchog-rdo-rje：1798～1845?）、第十五世カキャブドルジェ（mkha'-khyab-rdo-rje：1846?～1923）、第十六世リクペードルジェ（rig-pa'i-rdo-rje：1924～1981）の事跡についての記載は見つけられなかった。リクペードルジェは1959年に反動的上層部の動乱に参加してインドへ亡命している〔ダライラマ十四世のインド亡命に同行したことを指す〕。

カルマ派で黒帽系に次ぐ転生ラマの系統が紅帽系（zhwa-dmar-pa）である。この系統は十代にわたり継続したが、そのうち半数近くは激しい政治権力に翻弄された。最後の転生ラマは叛国にまで至って清朝に財産の多くを没収され、転生はそこで絶えている。

紅帽系第一世はタクパセンゲ（grag-pa-seng-ge、ワンク・レーパdbang-gu-ras-paとも：1283～1349）という。元朝から灌頂国師に封ぜられて赤い帽子を賜ったため、彼に始まる系統を紅帽系という。ポムポ地方（pom-po）シャ氏族

（sha）の中のワンク支族（dbang-gu）の出身である。13歳で五戒を受け、17歳（1299）のときにポム寺で出家してカギュー派の密法を学び、“拙火定”を修して単衣の綿白衣の着用を許された。そのためワンク・レーパ（ワンク家の単衣を着た行者の意）と称される。1308年ツルプ寺を経てサンプ寺に至り、顕教の経論を7年間学んだ。さらに黒帽系第三世のランジュンドルジェに師事してデチェンテン寺で密法を修めている。短期間ながらニェモ（snye-mo〔ウー・ツァン境界のヤルツァンポ河の渓谷地帯〕）で活動していた時期もあり、ニェモを去った後はチョモナン寺（jo-mo-nang：チョナン派寺院）で『時輪』を学んだ。かつてミラレーパが過ごした場所で3年過ごし、修行したこともある。その後はまたデチェンテン寺に戻りランジュンドルジェに拝謁し、静修を主としてその他密法を5年にわたり学んだ。この時期に比丘戒も受けている。ランジュンドルジェからデチェンテン寺のケンポを命じられたが就任はせず、プクモチェ（phug-mo-che）で5年を過ごした。1333年にネーナン寺（gnas-nang：1490年にヤンパチェン寺ができるまで、この寺院は紅帽系の主要寺院であった）を建立し、1年間面会を断って修行に励んだ。その後北京にいるランジュンドルジェからの命でデチェンテン寺に住んだという。晩年は病に苦しみ、ネーナン寺に住むことが多かった。弟子は多く、中でもヤクデ・パンチェン（g·yag-sde-pan-chen：1299～1378、エーヴァム寺（e-vam）を建立）が最も著名である。

紅帽系第二世は名をカチューワンポ（mkha'-spyod-dbang-po：1350～1405）、第三世はチューペルイェシェー（chos-dpal-ye-shes：1406～1452）といい、2人は第一世と同様顕密ともに学んだが、密教修行を主としておこなった。各地を歴遊し、信者を集め寺を建立した。その活動範囲はポミ地区にまで達している。第一世のタクパセンゲは黒帽系第三世ランジュンドルジェの弟子であり、黒帽系第五世テシンシェクパは紅帽系第二世カチューワンポを師とした。このように紅帽、黒帽両系の転生ラマは互いに師と弟子の関係になることを常としており、これはダライラマ、パンチェンラマの関係と同様である。チューペルイェシェーは明の皇帝より持金剛仏と杵、鈴などを賜っている。

紅帽系第四世はチュータクイェシェー（chos-grags-ye-shes：1453～1524）というが、チベット語史料ではシャマル・チュータクパ（zhwa-dmar-chos-grags-pa）ということが多い。第五世はクンチョクイェンラク（dkon-mchog-yan-lag：1525～1583）といい、第六世はチューキワンチュク（chos-kyi-dbang-phyug：1584～1635）という。この時代はチベット内部の僧俗両勢力が互いに結びついて闘争した時代であった。カルマ派もその例に漏れず、これら3人の転生ラマも争いの主要な役割を演じている。

ウー・ツァン地区は1354年（元順帝至正十四）頃よりパクモドゥ派大司徒チャンチュプギェンツェン（byang-chub-rgyal-mtshan：1302～1364）の支配下にあった（当時のガムリン地区、ギャンツェ、その他一部地域を除く）。パクモドゥ派政権の比較的安定した統治は約80年にわたって継続し、1435年（明宣宗宣徳十年）、パクモドゥ派のリンプンパ（rin-spung-pa：この一族はリンプン宗のゾンプンで、1415年（明永楽十四）〔永楽十四年は1416年にあたる〕当地に都指揮使司を設置した際、リンプン家出身者が都指揮僉事に任命され、世襲を許された。リンプン宗は現在の仁布県）が西方のシガツェを占拠、勢力の拡大を始めた。リンプンパはパクモドゥ派でありながら、事実上の対抗勢力として成長した。1481年（明憲宗成化十七年）リンプンパは武力でパクモドゥ派を撃ち破り、名実ともに対立することとなった。1565年（明世宗嘉靖四十四年）にはリンプンパの家臣シンシャクパ・ツェテンドルジェ（zhing-gshags-pa-tshe-brtan-rdo-rje）が配下の族長と連合して属民の蜂起（'bangs-log）に乗じ、リンプンパの権力を奪取した。ツェテンドルジェは首都をシガツェに移し、ツァン・デパ（gtsang-stod-rgyal-po）を自称した。これが漢文資料に現れる蔵巴汗政権である。この政権は1618年頃には前後チベットの大部分（ガムリン、ギャンツェも含む）に勢力を拡大したが、1642年頃グシ・ハーンによって滅ぼされた。リンプンパ政権は、初期はサキャ派、ゲルク派（黄教）と、晩期はツァン・デパと共にカルマ・カギュー派とつながりをもった。ツァン・デパはチョナン派とも関係が深い。リンプンパはもともと西カム、カルマ一帯のガルパ族（sgar-pa）に属しており、カルマ派寺院を通じて早い段階から一定の関係を結んでいた。15世紀終わり頃には紅帽系第四世チュータクイェシェー（チュータクパ）とも結びついているが、これらの関係は新たな展開を始める。

チュータクパは十代の頃、西寧一帯、及び西寧北部のモンゴル族居住地に至る遊行の旅に出た（転生ラマの系統は常に一部の中心メンバーが一切の事務を取り仕切るため、転生ラマ自身がまだ幼い場合でも教派の活動は通常通り継続される)。チベットに戻ってからは西カム、コンポ等前チベット各地を遊行している。リンプンパとの関係をもってからは、リンプン家の当時の当主トゥンユードルジェ（don-yod-rdo-rje）の支持のもと、1490年にヤンパチェン寺を建立した。ダライラマ五世は『チベット王臣記』の中で、トゥンユードルジェとシャマル・チュータクパは施主と供養を受ける者の関係であると述べている。両者が計画を立てた後に、トゥンユードルジェが資金を提供して、ヤンパチェン寺が建立され、荘園が農奴と共に（sde-dang-bcas-pa）与えられた。両者の関係は地方領主と一宗教指導者との関係であるが、地方領主は策謀をめぐらして実行する存在ともいえる。トゥンユードルジェは土地や民を手放し、多くの人力や物資を供して紅帽系のヤンパチェン寺を建立したのであった。これより紅帽系の拠点寺院はネーナン寺からヤンパチェン寺に移った。この関係を通じてカルマ派とリンプンパは利害を共にする同盟を形成する。彼らの矛先が向かったのはパクモドゥ派とゲルク派が結成した同盟であった。1481年、リンプン家はパクモドゥ派を撃ち破ったが、その首謀者こそチュータクパであった。1498年、リンプン家の勢力はラサまで到達した。チュータクパはリンプン家をそそのかしてデープン、セラ両寺院の僧が年に一度参加する法会（大祈願祭）を禁止させた。法会はもともとゲルク派の創始者ツォンカパがパクモドゥ派の闡化王タクパギェンツェン（grags-pa-rgyal-mtshan）の支持のもと始めたもので、ツォンカパ円寂後はデープン寺の歴代ティパにより主宰されてきた。法会はチベット全土に影響をもち、すべての教派が参加する重要なもので、ゲルク派はこの法会の主催者として他教派との地位の差を示すのである。紅帽系はデープン、セラ両寺の僧の参加を止めて、代わりにサンプ寺あるいはカルマ派の僧に法会の主催をさせた。それによりゲルク派の声望に打撃を与え、また経済的打撃をも加えようとしたのである（法会の際得られる布施は最も多く、参加する僧はみな少なからず財を得た)。またカルマ派はラサ近くに黒帽系、紅帽系の寺院をそれぞれ建立したが、その狙いはゲルク派の影響下にある人々に影響を与えてデープン、セラ両寺の実力を削ぐためで、同時にゲルク派の僧がカルマ派の僧に会ったとき、必ず敬意を表するよう規定した。ダライラマ五世『チベット王臣記』では、これらカルマ派寺院の建立には黒帽系第七世の意図が働いていたと述べている。黒帽系第七世チュータクギャムツォは1506年に没しており、一連の計画を継続したのは紅帽系第四世である。これらカルマ派寺院の命脈は短く、デープン、セラ両寺院の法会参加禁止も1517年には解除された。パクモドゥ派の勢力は回復に向かい、ラサにおけるリンプン家勢力の駆逐にかかっていた。その後デープン寺ティパ主宰の法会は1518年以降旧例通り復活している。紅帽系第四世の死後も、第五世、第六世によって同様の争いは続けられた。しかし彼らを支持したのはリンプン家から1565年頃に政権を掌握したツァン・デパであり、さらにこれらの争いには新たな要素が加わった。双方共にモンゴル・ハーンとつながりをもっており、自身の争いの助けとするべく、それぞれモンゴル軍をチベットに引き入れたのである。戦いの場においては、武装の多寡がその重きをなし、宗教的指導者は単なる策士、あるいは連絡人にすぎない。チベット仏教の徒が著した記録では、これらの事柄についてみな筆を避けて記述していない。紅帽系五世、六世の伝記にも当時の争いについてまったく記載がなく、ツァン・デパの行動についても資料は極端に不足している。ここでは使用できる資料のみをもとに状況を簡略に紹介したい。

ツァン・デパの系統は、シンシャクパ・ツェテンドルジェ（zhing-gshags-pa-tshe-brtan-rdo-rje）に始まる。彼はリンプン家最後の当主ガクワンジクメータクパ（ngag-dbang-'jigs-med-grags-pa）のデパ（sde-pa：家臣）で、吐蕃時代の貴族ニャク（gnyags）の後裔を名乗っていた。シンシャクパはリンプン家への不満を利用して他の家臣と結託のうえ、民衆と共に蜂起してリンプン家を打ち倒したが、人民蜂起の果実を奪い取って自身が統治権を掌握したのであった。とはいえシンシャクパの勢力はいまだ確固たるものではなく、シガツェへの首府移転もリンプン家残存勢力から身を隠すためのものであった可能性が高い。シンシャクパには9人の子がおり、うち名が知られるのは4人である。1人目がペマカルポ（padma-dkar-po）で、リンプン家に反旗を翻した際に行動を共にした。次がカルマ・テンスンワンポ（karma-bstan-srung-dbang-po）で、ラサ北方ペンユル地区の守備をおこなっている。3人目はラワンドルジェ（lha-dbang-rdo-rje）といってクンパン（kun-spang）〔一切を棄てた人の意〕という肩書きをもっており、おそらく密法行者として世事には関わらなかったと思われる。4人目がトゥトプ（mthu-stob）である。2番目から4番目は一家を成しており、その共通の子がプンツォクナムギェル（phun-tshogs-rnam-rgyal：1586～1621）であった〔3〕。彼は1607年にラサ近郊の地方官が迎え入れたモンゴル軍を撃退し、1610年には前チベットを攻撃、ヤルギャプ（yar-rgyab）を攻め落として前チベット南部を降伏させた。1612年から1613年にかけ、プンツォクナムギェルの支配地域は拡大の一途をたどり、ガムリン、ギャンツェ、ロトゥー（lho-stod）などがその支配下に帰した。そこではしばしば武力を用いて反乱の鎮圧をおこない、治安が維持されていた。1618年にはトゥールン地区において再度モンゴル軍を撃退したが、モンゴル軍は以前ラサを占拠した際チョカン、トゥルナン寺を破壊したとされ、プンツォクナムギェルは両寺院を修復して釈迦牟尼像に供物を捧げている。カルマ派黒帽系十世チューインドルジェはプンツォクナムギェルをウー・ツァンの支配者として承認し、印を賜った。こうしてツァン・デパはプンツォクナムギェルの時代にその勢力を拡大した。プンツォクの子はカルマ・テンキョンワンポ（karma-bstan-skyong-dbang-po：1606～1642、漢文資料にあるグシ・ハーンに殺害されたツァン・デパは彼のことである）といい、1621年父の後を継承した。テンキョンワンポは旧来のカルマ・カギュー派との関わりに加え、チョナン派とも良好な関係を築いており、チョナン派の大ラマ、ターラナータ（tāranātha：モンゴルのジェプツンダムパ・フトゥクトゥ第一世の"前身"である）の大施主でもあった。1630年、ラダック王センゲナムギェル（seng-ge-rnam-rgyal）がグゲ（gu-ge）王家を滅ぼして後チベットに侵入した際、撃退したのはテンキョンワンポであった。またテンキョンワンポは紅帽系第六世と関係をもって青海に侵入していた（1635）ハルハ・モンゴルのチョクトゥ・ハーン（一族は代々カルマ派（おそらく紅帽系）を信奉）の軍を引き入れた。これはチョクトゥ・ハーンの子アルスラン率いる軍隊である。しかしアルスランは利に迷ってゲルク派に利用され、紅帽派六世を死に至らしめた（1635）。明崇禎十五年（1642）には、テンキョンワンポもグシ・ハーンに殺され、ツァン・デパの系統は絶えた。

ゲルク派がグシ・ハーンからの武力による支持を受け、また清朝からは冊封を受けて絶対的優勢となったため、カルマ派の転生ラマ、特に紅帽派の勢力縮小は避けられなかった。紅帽系第七世はイェシェーニンポ（ye-shes-snying-po：1639?～1649?）、第八世はチューキトゥントゥプ（chos-kyi-don-grub：生没年不詳）、第九世はチューキニマ（chos-kyi-nyi-ma：早世）といい、これら三代の転生ラマはダライラマの管轄下で、一教派の指導者として生涯を過ごした。

紅帽系第十世はミパム・チュートゥプギャムツォ（mi-pham-chos-grub-rgya-mtsho：1738以前～1791）といい、パンチェン六世ロサンペンデンイェシェー（pan-chen, blo-bzang-dpal-ldan-ye-shes：1738？～1780）の同母異父兄である。このパンチェンラマにはトゥンパ・フトゥクトゥ（drung-pa-hu-thog-tho：『清史稿』西蔵伝の"仲巴呼図克図"のこと。本名がロサンチンパ blo-bzang-byin-pa）という兄もおり、彼もまた紅帽系第十世の兄となる（この3人の母親はラダックの地方の王の娘であり、また3人の姪にあたる人物に当時の女性転生ラマ・ドルジェパクモ rdo-rje-phag-mo がいる）。1780年、乾隆帝70歳の祝いの際、パンチェンラマは皇帝に拝謁して長寿を寿いだが、その後天然痘にかかって北京で客死した。乾隆帝や大臣、モンゴルの王公らはパンチェンラマを悼み、供物や香典等で数十万金を贈った。トゥンパ・フトゥクトゥはタシールンポ寺のチャクズーパ（phyag-mdzod-pa：会計）をしており、巨額の金を横領し、ミパムは黄教（ゲルク派）の徒にあらずとして、金を分配しなかった。ミパムはひどく恨んでタシールンポ寺に報復をくわだて、西のグルカに至ってグルカ王に事を起こすよう唆したのであった。グルカ（gur-kha）は現在のネパールで、チベット人は古くよりペルポ（bal-po）と呼ぶ。そこにはカトマンドゥ、パタン、バクタプルという3つの小王国があったが、1769年（乾隆三十四）にこの三国の抗争に乗じ、グルカ族がペルポ〔カトマンドゥ盆地〕を統一してグルカと改称した。グルカが権力を掌握して以来、チベットとの関係は緊張状態となっていた。主な理由として、グルカ人がチベット人向けに鋳造していた銀貨の様式や銀の含有量を変更したためチベット側が使用を拒んだこと、またグルカとチベットの境界貿易（主に穀物とチベット塩の取引）の収税額や商品の品質の面で確執があり、数度の交渉を経ても解決に至らなかったことなどが挙げられる。ミパムはタシールンポ寺には多くの富があると大げさに話してグルカ王に出兵を促した。こうしてグルカ王は紅帽系と結託するに至ったのである。1788年（乾隆五十三）、グルカ王による最初のチベット侵入がおこなわれたが、清の兵もチベット入りして講和となった。

ミパムはグルカ側代表として和議の座に着いたが、チベット側は和平条約の履行を拒否、ミパムはチベット側の役人に書をしたため、ひどく威嚇したという。1790年グルカ軍の2度目の侵入があり、タシールンポ寺は激しく掠奪された。翌年（乾隆五十六）、清は福康安に精鋭部隊をつけてチベットに派遣し、グルカ兵を撃退した。グルカ王は投降し、ミパムは罪を畏れて自ら命を絶った。福康安は詔に従って王の投降を受入れ、見返りとしてミパムの遺骸とその妻、弟子や従者などを帰還させたのであった。チベットに戻されたミパムの遺骸は、乾隆帝の命により前後チベットや西カムの各寺院に晒され、国に叛した者の戒めとされた。紅帽系の所有するヤンパチェン寺をはじめとする全寺院とその土地、牧場、農奴などはすべて没収のうえ公有とされた（ヤンパチェン寺は詔によりジロン・フトゥクトゥ八世の暫時管理となり、その後1810年（嘉慶十五）に永遠管理として下げ渡された）。ヤンパチェン寺の紅帽系僧侶は103人いたが、すべて強制的にゲルク派に改宗させられ、分散してゲルク派寺院に配置された上、厳格な管理を受けた。紅帽系転生ラマの転生は詔によって固く禁じられた。こうして、カルマ・カギュー派紅帽系の系統は断絶したのであった。

チベット仏教寺院の資産状況を記載するチベット語史料はごく少ないが、ヤンパチェン寺の財産は調査の上没収という処置があったために清の朝廷に報告されており、記録に留められた。官吏の上奏文（『廓爾喀紀略』巻41・46、『衛蔵通志』巻13下）に記載された内容から、転生ラマの在籍した寺院の財産状況を眺めてみたい。

ヤンパチェン調査状況

１、庄田九処。九処は順次精査したもの。最初の見積もりは“各処庄田毎年収めるチンコー麦、エンドウ豆、バターなどはチベットの標準的価格からして二千余金に相当”そのうち“江・洛・井の各地1か所ごとに毎年チンコー麦1330石が収穫される”

２、ヤンパチェン寺の建物内の部屋数は778間、また僧坊が357間ある。山の下の小さな廟は13間ある。

３、“廟に所属する蕃民は217名、それぞれ牛羊を養い、穀物を収めない。寺院内でウラの差役に従事させられる”“乳牛を人に委ねて放牧させ、年に応じてバターを徴収し、それは五百余金相当である”

4、現存のチンコー麦、豆、茶油、食塩は二万金相当である（"寺院内にあるチンコー麦及びエンドウ豆は五千余石"）。
5、"シャマルパ家（zhwa-dmar-pa）の私僧の衣類、カーテン類、金銀銅の器や女性用首飾りなど時価にして数千金に近い"（中には"灌頂国師"鍍金の銅印一顆があり、都に送って廃棄した。"元明故物"というらしい）[4]

黒帽・紅帽両系のほか、カルマ派には別の転生ラマの系統がある。比較的有名なのは西カム、ペルプン寺（dpal-spungs）のシトゥ（si-tu）・リンポチェ、ネーナン寺のパウォ（dpa'-bo）・リンポチェ、ツルプ寺のギェルツァブ（rgyal-tshab）・リンポチェなどである。シトゥの系統はもともとカルマ・デンサ寺にいたシトゥ・チューキジュンネー（si-tu-chos-kyi-'byung-gnas）が1727年にデルゲにペルプン寺を建立、その後はペルプン寺を拠点とするようになったものである。シトゥ・チューキジュンネーの転生者はチューキニマ（chos-kyi-nyi-ma）といい、『シトゥ註』（sum-rtags-'grel-chen：チベット語文法分野における代表的な文献）で著名である[5]。パウォ一世は名をチューワンルントゥプ（chos-dbang-lhun-grub）といい、二世の名はパウォ・ツクラクテンワ（dpa'-bo-gtsug-lag-phreng-ba：1503～1565）という。二世は『賢者喜宴』（chos-'byung-mkhas-pa'i-dga'-ston：1564完成）という信頼できる歴史書で有名である。パウォ二世以降、ロタク・ラルン寺（lho-brag-lha-lung）を拠点としたが、後にネーナン寺に改めた。

シトゥ・リンポチェとパウォ・リンポチェという2系統の転生ラマはカルマ・カギュー派紅帽系の系統から派生したものである。

北京図書館所蔵の書写本『西藏喇嘛事例』にはパウォ・リンポチェについて次のように記されている。

捻浪巴沃呼畢勒罕（ネーナン・パウォ・フビルガン）：初輩ハ結帕頗却汪侖珠（パウォ・チューワンルントゥプ）ナリ、揚堆ニテ出世ス、六十一歳ニ至リテ円寂ス。二輩ハ巴頗祖納称汪（パウォ・ツクラクテンワ）ナリ、業党ニテ出世ス、六十三歳ニ至リテ円寂ス。三輩ハ巴頗祖納甲錯（パウォ・ツクラクギャムツォ）ナリ、堆嚨楚達ニテ出世ス、六十三歳ニ至リテ円寂ス。四輩ハ祖納滾都桑布（ツクラククントゥサンポ）ナリ、洛扎ニテ出世ス、十八歳ニテ円寂ス。五輩ハ祖納称勒甲錯（ツクラクティンレーギャムツォ）ナリ、後蔵絨ニテ出世ス、二十歳ニ至リテ円寂ス。六輩ハ祖納頓柱（ツクラクトゥントゥプ）ナリ、曲水仔昂ニテ出世ス、十七歳ニテ円寂ス七輩ハ祖納格帕（スーナムギェルワ）ナリ、徳格ニテ出生ス六十四歳ニ至リテ円寂ス。八輩ハ祖納曲吉結布（ツクラクチューキギェルポ）ナリ、徳格札康ニテ出世ス、五十六歳ニテ円寂ス。九輩ハ巴顛占却丹貝貢布（パウォ・チャンチュプテンペーグンポ）ナリ、格札ニテ出世ス、道光二十八年（1848）入瓶掣定ス、現年六十歳、白教ニ系ス。

ギェルツァプ・リンポチェの系統はツルプ寺に居住した。黒帽系十世チューインドルジェが麗江を流浪していた時期にカルマ派の寺院を代理管理していたタクパチョクヤンは、ギェルツァプ・リンポチェの第五世である。

同じく『西蔵喇嘛事例』にはギェルツァプ・リンポチェについて以下の記載がある。

楚布結摻呼畢勒罕（ツルプ・ギェルツァプ・フビルガン）：初輩ハ谷昔辺覚頓柱（グシ・ペンジョルトゥントゥプ）ナリ、博窩鼎ニテ出世ス、六十三歳ニ至リテ円寂ス。二輩ハ札喜朗結擺桑（タシーナムギェルペルサン）ナリ、博窩宣沃ニテ出世ス、二十九歳ニ至リテ円寂ス。三輩ハ谷昔札喜辺覚（グシ・タシーペンジョル）ナリ、康巴仁青扛ニテ出世ス、三十一歳ニ至リテ円寂ス。四輩ハ札巴頓柱（タクパトゥントゥプ）ナリ、聶母札夥ニテ出世ス、六十七歳ニ至リテ円寂ス。五輩ハ扎巴却養（タクパチョクヤン）ナリ、後蔵定結ニテ出世ス、四十二歳ニ至リテ円寂ス。六輩ハ洛布桑補（ノルブサンポ）ナリ、康巴結湯ニテ出世ス、三十九歳ニ至リテ円寂ス。七輩ハ谷昔滾却沃色（グシ・クンチョクウーセル）ナリ、聶母甲噶ニテ出世ス、五十五歳ニ至リテ円寂ス。八輩ハ曲擺桑補（チューペルサンポ）ナリ、雲南麗江ニテ出世ス、五十五歳ニ至リテ円寂ス。九輩ハ阿旺夷喜吐丹甲錯（ガクワンイェシェートゥプテンギャムツォ）ナリ、貢噶ニテ出世ス、嘉慶十九年入瓶掣定ス、五十七歳ニ至リテ円寂ス。十輩ハ丹巴宜瑪（テンペーニマ）ナリ、昂協ニテ出世ス、同治九年入瓶掣定ス、二十六歳ニ至リテ円寂ス。十一輩ハ札巴甲錯（タクパギャムツォ）

ナリ、布達拉碩里ニテ出世ス、光緒二十二年（1896）入瓶掣定ス、現在八歳ナリ、白教ニ系ス。

カルマ派の各系統の転生ラマはそれぞれ多寡はあれど弟子をもち、遊行し、教えを伝え、寺院を建立した。その詳細を伝える史料は見つかっていない。クンガリンポチェであるシェードゥプ・チューキセンゲ（bshad-sgrub-chos-kyi-seng-ge：中央民族学院で教鞭を執ったカルマ・カギュー派の系統に属する小活仏である）が1953年におこなった口述によれば、当時前後チベットや西カム各地には、カルマ派に属する寺院がなお200以上あったという。他にもブータンや哲孟雄、ネパール、ラダックにもあり、カルマ派の大転生ラマはこれらの寺院を通じて各地域に影響を及ぼしたらしい。とはいえ詳しいことについては今後の実地調査をまたねばならない。

## 2. ツェルパ・カギュー派

ツェルパ・カギュー派（tshal-pa-bka'brgyud）はシャン・ツェルパ（zhang-tshal-pa）より始まった。シャン・ツェルパの本名はツゥンドゥータク（1123～1194：幼名はタルマタク）といい、ラサ近くのツェルパトゥ（tshal-pa-gru または tsha-ba-gru）生まれである。父は密法の行者であった（恐らくニンマ派であろう）。幼い頃から宗教に興味をもち、5～6歳の頃、父親が輪廻や地獄の苦しみなどを講じるのを聞くとマニ車を廻し、苦しみから脱することを願ったという。7歳でチベット語を、9歳で経咒を学んだ。18歳からは、さらに呪術（巫術）を3年学んだ。21～22歳（1143～1144）の頃西カムへ行き、23歳で五戒を受けた。さらに破邪の術を1年学んだところでようやく出家の念が芽生えたという。そこで巫術の道具をすべて棄てて26歳（1148）で出家、比丘戒を受けてツゥンドゥータクと名を改めた。出家後はあばら屋に住んで修行と読経を1年間続け、チベットへ戻る際にグァ訳経師（rgva-lo）から密咒の教えと三摩地灌頂、制息術（呼吸をコントロールする密教の修行）、「六支瑜伽」などを学んだ。チベットでは学んだことに対し効果が感じられないとして、さらにイェルパワ（yer-pa-ba）からナーローパの方便道を学んでいる。修行を重ねた結果“拙火”を発生して“飢えと寒さに耐えられる”ようになったので、常時あばら屋に住むようになった。3年後、再度グァ訳経師に学び、ドンプ（'brong-pu）などの地で修行を重ねたところ、ようやく“効果を得た”という。30歳のとき（1152）、パクモドゥ派のドルジェギェルポ（rdo-rje-rgyal-po）と共にタクポ・ラジェに拝謁し（当時タクポ・ラジェは74歳、すなわち死の1年前である）、ゴムパ・ツルティムニンポ（sgom-pa-tshul-khrim-snying-po：タクポ・ラジェの甥であり密法の継承者）に学んだ。“倶生和合法”（lhan-cig-skyes-sbyor：タクポ・ラジェの創始した密法）を受け修行に励んだ結果、智力は大いに増進し、経典もより理解できるようになった。ツルティムニンポによれば、分け隔てなく修行することにより“真実義”が得られるのだという。このような“真実義”とは、世間の善悪、汚れと清らかさ、美醜、貴賤など、また涅槃と輪廻、仏と凡夫などすべての違いは人が勝手に区別しているにすぎず、幻にすぎないとする考え方である。“真実”を会得した後、シャン・ツェルパはツルティムニンポにその旨を語り、“証悟”を得たと認められた。その後はウルカパ（'ol-kha-pa）に教えを受けて“慈心”“悲心”と“菩提心”を養い、別の境界に達した。シャン・ツェルパはパクモドゥ派のドルジェギェルポに学んだことがあるが、ドルジェギェルポが1170年に世を去った後、シャン・ツェルパはデンサティル寺で数年を過ごし、その間ラサのツェルシー（tshal-gzhis：ラサ近郊のツェル・クンタン地方）に拠点を置くガル一族（mgar：吐蕃の大ルン、ガル・トンツェン（『舊唐書』『新唐書』の禄東賛）の後裔と自称）の首脳ガル・ギェルワジュンネー（mgar-rgyal-ba-'byung-gnas）の支持を得ている。かねてより寺院建立の願いをもっていたシャン・ツェルパであるが、1175年には教派名の由来ともなったツェルパ寺をツェルシーに建立した。寺院建立にあたり必要な資財について、シャン・ツェルパはまず人々から自主的な援助を受け、次に人から取り立て、さらには取り立てを拒んだ者から強奪を謀った。寺院建立後もシャン・ツェルパはたびたび人々をゆすり、あるいは金品を奪ったので、彼の周辺では争いが絶えなかった。こうした行為のため、シャン・ツェルパはチベット仏教史上屈指の特殊人物となっている。彼自身はまったく俗念をもっておらず、世俗的な礼儀とは無関係、また一切の区別、善悪、生滅の境界がないのである。他人との諍いや金品の強奪は彼自身のためではなく、すべて仏法のためであり、ゆえに彼のおこないは無罪に留まらず“功徳”になるのであった。後世チベットの仏教徒が、すべてが仏法のためというシャン・

ツェルパの行動を誉めたたえ、パクモドゥ派のドルジェギェルポやツォンカパと共にチベットの“三宝”と称しているのは極めて珍しい事象である。1187年、弟子たちの助力のもと、シャン・ツェルパはツェルパ寺の傍にクンタン寺（gung-thang）を建立した。晩年はトゥースムキェンパの助言に従い、ようやく諍いや略奪行為を停止したという。1194年に世を去った後も多くの弟子たちが寺を建てて信徒を集め、大きな寺院では万に至る僧がいたという。ツェルパの死後、ツェルパ派はツェルパ寺とクンタン寺のケンポが取り仕切り、その職位は師弟の間で継承あるいは推挙された。両寺院の実権はシャン・ツェルパの従者であったタルマシュンヌ（dar-ma-gzhon-nu）が掌握し、そのままタルマシュンヌの一族により継承された。第三代、タルマシュンヌの兄弟の孫にあたるイェシェージュンネー（ye-shes-'byung-gnas）はキーメー地方（skyid-smad：ラサ川下流）にあった多くの村落を併合して権勢を拡大し“四部八支”を所轄するようになった。イェシェージュンネーの後はシャン・ツェルパの施主であったガル家のガル・ギェルワジュンネー（mgar-rgyal-ba-'byung-gnas）の子サンギェーグードゥプ（sangs-rgyas-dngos-grub）が継承した。当時は元の世祖フビライがウー・ツァンの各地方勢力を万戸に封じている時期で、サンギェーグードゥプも1268年にツェルパの万戸長となった。こうしてサンギェーグードゥプは政教両権を手中に収め、ツェルパの領主としての地位を確立したのであった。サンギェーグードゥプの子リンチェンギェンツェン（rin-chen-rgyal-mtshan）は万戸長を継承し、北京への進貢もおこなった。フビライはリンチェンギェンツェンの領地を加増して金印を与えたため、ツェルパは前チベットにおける三大万戸の一つとなった（他の2つはパクモドゥとディクン）。13～14世紀頃、チベット各地で争いが起こる中、ツェルパもまた重要勢力としてその渦中にあった。ツェルパとシャルは姻戚関係にあり、またサキャとも関わりをもっていた。この時期、ツェルパ派はすでにツェルパ領主の付属物と化していた。14世紀中頃、ツェルパ万戸長クンガドルジェ（kun-dga'-rdo-rje：サンギェーグードゥプの玄孫。『カンギュル』の一部を改編したことで知られ、それらはプトゥン・リンチェントゥプにより完成の儀式がおこなわれている。元代の『カンギュル』中では最も有名で、一部刊本の底本にもなった）はサキャ、ヤサンと連合して、パクモドゥ派の大司徒チャンチュプギェンツェンと争ったが敗北し、封地はことごとく奪われて弱体化した。クンガドルジェの子ゲレクサンポ（dge-legs-bzang-po）は元から司徒に封ぜられ、明代においても一族が指揮の官職（おそらく指揮僉事）を司ったがすでに往年の勢力を取り戻す力はなく、領主の没落と共にツェルパ派も衰退していった。ツェルパ寺とクンタン寺は元末にサンプ寺の属寺と改められ、その後ゲルク派が興った後はゲルク派の所属となってツェルパ派は杜絶した。

## 3. バロム・カギュー派

バロム・カギュー（'ba'-rom-bka'-brgyud）の創始者はタクポ・ラジェの弟子タルマワンチュク（dar-ma-dbang-phyug：生没年不詳、12世紀の人）である。前チベット・ラサ以北のペンユルに生まれ、タルカワ（dar-ka-ba）氏族に属している。タルマワンチュクはある日遊行僧がタクポ・ラジェの“徳能”を誉めたたえるのを聞いて拝謁しに行った。タクポ・ラジェはこれを深く喜び、きめ細やかに指導したため、タルマワンチュクの悟りの理解は非常に高い境地に達したという。チャン（byang：後チベット・ガムリン地区で旧称ラトゥー・チャン、略称チャン）でバロム寺（'ba'-rom）を建立した。タルマワンチュクはバロム寺を拠点に法を講じて信徒を集め、密教大印修法と顕教大印境界を教授したのが非常な評判となり、一派が形成された。拠点となった寺院の名をとってこの教派をバロム派という。タルマワンチュクは大変な長寿を保って多くの弟子を取った。帝師レーパ（ti-shri-ras-pa：この人物は『元史』釈老伝に見当たらない。おそらく時代をさかのぼった、西夏あるいは金代の帝師と思われる。再考を待ちたい）はその最も著名な弟子である(3)。タルマワンチュクが世を去った後、バロム寺のケンポはその一族が代々継承したが、争いも多く、ケンポがたびたび交代したこともあって次第に衰退に向かい、後断絶した。

## 4. パクモドゥ・カギュー派

パクモドゥ・カギュー派（phag-mo-gru-bka'-brgyud）はカギュー派の創始者タクポ・ラジェの最も有名な弟子パクモドゥパ（phag-mo-gru-pa：1110～1170）が創始者で、本名をドルジェギェルポ（rdo-rje-rgyal-po）という。西カム南部ディルン・ネシュー地方（'dri-lung-rne-shod）に生まれ、ウェーワナ・

ペントク（dbas-va-na-phan-thog）氏族に属している。幼いときに両親を亡くし、9歳の時にチャキ・ラカン（bya-khyi-lha-khang）で出家、ドルジェギェルポという名を得た。写経や絵画をよくしたという。西カムでは16人もの師について『入菩提行論』などの仏書を学び、自身も人に講じた。前チベットへの遊学を思い立ったものの路銀が乏しかったため、同じ一族で金持ちの従者となってチベット行きを果たしている。19歳でチベットへ行き、トゥールン・ギャマル寺（stod-lung-rgya-dmar）で中観、因明を学び、その後カダム派のヤンカンパ（yang-gang-pa）、トゥンテンパ（don-steng-pa）、チャユルワ（bya-yul-ba）などから"発菩提心法"を学ぶと共に、『教次第』などの講義も聴いている。25歳（1134）のとき、スルプ寺（zul-phu）でチャ律師（bya-'dul）から比丘戒を受け、『戒経』を学んだ。ニャンテン（myang-bran）からは戒律規条の実践儀則を学んでいる。顕教を学んでいるときは毎日4回（朝、昼、夕方、夜）の禅定をつとめた。その学識は幅広くかつ深淵であり、人は彼をチューツァワ（chos-rtsa-ba：法の根本の意）と呼んだ。

ドルジェギェルポはマル・チューキギェンツェン（dmar-chos-kyi-rgyal-mtshan：プラン・ロチュン pu-rangs-lo-chung の正式な弟子）から『サンヴァラ・タントラ』などの密法を学び、グァ訳経師からは密教修行の教えと法義を受けた。またアセン（a-seng）からはグァ訳経師所伝の「六支瑜伽」など密教修行法を学んだ。後チベットではニンマ派のゾクチェンの教えを受け、『秘密集会』「聖者流」やレーチュン所伝の密法も学んで修証を得るところがあったという。サキャ寺にも滞在し、サチェンからサキャ派の根本法であるラムデー（道果教授）を学んだ。その後は前チベットに戻り、トゥールンでサンギェー・ニェルチュンワ（sang-rgyas-gnyal-chung-ba）から方便道を学んでいる。サキャの地では当時の著名な密教の師のもとを軒並み訪れて教えを請うており、その名は徐々に知れわたるようになった。ツェルパ派のシャン・ツェルパと共に過ごした時期もある。シャン・ツェルパはドルジェギェルポを当地の権力者の私的な上座ラマにさせようとしたが、ドルジェギェルポは豪族に飼い慣らされることをよしとせず、実現しなかったという。2人は共にタクポ・ラジェのもとへも訪れた。タクポ・ラジェはドルジェギェルポに対しさまざまな密教と同時に"倶生和合法"大印法門を授けている。タクポ・ラジェの教えはかつて学んだどの密法より優れていると感じたドルジェギェルポは、タクポ・ラジェを根本ラマに定めたのであった。ほどなくしてタクポ・ラジェは世を去り、その後訪れた後チベットではサチェンに謁見して自身の学んだカギュー派の教えを語ったが、サチェンは再びドルジェギェルポと仏教について語ることはなかったと言われる。ドルジェギェルポは故郷に戻ってツェルガン（mtshal-sgang）に住み、弟子を取って法を講じた。5年の間タクポ・ラジェ所伝の秘密教授を主として布教を続け、弟子は増え、その名声は各地に広がった。師であるタクポ・ラジェの学問はカダム派の『菩提道次第』とミラレーパの「大印修法」を融合させたものであった。ドルジェギェルポの学問も、師の教えを継承しており、彼の著作『カルチニャムゲ』（gar-ji-nyams-ge）からその傾向ははっきりと見て取れる。

1158年、49歳のときにパクモドゥ（phag-mo-gru）の地に小さな廟を建てた。これが後のデンサティル寺（gdan-sa-mthil：ツェタンから川を渡って東北方面、現在のサンリ zangs-ri 県）である。この後13年にわたり、世を去るまでこの地に留まったので、人々は彼のことをパクモドゥパと呼び、その教派のことをパクモドゥ派、あるいはパクモドゥ・カギューという。1165年タクルンタンパ（stag-lung-thang-pa：144頁②タクルン・カギューの項参照）が謁見を求めて訪れ、パクモドゥパは彼を従者とした。教えを請うて集まる僧は日ごとに増え、パクモドゥパは日々倹約に励んでその収入を僧のために使ったのでその名声はさらに高まった。ディクンパ（'bri-gung-pa：142頁①ディクン・カギューの項参照）も謁見を求めに来ており、以前と異なる特殊な密法を授けている。当時パクモドゥパのもとに集まった信徒らは常に800人を下らず、著名な人物だけで十数人に上った。1170年にパクモドゥパが世を去ると、弟子たちは各地方で布教に励んだ。それらは後のパクモドゥ・カギューの8つの支派となっていった。

パクモドゥ派はデンサティル寺を拠点としていたが、教えが広まる中でいくつかの支派が派生した。ドルジェギェルポの死から1176年頃まで、デンサティル寺の正式な座主は空位となっていた。その間、シャン・ツェルパが代理を務めたが、ほとんど活動らしい活動をしていない。その後1177年からディクンパ・リンチェンペルが座主を務めた。しかし自身が貧しかったディクンパは寺僧の生活を維持できず、不満の声が上がるようになった。ディクンパは1179年に寺を離れ、サンプを経てディクンへと去った。以来デンサティル寺は徐々に衰退し、1207年になるまで座主も空位が続いた。1198年にはタクルンタンパとディクンパが共同で寺院内のパクモドゥパの茅葺き小屋跡に大殿を建立している。デンサティル寺には大量の経典や仏像が収蔵されており、なかでもタクルンタンパが献上した経典が最も多かった。しかしこの地方の権力者の間で紛争が激しくなったとき、ディクンパは期に乗じて経典や仏像を運び出し、サムイェー寺改修の費用としてしまった。ディクンパは両勢力の首領から賄賂を得て停戦を求める一方、大量の経典をタクポ・ラジェが建てたガムポ寺へ移動させた。この行為は現地の人々の大きな不満を引き起こし、ディクンパは彼の師が建てた寺院を破壊したと非難されたのであった。タクルンタンパもディクンパの行為を不満に思い、両者の間に確執が生じていた。1208年になってディクンパの弟子タクパジュンネー（grags-pa-'byung-gnas：1175 〜 1255）が仲裁に乗り出したが、ディクンパ側についたため（そのためタクルンタンパは鬱々として1210年に世を去ったという）、ディクンパはタクパジュンネーをデンサティル寺の座主としたのであった。タクパジュンネーはパクモドゥの豪族ランラシク一族（rlang-lha-gzigs：通称ラン氏）の出身である。ラン氏はかつてネートゥン地方（gnas-drung）に住んでいた。ラン氏は吐蕃の有力豪族の後裔を称しており、ニンマ派の僧を輩出した歴史ある地方豪族で、パクモドゥ地方のデプン（sde-dpon：地方官）も務めていた。タクパジュンネーが座主となって以降、その地位はラン氏が独占するようになった。ラン氏は地方の一大勢力として、その地名からパクモドゥ派といわれるようになる。元の世祖フビライが地方勢力を万戸に封じた際、パクモドゥ派も万戸に封ぜられた。万戸長はチベット語でティプン（khri-dpon）という。パクモドゥにおいて、万戸はデンサティル寺の座主が推挙したラン氏が継承するという、宣政院の任命同様の構造ができつつあった。ラン氏出身者でなくとも有能な人物が万戸長を担当することもあったが、その場合もラン氏の支持が必須であるため、万戸長の任免権はラン氏によって事実上握られたといってよい。1290年、ディクン派が反乱を起こしたが、鎮西武靖王搠思班率いるモンゴル軍はプンチェン、アグレンを助けてディクン派を平定した。武靖王の滞在中、タクパジュンネーの甥タクパリンチェン（grags-pa-rin-chen：タクパジュンネー以来五代目のデンサティル寺座主）は武靖王夫妻を護衛して王の歓心を得、帝師タクパウーセルと共に虎紐の万戸印を賜った。タクパリンチェンは万戸長を兼ねたがチベット語のティプンではなくラプン（lha-dpon）と名乗っている。14世紀中頃、タクパジュンネーの兄弟の孫にあたる大司徒チャンチュプギェンツェン（byang-chub-rgyal-mtshan：1302～1364）は、武力で前チベットの大部分を併合し、1351年、ツェタン（rtses-thang）寺を建立した。彼の職位を継承するものはまず幼年のうちにツェタン寺の座主を務め、その上で行政上の職位（sde-srid：デシー）を継いだ。チャンチュプギェンツェンの兄弟の孫タクパギェンツェン（grags-pa-rgyal-mtshan）は1406年（明永楽4）に明から闡化王に任ぜられたが、それがこの一族のピークであった。1481年にはリンプンパに敗北、17世紀初頭（1618）には政治的権勢を完全に失うに至った。パクモドゥ派はデンサティル寺の座主をラン氏一族で独占したが、その結果は地方勢力の付属物と化しただけであった。とはいえツェタン寺は顕教分野において教派の区別をせず、各派の名僧を招いてその勢力を保持した。闡化王タクパギェンツェンの支持のもとでツォンカパが黄教を興すと、パクモドゥ派の衰退はさらに顕著なものとなった。その後、パクモドゥ派はパクモドゥ政権の衰退と共に消えたのであった（パクモドゥ政権ラン氏については第10章明代におけるウー・ツァンの政治状況で詳述する）。

パクモドゥ派から派生した8つの支派のうち、解放前（1949）まで継続していたのはディクン、タクルン、ドゥクの3派である。その他の5派は衰退して現存しない。これら5派についての史料は非常に少なく、ここでは名を記すのみとしたい。

### ①　ディクン・カギュー

ディクン支派（'bri-gung）はディクンパ・リンチェンペル（'bri-gung-pa-rin-chen-dpal：1143～1217）によって創始された〔167頁表6-4参照〕。西カム、デンマ（'dan-ma：現在の四川鄧柯県）のキュラ氏族（skyu-ra：ディクンパを出身地からキュラ大師と称することもある）の出身で、生家は代々ニンマ派を信奉していた。彼が生まれて間もなく、郷里で災難が起こったため西カム南部に移住、人のために経を誦して生計を立てていた9歳（1151）のとき、このことがパクモドゥパの耳に入り、1167年にデンサティル寺に入った。寺ではパクモドゥパから教えを受け、"諸法真実"の智を得たという。寺院で2

年と8か月たった頃、パクモドゥパが世を去った。ディクンパは山の洞窟に入って修行を始めたが、ハンセン病にかかってしまった。闘病中は他者の病苦、ひいては世間のさまざまな苦について思いを馳せるようになり、病が癒えた後は因果を深く信じ、仏家の因果の教理を明確に悟ったという。ディクンパは因果道理とかつて悟りを得た“真実”を融合させ、一種の“境界”に達した。人々は彼のいう“境界”こそ仏の“境界”だと考えたため、ディクンパは大きな名声を得た。この頃から各地でディクンパ主催の法会がおこなわれるようになる。1177年、35歳で出家と同時に沙弥戒と比丘戒を受けた。受戒後はさらに研鑽に励み、戒律分野でも非常な知識を得たという。1179年、37歳のときにディクンへ行った。ディクンにはもともとパクモドゥの弟子ミニャク・ゴムリン（mi-nyag-sgom-rin）が建立した小さな廟があったが、ディクンパはそれを増築してディクンティル寺（'bri-gung-mthil）とした。この寺院は後にチベットを代表する大寺院となったが、ディクンパの名前及び支派の名称はこの寺院を由来とするものである。ディクンパが寺院に入って1年とたたないうちに、寺には100名以上の新たな僧が集まったといい、その後ディクンパがカイラスへ巡礼に行った際も僧は増えつづけた。ディクンティル寺でおこなった法会では55525人もの僧が集まったという（ディクンは農地と牧地の境界に位置し、交易地でもあった）。ディクンパの名声はますます高まり、経済的にも潤ってディクン派は発展していった。ディクンパはパクモドゥパが晩年に得た新たな学問にまで学び至り、さまざまな経典を自身の解釈で悟っていった。こうしてディクン派独自の教えが成立したのである。

ディクンパはよく顕密を講じたが、常に“真空”“大悲”が融合した境地にあった。また僧こそ仏教の根本、戒律こそ僧の根本だと考え、厳格に戒律を守って酒肉を断ち、人々にもこれを説いたのでその名声はチベット全土に広まった。多くの弟子をもったが、中でも著名な者は20人余り、それぞれが各地に寺を建て、信徒を集めた。ディクンの本山はディクンパとその一族であるキュラ氏により管理された。最初の4代は宗教分野のみで、行政権力掌握にまでは至っていない。ディクンは農業地区と牧畜地区が交差する地であり、またカムと中央チベットを結ぶ交通の要衝でもあった。そのためチベット各地で万戸が成立したとき、ディクンも万戸の一つとされたのである。ディクンは万戸府に属する万戸とされ、フビライの弟フラグに支持された。

ディクン万戸長の肩書きは一般万戸より上で（ディクン万戸とサキャ・プンチェンには宣慰使の肩書きがあるが、これは元の宣政院所属の地方職官の最高品級である）、ディクンは前チベットにおける三大万戸の一つとなった（他の2つはパクモドゥとツェルパ）。13世紀終わり頃になると、ディクンとサキャの間にはたびたび紛争が起こるようになった。1290年、サキャのプンチェン、アグレン（a-glen）は万戸の兵を集め、フビライにモンゴル兵の入蔵を請うて（当時チベット地区は鎮西武靖王の分与地だったのでこの場合のモンゴル軍は武靖王配下のモンゴル兵）ディクン派を打ち負かし、ディクンティル寺を焼き払った。チベット史に言う“リンロク”（寺事変の意）である。ディクン派は大打撃を受けたものの、宗教的影響力は保持していた。その後勢力をもち直し、14世紀になるとヤサン、ツェルパなどの万戸と連合してパクモドゥ派のチャンチュプギェンツェンと争ったが、ここでも敗北を喫して勢力は大いに衰え、ディクン寺の官吏もパクモドゥ派の手に委ねられた。明代に入ると勢力をもち直し、ディクン派の首領は闡教王に封ぜられ、その世襲権も獲得している（第10章明代におけるウー・ツァンの政治状況参照）。16世紀後半頃から、ディクン派ではニンマ派の密法を重要視するようになったが、ゲルク派との敵対関係や、ディクン地区における疫病の流行とそれに伴う僧侶の死亡もあって衰退している。17世紀以降もゲルク派との関係は旧態のままであったが、1642年のグシ・ハーンのチベット入り、1653年のダライラマ五世の清朝による封号などを経て、ディクン派はついにダライラマの管轄下に入ったのであった。またこの頃から、ディクン派も転生ラマの制度を採用するようになる。明確な記載はないが、『西蔵喇嘛事例』にはディクン派の2人の転生ラマが見られ、そこから推測すると第二世の生年は1760年代であるため、17世紀中頃にはキュラ氏族の勢力が衰退に向かっていたことが推測される。教派自体も衰退し、世俗権力はもとより宗教分野においてわずかに影響をもつのみとなった。

### ②　タクルン・カギュー

タクルン・カギュー（stag-lung-bka'-brgyud）の創始者はタクルンタンパ・タシーペル（stag-lung-thang-pa-bkra-shis-dpal：1142 ～ 1210）という（168頁表6-5参照）。ヤンシュー・ポンラテン（g·yang-shod-bong-ra-steng）の生まれ、タク

シ・ディンポ氏族（dbrag-zi-'bring-po）のルゲ支系（klu-dge）に属している。ルゲ支系は当時大きな勢力をもつ一族であったらしい。幼いときに母親を亡くし、継母と相容れずに何度も出家しようとしたものの父が許さず、18歳（1159）でタンキャ・ラカンへ逃げてようやく出家を果たしたという。出家後は多くの師から顕密の経論及びカダム派の教えを学んだ。インドへの留学を志し出発はするものの、そのたびに家族に連れ戻されてしまい、果たせないままであった。人がパクモドゥパを誉めたたえるのを聞いて24歳（1165）でその弟子となり、カギュー派の法を学んだ。師に対し非常に誠実であったため、ほどなくしてパクモドゥパの侍者となる。タクルンタンパは精勤して法を学び、空性と四無量心（慈、悲、喜、捨を四無量という）を共に修行し、“無住涅槃”の境界を証得した。パクモドゥパについて6年、師が世を去った後にメルト（mal-gro）へ行ってチェーカパ（'chad-kha-pa）からカダム派の法を学び、ショマラ（sho-ma-ra）ではシャン・シャラワ（zhang-sha-ra-ba）から比丘戒を受けた。29歳（1170）からはポンド（phong-mdo）、セレ（se-gle）、タンゴ（thang-mgo）などで7年ほど過ごしている。セレにいたときに、カムに来るよう請われたが果たせず、セワルン（se-ba-lung）にも3年住んだ。39歳（1180）のとき、求めに応じて弟子17人とタクルン（stag-lung）へ向かい、ポトワ（po-to-ba）がかつて住んでいたという場所に寺を建てて住み着いた。これが有名なタクルン寺で、支派の名称及びタクルンタンパ自身の名前の由来となっている。その後再度の求めに応じて弟子5～6人とカムへ行ったが到着前に折り返し、師を念じ、請願を念じ、死を念じるという三念不分の教えを始めた。翌年（1181）夏にはタプティン（bkrab-ting）でシェパ・タルレ（she-pa-dar-re）が殺害された事件が原因となり、タルユル（dar-yul：不詳）とロン（rong：不詳）がまさに干戈を交えようとしていた争いを仲裁した。事が収まった後、両地域の人々はタクルンタンパの属民になったという。タクルンタンパは入手した経典をパクモドゥのデンサティル寺にたびたび献上したが、1209年、ディクンパがそれらの経典をすべてガムポ寺に移したことから争いが生じ、翌年憂いのうちに病死した。タクルンタンパは出家以来戒律を厳しく守り、酒を飲まず肉も口にしなかった。法衣の帯を解かず、俗人の家には入らず、寺院内に肉や女性を入れることもかたく禁じている。その日常生活も厳密に規定され、決まった時間に同じ講義をおこなった。寺院内の人々に対しても寺の規則や戒律をきちんと定めている。晩年、弟子は3000人にも達していたが、タクルン寺の僧は戒律を厳しく守ることで有名だったという。1240年頃、モンゴル、クデンの将トルタナクポがチベットに入ったとき、クデンに報告した記録が残っている。「チベットにはカダム派の寺院が最も多い。徳行に優れているのはタクルン派、ディクン派のチェンガ（spyan-snga：ディクン寺の座主の称号）は法力が絶大で、サキャ・パンディタは五明に富む（学問に優れているの意）」。ここからも、当時タクルン派がどう見られていたかがわかる。

生前、タクルンタンパは、一族のクイェル・リンチェングン（sku-yal-rin-chen-mgon：1191 ～ 1236）の育成を気にかけていた。タクルンタンパが1210年に世を去ったとき、クイェルはまだ20歳であったが、遺言に従ってケンポに就任した。クイェルは11歳で出家、13歳でタクルン寺にやって来たが、タクルンタンパの弟子として7年間修行に励んでいる。19歳で比丘戒を受け、20歳にしてケンポの職を得たのである。ケンポとなったばかりの頃、タクルン寺の僧は各地に散じて3000人から700人にまで減っていた。クイェルは分け隔てなく教育をおこない、病人の手当てをし、一説には盲人の目を治し、聾者の耳を治したとも言われる。布施が増えて1228年にはタクルン寺の大殿を建立、寺は富み、僧も徐々に戻って2800人、3700人と増加し、各地に分寺を建立した後には5000人にまで達したという。次のケンポ、すなわち三代目ケンポは名をサンギェーヤルチュン・シェーラプラマ（sang-rgyas-yar-byon-shes-rab-bla-ma：1203～1272）という。サンギェーは部屋に籠もってめったに外出しなかったが、寺の規則を詳細に定めた。パクパが大都からラサに戻ったとき、タクルンに立ち寄ったことがあるが、サンギェーはパクパを出迎え、互いの額を合わせて礼を交わした（地位の等しい人物同士がおこなう、顔を合わせたときにする礼）ことからも、タクルン派の社会的声望の高さがうかがえる。サンギェーは甥のマンガラグル（mang-ga-la-gu-ru：1231 ～ 1297）をパクパに托した。サンギェーが世を去った後、別の甥でサンギェーの弟子でもあるサンギェーウン（sang-rgyas-dbon：1251 ～ 1294）は、マンガラグルとケンポの座を争った末に就任を果たした。しかしパクパがマンガラグルを支持したため、サンギェーウンはわずか1年でケンポをやめざるを得ず、その後マンガラグルが第四代ケンポに就任した。

マンガラグルは元の世祖フビライから黄金を賜っている。チベット語の一般史料によれば、タクルン寺はフビライの封じた十三万戸のうちの一つとなっているが、初期の史料にタクルンの名はなく、また別の史料では元代においてタクルン寺には万戸が設定されなかったとはっきり記載されているので、タクルンは万戸ではないと思われる。タクルン寺第九代ケンポのタシーペルツェク（bkra-shis-dpal-brtsegs：1459 ～ 1424）は永楽帝から国師に封ぜられ、銀印を賜った。確認できる資料から見てみると、15 世紀後期になるまでタクルン寺の僧が品行方正と賞讃されたのは歴任ケンポがみな“戒律を重視”したためであった。ディクン寺との争いの際も、それがあったからこそ少数で多数に勝つことができたのであろう。

サンギェーウンは 1273 年にケンポを退いた後、タクルン寺の聖なる宝（伝説によればミラレーパの遺骨と履いていた靴）をもって西カムへ去った。1276 年、サンギェーウンは西カムのリウォチェ（ri-bo-che）にリウォチェ寺を建立した。この寺院は西カムにおけるタクルン派の主要寺院で、タクルン寺と共に“ヤルタン”（yar-thang：“上のタン”すなわちタクルン寺を指す）、“マルタン”（mar-thang“下のタン”すなわちリウォチェ寺を指す）と称された。両寺院にはそれぞれ 3000 ～ 4000 人ほどの僧が在籍し、この後 300 ～ 400 年にわたり、リウォチェ寺は西カム最大の寺院として栄えた。その後両寺院は座主選出に転生制度を採用、タクルン寺には 2 人の転生ラマが在籍した。1 人はタクルン・マツァンで彼を第一世とするこの系統は 13 世紀までさかのぼりうる（あるいはクイェル・リンチェングン）。もう 1 人はタクルン・ツェパでこちらは 17 世紀頃から転生が始まっている[6]。リウォチェ寺の両転生ラマは 17 ～ 8 世紀頃から始まったとされるが、詳細は不明である。今後の調査をまちたい。

### ③　ドゥクパ・カギュー

ドゥクパ・カギュー（'brug-pa-bka'-brgyud）は苦行を重要視し、地方政権を立てる等の政治的行動をとらなかった。多くの弟子が広範囲に広がって集団をつくり、それぞれ“中ドゥク”“上ドゥク”“下ドゥク”と呼ばれた。後に“南ドゥク”も成立している。南ドゥクと呼ばれた地域は現在のブータン王国に相当し、宗教領袖は政教両権を掌握してチベット地方政権と宗教をめぐり何度か争いを起こしている。ここでは国内の上、中、下の3ドゥクについて簡単に記述しておく。

ドゥク派はパクモドゥパの弟子リンレー・ペマドルジェ（gling-ras-padma-rdo-rje：1128～1188）から始まり、ツァンパ・ギャレー・イェシェードルジェにより形成された。これが中ドゥクであり、ギャレーの2人の弟子ロレーパ（lo-ras-pa）とグーツァンパ（rgod-tshang-pa）が分かれて形成したのが下ドゥクと上ドゥクである。

リンレー・ペマドルジェはニャントゥー（nyang-stod）に生まれ、リンメー氏族（gling-smad）に属していることからリンレーと呼ばれた。父親は医薬占いを業としており、リンレーは幼いときからよく読み書きをし、わずかな土地をラメン（ra-sman：若医師の意）に献じて医学を学び、熟達した。13歳のとき（1140）父親が亡くなり、17歳で出家、リン・ロップン（gling-slob-dpon）のもとで学んだ。その頃、かつてリンレーの家と対立していたある地方役人の家が没落し、生活にも困窮した。人々はリンレーが呪いを使ったのだと考え、まじない師として有名になったという。その後はオムタンパ（'om-thang-pa）のもとで密法を学んでいたが、メンモ（sman-mo）という名の女性に誘惑されて戒を犯し、夫婦となった。メンモは夫にこう言った。「私の両親はお金持ちだけど男子がいません。私たちはそのお金をキュンツァンパ（khyung-tsang-pa）に布施しましょう。キュンツァンパから教えを受けて破戒の罪を消滅させるのです」2人は揃って綿衣を身につけて修行に励んだが、証験は得られなかった。そこでキュンツァンパはリンレーをロロ（lo-ro）のレーチュンのもとにやった。リンレーは35歳（1162）でロロにやって来たが、レーチュンは1年前すでに世を去っていたため、レーチュンの弟子のスムパ（sum-pa）について密法を学んだ。38歳でパクモドゥの許に行った。パクモドゥパは妻帯の瑜伽行者をよしとしなかったが、リンレーのことは可愛がり、密法を口伝で伝えた。リンレーはよく修行して証悟を得、その内容をパクモドゥパに述べたので、パクモドゥパは非常に喜んだという。1166年3月、リンレーはパクモドゥパに妻を棄てるよう命じられ、妻を北方のヤルクク（yar-khugs）へと連れていった。デンサティル寺に戻った後にサンリ（zangs-ri）を訪れ、ある女性を修行のためのパートナー（phyag-rgya）とした。その後その女と別れようとしたが女が応じなかったため、リンレーはカムへと逃れたのであった。サンリの女はリンレーを訪ねてカムへ向かったが、途中で亡くなったという。リンレーはデンサティル寺に戻ったものの、師パクモドゥパは世を去っていた（1170）。師の死後、リンレーはウー・ツァンを遊行してまわったが、ある有力者の求めに応じてタンポ地方（'phrang-po）へ行った。そこでシャン・ツェルパに助けを求められてポタン地方（pho-brang）へ行き、チュレウ・チュンワ（chu-gle'u-chung-ba）の軍と戦い、軍をくい止めて多くの財宝を得た。リンレーはその財宝の半分をシャン・ツェルパに大仏をつくる資金として提供し、入手した経典はすべてデンサティル寺に送った。晩年はナプル寺（sna-phur-dgon）に居を定めて弟子をとり教えを授けた。また密法修行について5〜6種の著作を著し、1188年に61歳で没した。

ツァンパ・ギャレー・イェシェードルジェ（gtsang-pa-rgya-ras-ye-shes-rdo-rje：1161〜1211）はニャントゥー（nyang-stod）のクレ地方（khu-le）の生まれで、ギャ氏族（rgya）に属していることからギャレーと称される（父親の名はギャスル・ポツァワ rgya-zur-po-tsha-ba）。兄弟が7人もいたため、両親はギャレーを1人のポン教徒に託して養育させた。ポン教徒からはユントゥンペル（g·yung-drung-dpal）という名をつけられている。8歳で母を亡くし、12歳（1172）のとき兄に連れられてツァンロン地方へ行き、“拙火定”を学んでいる。13歳（1173）からタタンパ（rta-thang-pa）と3年を過ごして『倶舎論』、瑜伽タントラとシチェー派などの教えを受けた。15歳（1175）からは8年にわたり、カルルンパ（mkhar-lung-pa）からニンマ派のゾクチェンと『量論』などの顕密経論を学び、別の師からは『マハーマーヤー』『大悲伏蔵』『真実名経』（『文殊師利真実名経』）及びアティーシャ所伝の“大悲法”、『入菩提行論』を学んでいる。22歳（1182）のときには、父が宴席にカルルンパを呼び、ギャレーに経を講じさせたこともあった。あるときリンレーと知り合い、彼に塩を献じて尊敬の念を表し、互いに教えを語り合う仲となった。ギャレーはナプル寺でリンレーから密教の口伝を得て7日間の修行をおこない、単衣の綿衣だけでも寒さに耐えられるようになったという。ギャレーは天然痘にかかり長く患ったこともあるが、治癒後はリンレーに1頭の馬と茶や砂糖を献じ、彼が家屋を修繕するのを助けて、残りの密法口伝すべてを得た。タルドル（dar-rdor）という者と教義について議論し、タルドルをうち破って学者（mkhas-pa）と賞讃されている。修行に専念していたとき、ギャレーは外気と息を一つに合わせることができたという。これは高度な成就の証拠であり、さまざまな煩悩を克服できたことを示すものである。ギャレーはナプル寺で約5年を過ごし、一つ教えを受けるとすぐにそれを実行して修行した。経を講じ、法会や日常的な事務の手伝いもおこなった。その後師からの命によりケルサン（bskal-bzang）と共に方便道を修してからトル地方（dol）のカルチュ（mkhar-chu）へ行き、そこで修定してナプル寺へ戻ったが、リンレーはすでに世を去っていた（1188年死亡）。ギャレーはリンレーを荼毘に付した後、ロロ地方のイェグン（ye-mgon）など4人と共にラルン（ra-lung）で弟子を取り、財産を蓄えた。それから栗色の馬を伴ってナプル寺に戻り、アマジョモ（a-ma-jo-mo）に馬を献じてリンレーの納骨塔を建立し、ナプル寺を拡張した。すべてが終わると7人を伴ってカルチュに行き、チャクプルチェン（lcags-phul-can）で修行に専念したが、全身が痛む病に苦しんだ。しかし病が癒えてから智解は大いに進み、悟縁も生じたという。チャクプルチェンで3年を過ごしているとき、レーチュンが著した後、隠匿されてきた『ロニョム・コルトゥク（ro-snyoms-skor-drug）』を発見している。29歳（1189）でドポレーパ（mdo-po-ras-pa）のもとを訪れて“ナーロー六法”を学んだ。シャキュン（bya-skyung）やチュオ・リ（chu-bo-ri）にいた時期もある。ディクン寺でディクンパの法を聞き、ガムポ寺やツァリでも一夏を過ごした。ラサではロンドゥル寺（klong-rdol）を修築し、寺を建てた後はシャン・ツェルパのもとで印証や“大悲法”を学んだ。シャン・ツェルパに勧められ、33歳（1193）になってようやく沙弥戒と比丘戒を受けている。出家後は後チベットの農地や牧地を遊行してまわり、チャン・ツァカ（byang-tsha-kha）で得た多くの布施をナプル寺へと送った。その後ラルン地方でラルン寺を、ラサの西南、キーチュ〔河の名〕以西のある地方にドゥク寺（'brug）を建立した。支派の名称はこの寺院の名にちなんでいる。ドゥク寺を建立してからはその教えを求めて僧が四方から集まり、彼らが住まいとした寺周辺の草庵は1年もたたないうちに1000以上にもなったという。ギャレーはその後も遊行を続けて多くの財物を得たが、これらはすべて宗教上の活動に使われた。ギャレーは常々3つのことを弟子たちに訓誡したという。1. 世俗のことを以て修行を妨げるようなことがあってはならない。2. 時には仏法のため人のため自身を犠牲にするときがある。 3. 師を敬うこと。その晩年に、弟子は五千余人にもなった。弟子の大部分は“大印深義”を証悟し、修証をも得ていたという。弟子たちはギャレーの命により各地に散って寺院を建て弟子を集めた。そのためドゥク派はウー・ツァン各地に広まっている。ギャレーは1211年に51歳で世を去った。ドゥク派は当初ドゥク寺を拠点にしていたが、次第にラルン寺へと中心は移っていった。ラルン寺に伝承された教えを“中ドゥク”という。ギャレーの弟子のうち、著名な者は6人いるが、中でも上ドゥクと下ドゥクの創始者が最も著名である。

下ドゥク（smad-'brug）を創始したのはロレーパ・ワンチュクツゥンドゥー（lo-ras-pa-dbang-phyung-brston-'grus：1187～1250）という。シャン地方（gzhang）のタクチェン（grags-chen）の生まれで、ロナン氏族（lo-nang）に属しているためロレーパの名がある。ロレーパの両親には子供がおらず、観音像に毎日祈っていたところ、ロレーパが生まれたという。ロレーパは6歳で字を覚えた。16歳（1202）のときにギャレーがション地区を訪れており、その侍者を務めていたが、翌年、両親とニェタントゥム（snye-thang-dum）地方に行った際にもギャレーに再会している。18歳（1204）の頃、キョルモルン（skyor-mo-lung）へ逃げてベルティ律師（sbal-ti）のもとで出家し、ワンチュクツゥンドゥーの名を得た。その後ギャレーのもとで学んだが、家人が彼を追いかけてきたので、ギャレーはロレーパを家に帰している。しかし両親はロレーパに妻を娶らせようとしたため、ロレーパは再度ギャレーのもとへと逃げたのであった。ギャレーのもとでは“拙火定”を学び、単衣の綿衣でいられるようになった。ある秋のこと、ギャレーはロレーパの同郷の者の要請を受けてタクチェンへ行った。ロレーパの両親は息子を還俗させたいとギャレーの元を訪れたが、ロレーパがはっきり還俗しないことを表明したのでひどく落胆した。ギャレーはその決心を賞したという。同じ時期、ロレーパは比丘戒を受けて『律経』などの戒律書を学び、『ヘーヴァジュラ』『マハーマーヤー』などのタントラ、『ドーハーコーシャ』（インド人の著作で、詩歌の形態を以て密教の修行法や証験を説く。同様のものに禅宗の証道歌などがある）などの密法の修行法を学んだ。父親の死後、ロレーパはすべての家財（2000～3000蔵克（チベットグラム）のチンコー麦）をふるまってギャレーをはじめとする多くの僧に法要を依頼した。彼の手元に残ったチンコー麦は1蔵克にすぎなかったという。ロレーパはギャレーについて“ドゥク”寺に行き、7つの誓願を立てた。曰く1. 帰郷しない。2. 下山しない。3. 常に座して横にならない。4. 俗人の家に足を踏み入れない。5. 単衣の服のみを着用。6. むやみに話さない。7. 毎日“水供”108碗を絶やさない。この誓願が必ずしも修行の鍵になる訳ではないとギャレーに諭されたものの、6年間それを続け（釈迦が苦行を6年続けたことから、6年が一区切りとなる）、その後はこだわらずにいられるようになった。ロレーパはインドの八大仏蹟に巡礼したいという願いがあったが、ギャレーに止められていたため師のもとに留まっていた。その頃ロレーパのおじや兄弟は、常々母や妹を虐げており、母や妹は困窮を極めた上に病の身でもあった。このような不幸はたびたびロレーパを襲ったが、ロレーパはこれらをすべて修行成就の糧として（一般的に仏教徒にとって煩悩は修行の妨げとなるが、カギュー派では貪欲、怒りや恨みの感情は煩悩であると共に修行の道の糧でもあると考え、煩悩があることを前提に修行に励む。ドゥク派はこの点をより重視した）、ギャレーから秘密の伝授を受けることができたのであった。ロレーパが25歳（1211）のとき、師ギャレーが世を去った。山の頂で苦しい修行に励んだときも、ある障害が生じたが、ロレーパはまたしてもそれらを修行の糧とし、“極めて高度な境界”と“極めて深い智慧”を証することができたという。その後も“チュミク・カルポ”（chu-mig-dkar-po）“シンカム”（shing-skam）、“チャクチル”（lcags-spyil）、“ウリ”（dbu-ri）などにそれぞれ茅葺き小屋を建てて弟子をとり、修行に励んだ。ウリには6年間滞在し、その間弟子は1000人を超えたという。ロレーパは自身が得た布施はすべて他人に分け与えるか、ラルン寺とドゥク寺の二つの拠点寺院に送った。55歳（1241）のときカルポ・チュールン寺（dkar-po-chos-lung：おそらくこの寺院が下ドゥクの拠点寺院であろう。場所ははっきりしないが“下ドゥク”の名称から、ラルン寺の東方面にあると考えられる。おそらくヤルルン河谷の東側あたりか）を建立した。この寺院で大きな法会がおこなわれた際、参加した僧は一万余に達したという。ロレーパはロタクにカルチュ寺（mkhar-chu）を再建し、ムン地区（mon：現在のブータン）のブムタン地方（bum-thang）にはタルパリン寺（thar-pa-gling）を建立した。さらにセンゲリ（seng-ge-ri）では僧の戒律を整理し1500人の僧にサンヴァラの灌頂を授けた。1250年、64歳で世を去った。ロレーパは喜捨、世事からの隔離、精進、禅定、学識、民衆のための行為に優れ、人々に讃えられた。彼の死後、甥のツァリワ（tsa-ri-ba）がカルポ・チュールン寺のケンポとなり、その他の弟子は他寺院へ散って一教派を形成した。これらを下ドゥクと称している。

上ドゥク（stod-'brug）はグーツァンパ・グンポドルジェ（rgod-tshang-pa-mgon-po-rdo-rje：1189～1258）によって創始された。ロタク地区のルチュンギタ地方（lu-chung-gi-khra）の生まれである。彼の生前、グーツァンパの両親は息子2人を幼くして亡くしており、グーツァンパは幼い頃からスクトゥン僧（zug-ston：家人に替わり子供を養育する専門の僧）に養育された。僧からグンポペルという名を与えられている。その後学問をはじめ、「カダムの道次第」『中観』『入菩提行論』『現観荘厳論小註』等の顕密経論を学んだ。あるとき、故郷の酒宴の席で後チベットから来た4人の歌手と出会った。彼らはギャレーを大いに讃えたので（各地で歌手などに僧を賞讃させるのは、当時チベット仏教の僧が信徒獲得のためにおこなったやり方である）、それを聴いたグーツァンパはギャレーに尊敬の念を抱くようになった。グーツァンパは両親の許可を取って4人の歌手及びスクトゥン僧と共にラルン寺へ行ってギャレーと会い、そのまま出家して名をグンポドルジェと改めた。このとき、19歳（1207）であった。グーツァンパはギャレーのもとで3年を過ごしたが、ギャレーはグーツァンパを可愛がって修行法や帰依、発心、四瑜伽等を教え、さらにはディクン派の倶生和合、方便導引、平等一味などの密法も伝授した。21歳（1209）のときにはドゥク寺で3か月修行し、ギャレーから講義を受けている。またギャレーの許しを得て、ディクン寺のディクンパから密法を学び、レディン寺ではタクルンタンパやシャン・ツェルパにも会っている。しかし誰よりも慕ったのはギャレーであり、最後にはギャレーの許に戻った。1211年にギャレーが世を去り、グーツァンパはその翌年から前チベット南部やロタク・カルチュ（lho-brag-mkhar-chu）、後チベットのカイラス山及び国外のカシミール（Kaśimīr）、ジャランダラ（Jālandhara）等への遊行を開始している。カルチュには3年、その他の地域には合わせて4年滞在し、修行をして過ごした。後チベットに戻るとラルン寺へ行ってギャレーの甥ウンレー・タルマセンゲ（dbon-ras-dar-ma-seng-ge）に会い、その指示のもとポム地区（phom）のラカプ地方（lha-khab）で3年間修行した。3年後、ウンレー・タルマセンゲから比丘戒を受けている。ツァリ山でも3年過ごしているが、このときグーツァンパの定力は非常に向上していたという。ツァリ山からラルン寺に戻った際、ウンレーは寺に留まるよう求めたが、グーツァンパは後チベットのラトゥーに行かせてほしいと願い出た。ウンレーは最初許可しなかったが、秘密裏に曼扎〔須弥山曼荼羅。密教の重要な教法を授けるとき、弟子がラマに奉献する〕を献じ、ようやく許可を得てラトゥーに向かった。ラトゥーのチャロクツァン（bya-rog-tshang）ではシチェー派の成就を得た僧と出会い、シチェー派の教えを学んでいる。キュンカル地方（khyung-dkar）やヤンカル地方（yang-dkar）で3年間過ごし、その定力はさらに向上した。38歳（1226）頃にはシェルカル（shel-dkar）近くのグーツァン（rgod-tshang）で7年を過ごし、グーツァン寺を建立した。グーツァンパの名はこの寺院に由来するものである。この地域で修行を続けてテント寺（steng-gro）、プンタ寺（spung-dra）、チャンリン寺（byang-ling）、デチェンテン寺（bde-chen-stengs）、パルドク・ドルジェリン寺（bar-'brog-rdo-rje-gling）等の寺院も建立し、晩年はこれらの寺院に住んで布教に努めた。寺院には多くの信徒が集い、一つの教派を形成するに至った。1258年、グーツァンパは70歳で世を去った。信徒から金を徴収して葬儀の足しにしてはならない、との遺言があったという。多くの弟子が各地で寺院を建立して布教につとめた。中でもヤングンパとウギェンパが著名である。

ヤングンパ・ギェンツェンペル（yang-dgon-pa-rgyal-mtshan-dpal：1213～1258）はラトゥー・ロ（la-stod-lho：ディンリ、シェルカル一帯をチベット人はかつてラトゥー・ロと称した）のグンパ・ラドン（dgon-pa-lha-gdong）の生まれで、トン氏（stong）族に属している。この一族からは何代にもわたりニンマ派の著名な僧が出た。生まれたとき父親はすでに亡くなっていたが、5歳で僧を讃える詩を諳んじたため、転生ラマ（sprul-sku）であるとされた。同年学問をはじめ、翌年（1218）以降プルマルワ（phul-dmar-ba）からニンマ、カダム、シチェー、チューユル、サキャ各派の密法を3年ほど学んでいる。9歳（1221）でラゴン寺のケンポに就任した。ラマ・コタクパ（bla-ma-ko-brag-pa）、グーツァンパ、サキャ・パンチェン、ジェ・チェンガ（rje-spyan-snga）、サンギェー・レーチェン（sangs-rgyas-ras-chen）、ラマ・トゥーチュンパ（bla-ma-drod-chung-pa）らから各教派の顕密の教えを学んだのち22歳（1234）で比丘戒を受け、ギェンツェンペルの名を得た。シー・リナムティン寺（shri-ri-gnam-sting）を建立したが、自身はプレ（bu-le）に居住して経を講じた。その評判の高さゆえに各地から訪ねてくる僧は万余に達し、修行に関する書も数部著している。46歳のときシー・リナムティン寺で没した。

ウギェンパ・リンチェンペル（u-rgyan-pa-rin-chen-dpal：1230〜1309、最初の名はセンゲペル）の先祖は代々ニンマ派の密法を修行しており、彼もまた幼い頃から自然と定力が備わっていたようである。7歳から16歳にかけてニンマ派の"マモ"（ma-mo）"プルパ"（phur-pa）等の法（ポン教由来のもの）、『サンヴァラ』、『ヘーヴァジュラ』、瑜伽タントラ等の書及び註釈、成就法、儀軌などを学んだ。16歳（1245）のときにはポトンエ（bo-dong-e）でリンチェンツェモ（rin-chen-rtse-mo）から『大乗阿毘達磨集論』『倶舎論』『量決定論』『現観荘厳論小註』など顕密の論書を学び、弁論をよくしたという。あるときグーツァンパがデチェンテンからチャンルンに向かう途中でコルンプ（go-lung-phu）を通過した。そのときウギェンパはグーツァンパに会い、尊敬の念をもった。グーツァンパがブータ（sbud-tra）に至ったとき、ウギェンパは銅の茶瓶と紅糖を献じて近侍の弟子となり、五戒を授かっている。グーツァンパからはカギュー派の"大印法"の伝授を約束され、コルン地方のドデペル（mdo-sde-dpal）からは『現観荘厳論小註』及び戒律を学んでいる。ウギェンパは『カルマシャタカ』を読破したが、一度読んだらその内容を忘れることはなかったという。20歳（1249）で沙弥戒、比丘戒を同時に受け、リンチェンペルの名を得た。受戒後は12年にわたり籠もったままの修行を続け、肉食を断っている。リンツェ（rin-rtse）からド訳経師（'bro-lo）所伝の『時輪』すべてと、コルンパ（go-lung-pa-mdo-sde-dpal）からチャク訳経師（chag-lo）所伝の『時輪』と暦算を、サンギェードルジェ（sang-rgyas-rdo-rje）からはツァミ（tsa-mi）所伝の『時輪』とその支分を学んでおり、学習期間は11か月に及んだ（つまりウギェンパはチベットにある三派の時輪伝承をすべて学んだことになる）。『時輪』を学び終えるとデチェンテン寺の師グーツァンパの下へ向かったが、その路上で突然"万有一味"の道理を証悟したという。デチェンテン寺ではグーツァンパからカギュー派の密法すべてを伝授された。その後、『時輪タントラ』の疑義を諮るためシャンバラ（Śambhala）へと向かう許しを求めたが、グーツァンパは許可せず、ウッディヤーナ（Oḍḍiyāna）へと向かわせた。グーツァンパは事前に時輪法を授け、同時に『時輪』の灌頂をおこなったのちウギェンパを送り出した。ウギェンパは北部の荒れた地を経てカイラス山に一時留まり、そこで法を学んだ後、マルユル（mar-yul：現在のラダック）とラチャン（ra-byang）に向かった。当初は4人の同行者がいたが、ジャランダラ（Jalandhara）到着後3人はチベットへ戻り、ウギェンパとペルイェ（dpal-ye）の2人だけが先へ進んだ。旅は艱難をきわめ、モンゴル兵の略奪行為にもあったが、ついにウッディヤーナのドゥマタラ（dhu-mathala）地方へとたどり着いた。そこで女性の瑜伽行者（ある遊女の娘であった）から法を学び、すべての口伝を得た。2人は帰路でカシミールを通過したが、カシミールの王は30人もの人々を派遣して彼らを殺そうとしたため、2人は這々の体で逃げ出す破目となった。ジャランダラとウッディヤーナへの旅行についての記録はウギェンパの伝記中に記載され、これら地域（パキスタンのスワート河谷一帯）の重要資料となっている。ウッディヤーナ（チベット語ではウギェン u-rgyan）へ至るまでの体験はウギェンパの名の由来にもなった。ウギェンパが帰国したとき、グーツァンパはすでに世を去っており、ウギェンパはその供養のために数体の像を造立した（グーツァンパは死の間際、遺言で自分のために像をつくってはならないと言い残したが、ウギェンパは“遺言を聞いていない”としてあえて師のために像をつくったという。2人の師弟関係の密接さがしのばれる）。ウギェンパはもともとカルマ派黒帽系第二世カルマ・パクシの弟子であり、第三世ランジュンドルジェの師でもあったので、黒帽系の重要人物ともいえるが、チベットの歴史家は彼をドゥク派の上ドゥクの関係者として分類している。1261年ウギェンパは多くの弟子と連れだってインドの金剛宝座（釈迦が悟りを開いた場所で、現在のブッダガヤ）へ巡礼に出かけた。その滞在中、インド人は彼がこの地の鬼神を折伏したと信じたらしい。ウギェンパは瑜伽行者としても著名となったのであった。ウギェンパは常に定と菩提心を分けずに修行し、人々の病を治し、多くの顕密経典に通じて名高い人物となった。チベットに戻った後はニェル地区（gnyal）のロロ地方（lo-ro：レーチュン寺のある場所）、ツォナ（mtsho-sna）、キョル（gyol）等を遊行してまわった。招きに応じて大都（現在の北京）へも赴き、フビライに時輪曼荼羅灌頂を授けている。しかし大都に来て幾ばくもたたないうちに、フビライの命に反してチベットへ戻ってしまった。チベットに帰りついたとき、ウギェンパは財物（当時北京に行ったチベットのラマはみな大量の財物と共に帰郷していた）も封号も何一つもたなかったという。ウギェンパは1309年、80歳で世を去った。弟子は多く、特に著名な者はそのうち5～6人いる。

ドゥク派にはもう一つ、南ドゥク（lho-'brug）という系統がある。拠点は現在のブータンで、南ドゥクの統治者は政教両権を掌握していた。ラダック王室とも宗教的な関わりがあり、ラダック王はドゥク派の指導者を師とし、チベットにも影響を及ぼしている。ダライラマ五世の晩年、サンギェーギャムツォが権力を握っていた時期に黄教とドゥク派との間で衝突が生じた。チベット地方政府とブータンの統治者は攻撃を重ね、領土内では敵対する派を迫害した。ラダック王はブータンに対し、チベット攻撃の際には援助の用意があると公言していたため1681～1683年にはチベットとラダック間でも戦闘がおこなわれた。1683年チベット政府は中立の人間としてラルン寺の転生ラマ・ミパムワンポ（mi-pham-dbang-po）に停戦条件の意見交換をさせ、ようやく停戦となった。しかし南ドゥクの詳しい情況についてはこれ以上材料がないため、記述はここまでとしたい。

### ④　ヤサン・カギュー

ケルデンイェシェーセンゲ（skal-ldan-ye-shes-seng-ge'：？～1207）はパクモドゥパの弟子で、ムンカル（mon-gar）に生まれた。幼い頃は牧童をしており、その後パクモドゥパに師事して“証悟”を得た。タラプ（gra-rabs）にサラ寺（swa-ra）を建立して弟子を集めたが、その中にチュームンラム（chos-smon-lam：1169～1233）がいる。チュームンラムはツァンシェル（gtsang-zhal）のマルモ地方（dmar-mo）の生まれでヌプ氏族の出身である。幼くして出家し、カダム派のチェーカパから戒律とカダム派の教えを学び、修行に励んだ。1186年、18歳でギャ律師（rgya-'dul）から比丘戒を受け、そのまま6年ほど住み着いて律蔵を研究している。28歳頃には寺院のニェルパ（gnyer-pa）や経を講じる助手などをつとめていた。その後ケルデンイェシェーセンゲがパクモドゥパの弟子であることを聞き及び、サラ寺のケルデンのもとで学んだ。

師弟は極めて気が合ったといわれている。その後も師を求めて各地をまわったのち31歳（1199）でサラ寺に戻り、密法を再度学んだ。彼はタルン（mtha'-lung）のラモ（ra-mo）に定住していたが、頻繁にサラ寺や他の地方へ行っては師を求め法を学んだ。レーチュン所伝の六法やチューユル派の法も学び、38歳（1206）のときヤサン寺（g·ya'-bzang：現在のロカ地区ネドン県ヤサン）を建立した。教派の名はこの寺院に由来している。翌年、ケルデンイェシェーセンゲが世を去り、チュームンラムは師の弟子を引き受けた。ヤサン寺建立後、ヤルロン（yar-klong）一帯とロカ（lho-kha）、ツォナ（mtsho-na）などの施主たちが法会の開催を求めたため、ロタク地区（lho-brag）周辺で45、ロカ地区で47の法座を開催してその名声を高めた。彼は広範囲で狩猟を禁じた。弟子たちは各地で寺院を建立し、信徒を増やしている。チュームンラムの死後、ヤサン派はある地方勢力と結びつき、フビライの万戸設定時には万戸に封ぜられている。しかしその勢力は限定的で、パクモドゥ万戸に従属することもあった。14世紀中頃、ヤサン地方勢力はディクン万戸、ツェルパ万戸と連合してパクモドゥ万戸と敵対した。1349年前後にはパクモドゥ派のチャンチュプギェンツェンに敗北してヤサン万戸はパクモドゥ派の支配下に入った。ヤサン地方勢力は以来衰退し、ヤサン派も同様に消えていった。

### ⑤　トプ・カギュー

トプ・カギュー（khro-phug-bka'-brgyud）はパクモドゥ派の弟子ギェルツァとクンデン兄弟によって始められたが、活動は比較的短期間であった。この派は2つの事情によってよく知られた。一つはこの2人の弟子トプ訳経師（khro-phug-lo-tsa-ba）の活動、特にインドのパンディタ3名を招聘したこと、もう一つはトプ寺には大きな弥勒像があり、後に至るまでチベット仏教徒共通の巡礼地となっていたことである。

ギェルツァ（rgyal-tsha：1118～1195、母はある王の娘であった。ギェルツァとは王の甥を意味する）は後チベットのシガツェとサキャの間にあるシャプ地区（shab）のジェル地方（'jal）で生まれ、ヌプ氏族（snubs）に属している。彼の家は代々ニンマ派の成就者を出していた。5歳からチベット語を学び、計算をよくしたという。この頃からすでに仏教に興味があったようで、18人の僧に師事して法を学び、19歳になるとさらに学問を求めて前チベットに向かった。25歳（1142）で故郷に戻ってからは経を唱え、人のために講じた。父親は早く結婚させようとしたものの、ギェルツァはよしとせず、13人の僧からさらに学んでいる。その後はパクモドゥパのもとで学び、大印空性義を証悟した。その後も多くの人物から法を学び、チューユル派の法も学んでいる。一説によれば、合計82人もの人物に師事したという。故郷に戻ると、人をやって外地で商売をさせ、蓄えた財宝をデンサティル寺に持参してパクモドゥパ本人や寺の僧それぞれに布施した。この頃には、パクモドゥパのあらゆる学問をすべて学び終えてしまった。そこでパクモドゥパの意志に従い、1171年に帰郷し、信者を集めて経を講じるようになった。トゥンモリ（don-mo-ri）で正式に比丘戒を受けたが、このとき54歳であった（1171）。帰郷後はシャンツン・ウンチュン（zhang-btsun-dbon-chung）からトプ地方の土地を買い、そこに仏堂といくつかの僧坊を建て、20人ばかりの弟子が集まって修行をおこなった。これがトプ寺で、教派名の由来ともなっている（現在のシガツェ南寄りの西、シャプ河以東）。ギェルツァ自身も灌頂等をおこなったが、1195年、75歳で世を去っている。

クンデン（kun-ldan）はクンデン・レーパ（kun-ldan-ras-pa：1148～1217）ともいい、ギェルツァの弟である。ギェルツァがパクモドゥパのもとで学んでいたとき、クンデンは兄のために食糧を運んでいた。当時はパクモドゥパがミラレーパの話を講じていた時期で、クンデンは関心をもつと同時に信仰心が芽ばえ、そのままパクモドゥパのもとに留まって法を学んだのであった。パクモドゥパの教えに従って修行に励み、"証悟"を得た彼を、当時の仏教徒は大成就者とみなしている。あるとき帰郷すると、故郷は凶作のため飢饉にあった。そこでクンデンが杖でトプ寺の仏殿の前の土地に穴を空けて呪を唱えると、そこから大量のチンコー麦が出て来た。施したチンコー麦は、5日食べても尽きなかったという。そのためクンデンは当時、神通力をもって名高かった。この兄弟の弟子がトプ訳経師である。

トプ訳経師の本名はツルティムシェーラプ（tshul-khrims-shes-rab：1173～1225、またチャムペーペル byams-pa'i-dpal とも。『プトゥンの仏教史』参照）はギェルツァ、クンデン兄弟の甥にあたる。6歳からチベット語を、8歳でギェルツァから法を学び、10歳で出家して沙弥戒を受けた。11歳でツァンカル（gtsang-dkar）講ずる『量決定論』を聞き、12歳でサキャでの法会に参加した。16歳までツァンカルから顕密の経論を学んだが、経義を解し、よく弁論したという。17歳のときツェトゥン・クンサン（rtse-ston-kun-bzang）をトプ寺に招き、共に曼荼羅儀軌を学んだ。19歳にはシャンゲワ（zhang-dge-ba）からサンスクリットを学び、訳経もできるようになった。この年に比丘戒を受けている。受戒してからも、ツァンナク・ツゥンドゥーセンゲ（gtsang-nag-brtson-'grus-seng-ge）のもとで2年にわたり戒律を学んだ。21歳のときにはクンデンからロロ・レーパ（lo-ro-ras-pa）所伝の方便道を学んだが、この頃、伝染病予防のため3年ほど閉じこもっている。その間にもギェルツァから136種の教えを受けた。1196年にはネパールでブッダシュリー（Buddhaśrī）から広く顕密経論を学んだが、この時期ミトラ・ヨーギン（mitra-dzo-ki）とも出会っている〔mitra-dzo-kiはMitrayoginの転訛した語形〕。トプ訳経師はミトラ・ヨーギンをトプ寺へ招聘し、18か月にわたって生活を共にした。ミトラ・ヨーギンがネパールへ戻るときにはキーロンまで送っている。引き続いてブッダシュリーの招聘もおこなっている。この頃、トプ訳経師は大仏を建立しようと思い立ち、ニェル（gnyal）のチャク・ダチョムパ（chag-dgra-bcom-pa）に手紙を送ってブッダシュリーをニェルに招聘させ、自身はチャク・ダチョムパのために通訳をおこなった。ニェルにはブッダシュリーの教えを聞こうと多くの僧が訪れ、その布施によりブッダシュリーは300両の黄金を得た。トプ訳経師とブッダシュリーはトプ寺へ戻り、この黄金をもとに弥勒像をつくらせたのであった。その後数人の弟子とトモ（gro-mo）山を経てインドのヴァイドル（Vaidur）に入ったトプ訳経師は、そこでシャーキャシュリーバドラ（Śākyaśrībhadra：ナーランダー寺の最後の座主で、チベットに戒律を伝え、顕教及び因明学の分野で大きな影響を残した）を迎えて共にチベット入りした。シャーキャシュリーバドラは1204年にチベット入りしてから北はレディン、南はロタクやニェルメー（gnyal-smad）に至る広範な地域を10年にわたり布教してまわった。その間トプ訳経師は通訳として片時も離れなかった。彼らの得た布施の多くは弥勒像に費やされ、残りを三蔵法師らとその他の僧で分配した。シャーキャシュリーバドラがカシミールの故郷に帰るとき、トプ訳経師はガリーまで同行したが、別れにあたり、シャーキャシュリーバドラは自身の300両をトプ訳経師に託している（強盗を恐れたためともいう）。トプ訳経師はインドの3人のパンディタを招聘し、弥勒大仏を建立した業績でその名を後世に残したのであった。1225年、トプ訳経師は前チベットで世を去った。子のセムパチェンポ（sems-pa-chen-po）がトプ寺の事業を継承した。セムパチェンポの弟子がヤンツェーパ・リンチェンセンゲ（yang-rtses-pa-rin-chen-seng-ge）で、その弟子が著名なプトゥン・リンチェントゥプ（bu-ston-rin-chen-grub：1290～1364、以下プトゥン）である。プトゥン自身も別の一派を形成している。トプ寺は、しばらくその勢力を維持したものの、徐々に衰退に向かった。現在残るのは今なおチベット仏教界の"聖跡"である弥勒大仏のみである。

### ⑥ シュクセプ・カギュー

シュクセプ・カギュー（shug-gseb-bka'-brgyud）の創始者はパクモドゥパの弟子キェルゴム・ツルティムセンゲ（gyer-sgom-tshul-khrims-seng-ge：1144～1204）である。ヤルルン地区（yar-klungs）の生まれで、タンドゥクパ（khra'-'brug-pa）王族（ツェンポの末裔）の流れをくむ。19歳（1152）からパクモドゥパについて学問を始め、38歳（1181）のときにはニェプ地方（snye-phu）にシュクセプ寺を建立している。シュクセプ派の名はこの寺院に由来したものである。キェルゴムから伝わったこの派は多くの著名人を輩出したが、シチェー派所伝の教えを極めて重要視しており、シュンヌペル『青史』ではシュクセプ派をシチェー派の中に含めている。しかしカギュー派では創始者キェルゴム・ツルティムセンゲがパクモドゥパの弟子であることから、パクモドゥ8小支派の一つとしている。ここでは多くを紹介しない。

### ⑦ イェルパ・カギュー

イェルパ・カギュー（yel-pa-bka'-brgyud）の創始者はパクモドゥパの弟子イェシェーツェクパ（ye-shes-brtsegs-pa：生没年不詳）で、派の名前の由来となるイェルプク寺（yel-phug）を建立した。ケサル王はイェルパ派を信奉したと伝えられ、その子孫は王の武器をこの寺院で保管したという。しかしその後この派は他教派と合流し、消滅した。

### ⑧ マルツァン・カギュー

マルツァン・カギュー（smar-tshang-bka'-brgyud）の創始者はマルツァン・

シェーラプセンゲ（smar-tshang-shes-rab-senge-ge：生没年不詳）で、この派の教えをイェシェーギェンツェン（ye-shes-rgyal-mtshan）とリンチェンリンパ（rin-chen-gling-pa）に伝えたという。その後、この派はカムのペルユル地方（dpal-yul）のニンマ派と合流の末、消え去った（第3章ニンマ派参照）。

## 原注

(1)　カルマ・パクシがフビライと会見した年については2つの説がある。一つは1255年、もう一つはカルマ・パクシが50歳のとき、つまり1253年である。会見場所のロンユル・セルトゥーが現在のどこにあたるのかははっきりしないが、四川西部のギャロン一帯であると推定される。フビライがこの地を訪れたのは大理征服時の1252～1253年頃であり、当時モンゴル軍は吐蕃地区に入っていることから、歴史上は吐蕃を下したとされているが、モンゴル軍が西カムに侵入して抵抗する部落を征服したということは考えられる。カルマ・カギュー派はトゥースムキェンパ時代から西カムに大きな影響を及ぼしており、時代が降るとその影響はさらに強まっていた。カルマ・パクシ自身西カムの支配層出身である。フビライが先にパクパを召し出して身辺においたのは1253年だが、パクパの影響はウー・ツァンに限られており、フビライが西カム東部を通過した際、カルマ・パクシをも召し出したと考えることに矛盾はない。これらの情況から、フビライがカルマ・パクシと会見したのはカルマ・パクシ50歳のとき、つまり1253年であると考えられる。

(2)　カルマ・パクシのパクシとはモンゴル語であり、漢語の「博士」、あるいは「法師」に由来する。おそらくウイグルあるいは他の文字を経由した借用で、チベット語である本名チューキラマの直訳である。当時のモンゴル語の意味については『通載』巻22に“北人之ヲ八哈石ト称ス、猶ホ漢人之ヲ師ト称スガゴトシ”による。カルマ・パクシの名はこの頃から使用され始めたようだ。この後本名を使用することは少ない。

(3)　現代の多くの学者によると、帝師レーパは西夏に封ぜられた帝師と思われる。任にあったのは13世紀初頭頃〔帝師レーパの生没年は1128～1201と判明している〕。

## 訳注

〔1〕　チベット仏教では、女性パートナーを伴う性的ヨーガをジョル（sbyor）といい、しばしば邪法として排斥された。

〔2〕　チョクトゥ・ホンタイジはリンダン・ハーン死後の1634年以降チョクトゥ・ハーンを名乗った。

〔3〕　チベットにおける一妻多夫制では、妻が生んだ子は、妻と家計を共有する兄弟共通の子となる。

〔4〕　紅帽系四世シャマルパの家を指す。カルマ紅帽ラマの名跡がグルカ戦争によって取りつぶされた後の事情を述べている。

〔5〕　シトゥ・チューキジュンネーの転生者、つまりシトゥ九世はペマニンジェワンポであり、この原著の表記は何かの誤りと思われる。

〔6〕　ただし現在のタクルン・ツェ・リンポチェはカギュー派ではなくニンマ派の管長であり、タクルンタンとは関係がない。

### ［表6－1］　タクポ・カギュー由来表

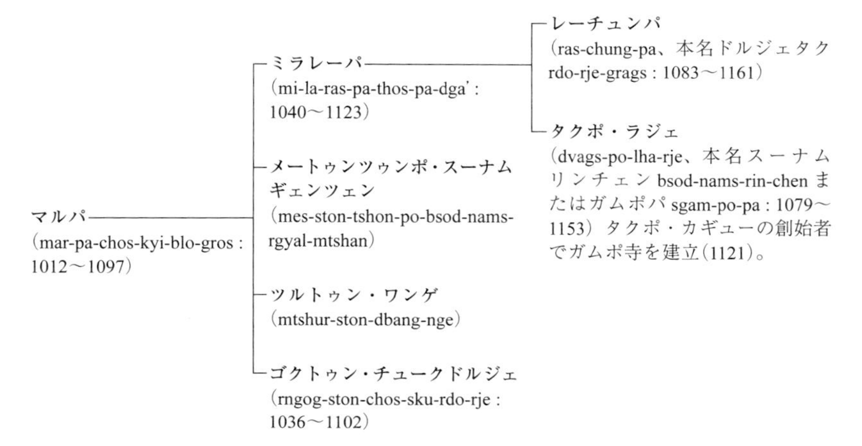

［表6－2］　タクポ・カギュー支系系譜

タクポ・ラジェ
(dvags-po-lha-rje : 1079〜1153)

**カルマ・カギュー**

チューキタクパ
(chos-kyi-grags-pa、通称トゥースム・キェンパ dus-gsum-mkhyen-pa : 1110〜1193)
カルマ・デンサ寺(1147) 及びツルプ寺(1187) 建立。

**ツェルパ・カギュー**

ツゥンドゥータク
(brtson-'grus-grags、通称シャン・ツェルパ zhang-tshal-pa : 1123〜1194)
ツェルパ寺(1175) 及びクンタン寺(1187) 建立。

**バロム・カギュー**

タルマワンチュク
(dar-ma-dbang-phyug : 生没年不詳、12世紀の人)
バロム寺建立。

**パクモドゥ・カギュー**

ドルジェギェルポ
(rdo-rje-rgyal-po、通称パクモドゥパ phag-mo-gru-pa : 1110〜1170)
デンサティル寺(1158) 建立。この寺院は1208年にラン氏のタクパジュンネーが座主に就任して以来、ラン氏によって継承された。

- **ディクン・カギュー**
  **ディクンパ・リンチェンペル**
  ('bri-gung-pa-rin-chen-dpal : 1143～1217)
  ディクンティル寺建立(1179)。ディクンパの一族によって継承された。
- **タクルン・カギュー**
  **タクルンタンパ・タシーペル**
  (stag-lung-thang-pa-bkra-shis-dpal : 1142～1210)
  タクルン寺建立(1180)。
- **リンレー・ペマドルジェ**
  (gling-ras-padma-rdo-rje : 1128～1188)
  - **ドゥクパ・カギュー**
    **ツァンパ・ギャレー・イェシェードルジェ**
    (gtsang-pa-rgya-ras-ye-shes-rdo-rje : 1161～1211)
    ドゥク寺及びラルン寺建立。
    - 下ドゥク
      **ロレーパ・ワンチュクツゥンドゥー**
      (lo-ras-pa-dbang-phyung-brston-'grus : 1187～1250)
      カルポ・チュールン寺建立(1241)。
    - 中ドゥク
      中ドゥク・ラルン寺歴代トゥルク系譜(表6-6)を参照。
    - 上ドゥク
      **グーツァンパ・グンポドルジェ**
      (rgod-tshang-pa-mgon-po-rdo-rje : 1189～1258)
      グーツァン寺建立。
- **ケルデンイェシェーセンゲ**
  (skal-ldan-ye-shes-seng-ge' : ?～1207)
  - **ヤサン・カギュー**
    **チュームンラム**
    (chos-smon-lam : 1169～1233)
    ヤサン寺建立(1206)。
- **トプ・カギュー**
  **ギェルツァ**
  (rgyal-tsha : 1118～1195)
  及び弟**クンデン**(kun-ldan : 1148～1217)
  ギェルツァはトプ寺建立。
- **シュクセプ・カギュー**
  **キェルゴム・ツルティムセンゲ**
  (gyer-sgom-tshul-khrim-seng-ge : 1144～1204)
  シュクセプ寺建立。
- **イェルパ・カギュー**
  **イェシェーツェクパ**
  (ye-shes-brtsegs-pa : 生没年不詳)
  イェルプク寺建立。
- **マルツァン・カギュー**
  **マルツァン・シェーラプセンゲ**
  (smar-tshang-shes-rab-senge-ge : 生没年不詳)

## ［表6－3］　カルマ・カギュー紅帽派及び黒帽派系譜

**黒帽派**

第一世　トゥースムキェンパ
（dus-gsum-mkhyen-pa : 1110 ～ 1193）
第二世　カルマ・パクシ
（karma-pakshi : 1204 ～ 1283）
第三世　ランジュンドルジェ
（rang-byung-rdo-rje : 1284 ～ 1339）
第四世　ルルペードルジェ
（rol-pa'i-rdo-rje : 1340 ～ 1383）
第五世　テシンシェクパ
（de-bzhin-gshegs-pa : 1384 ～ 1415）
第六世　トンワトゥンデン
（mthong-ba-don-ldan : 1416 ～ 1453）
第七世　チュータクギャムツォ
（chos-grags-rgya-mtsho : 1454 ～ 1506）
第八世　ミキュードルジェ
（mi-bskyod-rdo-rje : 1507 ～ 1554）
第九世　ワンチュクドルジェ
（dbang-phyug-rdo-rje : 1556 ～ 1603）
第十世　チューインドルジェ
（chos-dbyings-rdo-rje : 1604 ～ 1674）
第十一世　イェシェードルジェ
（ye-shes-rdo-rje : 1676 ～ 1702）
第十二世　チャンチュプドルジェ
（byang-chub-rdo-rje : 1702 ～ 1732）
第十三世　ドゥートゥルドルジェ
（bdud-'dul-rdo-rje : 1733 ～ 1797）
第十四世　テクチョクドルジェ
（theg-mchog-rdo-rje : 1798 ～ 1845?）
第十五世　カキャプドルジェ
（mkha'-khyab-rdo-rje : 1846? ～ 1923）
第十六世　リクペードルジェ
（rig-pa'i-rdo-rje : 1924 ～ 1981）

**紅帽派**

第一世　タクパセンゲ
（grag-pa-seng-ge : 1283 ～ 1349）
第二世　カチューワンポ
（mkha'-spyod-dbang-po : 1350 ～ 1405）
第三世　チューペルイェシェー
（chos-dpal-ye-shes : 1406 ～ 1452）
第四世　チュータクイェシェー
（chos-grags-ye-shes : 1453 ～ 1524）
第五世　クンチョクイェンラク
（dkon-mchog-yan-lag : 1525 ～ 1583）
第六世　チューキワンチュク
（chos-kyi-dbang-phyug : 1584 ～ 1635）
第七世　イェシェーニンポ
（ye-shes-snying-po : 1639? ～ 1649?）
第八世　チューキトゥントゥプ
（chos-kyi-don-grub : 生没年不詳）
第九世　チューキニマ
（chos-kyi-nyi-ma : 早世）
第十世　チュートゥプギャムツォ
（chos-grub-rgya-mtsho : 1738 以前～ 1791）
第六世パンチェンラマ、ペンデンイェシェー（dpal-ldan-ye-shes : 1738 ～ 1780）の同母異父兄）

## ［表6－4］　ディクン・カギュー系譜

- アメーワンチュク（a-mes-dbang-phyug）
  - ドルジェ（rdo-rje）
    - ①ディクンパ・リンチェンペル（'bri-gung-pa-rin-chen-dpal : 1143～1217）ディクン寺初代座主。
      - ┄ ②ドルジェツルティム（rdo-rje-tshul-khrims）ディクンの一族ではないが、ディグン寺二代目座主。
  - クンチョクリンチェン（dkon-mchog-rin-chen）
    - アメータクギェー（a-mes-grags-rgyas）
      - ⑤チュンリンポチェ・ドルジェタク（gcung-rin-po-che-rdo-rje-grags : 1211～1279）1259年、座主就任。
      - プンギューパ・ドルジェセンゲ（dpon-rgyud-pa-rdo-rje-seng-ge）
        - ⑦ツェンチェーパ・タクパスーナム（mtshan-bcad-pa-grags-pa-bsod-nams : 1238～1286）1284年座主就任。
        - ドルジェセンゲ（rdo-rje-seng-ge）
          - クンチョクチュー（dkon-mchog-chos）
        - アヌギェル（'a-nu-rgyal）
          - スーナムドルジェ（bsod-nams-rdo-rje）
        - ⑥トクカワ（thog-kha-ba : 1226～1284）1284年座主就任。
          - ドルジェギェンツェン（rdo-rje-rgyal-mtshan）
            - ⑧ドルジェイェシェー（rdo-rje-ye-shes : 1223～1293）（『青史』による）
            - クンガギェンツェン（kun-dga'-rgyal-mtshan）
              - ⑪ニェルニーパ・チューキギェルポ（nyer-gnyis-pa-chos-kyi-rgyal-po : 1335（『青史』）～1409）1351～1400在位。
            - ドルジェペル（rdo-rje-dpal）
            - ⑩ドルジェギェルポ（rdo-rje-rgyal-po : 1284～1350）1315年座主就任。
              - ⑫トゥントゥプギェルポ（don-grub-rgyal-po : 1357～1415）1401座主就任。
                - ⑬ワン・リンポチェリンチェンペルギェル（dbang-rin-po-che-rin-chen-dpal-rgyal）
                  - ⑭リンチェンペルサン（rin-chen-dpal-bzang : 1421～1467）1435年座主就任。
            - ⑨チュニーパ・ドルジェリンチェン（bcu-gnyis-pa-rdo-rje-rin-chen : 1278～1315）1290在位。
      - ③ウンリンポチェ・スーナムタクパ（dbon-rin-po-che-bsod-nams-grags-pa : 1187生）1222～1234在位（『青史』による）。
        - ┄ ④チェンガ・タクパジュンネー（spyan-snga-grags-pa-'byung-gnas）パクモドゥ氏。ディグン寺第四代座主、1234～1255在位。

（次頁上側へ）

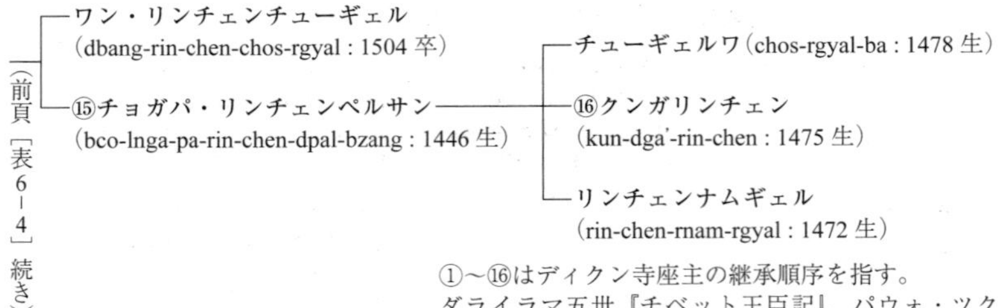


①〜⑯はディクン寺座主の継承順序を指す。
ダライラマ五世『チベット王臣記』、パウォ・ツクラクテンワ『賢者喜宴』による。生没年は『青史』補註によった。

### ［表6−5］　タクルン・カギュー派のタクルン寺座主歴代系譜

第一世　タクルンタンパ・タシーペル（stag-lung-thang-pa-bkra-shis-dpal : 1142 〜 1210）
タクルン寺を建立（1180）

第二世　クイェル・リンチェングン（sku-yal-rin-chen-mgon : 1191 〜 1236）1210 〜 1236 在位

第三世　サンギェーヤルチュン・シェーラプラマ（sang-rgyas-yar-byon-shes-rab-bla-ma : 1203 〜 1272）1236 〜 1272 在位

第四世　マンガラグル（mang-ga-la-gu-ru : 1231 〜 1297）1273 〜 1297 在位

第五世　サンギェーペルサンポ（sang-rgyas-dpal-bzang-po : 1257 〜 1310）1297 〜 1309 在位

第六世　リンチェンラワ（rin-chen-bla-ba : 1288 〜 1339）1309 〜 1339 在位

第七世　リンチェンジュンネー（rin-chen-'byung-gnas : 1300 〜 1361）1339 〜 1361 在位

第八世　ナムカペルサンポ（nam-mkha'-dpal-bzang-po : 1333 〜 1379）1361 〜 1375 在位

第九世　タシーペルツェク（bkra-shis-dpal-brtsegs : 1359 〜 1424）1376 〜 1481 在位
明永楽帝より国師に封じられる。

第十世　チャンチュプギャムツォ（byang-chub-rgya-mtsho : 1403 〜 1448）1424 〜 1439 在位

第十一世　タシーペルウーパ（bkra-shis-dpal-'od-pa : 1408 〜 1460）1430 〜 1460 在位

第十二世　ガクワンタクパペルサンポ（ngags-dbang-grags-pa-dpal-bzang-po : 1418 〜 ?）
1461 〜 1473 在位

第十三世　タシーペルワ（bkra-shis-dpal-ba : 1461 〜 ?）1473 〜 ? 在位

『青史』による

### ［表6－6］ 中ドゥク・ラルン寺歴代系譜
### （北京図書館所蔵『西蔵喇嘛事例』抄本による）

初代　**甲熱夷喜奪吉**（ギャレー・イェシェードルジェ）ナリ、揚堆庫勒ニ出世ス※1、五十一歳ニ至リテ円寂ス。

二代　**滾噶辺覚**（クンガペンジョル）ナリ、後蔵熱隆ニ出世ス、四十九歳ニ至リテ円寂ス。

三代　**甲木養却吉札巴**（ジャムヤンチューキタクパ）ナリ、甲魚ニ出世ス、四十八歳ニ至リテ円寂ス。

四代　**白瑪噶布**（ペマカルポ）ナリ、工棍汪熱ニ出世ス、六十五歳ニ至リテ円寂ス。

五代　**巴桑旺布**（パサンワンポ）ナリ、瓊結ニ出世ス、四十九歳ニ至リテ円寂ス。

六代　**密潘汪布**（ミパムワンポ）ナリ、洛札夥挺ニ出世ス、七十四歳ニ至リテ円寂ス。

七代　**噶足称勒**（カギューティンレー）ナリ、工布窩絨ニ出世ス、五十歳ニ至リテ円寂ス。

八代　**密潘丹増朗結**（ミパムテンジンナムギェル）ナリ、棟買魯鼎ニ出世ス、五十五歳ニ至リテ円寂ス。

九代　**阿旺密潘濟美朗結**（ガクワンミパムジクメーナムギェル）ナリ、江孜陸麻ニ出世ス、道光十八年入瓶掣定ヲナス、五十七歳二至リテ円寂ス。

十代　**吐丹朗結格勒改桑**（トゥプテンナムギェルゲレクケルサン）ナリ、堆嚨蔡徳ヨリ出世ス、光緒十三年入瓶掣定ヲナス、現年十八歳ナリ※2。

※1　揚堆庫勒はニャントゥー・クレ（nyang-stod-khu-le）の漢字音写。

※2　抄本『西蔵喇嘛事例』は光緒二十七年（1901）成立であり、そこから十代吐丹朗結格勒改桑は光緒十年（1884）の生まれ、九代の阿旺密潘濟美朗結は道光七年（1827）の生まれと推察できる。

# 第7章 その他諸派

## 1. シチェー派

シチェー派（zhi-byed-pa）の由来はインド人タムパ・サンギェー（dam-pa-sangs-rgyas：？～1117）にさかのぼる。タムパ・サンギェーは南インドの人で、出家してヴィクラマシーラ寺院（Vikramaśīla）や金剛宝座〔釈迦が悟りを開いたブッダガヤに建てられたマハーボーディ寺院〕、逝多林[1]などに滞在、ダルマキールティ（法称、アティーシャの師）[2]やマイトリーパ（マルパの師）など当時の顕教密教の著名な人物50人以上を師として顕密の教えを学んだ。それらの教えを元に修行に専念した結果、さまざまな成就を得たという。タムパ・サンギェーの教えは『般若経』（中でも『現観荘厳論』）が中心で、密教分野では大印法門を伝えるが、それだけに留まらない。タムパ・サンギェーはチベットを5回訪れており、前チベット南部や後チベット南部で教えを伝え、多くの弟子を得た。彼は相手を見て、その人となりに応じた教えを伝えたので、布教の内容は多種多様であり、また修行を重視したため、弟子たちはみな荒れた山や山林、墓場など人の少ないところで長期の修行に励んだ。このため、寺院を建立したりサンガを形成することは少なく、統一された教派を形成することはなかった。タムパ・サンギェーの弟子たちも自身で弟子をとって布教に励み、教え自体は長く伝承されたものの、その苦行中心の教えが王室はもとより、チベット地方政権においても権力と結びつくことはなかった。1097年、後チベットのディンリ地方（チョモランマ付近）に寺院が建立されたが、シチェー派の拠点とはなっていない。晩年、タムパ・サンギェーは五台山に巡礼した。死後、中国の僧がタムパ・サンギェーの肖像を印刷物として流通させたというが、漢文の仏教史や仏僧伝などの史料に、そのような記載は見当たらない[3]。タムパ・サンギェー自身は教派を形成しなかったが、弟子によってシチェー派とチューユル派が形成された。タムパ・サンギェー自身はインド人であるが、チベットの史料ではこの2教派をチベット仏教の教派としている。ここではまずシチェー派について述べたい。“シチェー”という言葉の意味は“能寂”すなわち“息を止める”である。これはこの教派が般若性空義とセットになった苦行法によるためで、生と死の流れを止めることで一切の苦悩とその根源を絶とうとする。“シチェー”は“能寂”のチベット語訳である。

チベット語史料によると、シチェー派の教えには前、中、後の3伝あるという。タムパ・サンギェーが3つの異なる時期に、それぞれチベット人に伝えた教えである。そのうち前伝は、ラチュン・ウーセル（bla-chung-'od-zer：生没年不詳）によって伝えられた。中伝は3人の人物に伝えられた。すなわちマ・チューキシェーラプ（rma-chos-kyi-shes-rab：1055～?）、ソチュン・ゲンドゥンバル（so-chung-dge-'dun-'bar：1062～1128）、カム・イェシェーギェンツェン（skam-ye-shes-rgyal-mtshan：生没年不詳）である。この3人は師から受け継いだ教えをそれぞれ自身の弟子に継承した（カム・イェシェーギェンツェンの弟子が中伝をさらに上伝と下伝という2系に分割している）。中伝の傍系にはタパ（grva-pa：生没年不詳）、チェ（lce）、チャン（jang）という3人が伝えた教えもある。傍系は他にもあり、その中では24人の尼僧が有名であるが、これらはまとめてシチェー派中伝に分類されている。後伝には3人の伝承者がいる。すなわちボーディサットヴァ・クンガ（bodhisattva-kun-dga'：1062～1124）、パツァプ・ゴムパ（pa-tshab-sgom-pa：1077～1158）、ギェルワテンネ（rgyal-ba-ten-ne：1127～1217、彼はパツァプ・ゴムパの弟子であるが、彼自身の伝承をも有する）である。この3人はみな秘密裡に、また個別に伝授されている。これらの伝承を受けた人々の大部分は平凡な宗教生活を送っており、社会的には無名で政治との関わりをもたなかった。14世紀末から15世紀になると、これら伝承のほとんどは失われた。修行法の一部は他教派の人々に継承されたが、それぞれの教派の中で伝承されていき、教派としてのシチェー派は消滅していった。

## 2. チューユル派

チューユル派の名称には2種類の表記法がある。gcod-yulとspyod-yulである。一つ目の表記のgcodは“断”の意で、空性見と慈悲心、菩提心をもって人生の苦悩及び生死の根源を絶つというチューユル派の行動を意味しており、yulは仏教書でいう境のことで、心理活動の対象を意味する。仏教徒は一切の煩悩（煩悩とは迷いや業を生じさせ、生死の流れの根源である）が人の認識の誤解やそこから起こる愛憎を生じさせると考えており、真の智慧と一切に対する慈悲心がそれらの煩悩を断つとする。つまりこのような法門は、正確でない認識によって直面する対象（すなわち“境”）とそこから生じるさまざまな煩悩を断つことが可能だというのである。したがってこのような法門をgcod-yulとする。もう一つの表記spyodは“行”の意で、行とは、精神がその対象である認識対象を認識し判断する等の活動を指す。spyod-yulはかつて“所行境”と漢訳された（玄奘の訳。心識所了知の内容）が、これもいわゆる般若空性見と慈悲心などの境界、効能などを指している。

チューユル派はタムパ・サンギェーが3回目にチベット入りした際、キョ・シャーキャイェシェー（skyo-shākya-ye-shes：生没年不詳）とヤルロン・マラセルポ（yar-klong-rma-ra-ser-po：生没年不詳）に伝承された教えがもとになっている。マラセルポの弟子は男子が多く、この系統を“ポ・チュー”（pho-gcod：男系チューユルの意）という。シャーキャイェシェーに伝えられた教えは甥のキョ・スーナムラマ（skyo-bsod-nams-bla-ma：生没年不詳）に伝承され、そのあと女性の弟子ラプドゥンマ（labs-sgron-ma：チベット宗教上著名な人物である。生没年不詳）に伝えられた。ラプドゥンマの弟子は女性が多かったので、この系統を“モ・チュー”（mo-gcod：女性チューユルの意）という。ほかにカラクパ（kha-rag-pa：生没年不詳）系の伝承もある。チューユル派は15世紀頃までは継承されたが、やはり政治分野への勢力拡大はなく、以降の記載は見られない。

## 3. チョナン派

チョナン派は“性空義”の解釈において、他のどのチベット仏教とも異なる立場を取っている。物事にはその真実体性があり、その本身が性空であるとはいえない。人の“虚妄分別”によって付け加えられたものが性空といえる。そのため、性空とはただ“虚妄分別”によって付け加えられたものが“空”であると指摘できるだけで、物事の本真〔法身や涅槃〕自体が空であるとはいえないのである。物事の本真とは物事の“自”であり、事物の上に“虚妄分別”が加わったものが“他”である。そのため“性空”とは“他空”にすぎず“自空”とはいえない。これらの考え方は他の教派とは異なる、この教派独自の考え方とされる。他の教派は龍樹の中論義に従い、一切の事物に常存不変の実体は決してなく、虚妄であるからこそ性空であるといえる。性空とは、事物自体の本性が空であり、“他空義”についていえば、これも“自性空”といえる。他空義では、事物にはその実性があるとするが、特に一切の衆生にはすべて仏性があるという意味ともされる。この衆生における仏性と、仏の仏性とはまったく同一のものである。これらの説の根幹は、ヒンドゥー教シヴァ派にも一脈通ずるものがあるとされている。チョナン派における“他空義”のこうした見解は、仏教的でないとして他の教派のラマたちから反駁された。そもそもチョナン派の“他空義”はユモ・ミキュードルジェ（yu-mo-mi-bskyod-rdo-rje：生没年不詳）にさかのぼる。ミキュードルジェは在家の瑜伽行者であったが、出家後名をテーパギェルポ（dad-pa-rgyal-po）と改めて『時輪』と『秘密集会』などを学んだ。ウユク地方において証を得、“他空”の義を悟解してその内容を書き著し、82歳で世を去った。後にミキュードルジェの5代後の弟子トゥクジェツゥンドゥー（thugs-rje-brston-'grus：1243 ～ 1313）はチョモナン寺（jo-mo-nang：チョナン jo-nang 寺とも。シガツェ西のラツェ県東北、ヤルツァンポ河の南）を建立しており、教派名はこの寺院に由来している。そしてトゥクジェツゥンドゥーの孫弟子トゥルプパ・シェーラプギェンツェンの頃、チョナン派は隆盛に向かうのである。

トゥルプパ・シェーラプギェンツェン（dol-bu-pa-shes-rab-rgyal-mtshan：1290 ～ 1361）はドルポ地方（dol-bu：現ネパール）ペンツァン氏族（ban-tshang）の出身で、故にトゥルプパと称される。幼い頃、叔父キトゥン・ジャムヤンパ（skyi-ston-'jam-dbyangs-pa）の弟子となり、顕教四大論（『現観荘厳論』『入中論』『倶舎論』『量決定論』）や『ヴァジュラーヴァリー』などの密教を学んだ。特にロ訳経師所伝の『時輪』を熱心に学んだという。若い頃からサキャ寺で四大論を講じたが、他人の非難には耳を貸さず、四大論以外に『入菩提行論』（『入菩提行論』は当時カダム派でよく用いられた経で、サキャ寺で講ずることは禁止されていた）等を講じて怒りを買った。チベットの寺院を歴遊し、同時に講義などもおこなって一人前の“学者”へと成長している。31歳（1320）

のとき、チョナン寺のケーツゥン・ユンテンギャムツォ（mkhas-brtsun-yon-tan-rgya-mtsho：1260～1327、トゥクジェツゥンドゥーの弟子で大都にも行ったことがある）から『時輪』の大註『ヴィマラプラバー』を学ぶ（ユンテンギャムツォがチョナン寺で教授した『時輪』はド訳経師（'bro-lo）伝来のものである）と共に修行をおこない、証験を得たという。35歳（1324）でチョナン寺の座主となり、その後世を去るまでチョナン寺に留まり教えを授けた。クンブム・トンドゥルチェンモ（sku-'bum-mthong-grol-chen-mo：チベットでも有名な塔である）も、トゥルプパが建てたといわれている。1334年、彼はササン・マティパンチェン（sa-bzang-mati-pan-chen）とロドゥーペル（blo-gros-dpal）という2人の弟子に命じて『時輪タントラ』の訳文を校訂・改正させ、それをもとに『時輪』の大註『ヴィマラプラバー』の疏釈と摂義を作成した。他にも多くの灌頂儀軌、修法や暦算に関する書を著しているが、チョナン派にとってより重要なのは『了義海』と『第四結集』（bka'-bsdu-bzhi-pa）などチョナン派の教義について詳しく述べた著作であろう。著作の中でトゥルプパは、他の教派のラマが“自空義”をもってチョナン派のいう“他空義”の考えを論破しようとしていることに反駁し、“他空義”の根拠とその正当性について詳しく述べている。後になってからも再度これらの略義（要略的なもの）とサチェー（sa-bcad：科判の意）等を作成し、他に『究竟一乗宝性論註』『現観荘厳論註』『仏教総釈（bstan-pa-spyi-'grel）』等を著した。トゥルプパの著作は広く前後チベットに流通したため、他教派のラマがチョナン寺に大勢やってきては彼と弁論を試みたが、みな論破されたという。この時期がチョナン派の最盛期であった。トゥルプパは常に弟子2000人ほどを従えていた。弟子のロドゥーペル（blo-gros-dpal）にチョナン寺の座主を譲ると、自身はラサで『時輪』の「六支瑜伽」を広く伝えた。晩年はチョナン寺に戻り、1361年、72歳で世を去った。

トゥルプパのもう一人の弟子チョクレーナムギェル（phyogs-las-rnam-rgyal：1306～1386）はまたポトンパ（bo-dong-pa）ともいう[4]。ガリーの人で、幼いときから学問を志し、チュンコルリン寺（chos-'khor-gling）で般若や因明など顕教の経論と大小五明を学んだあと歴遊して弁舌を磨き、一角の“学者”となった。最初に弁論をおこなった際にトゥルプパと出会って尊敬の念を抱き、チョナン寺に行って『時輪』や灌頂など密教の教えを受けた。その結果“非常に高い定力”を得たため、トゥルプパを根本上師と定めている。また別の弟子チャンパ・タイウェンパ（byang-pa-ta'i-dban-pa：チャンパは元代に大元国師に封ぜられており、名のタイウェンというのはその簡称である。タイウェンは多くの地方で大元に相当する言葉となっている。またチャンはラトゥー・チャンを指すことから、チャンパはラトゥー・チャンの万戸長の出身だと思われる）はトゥールンパ師弟の同意を得てチャンの地にガムリン寺（ngam-ring）を建立している。トゥルプパは一時この寺に落ち着いたものの、チョクレーナムギェルを座主に任命してチョナン寺へ戻っている。チョクレーナムギェルはガムリン寺で般若や因明を講じ、多くの弟子を育てた。長く座主の位置にあったが49歳（1354）のときに座主をテンペーギェンツェン（bstan-pa'i-rgyal-mtshan）に譲り、チョナン寺に戻って座主となった。5年間座主を務めた後（1359）はツェルパ寺（tshal-pa）へ行き、『時輪タントラ』と灌頂儀軌を講じ、『時輪』を伝授している。さらにその後はヤルルンのタンドゥク寺も訪れ、多くの人に法を説いた。1386年に81歳で世を去った。前述のササン・マティパンチェンとチョクレーナムギェルはツォンカパの師でもあった。これら世代の人物が世を去って以降、チョナン派の“他空論”は他教派の反対に抗しきれず、徐々にその勢力を弱めていった。しかし16、17世紀頃、チョナン派から一人の傑物が現れた。ターラナータである。

時期ははっきりしないが、チョナン派も転生ラマ制度をとるようになり、それは16世紀末頃まで継承された。チベット語史料によれば、チョナン派のクンガトゥルチョク（kun-dga'-grol-mchog）が世を去った後、転生者とされたのがターラナータである。ターラナータ（Tāranātha）はもとの名をクンガニンポ（kun-dga'-snying-po：1575～1634、生没年には異説あり）といい、前後チベットの境にあるカラク・キュンツゥン（kha-rag-khyung-btsun）の出身でギャ訳経師（rgya-lo）の後裔という。幼い頃からチョナン寺で学び、各地を歴遊して顕密を学んだ。30歳（1604）で比丘戒を受けている。1608年にインド仏教晩期の歴史を記した『インド仏教史』（独語訳、和訳、英語訳あり）を著したほか、宗教関係の著作が多い。中でもチョナン派の教義を詳しく記した本で名を挙げた。チョナン派はかつてラトゥー・チャン地方（後チベット・ガムリンがその中心）の首領から支持を受けていたが、ラトゥー・チャン地方は16世紀末にツァン・デパの攻撃を受けて衰退し、その後はツァン・デパからの支持を受けた。ツァン・デパの勢力は当時急速に拡大しており（漢文史料において、ツァン・デパとは多くテンキョンワンポのことを指すが、ここでは父のプンツォクナムギェルを指す。この親子は共にツァン・デパを名のった。プンツォクナムギェルは1612年に武力で後チベットを統一した後、1618年には前チベットもその支配下に置いている。共にチョナン派を支持した）、ターラナータも当代随一の有名人であったので、17世紀初めのチョナン派は再び隆盛のときを迎えたといっていいだろう。当時西部インドからチベット入りしたインド人はみなターラナータからの接待と供養を受けている（『インド仏教史』はこれらインド人の口述をもとに書かれた。現代のインド人もまたこの書から多くを採っている）。1614年、ターラナータはチョナン寺近くにタクテン・プンツォクリン寺（rtag-brtan-phun-tshogs-gling）を建立した。ほどなくして、漠北のモンゴル・ハーンはチベット僧をモンゴルに招くべくチベットに使者を送った（当時も漠北モンゴルには寺院があったが、多くはサキャ派の寺院であった）。ツァン・デパは宗教分野での勢力拡大をはかっており、また漠北モンゴルとの連携を見込んでハーンの申し出を了承、ターラナータにその役を委ねたのであった。モンゴルに発つ前、ダライラマ四世はターラナータに“マイダリ”（maidari：サンスクリット語のMaitreyaのモンゴル読みで、弥勒の意）の称号を与えたという。そのためモンゴル人はターラナータを“マイダリ”の転生ラマ、ジェプツンダムパ前世の身とみなしたのであった。ターラナータはクーロンに住み、その活動は20年に及んだ。その間モンゴル・ハーンの信頼を受けて、ジェプツンダムパ（rje-btsum-dam-pa：仏法に精通し、戒律を守る大ラマに対する称号）と称された。モンゴルでは多くの寺院を建立し、1634年に世を去った。翌年、モンゴルのトゥシェート・ハーンに息子が生まれたが、漠北モンゴルのハーンは、この子供をターラナータの転生ラマと認定した。これがジェプツンダムパ一世である。ジェプツンダムパ一世は1649年にチベット入りして学問を修めた。当時ダライラマ五世は清朝から封号を受けており、その最盛期であった。ダライラマ五世はジェプツンダムパ一世に対し、ゲルク派への改宗を条件に、その転生ラマとしての地位を認め、またそれをモンゴル帰国の条件とした。ジェプツンダムパ一世がこれらの条件を了承したため、漠北モンゴルではあらゆる寺院がゲルク派に改宗されたのであった[1]。同じ頃、ダライラマはジェプツンダムパ一世の勢力を利用してタクテン・プンツォクリン寺をもゲルク派に改宗させ、名もガンデン・プンツォクリン寺（dga'-ldan-phun-tshogs-gling）と改めた。前後チベット各地にあったチョナン派の寺院は順次ゲルク派へと替わり、チョナン派のまま残されたのはわずかに現在の四川と青海の境界にある小さな寺院のみであった。教派としてのチョナン派はこうして消え去ったのである。

## 4. その他の教派

チベット仏教史上、専門家がどの教派にも所属させることができず、単独の小さな教派としたような著名な僧がいる。トゥカン『宗派源流』にはこのような人物が3人紹介されているが、ここでも紹介しておきたい。

コタクパ・スーナムギェンツェン（ko-brags-pa-bsod-nams-rgyal-mtshan：1182～1261）。彼は1204年にチベット入りしたシャーキャシュリーバドラをはじめ、多くの師から顕密の教えを学んだ。29歳（1210）で比丘戒を受け、スーナムギェンツェンの名を得る。カイラスで5年修行し、特殊な“証験”を得たという。またニャンチュ（myang-chu）上流（現在のギャンツェ一帯）にコタク寺（ko-brag）を建立し、また荒れ地で泉を見つけたことからコタクパと称されるようになった。ネパールから招かれたヴィブーティチャンドラ（Vibhūticandra）がディンリを訪れた際には相互に教え合っている。コタクパはさまざまな大印法門に通暁しており、僧たちからの評価は高かった。高名な弟子もいたようであるが、コタクパの死後ほどなくしてその教えは絶えたと思われる。

プトゥン・リンチェントゥプ（bu-ston-rin-chen-grub：1290～1364、通称はプトゥン）。彼はチベット仏教史上、極めて著名な人物である。チベット仏教におけるさまざまな分野について多くの著作があり、その著作を収めた全集は、ダライラマ十三世の刻本によると28函（デルゲ版は26函）、約200種以上にのぼる。プトゥンはチベットに伝えられた密教の典籍を分析、鑑別して整理し、重要なものには詳細な註釈を加えた。顕教においても同様の註釈を施している。加えて『テンギュル』の編纂もおこなった（『テンギュル』には数種の刻本があるが、基本となるのはプトゥン編纂のもの）。かの『仏教史』（1322）も彼の著作である。学者として名を挙げてからは、チベット・シャル地方（zha-lu）領主（十三万戸のうち比較的著名な万戸）の支持を受け、シャル寺の座主を務めた。プトゥンはサパン以後、ツォンカパ以前における最大の仏教学者であるといえよう。元の末代皇帝、順帝トゴン・テムルはプトゥンを招聘したが、彼が都を訪れることはなかった。著名な弟子はあまたおり、中にはツォンカパの師を務めた者もいる。プトゥンの死後、シャル寺では彼を初代とする転生制度を始め、その学説は弟子や転生者によって継承された。プトゥンは仏教教義においては大きな影響を及ぼしたが、政治的には何ら足跡を残していない。

ポトンパ・チョクレーナムギェル（bo-dong-pa-phyong-las-rnam-rgyal：彼は173頁3. チョナン派の節で述べたポトンパ・チョクレーナムギェルと同一人物であると思われるものの、別の人物である可能性も残る）〔4〕。ポトンパは一切の顕密の教えと五明諸論に通じ、ポトン・パンチェン（bo-dong-pan-chen）とも称される。著作は極めて多く、関連する分野は広範にわたるが、その著作は伝わらなかった。ペルモ・チューディン寺（dpal-mo-chos-sdings）などを建立し、弟子も多く従えて一教派を形成したが、ほどなく消え去ったと思われる。

## 原注

(1)　ターラナータとジェプツンダムパ転生との関わりは多く研究の余地が残る問題である。本書はモンゴル関係の資料から採っているが、チベット語の『ターラナータ伝』と『ダライラマ五世伝』によればターラナータはチベットから離れたことがないということになっている。ダライラマ五世が1617年に出生した際、ターラナータはダライラマ五世のために命名をおこなっている。彼はダライラマ五世の母親の家（ルカン氏族）に信奉されており、もともとルカン氏族とは親密であったため、その影響力は大きかったと考えられる。ダライラマ五世は自伝の中でもターラナータに多く言及しており、彼はチベットで死去したと述べている。モンゴルにおいて、ターラナータの布教やジェプツンダムパの転生という事象がなぜ生じたのかは今後の研究をまたねばならない。

## 訳注

〔1〕　コーサラ国のジェータ太子の所有していた園林。長者スダッタが譲り受け、祇園精舎を建てて釈迦に献じた。

〔2〕　有名な仏教論理学者のダルマキールティとは別人で、セルリンパと通称されるが、タムパ・サンギェーが実際会ったかどうかは疑わしい。

〔3〕　これはチベット人が、タムパ・サンギェーをインドから五台山に巡礼し『仏頂尊勝陀羅尼』を伝えた仏陀波利三蔵と混同したものと考えられる。

〔4〕　王森も本章4. その他の教派で、その可能性を示唆しているが、チョナン・チョクレーナムギェル（1306 ～ 1386）とポトンパ・チョクレーナムギェル（1376 ～ 1451）は、生存時代が相前後しているため、しばしば混同されてきた。だが最近の研究で別人であることが判明した。なおポドンパの全集が、チベットハウス（ニューデリー）から刊行されている。

# 第8章 ゲルク派（黄教）

ゲルク派（dge-lugs-pa）はツォンカパに始まる。ツォンカパ（tsong-kha-pa：1357～1419）は本名をロサンタクペーペル（blo-bzang-grags-pa'i-dpal：通称ロサンタクパ）といい、青海省西寧近くに生まれた。父の名はルブムゲ（klu-'bum-dge）で、元末にはダルハチ〔元代の重要官職。征服地支配のためのさまざまな職務を担当した〕を務めていたという。ツォンカパは7歳（1363）で出家し、カダム派の著名な僧トゥントゥプリンチェン（don-grub-rin-chen）から10年ほど顕密の教えを受け、16歳（1372）のとき、さらに学問を深めるためウー・ツァンへと向かった（アムド地区のチベット僧は、学問を深めたいと思えばウー・ツァンへ向かうのが常であった）。翌年前チベットに入ってから29歳（1385）で比丘戒を受けるまで、顕教の論書を中心に、その他機会があれば密教や医方明、声明なども学んだ。この間、彼はカダム派の寺院に最も長く滞在したが、顕教分野で最も影響を受けたのはサキャ派のレンダワ（red-mda'-ba）である。ツォンカパは、当時流行の重要論書を学び終えるたびにさまざまな寺院で宗教的な問答をおこない、徐々にその名を挙げていった。比丘戒を受けて以降は主に密教やその注疏を学び、場所を選んで修行し、さらに師や友人を訪ねては疑問の解消に努めたという。布教や著作を始めたのもこの頃からである。1393年から98年にかけ、その思想は徐々に成熟していった。彼はカダム派のシュン派とダムガク派それぞれの著名な僧からカダム派の教えを深く学んだ。そしてカダム派の教えに自身の顕密の知識を加え、体系的にまとめ上げていった。それはチベットに伝わった顕密の教えを、実践と修証をもとに整然と系統立てたものであった。またこの時期、ツォンカパは社会に向けた宗教活動をはじめた。1399年から1409年にかけては、主に宗教的な社会活動にたずさわっている。顕教や密教について解き明かした著作を著し、それはチベットにおけるあらゆる仏教体系における重要な作品となった。また小乗、大乗、顕教、密教の戒律を積極的に宣伝し、僧は顕密を問わず戒律を厳守する必要があると強く訴えた。ツォンカパとその弟子たちによるこれら活動の一切を支えたのは、闡化王タクパギェンツェンとその重臣たちである。1409年、ツォンカパはタクパギェンツェンの支援のもと、ラサのチョカンで大規模な祈願祭を開催した。これこそ500年にわたり連綿と続くラサのムンラム・チェンモ（smon-lam-chen-mo：大祈願祭）の始まりであった。法会が終了したあと、ラサ郊外にガンデン寺（dga'-ldan-rnam-par-rgyal-ba'i-gling：兜率天の意）が建立された。以来ツォンカパとその弟子たちはガンデン寺に居を定めたため、彼らのことをガンデンペー・ルク、略してガルク派（dga'-lugs）と称したが、変音によってゲルクと発音するようになり、後に綴り字も改めてゲルク（dge-lugs）と書くようになった。後世の人々は、後のチベット語の書法から善規派とも意訳している。また黄色い帽子を着用したことから黄帽派（zhva-ser-pa：略称は黄教）とも呼ばれている。ツォンカパはその晩年（1409～1419）に至るまで宗教活動と著述に力を注いだ。彼の重要な経典注疏数点は、主にこの時期に執筆されている。1419年チベット暦10月25日に世を去った。

ツォンカパは宗教改革者としてチベット仏教史上に名を残した。彼の創設したゲルク派はチベットとモンゴルの歴史に大きな影響を与えており、サキャ、カギュー、ニンマといった各教派も、程度の差こそあれ、それぞれゲルク派の影響を受けて本来の性格を変化させている。その意味でチベット仏教史上におけるツォンカパの存在は極めて大きい。ツォンカパの改革は当時の一部教派の僧に見られた特権の享受、農奴の専有、利権の追求、淫靡な生活、人民への虐待といった行為に対する強烈な不満がもととなっており、一仏教徒としてその社会的影響と僧の名誉を守ろうとしたのであった。ツォンカパは仏教経典を根拠に戒律を遵守して顕密の関係を宣伝、仏教を学ぶ課程などについての規定を定めた。そしてそれらにもとづいた僧の生活規定や寺院の組織体制、僧の学問過程、物事の是非の規準なども制定している。これらの手法は奏功し、チベット仏教世界で尊ばれる経典はすべて明確に解釈され、またツォンカパ自身の仏典への造詣の深さが公に認められることにもなり、ツォンカパへの尊敬の念はいや増したのであった。そのため利を求め、享受をむさぼり、人を顧みず利を求めるような僧が声高に反対することはできなかった。さらに重要なことは、彼の背後に当時ウー・ツァンの大部分を支配下においていた闡化王タクパギェンツェン（1374 ～ 1432）及びその有力な配下の支持と、学問品性共に優れた著名な僧たちの大きな賛助があったことである。それらによってツォンカパの宗教改革は順調に進み、成果を上げることができたのであった。当時のチベット社会の良き仏教徒にとって、これらの改革は仏教の純潔性を恢復する行為であった。そのため、ツォンカパがこれらの一連の改革はカダム派を継承する行為である、とすると、カダム派の僧は先を争ってゲルク派に改宗、ゲルク派はその豊かな基礎となる膨大な数の所属寺院を手に入れることになった。当時の統治者にとってツォンカパの教えは、人々が分を守り、上の者を尊敬して下の者を慈しむ、つまり粛々としてその支配を受け入れる最良の模範であった。タクパギェンツェンはツォンカパを師として自身の甥や継承者に比丘戒を受けさせ、また支配下にある僧に大規模な法会を開催させて、ツォンカパが講話できる場を設けた。そして 1409 年のチベット暦新年、巨額を費やして各教派の僧を集め、ツォンカパを主催者としてラサのチョカンでおこなわれたのがムンラム・チェンモであった。ムンラム・チェンモではツォンカパを主催者にすえ、多くの僧の前で経を講じさせた。これらの行動を見ると、タクパギェンツェンはツォンカパの名声を高めさせた上で、最終的にツォンカパをチベット仏教の教派を越えたトップに据えようとしたのではないかと思われる。ツォンカパの宗教改革の影響が広まると共に、ゲルク派の優位も確立されつつあった。ツォンカパの仏教理解が他教派に影響を与え、基本的な点で思想の一致を見ることができるとすれば、パクモドゥ派にとっては願ってもない状況となると考えたのであろう。タクパギェンツェンの死後も、パクモドゥ派の継承者や配下の貴族たちによってゲルク派への支援は続けられた（ツォンカパ及び彼の宗教改革とその社会背景については本書付録 1. ツォンカパ伝論を参照のこと）。

ガンデン寺の建立から 7 年後の 1416 年、弟子のタシーペンデン（bkra-shis-dpal-ldan：1379 ～ 1449、通称ジャムヤン・チュージェ 'jam-dbyang-chos-rje）はラサ市郊外にペンデン・デープン・チョクタムチェーレー・ナムパルギェルウェーリン寺（dpal-ldan-'bras-spungs-phyogs-thams-cad-las-rnam-par-rgyal-ba'i-gling：

吉祥米聚十方尊勝洲、略称デープン寺）を建立した。9年後の1418年には別の弟子シャーキャイェシェー（shā-kya-ye-shes：1352～1435、明の宣徳九年（1434）に大慈法王に封ぜられた）が中国からもたらした資財をもとに、ラサ北郊にセラ・テクチェンリン寺（se-ra-theg-chen-gling：セラ大乗洲、略称セラ寺）を建立している。両寺院とも闡化王の配下から支援を受けている。デープン寺、セラ寺及びツォンカパ自身が建立したガンデン寺は、ツォンカパの生前建立された寺院としては当初から規模が極めて大きく、前チベットにおけるゲルク派の代表的な寺院として三大寺と称されている。これらの寺院はツォンカパの教えを伝えると共にゲルク派寺院のケンポ（mkhan-po：サンスクリット upādhyāya の訳で和尚の意）養成のための場所でもあった。ケンポは経を講じ、戒を授ける法師（古代中国においても和尚は同様の意味があり、また親教師とも意訳される。通称は住持）であり、指導者でもある。この後ゲルク派においては主たる寺と支寺との密接な関係が形成され、師への報恩を非常に重視するようになった。ツォンカパが世を去った後、ガンデン寺は弟子のタルマリンチェン（dar-ma-rin-chen：1364～1432、通称ギェルツァプジェ rgyal-tshab-rje）が継承し、二代目のガンデンティパ（dga'-ldan-khri-pa：初代はツォンカパ）となった。以降、ガンデン寺では仏教を最もよく修めた者がティパの地位に就き、ツォンカパの伝えた各種規範も他の寺院より長く保たれた。

三大寺のうち、デープン寺の発展は最も速く、ツォンカパ円寂後のムンラム・チェンモはデープン寺を建立したタシーペンデンによって継承された。タシーペンデンはサムイェー地方の富豪の出で、その父親は毘沙門天（Vaiśravaṇa：チベット人は毘沙門天を財神とする）の化身とも言われていた。幼少時にツェタン寺（パクモドゥ派の直接支配の下にあった大寺院）で出家、サンプ寺、キョルモルン寺（skyor-mo-lung）等で学んだ。その後ツェタン寺へ戻って席次を管理する仕事に就いたあと、ツォンカパより比丘戒を受けている。タシーペンデンはネドンのゾンプン、ナムカサンポ（nam-mkha'-bzang-po）と極めて仲のよい友人であった。タシーペンデンはツォンカパ門下で経典を最も多く、また最も正確に諳んじていることで知られたが、学問を深く修めていたとはいえなかった。デープン寺を建立したときはナムカサンポを施主にすえたが、タシーペンデン自身はわずか38歳で、学問の面でも声望の面でもタルマリンチェンやゲレクペルサン（dge-legs-dpal-bzang：1385～1438、ケートゥプジェ mkhas-grub-rje とも。ツォンカパの高弟）にはるかに及ばなかった。ナムカサンポが彼を支持したのはタシーペンデンとパクモドゥ集団との親密な関係によるものであろう（タシーペンデンはツェタン寺で執事僧を務めた際、パクモドゥ政権のラン氏首脳と関わりをもつようになった。ツォンカパは当地出身者ではない）。ラン氏の一族とネドンのゾンプンもタシーペンデンを支持していたため、パクモドゥ派の他の貴族たちもまた資金援助をおこなった。土地を提供、農奴を寺の財産とし、自身の師弟をデープン寺の僧として学ばせている。その後富裕な商人や農奴主らも彼らの行動にならいはじめたため、デープン寺は貴族や富裕層の師弟が集中する学堂として急成長したのであった。発展の理由の一つとしてタシーペンデンが設立した7つのタツァン（grva-tshang：1. ゴマン sgo-mang　2. ロセルリン blo-gsal-gling　3. デヤン bde-yang　4. シャクコル shag-skor　5. トゥーサムリン thos-bsam-gling　6. ドゥルワ 'dul-ba　7. ガクパ sngags-pa、パクモドゥ派衰退以降は合併等で4つになった）の存在がある。またもう一つの理由として、他のゲルク派寺院にくらべ、デープン寺とパクモドゥ派がより密接な関係を構築していたことが挙げられよう。デープン寺の名声と実力はガンデン、セラ両寺を凌駕し、ゲルク派の中でも学問を求める僧はデープン寺に集中した。こうして、ゲルク派内の指導権はデープン寺首脳の手に渡りつつあった。

1447年、ツォンカパの弟子ゲンドゥントゥプ（dge-'dun-grub：1391～1474、後世追認されたダライラマ一世）は、後チベットのシガツェ近郊にタシールンポ寺（bkra-shis-lhun-po：タシールンポ寺と前述の三大寺を合わせ、中央チベットの四大寺という）を建立した。これはパクモドゥ派の貴族ペンジョルサンポ（dpal-'byor-bzang-po：チョンギェー貴族出身で、当時はシガツェのゾンプンであった）が施主となったもので、後チベットにおけるゲルク派発展の重要な足がかりとなった。ゲンドゥントゥプは後チベットのサキャ近郊で牧場主の家庭に生まれた。生後間もなくして生家は没落、幼いときから両親を助けて羊の放牧をしたという。ナルタン寺（snar-thang）で出家、20歳（1404）で比丘戒を受けた後、25歳（1409）で前チベットに出た。この頃ウー・ツァンの著名寺院を歴遊し、弁論に参加して評判を得ている。1415年にはツォンカパに面識を得て、その弟子となった。ツォンカパ円寂の後はシェーラプセンゲ（shes-rab-seng-ge：ツォンカパの重要な弟子、密教に長じた）について後チベットに赴き、各地で布教をおこない、弟子もつくようになった。その後もタルマリンチェンやゲレクペルサンに密教を学び、多くの著作がある。タシールンポ寺建立後、ゲンドゥントゥプは寺のティパを20年勤めて世を去った。ティパは弟子によって継承されていたが、1485年、寺の上位ラマたちはゲンドゥンギャムツォ少年をタシールンポ寺に迎えたのであった。

ゲンドゥンギャムツォ（dge-'dun-rgya-mtsho：1475～1542、後世追認されたダライラマ二世）はシガツェ西北のタナク地方（rta-nag）に生まれた。幼いときから父にニンマ派密教の教えを受けたという。11歳（1485）のときタシールンポ寺に入り、翌年ルンリクギャムツォ（lung-rigs-rgya-mtsho）から優婆塞戒を受け、ゲンドゥンギャムツォ・ペルサンポ（dge-'dun-rgya-mtsho-dpal-bzang-po：略称ゲンドゥンギャムツォ）という名を授かった。同年出家し、沙弥戒も受けている。タシールンポ寺のケンポと意見が合わず、1494年に要請をうけてデープン寺へ入り、翌年比丘戒を受けた。この時期、後チベットのリンプンパ（rin-spungs-pa）勢力が強大になりつつあったが、リンプンパはカルマ・カギュー派と結託、ゲルク派を敵視していた。1481年、カルマ・カギュー派はラサ近郊に2寺院を建立（黒帽系と紅帽系）してデープン、セラ両寺の勢力を牽制、ゲルク派の僧がカギュー派の僧と出会った際には、必ず敬意を示すべしという規定をつくった。またリンプンパがラサを制圧した後の1498年から1517年にかけては、ムンラム・チェンモにおいてセラ、デープン両寺院の僧の参加が禁じられた。両寺院の僧は主催者をつとめていたが、こちらもサンプ寺あるいはカギュー派の僧に改められた。この間、ゲンドゥンギャムツォはデープン寺を離れてウルカ（この宗のゾンプンはみなツォンカパ在世時から一貫してゲルク派の支持者であった）へ避難している。1509年、ギェル・メトクタン地方（rgyal-me-tog-thang）にチュンコルギェル寺（chos-'khor-rgyal：後にこの寺院はゲンドゥンギャムツォが夏と秋に錫を置く場所となった）を建立した。1512年、タシールンポ寺に戻り、ケンポに就任した。1517年にはパクモドゥ派が勢力を回復、ラサからリンプンパを駆逐したため、ゲンドゥンギャムツォもデープン寺に戻ってケンポに就任しており、その翌年にはムンラム・チェンモの主催権も復活し、セラ、デープン両寺の僧が再度参加できるようになっている。1526年にセラ寺のケンポも兼任することになったゲンドゥンギャムツォは、事実上ゲルク派の頂点に立った。ゲンドゥンギャムツォは1530年頃にデープン寺の西南角にガンデン・ポタン（dga'-ldan-pho-brang：ここはダライラマ五世がポタラ宮を建立する以前、歴代ダライラマの住居となっていた）を建立し、またおそらく同じ頃にデパ（sde-pa）を創設、寺院所属の荘園や農奴の管理など一切の事務を担当させている。1537年、ディクン寺がガンデン寺を攻撃した。ディクンの兵はウルカの地方勢力の伏兵に遭って敗退したものの、ゲルク派所属の18寺院に迫り、武力でディクン・カギュー派へと改宗させている。その後1541年にグゲ王の援助のもとで山南ツェタンの東北、ツァンポ河以北にガリー・タツァンを設立した。さまざまなことを成し遂げて、ゲンドゥンギャムツォは1542年円寂した。

15世紀から16世紀のチベットの歴史状況について、はっきりしたことはわかっていない。わずかに残る史料によれば、1435年以降、リンプン家の2人は後チベットのリンプン宗とサムトゥプツェ（bsam-'grub-rtse：今日のシガツェ）にそれぞれ拠点を置いていた。リンプンパはパクモドゥ派に臣属していたものの、事実上の独立割拠勢力であった。1458年パクモドゥのラン氏一族が内輪もめを起こし、南北で争って弱体化した。リンプン家は1474年ヤルギャプ地方（yar-rgyab）で独立、1481年にはカルマ・カギューの黒帽系七世の求めに応じて出兵し、パクモドゥ派を撃ち破った。カルマ・カギュー派はリンプン派の力を頼みにゲルク派の制圧を目論んでさまざまな行動を起こしており、その一つがムンラム・チェンモからのゲルク派締め出しであった。このとき、ゲルク派はムンラム・チェンモに20年間参加することができず、経済面だけでなく社会的にも大きな打撃をこうむったが、パクモドゥ派の勢力回復によってようやく情勢転換をむかえている。ゲルク派はその初期においてパクモドゥ派の支援を受けており、三大寺は僧俗を問わず人々を“教育”することでパクモドゥ派の封建的統治を支えていた。しかしパクモドゥ派が衰退し、リンプン派とカルマ・カギューが結託して勢力が増してくると、旧来の方法での発展が困難になった。そのためパクモドゥ派とある程度の関係を保ちつつ、別の方法で勢力を高める必要に迫られたのである。三大寺の建立以降、各地に散在していたカダム派寺院はそのほとんどがゲルク派に改宗して三大寺の所属となっていたが、ゲルク派はその後もさまざまな手段を用いてウー・ツァンの旧寺院の復旧や新寺院の建立をおこなった。ゲルク派寺院は急増して一個の実力集団を形成、自立に足る力を蓄えていった（主な寺院にはたいてい荘園があり、農奴も所属していたのでそこには一種の経済関係が成立していた。これは封建社会において形成される勢力集団の構図である）。支持勢力の弱体化により打撃を受けていたとはいえ、ゲルク派の状況は“百足は死んでも倒れない（力あるものは倒れてもその影響を残す）”であり、寺院の利益はその属寺の発展や、権力基盤の確保のため利用された。しかし政治面、教派面における敵対勢力との戦いにも力を注がねばならず、ラサから遠いガンデン寺はなおツォンカパの定めを保持していたものの、比較的ラサに近いデープン寺とセラ寺は争いの矢面に立たされることになり、より勢力強化をはかる必要に迫られた。そこで求められたのが安定した統治システムの構築である。デープン、セラ両寺院の僧たちは、彼らの指導者が転生し、継承されるという制度をついに採用するに至る。この方法によって安定した指導集団が成立し、転生者の名をもって社会活動をおこなえるため、寺院にとっては有効であった。また内部における権力闘争を避けることもできる。継承される人物の名は一つであり、その社会関係は名分〔名義、身分、地位などのこと〕、言葉とも正しく継承される。転生者はその身分も世俗の貴族以上とされたため、貴族との対応にも便利であった（カルマ・カギューの黒帽系、紅帽系に例がある）。当時ゲンドゥンギャムツォはゲンドゥントゥプの転生者とされたが、これには歴史的背景と共に、当時のゲルク派の状況によって決定されたものであろう。ゲンドゥンギャムツォはかつて前後チベットを遊行して多くの門徒を惹きつけ、少なからぬ数の寺院を復興させると共に自身も寺院を建立した。当時の政治状況はゲルク派にとって決して有利な情勢ではなかったが、その晩年、ガンデン・ポタンが建立され、寺院を管理するデパが創設されたことは、ゲルク派、特にデープン寺の経済状況が徐々に向上していたことを示している。彼の死後、転生制度はよりはっきりした形でおこなわれるようになった。

ゲンドゥンギャムツォの次の転生者は、名をスーナムギャムツォ（bsod-nams-rgya-mtsho：1543～1588）といった。ラサ西北、トゥールン地方（stod-lung）の貴族の出で、一家はマ・リンチェンチョク（チベット最初の出家者7人のうちの1人）の後裔を自称、母親はパクモドゥ派配下の役人の出であった。スーナムギャムツォが転生者として認定された背景には、ゲルク派とパクモドゥ地方政権との関係強化という意図があると思われる。1546年、デープン寺のラマたちは厳かな儀式をもってこの4歳の子供を迎えた。子供はケンポ、スーナムタクパ（bsod-nams-grags-pa）から優婆塞戒を受け、スーナムギャムツォという名を与えられて学問を始めることになった。1549年、スーナムギャムツォ7歳の折、出家儀式がおこなわれ、同じくスーナムタクパから沙弥戒を受けた。そして10歳になって正式にデープン寺のケンポを継承したのであった。翌年の正月、ムンラム・チェンモが開催された際には、スーナムギャムツォはこの法会の名義上の主催者となって『仏本生経』を講じたが、その後ウー・ツァン各地を遊学している。1558年にはセラ寺のケンポを兼任し、22歳（1564）で比丘戒を受けた。その後も周辺地域を遊行しながら布教をおこなっている。

8～9世紀以来、青海湖付近の肥沃な大地ではチベット人が放牧をおこなってきたが、16世紀の初め頃になるとモンゴル人が入殖をはじめるようになった。1559年、モンゴル、トゥメト部のアルタン・ハーン（1507～1583）は部族を率いて青海付近に進出した。彼は明の隆慶帝から順義王に封ぜられて（1571）オイラート（モンゴル族）に西征したが、敗退して青海湖畔に寄ったのである。部下の間には厭戦の気分が充満し、当地のチベット人の間にも不穏な空気が流れていた。アルタン・ハーンは順義王に封ぜられて以来仏教に心を寄せており、明に対しチベット僧、チベットの経典、仏像などをたびたび求めていた。アルタン・ハーンはオイラート攻めを後悔し、セチェン・ホンタイジの勧告を容れて仏教を用いた統治をしようと考えていた。そのため使者を派遣し、スーナムギャムツォに会見を要請したのであった。スーナムギャムツォは即答を避け、まず僧を派遣して状況を探らせた。そして1576年、アルタン・ハーンから再度の要請を受けた後、ようやく青海に向かった。1577年11月にデープン寺を発ったスーナムギャムツォは、翌年5月に青海湖畔の仰華寺（青海湖東にある寺院。アルタン・ハーンの子ビントゥにより1574年建立。寺院名の仰華は明万暦帝から）でアルタン・ハーンと会見を果たした。彼らはフビライとパクパの事象を回顧したという。スーナムギャムツォは過去のチベット僧が用いた方法を踏襲し、モンゴル貴族における婦人の殉死廃止や、親族の供養のため“旅費”として大量の家畜を屠るといった遅れた習俗の廃止を申し出た。これらの申し出は客観的にみて牧畜生産の面で有益であり、モンゴルの統治者及び民衆にとっても恩恵の大きなものであったため、モンゴル人から非常な好感をもって迎えられた。アルタン・ハーン側の大々的な宣伝もあって、ゲルク派はモンゴル統治者の崇拝対象となり、モンゴル人の中へ徐々に浸透、拡大していった。スーナムギャムツォはモンゴルの統治者にシャーマニズム信仰を捨てさせようとした。特にオンゴット〔精霊〕を祀っている所ではその像を毀して仏像とし、供え物もかつての生け贄から乳製品や線香、花などに代えるよう規定させて、宗教儀式のうえでもモンゴル人の仏教信仰を確固たるものにしようとした。会見の際、スーナムギャムツォとアルタン・ハーンは互いに尊号を贈りあった。スーナムギャムツォからアルタン・ハーンへは“咱克喇瓦爾第徹辰汗”（チャクラヴァルティ・セチェン・ハーン。咱克喇瓦爾第はサンスクリットのcakravartiの音訳、仏教経典に登場する古代インドの極めて力のある王の尊号で転輪王の意。インド全土を統一しうる王を転金輪王あるいは転輪王と称する。徹辰汗は聡叡なハーンの意で、元のフビライもかつてこう称されたため、モンゴル・ハーンはこの称号を極めて重視する）を、アルタン・ハーンからスーナムギャムツォへは“聖識一切瓦斉爾達喇達頼喇嘛”との尊号が贈られた(1)。ここからスーナムギャムツォとその転生者たちはダライラマという称号を称することになる。彼はゲンドゥンギャムツォを二世、ゲンドゥントゥプを一世のダライラマとして追認し、自身を三世とした。その後彼の転生者は、みなダライラマの名称を用いている。

スーナムギャムツォとアルタン・ハーンが互いに尊号を贈りあうと、スーナムギャムツォはケンポ（mkhan-po：ここでいうケンポは受戒儀式で中心となる僧の名称）として伝戒の法会を開催し、1000人になんなんとするモンゴル人に戒を授けた。トンコル・フトゥクトゥ一世（stong-'khor）及びモンゴル貴族の一部はこの法会で比丘戒を受けている。スーナムギャムツォはアルタン・ハーンに同行してトゥメトへ向かったが、途中ツォンカへ立ち寄った際、ツォンカパ生誕の地にある塔（ツォンカパの生誕地として、先人が塔を建立していた）の傍らに顕教を主とする寺院を建立している（この寺院が後にタール寺 sku-'bum-byams-pa-gling に発展した）。また甘州を通過した際には弟子である闡化王ガクワンタシータクパ（ngag-dbang-bkra-shis-grags-pa）と共に派遣した僧官がアルタン・ハーンの意見を容れて、明へ馬等を進貢している。その際、ダライラマ三世は当時宰輔であった張居正に書を認め、以降の定期的な進貢の許可を求めた。書簡では、かつてダライラマがアルタン・ハーンに対しトゥメトの地を明に返還するよう勧めたことも示して明に忠誠を誓っており、結果明はその進貢を許可したのであった。トゥメト到着後、アルタン・ハーンはこの地に大規模な寺院を建立、テクチェン・チュンコルリン（大乗法輪洲）と名づけた。これはモンゴル地区最初のゲルク派寺院となり、その後も各地に多くのゲルク派寺院が建立された。スーナムギャムツォは雲南麗江の土知府木氏の要請を受けて西カム南方へ向かった。雲南出発前には、一人の僧を彼の代理とし、モンゴル地区におけるゲルク派寺院の教務を担当させている。1580年にはリタン、パタン一帯（当時は麗江・木氏の管理下にあった）に入り、リタンにガンデン・トゥプテン・チョクタムチェーレー・ナムパルギェルウェーデ（dga'-ldan-thub-bstan-phyogs-thams-cad-las-rnam-par-rgyal-ba'i-sde：リタン寺。大慈十方尊勝寺、チャムチェン・チュンコルリン byams-chen-chos-skor-gling とも）を建立した。その後2年にわたってマルカムやタクヤプなどの地を歴訪し、最終的にはチャムドのチャムド・チャムパリン寺（chab-mdo-byams-pa-gling：ツォンカパの孫弟子建立の寺院）にたどり着いた。寺の僧はダライラマ三世に対し、名誉ケンポ就任を請うたという。ダライラマ三世は他にも要請に応じて複数の寺院を訪ねている。ダライラマが長期間デープン寺を離れてまで各地を歴訪したのは、一つにはゲルク派の勢力拡大を目指したこと、もう一つは後チベットのツァン・デパが前チベット征服を狙ってデープン、セラ両寺と共に弱体化しているパクモドゥの闡化王に狙いを定めていたためであろう。ダライラマ三世にはパクモドゥの闡化王ガクワンタシータクパ（ダライラマ三世を師としていた）及び配下のチョンギェーパからの支持があり、明帝室への進貢も許可されていた（明の制度では、国師以下は入貢を許可されなかった。ダライラマの進貢を受け入れていたということは、その地位を国師と同等かそれ以上とみなしていたことになる。明への進貢は大きな経済的利益をもたらした）。さらに青海に兵を擁していた（アルタン・ハーンの第二子が駐留）トゥメトなどからも支持されており、ダライラマ三世自身の声望は極めて大きかった。『明史』巻331にはダライラマ三世の記述として“異術有リテ能ク人ヲ服セシム、諸番其ノ教ニ従ガハザル莫シ、即チ大宝法王及ビ闡化諸王、亦タ皆首ヲ俯ヒテ弟子ヲ称ス。是ヨリ西方止ダ此ノ僧ヲ知奉シ、諸番王徒ニ虚位ヲ擁シテ、復タ其ノ号令ヲ施ス能ワズ”とあり、誇張も含まれているとはいえ、当時のダライラマ三世の人気の高さがうかがえよう。

アルタン・ハーンは1583年に世を去り、スーナムギャムツォはモンゴル各部のハーンと共にその会葬に招かれた。スーナムギャムツォは1583年から1586年にかけて、タール寺や大慈法王建立の寺院や臨洮等を歴訪しながらフフホトに至った。その道中でもモンゴルの各部落で布教をおこなって各部ハーンの信頼を得ていき、中には出家に至った者もいたという。1587年、スーナムギャムツォはアルタン・ハーンの葬式に参列、説法をおこなったため、そこでもゲルク派を信奉するハーンが多く出た。またこの年、明から“朶児只唱”に封ぜられて（『明實録』記載。チベット語のドルジェチャンの古い訳で、すなわち前述の瓦斉爾達喇と同様vajradharaの意である）、勅印を賜り、北京へ招かれている。このとき、同時にモンゴル・チャハル部のハーンからも招かれていたため、スーナムギャムツォはチャハルを経由して北京へ行く計画を立てたが、1588年3月、途中のカウトゥミという場所で円寂した。

アルタン・ハーンがスーナムギャムツォを招いたことによりモンゴルにゲルク派が伝わり、カギュー派やサキャ派など、それぞれ異なる教派を信奉していた漠北、漠南各部のハーンたちは、相次いでゲルク派に改宗した。かつてのカギュー派やサキャ派の僧との関係から、依然信仰を堅持するハーンもいたが、その多くはゲルク派への改宗を果たしている。あるハーンは自身の民にまでゲルク派を信奉するよう強制し、反対する者はゲルや家畜などそのすべてを没収したという。このような現象は、ハーンがその統治を強固なものとするため、ゲルク派が有効であるとみなしたためだといえよう。客観的にみても、ゲルク派はシャーマニズムに比べて封建経済態勢の維持に向いており、殺生や戦いを戒めるという点においても、多くの生け贄を死者に“行糧”として捧げるというような遅れた習俗などはなく、遊牧経済の発展に有効である。こうしてモンゴルの多くの民衆がゲルク派を受け入れていった。モンゴル民衆の中にゲルク派が浸透していったことで、ハーンたちは自身の信仰に十分な“見返り”があったと感じたことだろう。貴族の子弟からも次々に出家者が出て、多くはウー・ツァンに向かった。すでに貴族ラマはかなりの数にのぼっており、モンゴルの封建階級制度も宗教界の思惑を自然と反映するようになった。当時転生ラマは1．フトゥクトゥ、2．ノモンハーン、3．シャプドゥン、4．フビルガンの4段階に分類されており、その待遇はモンゴル社会のタイジ、ザイサンなど世俗の官職にもとづき規定された（シューマン『ダライラマ伝』参照）。このような格づけは清の用いるところともなり、その後モンゴルやチベット各地のチベット仏教各派でも利用された。上位ラマ、特に転生ラマたちは袈裟をまとった貴族となり、精神面においてはモンゴル人を支配し、その親族が政治を掌握、経済的には搾取に手を貸した。広大なモンゴルにおいて、上下を問わずゲルク派を信奉したという史実は、その後の歴史、特にモンゴルとチベットの歴史に重大な影響を及ぼした。

スーナムギャムツォがトゥメトを離れるより以前から、モンゴル人は転生者がモンゴルに現れることを求めていたという。おそらくゲルク派の上層部が転生制度を利用してモンゴルのハーンとのより強い関係を望んだ、というのが実際であろう。それはモンゴル人のゲルク派信仰の強化にもつながるものであった。当時ウー・ツァン地区ではツァン・デパ－カルマ派連合対パクモドゥ派－ゲルク派連合という争いが日々激化しており、モンゴルでの地盤の確立は極めて重要な問題であった。1589年、アルタン・ハーンの孫が一子を得、デープン寺のラマはその赤ん坊がスーナムギャムツォの転生者であるとした。1592年、三大寺院はすでに引退したガンデンティパのギェルカンツェワ・ペンジョルギャムツォ（rgyal-khang-rtse-ba-dpal-'byor-rgya-mtsho：1589～1616[1]）を長とするラマの一団をフフホトに派遣、アルタン・ハーンの曾孫であるその子供を転生者として正式に認定し、ユンテンギャムツォ（yon-tan-rgya-mtsho：1589～1616）と名をつけた[2]。1602年、三大寺院は再度モンゴルに使者を派遣して、モンゴル軍に護衛されたユンテンギャムツォをチベットに迎え入れ、翌年レディン寺でダライラマの法座につくよう請うた。ダライラマ四世である。ユンテンギャムツォはデープン寺に入り、当時のガンデンティパを師として出家の儀式をおこない、沙弥戒を受けた。1607年にはタシールンポ寺へ赴いて住持ロサンチューキギェンツェン（blo-bzang-chos-kyi-rgyal-mtshan：清に封ぜられたパンチェンラマ四世）に師事している。

1610年、シガツェのツァン・デパ（gtsang-stod-rgyal-po）がラサを攻撃したが、ダライラマ四世を護衛しているモンゴル軍を恐れて、そのまま後チベットへ退却した。1614年、ユンテンギャムツォはロサンチューキギェンツェンをデープン寺へ招いて比丘戒を受け、その後デープン寺とセラ寺のケンポに就任したが、1616年末、デープン寺で円寂した。ある史料によれば、ツァン・デパが刺客を放ったためという。当時ツァン・デパは重病を煩っていたが、ある者が病はダライラマ四世の呪詛のせいだと言ったために四世を殺し、転生を禁じたのだという。しかしツァン・デパの病はダライラマ四世の死によっても好転せず、ロサンチューキギェンツェンの治療によりようやく快復に向かった。ロサンはダライラマの転生の許可を請うた。こうしてデープン寺上層ラマは、山南の貴族チョンギェーパ（'phyongs-rgyas-pa）家中においてダライラマ五世ガクワンロサンギャムツォ（ngag-dbang-blo-bzang-rgya-mtsho：1617～1682）を認定したのであった。

ダライラマ四世のチベット滞在時から五世の前半期にかけての40～50年間、チベットでは僧俗の領主と、彼らが引き入れた青海モンゴルとの間で闘争が続き、混乱のただ中にあった。アルタン・ハーンがダライラマ三世を招聘し、彼の曾孫がダライラマ四世になったことが現在の複雑化の序章だったといえる。後にはハルハ・モンゴルのチョクトゥ・ホンタイジ、オイラート・モンゴル、ホシュート部落のグシ・ハーンなども参入、1642年、グシ・ハーンがすべてのチベット地区を制圧するまでこの混乱は続いた。

1578年、アルタン・ハーンは青海からトゥメトへ行き、ダライラマ三世はその翌年、トゥメトから西カムへ向かった。その際、アルタン・ハーンは家臣のコリチチェン（kho-li-chi-cheng）[(3)]、ホンタイジ、ラツン、ダイチンバートゥル等を青海に留め置き、ダライラマ三世もトンコル・ユンテンギャムツォらをモンゴル地区に止めて通常の連携を保っていた。後にダライラマ四世がチベット入りしたときにはこのコリチチェンが他のモンゴル首領と共にダライラマを護送し、デシー・キーシューパ（sde-srid-skyid-shod-pa）及びデープン、セラ両寺院の首脳が出迎えている。ダライラマ四世がラサに到着した後、モンゴル軍とキーシューパのチベット兵がツァン・デパのカルマ・プンツォクナムギェル（karma-phun-tshogs-rnam-rgyal：1586～1621?）と一戦交えた。最初はモンゴル兵が勝利を収めたものの、その後キーシューパの兵がセラ、デープンの僧兵と内輪もめしたため、その隙を縫って、ツァン・デパの兵がセラ、デープンの兵を攻撃、ラサ河下流の宗4か所を占領し、キーシューパは青海へ逃走してしまった。その後タクルン派の仲裁によってセラ、デープン両寺は罰金を支払い、紛争は終息したのであった。1612年、ツァン・デパのプンツォクナムギェルが後チベット全域を支配下に収め、1618年には前チベットの大部分をも手中に収めるに至り、その勢力はいや増した。1621年、プンツォクナムギェルの子カルマ・テンキョンワンポ（karma-bstan-skyong-dbang-po：1606～1642）は16歳でツァン・デパの地位を継承した。この1年、青海のラツン（lha-btsun：王族出身の僧をチベット人はラツンと称した。ここで言うラツンはアルタン・ハーンの親族である。名は今後の研究をまちたい）とホンタイジなどトゥメト・モンゴル部の軍2000人余りがラサに侵入、ツァン・デパの軍とギェータンガン（brgyad-thang-sgang）で戦闘をおこなったが、ツァン・デパ側は敗退してチャクポ・リ（lcags-po-ri：漢語では薬王山。ラサのポタラ宮西側にある）まで退却した。タシールンポ寺のロサンチューキギェンツェンとガンデンティパ、タクルン・シャブドゥン（stag-lung-zhab-drung）等の仲裁が入り、ガンデン・ポタンが所有する地を新たに策定し、過去に占領されたセラ、デープン両寺の庄田を返還、前チベットにおいて改宗させられたゲルク派寺院やその所属の農奴はすべてもとに戻すと決められた。ラツンとホンタイジはさらにツァン・デパと交渉し、翌年（1622）にはロサンチューキギェンツェンが中心となってダライラマ五世をデープン寺へ招くことになったのであった。このときゲルク派はモンゴル軍から支持を受けており、勢力は回復しつつあった。ところがその後、ツァン・デパが再び武力で迫り、ダライラマを青海に送るか、それができなければデープン、セラ両寺院を攻め立てると脅したため、ダライラマ五世は一時姿を隠さなければならなかった。この頃、ホンタイジとその弟が諍いを起こし、キーシューパが仲裁に入っている。1630年、ラツンは再度ホンタイジの部落を襲い、ホンタイジ兄弟はマンラ（mang-ra）へと逃げた。翌年、ラツンは世を去った。漠北、漠西のモンゴル・ハーンは青海へ攻め入り、青海に留まっていたトゥメト部は青海中部に移動せざるを得なくなった。それに先立ち、1628年、漠南のチャハル・モンゴルのリンダン・ハーンはその周辺を襲撃しており、人々は争いを避けて漠北へと逃げ去った。漠北モンゴルの各ハーンの間でも紛争が起こっていたが、中でもチョクトゥ・ホンタイジは機に乗じて漠南から青海に至り、青海のトゥメト部等を攻めて青海地区を手中に収めた。チョクトゥ・ホンタイジの一族は代々カルマ・カギューを信奉していたため、青海に入った後はカルマ・カギュー派と連携をとっていた。1635年、チョクトゥ・ホンタイジ親子は紅帽系のラプジャムパ・ラマと組み、そこにツァン・デパが加わった連合がゲルク派を潰滅させるべく、ゲルク派寺院の掠奪をはかった。チョクトゥ・ホンタイジは子のアルスランに万の兵を与えてチベット入りさせている。アルスランは軍を右翼と左翼に分け、1635年の冬にはディクンや後チベット北部に到達した。このとき、ロサンチューキギェンツェンとダライラマのデパ、スーナムラプテン（bsod-nams-rab-brtan：後にスーナムチュンペル bsod-nams-chos-'phel と改名）らは対策を協議し、アルスランに賄賂を贈って当面の危機を脱すると共に、ホシュート部のグシ・ハーンに助けを求めることにしたのであった。

グシ・ハーンの本名はトゥルバイフ（tho-rol-pa'i-hu：1582 〜 1654 または 55）、10歳頃から武勇で名を馳せていた。かつてハルハとオイラート間の紛争を仲裁したことがあり、トンコル・フトゥクトゥとハルハのハーンはグシ・ハーンに大国師の称号を贈った。グシ・ハーンの名はその称号に由来している（グシ・ハーンはすなわち国師・汗が転じたもの。モンゴル人が“国師”の称号を用いる際は聡明、学識ある者の意である）。もともと天山北路で遊牧をおこなっていたが、部族を率いて天山南路に移動、土地が豊かな青海を手に入れようとの念を抱いた。青蔵地区のあらゆる情勢を調べたあと、ゲルク派からの要請を受けて1636年、初めて青海湖畔に至ったのである。大勢のチョクトゥ・ホンタイジに対し、小勢を率いて勝利を得たグシ・ハーンは、チョクトゥ・ホンタイジ及びその配下4万人を捕虜とした後殺害して青海地区を手に入れた。チョクトゥ・ホンタイジの子アルスランはチベットで殺害されており（第6章カギュー派参照）、ここにチョクトゥ・ホンタイジの一族は滅亡した。グシ・ハーンは清と通好を結び、1637年にチベット入りしてパンチェンラマ四世とダライラマ五世に謁見、共同で盛京（現在の瀋陽）に使者を派遣して清の太宗に拝謁させている。当時清の太宗は漠南のモンゴル各部を併合したばかりで、その意気は高かった。パンチェンラマとダライラマは、グシ・ハーンにテンジン・チューキギェルポ（bstan-'dzin-chos-kyi-rgyal-po：略称はテンジンチューギェル bstan-'dzin-chos-rgyal 持教法王の意）の称号を贈っている。青海に戻った後、グシ・ハーンは使者を出してパンチェンラマとダライラマを招いたが、使者からツァン・デパがゲルク派を弾圧している状況を聞き、1639 年兵を率いてチベット入りしたものの、途中でルートを変更して西カムに向かっている。当時西カム、ペリ（be-ri）の土司トゥンユードルジェ（don-yod-rdo-rje）はポン教を信奉しており、仏教徒を迫害していた。グシ・ハーンはトゥンユードルジェを攻めて 1640 年 11 月に殺害、カムの地を征服した。翌年改めてチベットに向かい、1642 年の春にツァン・デパの軍と戈を交えてテンキョンワンポを殺害、前後チベットを手にいれた。甘粛、青海地方及び四川地区、チベット地区をすべて手中に収めて大ハーンとなったグシ・ハーンは、子弟を青海に駐留させ、カム地区の税で青海各部を、前後チベットの税でダライラマを支援すると共にゲルク派の宗教活動の経費とした。こうしてラサに自身の政権を確立したのであった。高級官吏はグシ・ハーン自身によって任命された。中でも重要な役職はデシー（sde-pa あるいは sde-srid）であろう。グシ・ハーンはダライラマのデパ、スーナムラプテンをデシーの任にあてた。ウー・ツァン地区の行政はグシ・ハーンの印と発布を経て、デシーにまわされた。軍もまたすべてグシ・ハーンが掌握した。彼は八旗のモンゴル軍を止め置いてチベットに駐留させたが、彼らは普段ダム地方（'dam-rgya-shog-brgyad：略称ダム、今のダムシュン 'dam-gzhung で旧称はダム八旗）で放牧をして暮らした。前チベットやデルゲ等では 13 もの大寺院を建立している。1653 年、ダライラマ五世は北京で清の順治帝に謁見したが、その帰路、清は再度使者を派遣してグシ・ハーンを遵行文義敏慧顧実汗に封じ、金冊と金印を与えた。その印には満州文字、漢字、モンゴル文字の 3 種の文字が刻印されていたという。これはチベットにおける一政権が当時の中央政府の正式な冊封を受けていたということであり、グシ・ハーンは清に属する臣下の一人となったのである。1654 年、グシ・ハーンはラサで世を去った。ハーンの地位は、子孫のダヤン・ハーン、ダライ・ハーン、ラサン・ハーンに受け継がれていった。

17 世紀前半、ウー・ツァン地方は混乱期にあった。ゲルク派における名義上の領袖はダライラマであるが、四世は早世、五世もまだ若年であったため、実権を握っていたのはロサンチューキギェンツェン（blo-bzang-chos-kyi-rgyal-mtshan：1567～1662）である。ロサンチューキギェンツェンはツァンに生まれ、13歳で出家して沙弥戒を受けた。22歳でラサに出て経を学び、ガンデン寺で経を講じている。34歳（1600）でタシールンポ寺の座主となると、1614年にはデープン寺でダライラマ四世に比丘戒を授けた。1616年、ダライラマ四世の急死によりゲルク派が危機を迎えると、翌1617年、タシールンポ寺の座主を辞してデープン、セラ両寺の座主に就任、ゲルク派の立て直しにとりかかった。彼はかつてツァン・デパの病を治し、それを理由にダライラマの転生承認を取りつけた経緯がある。1622年には、ロサンチューキギェンツェンが中心となり、デープン寺にダライラマ五世が迎えられた。1625年、ロサンチューキギェンツェンはダライラマ五世に沙弥戒を授け、1635年冬にはダライラマのデパ、スーナムラプテンとアルスラン攻略について謀り、グシ・ハーンに使者を出して救援を求めた。1638年、ダライラマ五世に比丘戒を授けたのも彼である。前チベットを制圧したグシ・ハーンは、ロサンを師として尊重しており、1645年には師に対して“パンチェン・ボクド”（パンチェンは大パンディタの意、ボクドは叡智に溢れ勇ましい者に対するモンゴルの尊称）の称号を贈っている。ここから“パンチェン”という称号が用いられるようになった。当時グシ・ハーンとダライラマ五世は再びタシールンポに戻るようロサンチューキギェンツェンに要請しており、後チベットの一部地域をタシールンポ寺の管轄下においている。1647年、パンチェン・ロサンチューキギェンツェンは清の順治帝から“金剛上師”の名号を授かった。1652年、ダライラマは上京したが、その際順治帝はパンチェン・ロサンチューキギェンツェンの上京も求めている。しかし当時86歳のロサンチューキギェンツェンにその行程は耐えがたく、同行は果たされなかった(4)。彼が1662年に世を去った後、ダライラマ五世によってその転生者が選定され、これ以後、ゲルク派に新たな転生ラマが生まれたのであった。一部のチベット人は、ロサンチューキギェンツェンをパンチェン・フトゥクトゥ一世とするが、正式には、彼はパンチェンラマ四世である。ツォンカパの大弟子ケートゥプジェ・ゲレクペルサン（mkhas-grub-rje-dge-leg-dpal-bzang：1385～1438）を一世、スーナムチョクラン（bsod-nams-phyogs-glang：

1439 ～ 1504）を二世、ロサントゥントゥプ（blo-bzang-don-grub：1505 ～ 1566、ウェンサパ dben-sa-pa とも）を三世として追認しているためで、パンチェンラマ四世の転生者としてロサンイェシェー（blo-bzang-ye-shes：1663 ～ 1737）がパンチェンラマ五世と認定された。ロサンイェシェーはダライラマ五世から戒を受けて師事しており、またダライラマ六世と七世の戒師でもあった。これ以降、パンチェンラマとダライラマとは互いに師弟となることが定例となった。1713 年（康熙五十二）、康熙帝はロサンイェシェーをパンチェン・エルデニ（pan-chen-er-te-ni）に封じて金冊と金印を賜り、新たに後チベットの管轄地域を確定し直すよう命じた。こうして中央政府によってパンチェンラマの宗教上の崇高な地位が改めて確定されたのである。金冊と金印には、パンチェンラマの地位を上げ、ダライラマと同等にしようという意図が見受けられる。パンチェンとは大パンディタ（大学者）の意味で、サンスクリットのパンディタ（paṇḍita：五明に通暁した人物の称号）とチベット語のチェンポ（chen-po：大きいの意）を合わせた言葉であり、その簡称がパンチェンとなる。エルデニは満洲語で宝を意味し、チベット語のリンポチェ（rin-po-che）に相当する。

17 世紀前半はゲルク派にとって重要な時期であった。この時期、ゲルク派はモンゴル・ハーンの支持を得ることによって危機を平安に転じ、勢力拡大を果たした。パンチェンラマ四世も重要な役割を果たしたとはいえ、ゲルク派の実権は依然ダライラマ五世ガクワンロサンギャムツォのもとにあった。これは二世以降、ダライラマをゲルク派の頂点とする伝統があったこと、さらに重要なこととして、ゲルク派はダライラマ三世以降、急速にモンゴル各地で信頼を得ており、ダライラマが一種の偶像と化していた事が挙げられる。ゲルク派の指導者ダライラマがモンゴル・ハーンの支持を得たことは、ゲルク派にとって幸いであった。ダライラマ五世の父はかつてデパを務め、ゲルク派に留まらずカギュー派、ニンマ派などとも良好な関係を築いていた。息子がダライラマ五世に認定されると、これら諸派との関係を利用しようとしたものの、当時はまだツァン・デパの勢力が強く、ゲルク派は苦境にあった。ダライラマ五世がデープン寺に入ったのは、トゥメト・モンゴルがツァン・デパを破った 1622 年になってからのことである。1625 年、ダライラマ五世はパンチェンラマ四世の手により 9 歳で出家、沙弥戒を受けてガクワンロサンギャムツォの名を得ている。1637年、グシ・ハーンは僧俗の貴族数人及び侍者などと共に変装してラサ入りした。彼はダライラマ五世とパンチェンラマ四世に贈り物をし、盛京（現在の瀋陽）で清の太宗に拝謁する合意を取りつけた。翌年、22歳のダライラマ五世はパンチェンラマから比丘戒を受け、先例に従いデープン、セラ両寺の座主に就任している。グシ・ハーンがチベット入りしてツァン・デパを滅亡させ、前後チベットを制圧したのはダライラマ26歳のときであった。グシ・ハーンはダライラマ五世を奉じて全チベットの宗教的指導者とし、前後チベットから得られる税収を捧げた。これらはゲルク派の宗教活動に供されることとなった。またダライラマのデパ、スーナムラプテンを自身の政権のデシーに任じている。これらの行動については、グシ・ハーンがダライラマを買収し、その全チベット統治に利用したという見方もできよう。ゲルク派は西カムや甘粛、青海地方で勢力を延ばしており、モンゴル・ハーンのチベット統治にダライラマの協力は不可欠であった。ウー・ツァン地区の行政管理においてもチベット人の協力は必要であり、スーナムラプテンの起用は欠かせなかった（スーナムラプテンはツァン・デパとの闘争においても重要な役割を果たしている。彼は何度も青海に赴いてトゥメト・モンゴルのハーンらとツァン・デパ対策について協議した。またトゥメト間の紛争を仲介しており、グシ・ハーンのチベット入りを画策した一人でもある）。こうして気前よくウー・ツァンの税収を提供したとはいえ、政権及び軍は依然グシ・ハーンの手中にあった。ダライラマと関係を結び、チベット地区をその支配下においたことは、他のモンゴル・ハーン間における地位や立場を考えたとき、非常に好ましいものであったといえよう。税収こそダライラマに提供したものの、グシ・ハーン及びその後継者たちは一貫してモンゴル軍を前チベットに駐留させた。これは彼らがダライラマ及び前後チベットを極めて重視していたことを示している。ウー・ツァン地区に行政命令を下していたのはグシ・ハーンで、デシーは2番手にすぎなかった。しかしチベットの農奴制社会において、あらゆる農奴は農奴主に所属しており、暴力、処罰、目をくりぬく、状況によっては殺傷等の行為にまでさらされていた。農奴主は自身の荘園において行政や司法の実権を掌握していたため、一般的な農奴からすれば、農奴主こそが統治者であった。ウー・ツァン地区の税収はダライラマ側に帰し、デパによって徴収された。農奴もダライラマの属民であったため、一般のチベット人の目にはダライラマこそが農奴主であり、チベットの政権を握っている者と映っていただろう。チベット研究をおこなう一部の外国人の間には、当時のダライラマ五世がチベットの政権を掌握していたと考える者がいるが、これらの解釈にはさらなる研究の価値があろう（この問題については以下で再度取り上げたい）。この年（1642）、グシ・ハーン及びパンチェンラマ四世、ダライラマ五世が送った使者が清の太宗に拝謁し、盛京で破格の待遇を受けた。清の太宗が、彼らのモンゴル、特に漠南と漠北のモンゴル・ハーンに対する影響力を考慮し、懐柔をはかったためと考えられる。使者がチベットに戻る際、太宗は別途使者を同行させて3人に書を賜り、3人はその使者と会談をおこなった（会談の内容は不明であるが、今後協力して、明に代わって清朝が天下を取ることが約されたと推測される）。1644年、北京に都を定めて以降、順治帝はダライラマらと頻繁に使者のやりとりをし、2人の上京を求めた。1652年、ダライラマはパンチェンラマ代理（パンチェンラマ自身は高齢のため同行が叶わなかった）及びグシ・ハーンの使者らを率いて北京に至った。順治帝は特別な礼遇を以て対したという（出家者であるダライラマに対する礼であり、一部の外国人がいうような異国の君主の礼をもって対したというものではない。とはいえ礼儀は重厚かつ豪華、元、明代の先例にのっとった、しかしより華麗なものであった）。1653年の春、ダライラマはチベットへの帰路にあったが、順治帝は礼部尚書と理藩院侍郎軍官を派遣して金冊、金印を贈り、ダライラマを“西天大善自在仏所領天下釈教普通瓦赤喇怛喇達頼喇嘛”に封じた。金冊、金印は満洲、モンゴル、チベット、漢の4種の文字が使用されたもので、ここに中央政府である清は、ダライラマの宗教上の地位を改めて確定したのである。封号は2つの部分で構成されていた。前半の“西天大善自在仏所領天下釈教”は、明の永楽帝がカルマ・カギュー派黒帽系五世のテシンシェクパに賜った封号のうち“西天大善自在仏領天下釈教”という部分を踏襲したものだが、新たに“所”という文字が追加された。明がテシンシェクパを大宝法王に封じたこと自体、元がパクパを大宝法王に封じた故事にならったものであるが、これは元、明という中央政府がチベットの僧に与える最高の封号であった。パクパは宣政院を管轄し、漢とチベットの僧、寺院を含む全国の仏教を管理下に置いた。そのため明朝では大宝法王の封号に“西天大善自在仏領天下釈教”の文字を加えたのであるが、実際のところ、明代において漢人僧は大宝法王の管轄外であった（元末においても漢人僧は管理の対象から外れている）。明の永楽帝はサキャ派のクンタパ（クンガタシーギェンツェン〔第5章サキャ派参照〕）を“領天下釈教”が含まれる大乗法王に封じているが、これはあくまでチベット内部においての話であり、明はテシンシェクパが“領天下釈教”という権力を行使することを歓迎しているわけではない。清はこの封号を用いることによってダライラマが天下（実際はモンゴル・チベット両地区を指す）においてチベット仏教の最高権力者であるということを認めたが、そこに中国内地は含まれず、ために“領天下釈教”を改めて“所領天下釈教”としたのであった。印文は漢、満、モンゴル、チベットの各文字で刻されており、“所領天下釈教”に相当するチベット文は“rgya-che-khyon-la”すなわち“一個の広大な範囲の内”である。しかし天下を示す“gnam-'og”とは区別されており、ここでいう“範囲”とはモンゴル・チベット両族地区におけるあらゆる仏教を指すもので、漢の墨染めの衣を含むものではない。漢字部分は“領天下”ではなく“所領天下”となっており、チベット文字でも用いられているのは“rgya-chen-khyon-la”であって“gnam-gyi-'og”は使われていない。この封号を用いることで順治帝は明からの継承を示し、その立場においてチベットの最高指導者を封じたのであった。後半部分の“普通瓦赤喇怛喇達頼喇嘛”は、明が順義王に封じたアルタン・ハーンがダライラマ三世に贈った尊号であり、わずかに漢字部分の“識一切”が“普通”に変更されているだけのチベット語表記“thams-cad-mkhyen”（正しい訳は一切智でありサンスクリットのsarvajña）の不完全な訳である（“普通”の2文字はここでは普遍として解釈される）。この部分の意味はダライラマ三世について述べたところですでに説明済みであるのでここでは繰り返さない。ダライラマに付された、モンゴル人になじみ深い封号を再度肯定することにより、ダライラマのモンゴルへの影響をさらに強め、かつ保持し、モンゴル統治をより有利に運ぼうとしたものであろう。これらの点からして、この封号はダライラマ五世固有の宗教的地位を承認したものにすぎず、新たな地位はおろか、ダライラマ五世に対しいかなる政治上の権力や地位をも認めていない。この点については、ダライラマを封じた冊文によってさらに明確となる。曰く、朕聞クニ、兼善独善、開宗之義同ジカラズ、世出世間、設教之途マタ異ナレリ然ルニ而シテ明心見性、淑世覚民、ソノ帰スルトコロハ一ナリ。茲ニ爾（なんじ）羅布蔵扎木素達頼喇嘛ハ、襟懐貞朗ニシテ徳量ハ淵泓、定慧ハ偕修ニシテ、色空倶ニ泯シ、能ク釈教ヲ宣揚スルヲモッテ愚蒙ヲ誨導ス、因ニ而シテ彼ノ西方ヲ化シテ名ヲ東土ニ馳ス。我ガ太宗文皇帝聞ヒテ而シテ欣尚シ、特ニ使ヲ遣シテ迎聘ス、爾早ク天心ヲ識リ、許シテ辰年（順治九年壬辰（1652））ヲ以テ来見ス。朕ハ皇天眷命ヲ荷キ、天下ヲ撫有シ、果シテ期ノ如ク聘ニ応ジテ而シテ至ル。儀範ハ親シムベク、語ハ黙シテ度アリ、般若円通ノ境ニ臻（いた）リ、慈悲摂受ノ門ヲ拡クシ、誠覚ノ路ノ梯航、禅林ノ山斗、朕甚ダ嘉ミス。茲ニ金冊・印ヲモッテ爾ヲ封ジテ“西天大善自在仏・所領天下釈教・普通瓦赤喇怛喇・達頼喇嘛”ト為ス。劫ニ応ジテ身ヲ現（あらわ）シテ仏化ヲ興隆シ、機ニ随ヒテ説法シテ群生ヲ利済シ、マタ休セズ哉(5)。

こうして清朝はダライラマ五世に封号を与え、同時に侍衛・喇嘛・内大臣囊努克修世岱らを派遣して（これらの人々はダライラマ五世がチベットへ帰還する際に随行している）、金冊金印をチベットにもたらしめた。グシ・ハーンは“遵行文義敏慧顧実汗”（『實録』の“遵行文義”の記述に準ずる。『藩部要略』『聖武記』などは“遵文行義”とある）に封ぜられた。漢・満・モンゴルの文字で記された金冊にはこう記されている。

帝王ノ経綸大業ハ、務メテ庶邦ヲ安勧セシメ、徳教ヲシテ四海ニ加ヘシム。庶邦ノ君長、能ク勢ヒヲ度リ時ヲ審カニシ、誠ニ帰シ化ニ向ハン、朝廷必ズ旌異ヲ加ヘテ、以テ懐柔ヲ示ス。爾厄魯特部落顧実汗、徳ヲ尊ビ善ヲ楽シミ、義ヲ秉（と）リテ仁ヲ行フ、恵沢克ク敷（ひろ）ガリ、一境ヲ被フ、殫（つく）スニ乃ハチ精誠ヲモッテシ、心ヲ傾ケテ恭順ス、朕甚ダ嘉ス。茲ニ金冊・印ヲ以テ〔爾ヲ〕封ジテ“遵行文義敏慧固始汗”ト為ス。爾（しか）シテ尚ホ益忠誠ヲ矢（ちか）ヒ、広ク教ヘヲ宣声シテ“朕ハ屛輔ト作シ、輯（あつ）メテ乃ハチ圻（ぎ）ヲ封ズ”此ノ如クシテ則チ山河ヲ礪帯シ、永ク嘉祉ニ膺（あた）ル。欽ナル哉(6)。

この2つの文章を比べて明らかなのは、ダライラマを単なる宗教的領袖としていること、それに対しグシ・ハーンは“朕ノ屏輔ト作シ、輯メテ乃チ圻ヲ封ズ”とあるようにハーンとして封じていることで、そのため封号には“汗（ハーン）”の文字が用いられている。二人は共にラサに居住しており、一人は行政上の領袖（グシ・ハーン）、一人は宗教上の領袖（ダライラマ）とされた。ダライラマはチベットだけでなく、モンゴル地区をも対象とした地位となっている。清はダライラマを利用したモンゴル統治を考えており、そのためダライラマを極めて優遇し、最高の封号を与えたが、その対象は“禅林ノ山斗”、“所領天下釈教”にすぎなかった。グシ・ハーンは当時甘粛、青海、カム、チベットの各地をその勢力下においたが、その背後にはさらなる強敵であるジュンガルが虎視眈々とチベット地区を狙っており、漠南、漠北各部のハーンたちもグシ・ハーンが青海・カム・中央チベットにまたがる広大なチベット地区を統治することを必ずしも承認していたわけではなく、その状況から中国国内における強大な勢力の支持を必要としていた。明の末期、帝室は危機に瀕しており、ホンタイジ（清の太宗）は東北地方（旧満州）に崛起して1620年頃から漠南のモンゴル各部を征服し、最大勢力として、モンゴル王侯の間でもそのように目されていた。グシ・ハーンも青海入りした頃から使者を送って通好を果たしており、ラサ入りした1637年にはパンチェン・ダライ両ラマと連名で使者を送っている。清の入関以前から順治帝が都を北京に定めて以降に至る期間、双方の使者の往来は極めて密であった。順治初年頃〔1644頃〕の清の周辺といえば、漠南モンゴルは臣属していたものの、漠北モンゴルは未だしの状態であり、ジュンガルとは敵対関係、広大なる漢族地域もその影響下にあるとはいえまだ臣属するには至っておらず、明の残党は立てこもって抵抗しているというような状況であった。そのようなときにグシ・ハーンのような“庶邦ノ君長”が“能ク勢ヒヲ度リ時ヲ審カニシ、誠ニ帰シ化ニ向ハン”としたなら、“旌異”を加え、“以テ懐柔ヲ示ス”のは自然なことであろう。ダライラマへの宗教的領袖の封号とグシ・ハーンへの行政的領袖の封号は、当時のチベット地区の実状を反映したものであった。グシ・ハーンをチベットのハーンとして認定した以上、ダライラマに同様の封号を与えることは不可能である（同一地区に2人の王は並び立たない）。したがって、当時の政治的領袖はダライラマだとしてグシ・ハーンの地位をないがしろにしたり、はなはだしきはチベットは中国から独立した一つの国家であるというような一部の外国人研究者の言説はみな歴史の事実と符合しておらず、誤った考え方であると考える。しかしダライラマ五世が中央においては清からの支持を、地方においてはグシ・ハーンからの尊崇を受けていたこと、またウー・ツァン地区の税収を掌握し、多くのゲルク派寺院が彼を支えていたこと、さらにはウー・ツァンの行政事務をつかさどったデシーが彼の配下であったことなどから、グシ・ハーン管轄下のウー・ツァン地区において、正式ではないにしても一定の実権があったことは確かであろう。

順治帝がダライラマ五世を封じた場所は、北京の宮中ではなく代海湖畔（代噶すなわち代海湖畔。代海はフフホト市の東南25キロほど、現在の名称は岱海）であった。理由として考えられるのは、この地でモンゴル各部のハーンらとダライラマとの会見があり、清はその機会を利用してダライラマに贈封したということである。朝廷はダライラマを尊重しているとアピールでき、またモンゴル諸ハーンが崇拝するダライラマが遠路やって来て清朝の皇帝に拝謁し、皇帝は人々の前でダライラマを封ずる…、これこそまさに清朝への忠誠を強調する有効なやり方であった。

ダライラマ五世が正式に冊封されて以降、チベット社会での声望はますます高まった。行政を委任されていたデシーはもともとダライラマの配下であったため、ウー・ツァン地方の行政にはダライラマの影響も見られるようになった。1654年、グシ・ハーンが世を去ると、数年の空白ののち1658年になって、グシ・ハーンの長子ダヤン・ハーンが青海からラサに赴いてその地位を継承した。1660年、ダヤン・ハーンはトンメーパ・ティンレーギャムツォ（grong-smad-pa-'phrin-las-rgya-mtsho）をデシーに任命した。ダヤン・ハーンは1668年に世を去り、その後ハーンの地位は再び3年近く空位となった。ティンレーギャムツォも同年5月に世を去ったが、ハーン不在では後継のデシーも任命されないため、デシーの地位もまた1年ほど空位となった。その間はダライラマの任命した人物が暫定的に管理をおこなった。1669年8月になってようやくダライラマのチュープン（mchod-dpon：供仏などの宗教儀礼に携わる官）であったロサントゥトプ（blo-bzang-mthu-stob）がデシーに任命された。行政実務が滞ることを恐れたダライラマによって任命されたものであろう。1671年になると、ダヤンの息子ダライがハーン位を継承したが、彼も既成事実を追認しただけであったようだ。1675年、ロサントゥトプは退位し、タツァン・ニェルパ・ロサンジンパ（grva-tshang-gnyer-pa-blo-bzang-sbyin-pa）がデシーとなった。ロサンジンパは1679年にデシーを退いたが、その後デシーを継承したのはサンギェーギャムツォ（sangs-rgyas-rgya-mtsho：1653～1705）という名の俗人であった(7)。ダライラマ五世はサンギェーギャムツォに全幅の信頼を置いた。サンギェーギャムツォは他教派に圧力を加え、ゲルク派の拡張に全力を尽くした。1681年になると、ブータンで政教両権を掌握していたドゥクパ・カギューの領主が、その支配地域内にあるゲルク派を攻撃して報復したため、ラサとブータンの間で争いが生じることとなった。これを受け、ラダック王デレクナムギェル（bde-legs-rnam-rgyal：1675～1705頃在位。数代前よりカギュー派の大ラマに師事していた。ブータンの政教指導者はドゥク派のラマを信奉していたため、両者の関係は深い）は、ブータンのドゥク派の大ラマが侮辱されるのを座視できないと表明するに至った。サンギェーギャムツォとダライ・ハーン、ダライラマの3人は協議し、モンゴル騎兵を主力とした軍隊をラダックへと派遣した。将軍はダライ・ハーンの兄弟で、ガンデンツェワン（dga'-ldan-tshe-dbang：当時タシールンポ寺の僧であった。寺近くの市場で仕事をしていたところを見出され、還俗して出征したという）という者が務めている。モンゴル軍はその威力を存分に発揮してレー城（sle）だけでなくその西方バスゴ（ba-sgo）まで討ったので、ラダック王はカシミールに援軍を依頼、モンゴル・チベット連合軍は講和をうけいれたのだった。講和は1683年に合意に至り、ラダックは1630年以来占領下にあったグゲ（gu-ge）、ルトク（ru-thog）等（現在のガリー地区）をラサの直接管理に戻し、ラダックはチベットに藩属すると規定された。ラダック王は毎年チベットに使節を送って進貢し、ラサも毎年売りさばかれていたラダックの茶の販売を阻止しないとした（1841年から翌年にかけて帝国主義が介入した最初の戦役以降、ラダックはチベットから離脱した）。翌年（1682）、ダライラマ五世は円寂した。サンギェーギャムツォはゲルク派と、また彼自身の地位のため、状勢を考慮してダライラマの死を発表せず、諸事は依然ダライラマの名義をもっておこなわれた。秘匿の理由が書かれた文献は発見されていないが、当時の状況として以下のことが考えられる。第1に、当時はラダックとの紛争の決着がついておらず、ダライラマの死を発表することで戦局に影響が出ることを恐れた。第2にダライ・ハーンの親族ガンデンツェワンを将とする軍は非常に声望が高く、ダライラマの死によってデシーの職位がダライ・ハーンの指揮下に置かれることになれば、当時サンギェーギャムツォが手にしていた実権がモンゴル人の手に移ることになり、ダライラマ五世がその晩年に推し進めた、ウー・ツァンにおけるゲルク派強化のための数々の措置（以下の記述を参照）が水泡に帰してしまう惧れがあった。第3に、グシ・ハーンの子孫はかねてからダライラマ五世のもつウー・ツァン内部の行政権力を奪取する思惑があったものの、ダライラマ五世に対する清からの支持や、グシ・ハーンの崇拝、また歴代デシーの多くがダライラマの意向に沿った人物であったため、手出しができなかった。当時ジュンガルのガルダン・ハーンが勢力を伸ばしていたが、彼にとってもダライラマ五世は師であり、サンギェーギャムツォは兄弟弟子という関係にあった。ガルダン・ハーンはかつてサンギェーギャムツォを使ってホシュート部青蔵地区のハーン（かつてガルダンの仇が青海ホシュートへ逃げ、ガルダンは青海を攻めたことがあるため、間接的に青蔵地区のハーンを威嚇したことになる）を締め付けたこともあるが、ダライラマの円寂を発表して、ガルダン・ハーンがサンギェーギャムツォの申し出を聞き入れなくなることを危惧した。ほかにもさまざまな理由があると思われるが、この3つで説明は十分だろう。

ここで当時のチベット地区内におけるチベット人の状況を説明したい。1642年にゲルク派が勢力をもち、1705年にサンギェーギャムツォが世を去るまでの六十数年、ゲルク派は急激に発展した。チベット地区の封建農奴制はさらに強固となり、地方行政制度がさまざまな変化を遂げた。しかし清朝のダライラマ支持、グシ・ハーン及びその親族による青海周辺の軍の駐屯は継続されていた。変革を進めたのは、ダライラマ五世とデシーのサンギェーギャムツォである。彼らは僧俗を問わずチベット上層部を籠絡するため農奴主の統治地位を確固たるものにし、また多くの農奴を心身共に束縛、圧制するためさまざまな措置を講じた。これらについて詳細な内容を示すものは少ないが、当時のウー・ツァン地区は、宗教上はダライラマを、政治上はグシ・ハーン及びその継承者を支持する清の行政のもと統轄されていた。この異民族統治という状況下で、もともと存在していたこの地区の領主はチベットの“領袖”のもとに集うようになる。この“領袖”こそダライラマ五世であった。ウー・ツァンの行政実務はダライラマに忠実なデシーが担っている。グシ・ハーンはウー・ツァンの賦税をゲルク派に提供することによってダライラマと結びついた。ダライラマの協力の下、グシ・ハーンは統治を強固なものとし、またダライラマを手元に置くことによって他のモンゴル・ハーンに対する影響力を増強しようとした（グシ・ハーンとその子孫による前チベット駐屯はそのためである）。グシ・ハーンは、軍や高級官僚の任命権などの権力を掌握したものの、内部の行政事務については賦税をダライラマに委ね、チベット人自身のやり方に任せていた。グシ・ハーンの後継者もダライラマ五世の地位や声望を恐れ、その状況を変えることはできなかった。サンギェーギャムツォはそのダライラマの信任を頼みに実権を掌握したのである。これらの情況のもと、ダライラマとデシーは領主らを脅し、あるいは説得して自身のために利用することになる。主要な荘園の世襲を認め、本人やその子孫が官職に就くことを条件に貴族の身分を与えてラサに居住させ、供出された荘園をチベット地方政府の管轄に組み込んだ。デシーは各地のゾンプンで流官制度〔2〕を採用、中央集権化を進めた。こうして社会の基盤となっていた地方勢力は消滅していった。サンギェーギャムツォはその著作『噶倫辦事章程』の中で、地方政権は職官に属し、必ずゲルク派を信奉するよう規定している。チベット貴族、つまり地方勢力はことごとくゲルク派の信徒あるいは支持者となり、他教派による再起の機会は失われていった。当時ラサとその他地域において、各宗の行政官は元、明代の制度にならって僧と俗人を併任しており、僧の地位は俗人に勝るとされていた。これらすべてにゲルク派の高位の僧が任命されたために、“政教一致”の体制はますます強固なものとなり、ゲルク派による支配も確立していった。経済面においては、ツァン・デパ政権とその傘下の貴族が所有していた領地及び農奴は真っ先に没収・分配されたが、その一部は功のあった新貴族に与えられ、世襲の荘園となった。さらには新政権内の官員の職分田及びゲルク派寺院の荘園ともなってゲルク派の勢力をさらに強めるものとなった。割拠勢力が失われ、流官制度が推し進められると、荘園制や封建農奴制度が確立していった。これらの所領から発せられた文書には、農奴主は農奴に対し、打ちのめす、罰する、手や足を斬る、眼をえぐり出す、殺害するなどの権利をもつことなどが示されている。また農奴の逃亡は法に外れる行為であると明確に規定され、農奴を土地に縛り付けることとなった（かつては、農奴は逃亡という方法で別の農奴主を選択することが可能であったが、行政が統一された後は、農奴の逃亡はより困難になった）。宗教分野においては、ダライラマ五世が順治帝から冊封されて以降、ゲルク派はチベット各宗派の中で統治の地位を占める宗教となった。清の冊封、モンゴル軍からの支持という優位性のもと、他教派もまたダライラマの支配を受けた。教義が不純である、あるいはゲルク派の敵と結託したなどの理由でチョナン派のタクテン・プンツォクリン寺やその属寺、チョナン派と関係の深いガムリン寺やその属寺など、他教派の少なからぬ寺院が没収された。さらにはツァン・デパとの結託を理由にカルマ・カギュー派も寺院を没収されるとともに改宗を迫られ、ゲルクの属寺となった。ゲルク派は多くの寺院で大規模な改修をおこない、また60か所以上の新寺院を建立した。ある史料によれば、当時のゲルク派寺院は3070か所（おそらく小規模な廟なども含まれていよう）にも達したという。これらの寺院は土地や農奴を接収するほか、周辺の宗、荘園などから定期的に活動費用を徴収した。ダライラマ五世はゲルク派寺院内で本末の関係を定め、内部組織を整理、僧の任免昇進制度や学問系統、試験制度、さらには寺院内の紀律、儀礼などについても規則をもうけて、体系的な宗教規章制度を確立しており（後世ダライラマ七世及び十三世は、これらの規則の簡略化をおこない、和平解放前の規章制度を定めている）、ゲルク派では以降これらの規定が適用された。こうしてゲルク派はチベット社会における本末寺院のネットワークをつくり上げていったのである。それは一方では人々を宗教で籠絡し、農奴主（彼自身が最大の農奴主であった）の支配体制を強化するものであったが、一方では農奴にその身分を変革する途を示すものになった（農奴あるいは俗人が僧として学び試験を受ければ、ケンポやデパとなることもでき、理論上は統治者の列に連なることも可能であった）。こうして人民を惑わす作用はより喚起されてゲルク派に入ろうとする僧は増え、ゲルク派の勢力はますます膨脹したのであった。乾隆二年（1737）、理藩院に報告されたダライラマ所属の寺院数は3150か所で、僧の数は30万2560人、所属の農奴は12万1438戸であった。パンチェンラマ所属の寺院は327か所、僧は1万3670人、農奴は6752戸である。合計すると、ゲルク派に属する寺院は3477か所、僧は31万6230人、農奴は12万8190戸に達した[(8)]。これらの数字から総人口と僧尼の数を推算すると、1戸5人の計算で（チベットは小規模な家庭が多く、往々にして5人に満たない）チベット農奴の人口は64万950人となり、僧尼の人口はその半分ほどに達する。つまり僧や尼は総人口の半数近くを占める計算となる。ゲルク派の僧尼はツォンカパ以来厳格な規定を守ってきたが、戒律に忠実であれば結婚はできず、農業労働も禁止される（耕作による殺生を避けるため）。社会の中で、半数近くの人口が結婚や子育てをせず、主要な生産活動にも参加しないでいることは必然的にチベット社会に重大な影響を与えることになった。人口は増加どころか減少する恐れすらあり、農業生産の増加は見込めず、さらに農奴主による残酷な刑罰は、チベット社会に長期的な停滞をもたらしている。ゲルク派が地方行政を掌握し、その勢力によって寺院や僧尼を増加させたことは、生産に寄与しないばかりでなく社会の財産を大量に消費することにもつながり、チベット社会に深刻な損失を与えたのであった。

ゲルク派の発展を説明するため、引き続きダライラマ五世円寂後のチベット政府と清朝、モンゴル地区との関係、またその関係によるチベット地方政権の変化をみていきたい。この時期、中国の西北イリ一帯に、新たに強大な勢力が生まれた。ジュンガルのガルダン・ハーン（dga-'ldan：1644 ～ 1697）で、ダライラマ五世、サンギェーギャムツォとは密接な関係をもっていた。ガルダン・ハーンはジュンガル部長バートル・ホンタイジ（bātur）の息子で、1653年に父バートルが世を去ると、ハーンの位は兄のセンゲが継承し、ガルダンは出家して僧となった。ガルダンはラサでダライラマ五世を師、サンギェーギャムツォを兄弟弟子として経を学んだ。1671年、センゲが異母弟2人に殺害されたため、ガルダンは師ダライラマの許可を得てジュンガルに戻り、兄の仇を討とうとした。異母弟1人はガルダンに殺されたが、1人は青海まで逃げてホシュート部を頼ったという。センゲの死後、ハーンの位はセンゲの息子スーナム・アラブタンが継承したが、兄の仇を討ったガルダンの声望は高く、1676年ついに甥のスーナム・アラブタンを殺害、その地位に就いた。同時にダライラマから“ボショクト・ハーン”の称号を受けている。ガルダンは清に進貢をおこない、1677年にはドルボド、トルグートなどを併合してオイラート四部の長を自称した。1678年には回部〔西北のイスラム地域〕に加え、天山南北両路、河套以西の広大な土地を併合、さらには青海のホシュートをも脅かすようになったが、ダライラマ五世やサンギェーギャムツォとは引き続き交流を続けている。1682年、ダライラマが円寂したとき、サンギェーギャムツォはその死を秘匿した。ダライ・ハーンを押さえつけ、自身の地位を安泰にするため、ガルダンにはホシュートを威嚇してもらう必要があった。ガルダンも、ダライラマ五世の支持をたのみに（実際はサンギェーギャムツォに利用されていたわけであるが）1688年頃からたびたび漠北モンゴルに進入し、さらには漠南をもその視野に収めていた。漠北のトシェート・ハーン、ジェプツンダムパは清朝に保護を求め、以降漠北モンゴルは清の版図に入ったため、ガルダンは清朝を敵にまわすこととなった。1690年、清はガルダンをウランプトンで打ち負かした。清はガルダンに兵を引かせるようダライラマに説得を求めたが、サンギェーギャムツォはさらに攻撃を仕掛けさせた。しかしガルダンの敗走が続いたので、今度はガルダンに代わって清に投降を求め、その攻撃を緩和させている。清はこの時点でサンギェーギャムツォの詐術に気付いていたと思われる。1691年、センゲのもう一人の子ツェワン・アラブタンは父の旧臣を招集してガルダンと争い、その地位を奪うと共に清に進貢して支援を求めた。その後も1694、1695、1696の3年にわたり、ガルダンは漠北モンゴルを侵攻し、たびたび清軍に敗北している。1694年、サンギェーギャムツォはガルダンの敗北を受け、ダライラマ五世の名で自身に“王爵”の地位を与えるよう清に上奏した（対ダライ・ハーンとの争いに備え、地位を強化するためと思われる）。求め通り康熙帝はサンギェーギャムツォを王に封じ、金印を与えた。印文は“掌瓦赤喇怛喇達賴蔵伝仏教弘宣仏法王布忒達阿白廸之印”（チベット文は rdo-rje-'chang-tā-la'i-bla-ma'i-chos-srid-'dzin-cing-rgyal-ba'i-bstan-pa-dar-rgyas-su-skyor-ba'i-sa-dbang-budha-apati'i-tham-ka）である。“掌瓦赤喇怛喇達賴喇嘛”の解釈については190、202頁を参照されたい。“掌瓦赤喇怛喇達賴蔵伝仏教”はダライラマ五世の教えを司る、つまりゲルク派の事務を管掌していること、“弘宣仏法王”は彼が行政ではなく宗教事務を司る“王”であること、“布忒達”はサンスクリット語で（buddha 印字は少々誤りあり）“覚”を意味し、チベット語の“サンギェー”に相当する。“阿白廸”はサンスクリット語で“海”（abdhi 印の字は apati であり、モンゴル風の読み方の可能性も）を意味し、チベット語

“ギャムツォ”に相当する。“布忒達阿白廸”はつまりサンギェーギャムツォ（チベット語をサンスクリットに置き換えるのはモンゴル人の習慣で、清もそのやり方を踏襲している）を意味している。これはサンギェーギャムツォ個人に与えられたもので、その範囲は宗教事務のみに限られ、その王号もダライ・ハーンに与えられたような行政トップの王を示すものではなかった（グシ・ハーンとその子孫はチベット地区のハーンとして清に承認され、封ぜられていたため、行政の王としてサンギェーギャムツォを認めることは不本意かつ不可能であった。康熙帝はサンギェーギャムツォの行動に不信感を抱いてはいたが、ダライラマ五世の死を確認することはできず、その名をもって上奏がある以上拒絶できなかったのであろう。印文にはそれらの事情が見え隠れしている）。1696年、清はガルダン軍をジョーン・モドで大破した。ツェワン・アラブタンはジュンガルで勢いを増しており、ガルダンは翌年追いつめられて自殺した。同年、康熙帝は詔を降し、ダライラマの死を秘匿し、ガルダンを教唆した罪でサンギェーギャムツォを追求、サンギェーギャムツォは下手に出て許しを請い、ようやくダライラマ五世の死を発表すると共に、すでに見出されていたダライラマ六世ツァンヤンギャムツォ（tshangs-dbyangs-rgya-mtsho：1683 ～ 1706）を正式に公表したのであった。1701年、ダライ・ハーンが世を去り、1703年には子のラサン・ハーンがその地位を継承した。チベット語史料ではサンギェーギャムツォもこの年退位し、その子卓薩をデシーの臨時代理にすえて職務を委ねたという〔3〕。ダライ・ハーンはその晩年、サンギェーギャムツォが清に冷遇されるのを見ており（漢文史料には、ダライ・ハーンとサンギェーギャムツォは別々に使者を立てて康熙帝に謁見を願い出たが、受理されたのはダライ・ハーンの使者だけで、サンギェーギャムツォの使者は謁見を許可されなかったとの記載がある）、双方の闘争は年々苛烈になっていたが、ラサン・ハーンが継承した頃はさらに激しさを増していた。サンギェーギャムツォの退位は争いの矛先となるのを避けるためであり、実権は掌握していたと思われる。1705年、サンギェーギャムツォはラサン・ハーンの随員（rjes-'brang-ba）を買収して食事に毒を盛り、ラサン・ハーンを殺害しようとしたが失敗、ただちにチベット民兵を招集して武力を用いんとした。ラサン・ハーンはすでにモンゴルの騎兵を招集しており、双方は7月ついに戈を交えたが、サンギェーギャムツォは敗北、捕えられて殺された。ラサン・ハーンはサンギェーギャムツォ叛逆の経過を報告すると共に、酒色に溺れて放蕩にふけるダライラマ六世ツァンヤンギャムツォを廃するよう康熙帝に奏上した。またガクワンリンチェン（ngag-dbang-rin-chen）をデシーに任命して、チベットの行政事務を委ねている。康熙帝は報告を受け、サンギェーギャムツォが表で清廷を奉じつつ裏では叛逆の意志をもっていたと認定、その叛意は明確であり、それを罪に問うた以上彼によって擁立されたダライラマ六世ツァンヤンギャムツォもその地位につけておくことはできないとして、席柱率いる護衛軍を派遣した。ラサン・ハーンは“翊法恭順汗”に封じられ、ダライラマ六世ツァンヤンギャムツォはダライラマの地位を解かれて北京に護送された。1706年、ツァンヤンギャムツォは北京に向かう途中、青海湖畔で世を去ったという。ラサン・ハーンはイェシェーギャムツォ（ye-shes-rgya-mtsho）をダライラマ六世として新たに選定し、1707年2月正式に即位させた。しかしイェシェーギャムツォは人々に受け入れられず、特に三大寺上層部のラマから強い反対を受けた。この情況を見た康熙帝は1713年金冊金印を贈り、パンチェンラマ五世ロサンイェシェー（blo-bzang-ye-shes：1663 ～ 1737）をパンチェン・エルデニ（pan-chen-er-te-ni）に封じた。パンチェンの意は前述の通り、エルデニは満洲語で宝を意味する言葉で、チベット語のリンポチェ（rin-po-che）に相当する。康熙帝はゲルク派の領袖を新たに育成し、必要とあらばパンチェンラマにゲルク派の教務を任せようとしたのではないかと思われる。これより2、3年前、三大寺のラマたちは、リタンにおいてケルサンギャムツォという名の少年を探し出してツァンヤンギャムツォの転生者としていた。1709年頃を境に、ラサン・ハーンと青海ホシュート部のタイジらとの間で不和が生じており、ホシュート部においてもラサン・ハーンが立てたイェシェーギャムツォはダライラマ六世として認められず、リタンの子供ケルサンギャムツォが真のダライラマであるとして連名で康熙帝に上奏している。1716年、康熙帝の同意を受けて、青海ホシュートの人々はケルサンギャムツォを西寧のタール寺に迎えた。ケルサンギャムツォは同年出家して受戒の儀式を受けている。

1697年にガルダンが世を去った後、ツェワン・アラブタンがジュンガルのハーン位を継承し、その後20年にわたって実力を蓄えていった。ツェワン・アラブタンもまた青海ホシュートのタイジ等との間に問題を抱えており、またチベットに対して大きな野望を抱いていた。ツェワン・アラブタンは、まず娘の婚姻をえさにラサン・ハーンと偽りの修好を結んで油断をさせた。1717年、将官ツェリントゥントゥプはラサに攻め込みラサン・ハーンを殺害、ラサン・ハーンの立てたダライラマであるイェシェーギャムツォを廃し、タクツェパ・ラギェルラプテン（stag-rtse-pa-lha-rgyal-rab-brtan）をデシーに任命した。こうしてグシ・ハーンとその子孫によるチベット支配は終わりを告げたのである。しかし、ツェリントゥントゥプの軍はラサで軍事的な統治をおこなったものの、軍紀は乱れ、三大寺の財宝を掠奪してはイリに送ったり、教派が異なることを理由にニンマ派の寺院を掠奪、焼打ちまでおこなった。ほしいままに掠奪、虐殺を繰り返すツェリントゥントゥプ軍はチベット人に大きな不満をもたらし、ついに上奏して軍隊の派遣を依頼する事態にまで至っている。ラサン・ハーンには娘がおり、ジュンガル軍がラサ入りした際には子と共にツァイダム地方まで逃げていた。娘は地方官に泣く泣く訴えて代わりに上奏してもらい、清の軍をチベット入りさせて平穏を取り戻すよう求めたのであった。当時ジュンガルはまだ清に服属しておらず、ラサ、特にダライラマの領する地域がジュンガルの手に落ちたとなれば西南一帯はもちろん、漠南漠北のモンゴルにも影響が大きい。康熙帝はチベット人の上奏を得たこともあって、1718年ついに額倫特に命じてチベットに進軍させたが、額倫特軍はナクチュで全滅してしまった。1720年、今度は廷信に陝西、甘粛等の兵を付けて西寧からチベットへ、また噶爾弼には四川、雲南等の兵を付けてダルツェンド（現在の康定）からチベットへと進軍させた。さらにケルサンギャムツォに金冊と金印を贈り、ダライラマ六世と認定している[(9)]。ダライラマ七世はホシュート部のタイジ等に護送され、廷信を伴ってチベット入りした。噶爾弼は、副将岳鐘琪が平定したカム地区の首領と僧の忠告を聞き入れ、8月になってからラサ入りしている[(10)]。この頃、廷信軍はナクチュに至った。ツェリントゥントゥプは敗北し、隘路を通ってイリへ逃走している。ケルサンギャムツォは9月にラサ入りし、15日にポタラ宮で即位の式典をおこなった。同日、パンチェンラマ五世ロサンイェシェーを師として沙弥戒を受け、名をロサンケルサンギャムツォ（blo-bzang-bskal-bzang-rgya-mtsho：1708～1757）と改めている。康熙帝は彼を“宏法覚衆”に加封した。1720年8月から翌年の春にかけて、チベットの行政は清軍に暫定的に委ねられた。1721年の春、清はデシーの廃止を決定、別に4人のカロン（bka'-blon）職を設け、清軍の監督の下、チベット地方政府の行政を担当させることとなった。清軍の撤退後（3000人を引き続き進駐させている）はカンチェンネー（khang-chen-nas）を主席カロンとし、行政やベイセの贈与などを司らせた。カンチェンネーは本名をスーナムギェルポ（bsod-nams-rgyal-po：チベット語史料にはダイチンバートゥル da'i-ching-bha-dur の名もある）といい、後チベット出身で元ラサン・ハーンのカロンであった。ジュンガル侵攻の際、兵を率いてガリー地方を収め、清のチベット入り以降はツェリントゥントゥプとイリとの連絡を断つのに功を上げた。また清に忠誠を尽くしたために主席カロンの座と共に後チベット、ガリー地方の行政も兼任することになったのである。他のカロンを挙げると、まずはガプーパ（nga-phod-pa：ドルジェギェルポ rdo-rje-rgyal-po）である。コンポ地方（kong-po）の大貴族で、やはりラサン・ハーンのカロンを務めていた。ジュンガルの侵攻時は自分の兵を用いてジュンガルの東侵を抑え、清軍のチベット入りを助けており、その功によってベイセに封ぜられ、チベットの行政と共にコンポ以東の地方事務を担うことになった。次はルムパネー（lum-pa-nas：タシーギェルポ bkra-shis-rgyal-po）、ウー出身でラサン・ハーンのツィープン（rtsis-dpon）を務めていた。清軍の誘導に功があり、輔国公に封ぜられた上でラサ東北一帯の地方事務を兼ねた。最後はジャルラン（sbyar-rangs：ロドゥーギェルポ blo-gros-rgyal-po）で、ダライラマ七世のチャクズー（phyag-mdzod）を務め、清軍の誘導に功あって一等タイジに封ぜられている。4人のカロンがチベットの行政をつかさどるという形式を採用したのはラサン・ハーン時代のやり方を踏襲したものだが、今回はモンゴルのハーンやチベットのデシーが彼らの上に立つわけではなく、カンチェンネーが名実共に首席のカロンであった。清はラサン・ハーン以来の政教分権の形式を踏襲しているが、地方政府についても同様であり、ダライラマへの配慮は七世が任命したチャクズー、ジャルランをカロンに任命しただけであった。カンチェンネーの貴族としての地位はガプーパやルムパネーに及ばず、何かと両者から見下されていた。ルムパネーは2人の娘をダライラマ七世の父スーナムタルギェー（bsod-nams-dar-rgyas）に妻として差し出しており、ジャルランはもともとダライラマの部下であったので、ダライラマの父に随うのは自然であった。そのためダライラマ七世の父スーナムタルギェーが黒幕となり、3人のカロンが結託してカンチェンネーと争った。こうしてチベット貴族に旧来の野心がもたげ始めたとはいえ、それは地方政府内の争いにすぎず、かつての状況とは異なっていたと思われる。

1722年冬、康熙帝が世を去り、雍正帝が即位した。その直後から翌年の春にかけ、清は青海及びチベットの軍隊を撤退させ始めた。1723年の秋、青海とホシュートのロブサンダンジンが叛乱を起こした（ロブサンダンジンはグシ・ハーンの子タシーバートルの長子で清から親王に封ぜられている。恐らくは清がチベットにおけるグシ・ハーンの後継者の統治権をすべて抹消したことに不満をもったと思われ、また西カム地域は四川に併合されて今までの賦税が見込めなくなったこともあり、先頭に立って反旗を翻したとみられる）。雍正帝は年羹堯、岳鐘らを派遣して乱を平定させた（1724）。平定後、清は西寧弁事大臣を創設して青海とホシュート部を統轄させている。1727年にはラサに常駐の弁事大臣2人を置いた。同じ年の夏、ガプーパとルムパネーはついにカンチェンネー及びラサ在住の一族やその部下を殺害するに至る。カンチェンネーの腹心ポラネーは後チベットにいたが、殺害の情報を聞くや真っ先に清に報告、同時にガリー（ガリーの地方官はカンチェンネーの兄弟であった）や後チベットで兵を集めて謀叛鎮圧の準備を進めた。

ポラネー（pho-lha-nas）は本名をソナムトプギェル（bsod-nams-stob-rgyal：1689～1747）といい、後チベットに生まれた。もとはラサン・ハーン配下の軍官で、1721年カンチェンネーが首席カロンになった後、ツィープン（rtsis-dpon）に任ぜられた。当時ジュンガル軍の侵略でチベット社会は破壊され、財政が逼迫していたため、ポラネーはまず人を集め、納税を条件に荒れ地や空き家を提供した。こうして税収を増やして財政上の問題を解決したためカンチェンネーの信頼を受け、その片腕となったのである。1723年清からタイジの称号を受けてカロンに昇進、後チベットの行政を兼任した。1727年にカンチェンネーが殺害された後、彼はガリーと後チベットの軍隊を招集し、3人のカロンと戈を交えた。ギャンツェにおいては敗北を喫したものの、最終的にナクチュの戦いで大勝し、ダム地方のモンゴル軍を手中に収めて（ダム地方のモンゴル軍はもとダライラマの父スーナムタルギェーの管轄であった）1728年にラサ入りし、ガプーパらを捕えて清の沙汰を待った。8月には清から査朗阿がラサに入った。ガプーパ、ルムパネーは凌遅の刑〔生きている人間の肉を少しずつ切り落とし、苦痛を与えつつ死に至らしめる処刑法。清代においては国家転覆を謀った謀反人に施す刑とされた〕に処せられ、ポラネーはウー・ツァン行政の代表となった。後チベットもポラネーによって管理され、前チベットはポラネーの推挙した2人のカロンが兼任した。清はカンチェンネーの死を審議、スーナムタルギェーが黒幕であったことが発覚する。再発防止のため、ダライラマ七世はリタンへ移し、同時にパンチェンラマ五世ロサンイェシェーをラサに呼んで教務を代理で担当させることとし、またラツェ、プンツォクリン、ガムリン、ツォンカ、キーロン、ガリー・コルスムなどの地をパンチェンラマの所轄地域に組み込もうとした。パンチェンラマはラツェ、プンツォクリン、ガムリンの地域についてのみ了承し、もともとの所轄地域であったパクリ、ギャンツェ、白地（不明）など3か所を前チベットに差し出し、パナム宗を前後チベットの境界としている。9月、パンチェンラマはラサに到達し、ダライラマ七世は11月に駐蔵大臣瑪拉によってリタンへ移送された。査朗阿は既存の件について処分をおこなった後、その権限を駐蔵大臣の僧格、邁禄に委譲し、2000人の軍を駐留させたまま北京に戻った。

ダライラマ七世はリタンに移った後、1730年の初めには詔で泰寧の恵遠廟〔現在の四川省カンゼ・チベット族自治州道孚県〕に移された。雍正帝はスーナムタルギェーを北京に呼んでチベットの政治に関与したことを責めたが、再び関与はしないとの申し出により、ダライラマ慰撫のためもあって輔国公に封じている（1729年。これ以降、歴代ダライラマの父あるいは兄は、等しく輔国公を授かることになった）。1735年の春、清はダライラマをラサに戻したが、その権限は宗教分野のみと厳格に規定した。父のスーナムタルギェーは命によりサムイェー寺に常駐となり、ラサへはダライラマに会うため年に1度、1か月の滞在のみとして、政治に干渉しないようにされた。チベットの行政は駐蔵大臣の監督の下、ポラネーに全権が委ねられた。ポラネーは責務を果たしつつも清に対しては臣属の立場を頑なに守り、1747年に世を去った。20年にわたり、チベットの政治を立て直した功でベイセ（1729）、ベイレ、ドロイ・ベイレ（1731）、郡王（1739）に封ぜられている。この20年はチベットにとって比較的安定し、繁栄した時期であった。宗教分野における彼の主な功績は、『カンギュル』『テンギュル』の木版翻刻であろう。『カンギュル』は1730年、『テンギュル』はその2年後に成立、これは現在ナルタン版といわれるものである。チベット大蔵経は明の永楽八年（1410）頃中国内地で成立した『カンギュル』が最古のもので、その後万暦年間〔1573～1620〕にも開版された。清初の康熙、雍正帝の時代にも中国において『カンギュル』『テンギュル』全巻が開版されており、これら内地版の成立はナルタン版より古い。ナルタン古版の成立は14世紀頃といわれるが現存しておらず、版本も発見されていないので、その存在には疑問も残る（14世紀のナルタン寺でチョムデン・リクペーレルティ、ウーパ・ロセル・サンギェーブムらが整理編集校訂した『カンギュル』『テンギュル』をあやまって板刻としたのかもしれない)。ポラネー時代のナルタン版以降、西カムのデルゲと甘南のチョネでも『カンギュル』『テンギュル』が共に開版された。またポラネーはジュンガルに破壊されたニンマ派寺院ドルジェタク寺とミンドゥルリン寺を修復している。晩年、ポラネーとダライラマ七世の間には確執が生じた。1747年にポラネーが世を去った後、子のギュルメーナムギェル（'gyur-med-rnam-rgyal）が詔により郡王の爵を襲った。3年ほどの間に権力を振るって敵対者を排除、ダライラマと対立し、駐蔵大臣もないがしろにして、チベット駐留軍の撤退を奏上した。1750年にはその叛逆の意があらわになったが、当時の駐蔵大臣であった傅清と拉布敦は軍をもたなかったため、事は急を要すとギュルメーナムギェルを駐蔵大臣の役所へ呼び出し、手ずから斬って殺害したが、2人もギュルメーナムギェルの配下ロサンタシーによって殺害された。ダライラマはことを知って〔ドリン・〕パンディタ（もともとカロンに着任していた）に行政を代行させ、ロサンタシーとその一党をかくまったり、協力しないようチベット人に呼びかけた上で清の沙汰をまった。清は事件を知ると、四川総督の策楞と副都統の班第等に兵をつけてそれぞれチベットへ派遣した。班第が先にラサに入り、叛徒の処分を下した。策楞はその後チベット入りすると班第、兆恵、納木札爾等と協議し、1751年に善後策を上奏している。こうしてチベットでは郡王やベイレなどの爵位を廃止し、カシャク（bka'-shag：内閣）を創設して俗人3人、僧1人からなるカロンに日常業務を担当させた。また折奏や交通などの重要事項については、ダライラマと駐蔵大臣の酌定が必要とされ、ダライラマ及び駐蔵大臣の印が用いられた。

他にもチベットの官員の任免、賞罰、昇進栄転の規定が定められ、中でもカロン、代本などの重要な職位については中央の任命が必要とされた。その他の重要事項についても規定が定められ、これらはチベット行政制度最初の重大改革となった。この善後章程の制定で駐蔵大臣の権力が強化され、同時にダライラマは清中央政府から正式にチベットの行政事務に与る権利を授与された。この後200年の間、チベットではゲルク派が権力を掌握したいわゆる"政教一致"体制が、中央政府によって認められたのであった。ゲルク派寺院内の各種制度については、ダライラマ七世によって適宜修整がおこなわれた。1757年、ダライラマ七世が世を去ると、清はテモ・フトゥクトゥ・ガクワンジャムペルデレクギャムツォ（de-mo-ho-thog-thu-ngag-dbang-'jam-dpal-bde-legs-rgya-mtsho）に行政を委ねた。チベット人官僚とテモは、事が起これば協議し、ダライラマ七世存命時と同様にふるまうようにした。後にこの職位は正式に掌辦商上事務（"商"はチャクズーパ phyag-mdzod-pa の省略であり後世チャクズーとなった。倉庫の意味があり、チャクズーパは"倉庫管理人"、中国でいう管財人を指す。しかしチベットの財政収支は各地方からもち込まれる実物に関わっているため、その実権はチベットの行政と宗教にまで関わるものであった。その点でも外国人と一部の通俗書においては誤称される役職である）となり、先代ダライラマが世を去って、次のダライラマが成年に達するまでその職権を代行した。1793年、乾隆帝は福康安をチベット入りさせてグルカ兵を撤退させた後、善後章程を改訂、駐蔵大臣の権限をさらに強化すると共にダライラマが直接外国を往き来することを禁じた。ダライラマの行政参与の権利はそのまま維持されている。ここまでチベットにおけるゲルク派の政教一致体制のあらましを述べた。1959年以降、この体制は根本から廃止されている。

## 原注

(1) "聖"は仏教において非凡なる意を表し"識一切"は"一切智"のことである。これはチベット仏教の顕教分野で最高の成就を得た僧の称号であり、チベット語でタムチェーキェン（thams-cad-mkhyen）、サンスクリットの sarvajña の訳である。sarvajña は釈迦の十号のうちの一つ。瓦斉爾達喇もサンスクリット vajradhara の訳で、チベット語ではドルジェチャン（rdo-rje-'chang）、執金剛の意となり、密教分野における最高の成就を得た僧の称号である。達頼はモンゴル語の海の意で、喇嘛はチベット語で上師の意を表す。全体的な意味としては「顕密で最高の成就を得た非凡な海の上師」となろう。明清期において、ダライラマへの封号はみなこの尊号、あるいはその一部分を使用したため、ここにその解釈を示す。

(2)　『ダライラマ四世伝』によれば、ユンテンギャムツォをダライラマ四世として認定した件では、当時のパクモドゥ政権の首領闡化王の同意を得たという。
(3)　コリチチェンはすなわちアルタン・ハーンが青海に止めた火落赤部であることが『明史』にみえる。
(4)　『ダライラマ五世伝』によれば、パンチェンラマ四世はダムシュンまで見送り、ダライラマ五世に数日同行したという。
(5)　『清實録』世祖朝、巻74　順治十年4月丁巳条。
(6)　『清實録』世祖朝、巻74　順治十年4月丁巳条。
(7)　彼にはダライラマ五世の実子だという伝説がある。すなわち1652年、ダライラマが上京の途中ダムに立ち寄った際、モンゴル貴族の婦人と同衾、翌年サンギェーギャムツォが生まれたという。これが真実であったとすれば、サンギェーギャムツォとモンゴル貴族には何らかの関係性があったことになる。
(8)　『聖武記』巻5参照。陳克縄『西域遺聞』もほぼ同じ内容だが、パンチェンラマ所属の寺院を372とする。記録上のミスであろう。またインド人ダース（S.C.Das：〔河口慧海の師サラット・チャンドラ・ダース〕）の論文によると、1882年カシャクが集計したゲルク派所属の寺院は1026か所、僧尼は49万1242人だが、小規模な廟やマニ・ラカン（ma-ni-lha-kang）などは含まれていない。ニンマ、サキャ、カギューなど各派寺院の合計はゲルク派の総数よりやや多く、あらゆるチベット仏教の寺院の総数を2万5000か所、僧は76万人余としている。ここには一部甘粛、青海、カムなどのチベット地区の寺院も含まれる。
(9)　ケルサンギャムツォをダライラマ六世に封じたということは、ツァンヤンギャムツォ、イェシェーギャムツォの2人を六世と認めていないことになる。しかし、チベット人、特に三大寺の僧はツァンヤンギャムツォこそがダライラマ六世であるとし、ケルサンギャムツォを七世とした。漢文史料ではケルサンギャムツォを六世としており、この問題は1783年まで続いている。乾隆四十八年（1783）の8月、乾隆帝はケルサンギャムツォの転生者であるジャムペルギャムツォをダライラマ八世とし、ツァンヤンギャムツォが六世、ケルサンギャムツォが七世であると暗黙のうちに認めた。混乱を避けるため、以降はケルサンギャムツォをダライラマ七世とする。
(10)　この時の招撫加封のうちにはチャムドのパクパラ・リンポチェ 'phags-pa-lha が含まれる。パクパラはツォンカパの弟子シェーラプサンポの弟子で、シェーラプサンポは1437年にチャムドにおいてチャムド・チャムパリン寺 chab-mdo-byams-pa-gling を建立しており、パクパラに継承された。寺院はパクパラの転生者によって継承され、当時はパクパラ六世のジクメーリクペーギャムツォ 'jig-med-rig-pa'i-rgya-mtsho であった。六世は康熙帝から“闡講黄教額爾徳尼諾門汗”に封ぜられている（『衛蔵通志』では“闡講”、張其勤、妙舟等の書では“講衍”）。

## 訳注

〔1〕　Tucci の Tibetan painted scrolls は rgyal khang rtse pa dpal 'byor rgya mtsho、『西蔵歴史年表』は rgyal phang rtse pa dpal 'byor rgya mtsho とする。
〔2〕　中央政府任命の役人を派遣して支配すること。役人は地方の転任をくりかえしたので流官と称された。
〔3〕　他の史料のほとんどはガクワンリンチェンをサンギェーギャムツォの引退後、デシーを引き継いだ人物としており、1705年に父親が殺害されると、中国内地に逃亡したとしている。王森の記述には、何らかの錯誤があると思われる。

## ［表８－１］ 清代チベット地方歴代チベット族行政長官表（1642 ～ 1951）

1642 ～ 1658 **スーナムラプテン**（bsod-nams-rab-brtan、スーナムチュンペル bsod-nams-chos-'phel とも、デパ）

1658 ～ 1660 空位

1660 ～ 1668 **トンメーパ・ティンレーギャムツォ**（grong-smad-pa-'phrin-rgya-mtsho、デパ）

1669 ～ 1675 **ロサントゥトプ**（blo-bzang-mthu-stob、デパ）

1675 ～ 1679 **ロサンジンパ**（blo-bzang-sbyin-pa、デパ）

1679 ～ 1703 **サンギェーギャムツォ**（sangs-rgyas-rgya-mtsho、デパ）

1703 ～ 1705 **卓薩**（サンギェーギャムツォの子、代理デパ）

1705 ～ 1707 **ガクワンリンチェン**（ngag-dbang-rin-chen、デパ）†

1707 ～ 1717 （モンゴルのラサン・ハーンが清より翊法恭順王に封ぜられる）

1717 ～ 1720 **タクツェパ・ラギェルラプテン**（stag-rtse-pa-lha-rgyal-rab-brtan）、ジュンガル軍代理人

1720 ～ 1721 （清軍首領による管理）

1721 ～ 1727 **カンチェンネー・スーナムギェルポ**（khang-chen-nas-bsod-nams-rgyal-po）、清よりベイセに封ぜられる。首席カロン。

（1727 清はチベットに駐蔵辦事大臣をおく。）

1727 ～ 1728 3人のカロンによる連合政治が行われる。3人のカロンとは、
**ガプーパ・ドルジェギェルポ**（nga-phod-pa-rdo-rje-rgyal-po）、
**ルムパネー・タシーギェルポ**（lum-pa-nas-bkra-shis-rgyal-po）、
**ジャルラン・ロドゥーギェルポ**（sbyar-rangs-blo-gros-rgyal-po）である。

1728 ～ 1747 **ポラネー・ソナムトプギェル**（pho-lha-nas-bsod-nams-stob-rgyal : 1689 ～ 1747）、清より郡王に封ぜられる。

1747 ～ 1750 **ギュルメーナムギェル**（'gyur-med-rnam-rgyal）、清より郡王に封ぜられる。

1751 ～ 1757 **ダライラマ七世ケルサンギャムツォ**（bskal-bzang-rgya-mtsho）は駐蔵辦事大臣と共同でカシャク（bka'-shag）の4カロンを指導してチベットの行政事務をおこなった。後に、こうした共同の行政管理は清の定例となった。

1757 ～ 1777 **テモ・フトゥクトゥ・ガクワンジャムペルデレクギャムツォ**（de-mo-ho-thog-thu-ngag-dbang-'jam-dpal-bde-legs-rgya-mtsho）チャクズーの事務を司る。先代ダライラマ円寂後、次のダライラマが成人に達するまでその職権を代行した。これもまた清代の定例である。以下※はこのチャクズーの事務を司った者を指す。

1777 ～ 1786 **※ツェムンリン・サマティパクシ・ガクワンツルティム**（tshe-smon-gling-sa-ma-ti-pakshi-ngag-dbang-tshul-khrims）

1787 ～ 1790 **ダライラマ八世ジャムペルギャムツォ**（'jam-dpal-rgya-mtsho）

1791 ～ 1811 **※タツァク・ピリク・トゥプテンペーグンポ**（rta-tshag-spi-lig-thub-bstan-pa'i-mgon-po）

1811 ～ 1818 **※テモ・フトゥクトゥ・ガクワンロサントゥプテンジグメーギャムツォ**（de-mo-ho-thog-thu-ngag-dbang-blo-bzang-thub-bstan-'jigs-med-rgya-mtsho）

1819 ～ 1844 **※ツェムンリン・サマティパクシ・ガクワンジャムペルツルティム**（tshe-smon-gling-sa-ma-ti-pakshi-ngag-dbang-'jam-dpal-tshul-khrims）

1844 ～ 1845 **※パンチェンラマ七世テンペーニマ**（bstan-pa'i-nyi-ma）

1845 ～ 1855 **※レディン・フトゥクトゥ・ガクワンイェシェーツルティムギェンツェン**（rva-sgreng-ho-thog-thu-ngag-dbang-ye-shes-tshul-khrims-rgyal-mtshan）

1855　　　　　ダライラマ十一世ケートゥプギャムツォ（mkhas-grub-rgya-mtsho）
1855～1862　※レディン・フトゥクトゥ・ガクワンイェシェーツルティムギェンツェン（rva-sgreng-ho-thog-thu-ngag-dbang-ye-shes-tshul-khrims-rgyal-mtshan）再任
1862～1864　※デシー・シェーダワ・ワンチュクギェルポ（sde-srid-bshad-sgra-ba-dbang-phyug-rgyal-po）
1864～1873　※デトゥクコンマ・フトゥクトゥ・ティスル・キェンラプワンチュク（sde-drug-gong-ma-ho-thog-thu-khri-zur-mkhyen-rab-dbang-phyug）
1873～1875　ダライラマ十二世ティンレーギャムツォ（'phrin-las-rgya-mtsho）
1875～1886　※タツァク・フトゥクトゥ・ガクワンペンデンチューキギェンツェン（rta-tshag-ho-thog-thu-ngag-dbang-dpal-ldan-chos-kyi-rgyal-mtshan）
1886～1895　※テモ・フトゥクトゥ・ガクワンロサンティンレーラプギェー（de-mo-ho-thog-thu-ngag-dbang-blo-bzang-'phrin-las-rab-rgyas）
1895～1904　ダライラマ十三世トゥプテンギャムツォ（thub-bstan-rgya-mtsho）
1904～1909　※八十六代ガンデンティパ・ロサンギェンツェン（dga'-ldan-khri-thog-gya-drug-pa-blo-bzang-rgyal-mtshan）
1909～1910　ダライラマ十三世トゥプテンギャムツォ（thub-bstan-rgya-mtsho）
1910～1912　※ツェムンリン・フトゥクトゥ（dga'-ldan-khri-'dzin-tshe-smon-gling-ho-thog-thu）
1913～1933　ダライラマ十三世トゥプテンギャムツォ（thub-bstan-rgya-mtsho）
1934～1941　※レディン・ノモンハン・フトゥクトゥ（rva-sgreng-no-min-han-ho-thog-thu）
1941～1951　※ヨンジン・タクタクリンポチェ（yong-'dzin-stag-drag-rin-po-che）
1951　2月　ダライラマ十四世テンジンギャムツォ（bstan-'dzin-rgya-mtsho）親政開始。
　　　5月　チベット和平解放。

〔†　史料によってはガクワンリンチェンをサンギェーギャムツォの子としている。本文訳注〔3〕参照。〕

### ［表8－2］　モンゴル・ホシュート部チベット地方歴代ハーン系譜

1642～1654　グシ・ハーン・トゥルバイフ（1582～1654）
1658～1668　ダヤン・ハーン
1671～1701　ダライ・ハーン
1703～1717　ラサン・ハーン

### ［表8－3］ ダライラマ系譜

第 一 世　ゲンドゥントゥプ（dge-'dun-grub : 1391 ～ 1474）

第 二 世　ゲンドゥンギャムツォ（dge-'dun-rgya-mtsho : 1475 ～ 1542）

第 三 世　スーナムギャムツォ（bsod-nams-rgya-mtsho : 1543 ～ 1588）

第 四 世　ユンテンギャムツォ（yon-tan-rgya-mtsho : 1589 ～ 1616）

第 五 世　ガクワンロサンギャムツォ（ngag-dbang-blo-bzang-rgya-mtsho : 1617 ～ 1682）

第 六 世　ツァンヤンギャムツォ（tshang-dbyangs-rgya-mtsho : 1683 ～ 1706）

第 七 世　ロサンケルサンギャムツォ（blo-bzang-bskal-bzang-rgya-mtsho : 1708 ～ 1757）

第 八 世　ジャムペルギャムツォ（'jam-dpal-rgya-mtsho : 1758 ～ 1804）

第 九 世　ルントクギャムツォ（lung-rtogs-rgya-mtsho : 1805 ～ 1815）

第 十 世　ツルティムギャムツォ（tshul-khrims-rgya-mtsho : 1816 ～ 1837）

第十一世　ケートゥプギャムツォ（mkhas-grub-rgya-mtsho : 1838 ～ 1855）

第十二世　ティンレーギャムツォ（'phrin-las-rgya-mtsho : 1856 ～ 1875）

第十三世　トゥプテンギャムツォ（thub-bstan-rgya-mtsho : 1876 ～ 1933）

第十四世　テンジンギャムツォ（bstan-'dzin-rgya-mtsho : 1934 ～）

### ［表8－4］ パンチェンラマ系譜

第一世　ケートゥプジェ・ゲレクペルサン（mkhas-grub-rje-dge-legs-dpal-bzang : 1385 ～ 1438）

第二世　スーナムチョクラン（bsod-nams-phyogs-glang : 1439 ～ 1504）

第三世　ロサントゥントゥプ（blo-bzang-don-grub : 1505 ～ 1566）

第四世　ロサンチューキギェンツェン（blo-bzang-chos-kyi-rgyal-mtshan : 1567 ～ 1662）
この人物をパンチェンラマ一世とする数え方もある。

第五世　ロサンイェシェー（blo-bzang-ye-shes : 1663 ～ 1737）

第六世　ロサンペンデンイェシェー（blo-bzang-dpal-ldan-ye-shes : 1738 ～ 1780）

第七世　テンペーニマ（bstan-pa'i-nyi-ma 1781 ～ 1853）

第八世　テンペーワンチュク（bstan-pa'i-dbang-phyug : 1854 ～ 1882）

第九世　チューキニマ（chos-kyi-nyi-ma : 1883 ～ 1937）

第十世　チューキギェンツェン（chos-kyi-rgyal-mtshan : 1938 ～）※

※　王森氏がこの書を執筆した当時、パンチェンラマ十世は存命であった（パンチェン・ラマ十世は1989年円寂）。

# 第9章 元代の十三万戸について

9世紀中頃に始まる吐蕃王朝の内紛から数十年、絶え間なく、また長期にわたって続いた人民起義の衝撃で奴隷社会は完全に崩壊した。その後チベットでは極めて混乱した時代と各勢力が割拠する時代がそれぞれ200年ほど続いたが、400年にわたるそれらの時期の後、元の行政体制が成立したことで、ようやく統一した状況があらわれた。これは封建農奴社会の封建領主が元朝政府の政令の下で成した統一にすぎなかったが、400年の混乱はここにようやく終わりを告げたのであった。

割拠時代、チベット西部には吐蕃のツェンポの後裔が統治する3つの王国があった。土地と人民はみな王国の3人の小王に属しており、この一帯を総称してガリー・コルスム（mnga'-ris-skor-gsum：ガリー三域の意）という。一つ目のグゲ（gu-ge）は現在のガリー西南部にあって四方を山に囲まれていたため、タク・コル（brag-skor：岩域）といった。二つ目のプラン（spu-rangs）はガリー東南部のプラン宗一帯にあり、周囲に雪山が多かったことからカン・コル（gang-skor：雪域）といった。三つ目のマンユル（mang-yul）は現在のラダック地方に位置しており、周囲に湖が多かったのでツォ・コル（mtsho-skor：湖域）という。王国は父から子へと継承され、元の終わり頃までその体制は続いた。前後チベットにおいても、吐蕃のツェンポの後裔を名乗る者らがラサ・サムイェー・ヤルルン・ラツェなどの地で統治しており、また後チベットのクン氏（'khon）、チェ氏（lce）、前チベットのガル氏（mgar）、ラン氏（rlangs）等吐蕃時代の貴族（大奴隷主）の後裔も各地で独立した小規模な勢力を保っていた。10世紀の終わり頃、西寧一帯から前後チベットに仏教が伝わり、僧は拠点となる小規模な寺院を多く建てて宗教戒律や文化知識を伝えていた。その頃、ガリー方面でもインドから招聘した僧が仏教を伝えている。それらが融合していった結果、仏教は民間にも徐々に浸透していき、有力な僧が統治者として立つこともあった。当時を伝える数少ない史料である『青史』には、ある僧が寺院を建立して布教に努めたが、世を去った後、甥がその土地の統治者となった話が記載されている。また一人の僧がある地域の統治者間で紛争の仲介をおこなったが、土地の民はみなその僧の支配下に置かれたという話もある（これらは11世紀から12世紀頃の話である）。これらの例からも明らかなように、社会の混乱期にあって、僧はその宗教的地位を利用して政治に与ったり、もしくは実権を握ってしまう場合があった（吐蕃晩期、ツェンポが僧をペンデ・チェンポに任じて軍権を統轄させたという先例もある）。僧は民衆に大きな影響力があり、吐蕃時代の貴族やツェンポの後裔である世俗の統治者たちも政権の維持や統治強化のために僧を利用した。11世紀から12世紀頃の著名な僧の多くは旧貴族出身であり、世俗の統治者が少なからず彼らを保護したという事実がすべてを物語る。こうした関係のもと、統治者と僧との間で連合あるいは闘争が生じるのは当然のなりゆきであった。当初は連合することが比較的多く（統治者階級同士の連合）、ウー・ツァン地区ではその後僧俗が結びついた勢力が形成されるようになった。この時期、チベット地区の経済は農業の発展が進み、牧畜を凌駕して圧倒的優位を占めていた。そのため複数の河谷の農業地区には比較的大きな勢力が出現するようになった。彼らは11世紀から13世紀にかけて、分散割拠の状況を形成した。これらの地方勢力は、一族で政教両権を掌握するもの、また一族全体である教派と結合するもの、さらには一族で教派を主としつつ、密かに経済の実権を握る者もいた。12世紀末から13世紀の初め頃において、ガリー・コルスムがおのおの寺院を有していたほかは、後チベットではサキャのクン氏（'khon 昆氏、『元史』では款氏とある）が政治、宗教を掌握する勢力となっていた。クン氏はシャル（zha-lu）のチェ氏（lce）とも婚姻関係を結んでおり、ラトゥー・チャン（la-stod-byang）の地方勢力（これは西夏王の末裔で、西夏が滅亡した後サキャを頼ったもの）などとも深いつながりをもっていた。ギャンツェ地区（rgyal-mkhar-rtse）にも同様の世俗の地方勢力があった（この勢力もサキャに従属していた）。ラサの東南、ツェル地方（tshal）のガル氏（mgar）とツェルパ・カギューも連合して一地方勢力となっていた。ヤルルン地区（yar-lung/yar-klung）には吐蕃のツェンポの後裔としてヤルルン・

チョウォ（yar-lung/klung-jo-bo）を名乗る勢力があり、パクモドゥ地方（phag-mo-gru）のラン氏（rlangs）はパクモドゥ・カギューを擁した僧俗連合の勢力であった。ラサ河上流にある支流ソロン河（gzo-rong-chu）の流域にいたチョクロ氏は、ディクン・カギューと結びついた勢力であり、トゥールン（stod-lung）にあるカルマ・カギューのツルプ寺、タクルン（stag-lung）にあるタクルン・カギューのタクルン寺などはみな宗教を基盤とした地方勢力である。しかしラサ北部のレディン寺を拠点としたカダム派は、ラサ南方のサンプ寺、後チベットのナルタン寺など宗教上重要な位置を占める多くの寺院を有していたが、その勢力は宗教分野に限られ、各地の権力闘争にはほとんど加わっていない。このように前後チベットには僧俗が結びついた地方政権が数多くあり、それぞれ独自に政権を担って従属関係になかったが、ウー・ツァンすべてに関わるような大事件が生じた際は、一同に会して対策を練った。

13 世紀の初め頃、北方にモンゴルがおこり、チンギス・ハーン（テムジン。元の太祖）は 1206 年にモンゴル帝国を建てた。モンゴル兵は西夏と対峙する際、甘粛、青海に近いツァイダム地方に至ったが、この地区はすでにモンゴルに帰順していた。西夏王室はサキャ派とつながりがあったため、チンギス・ハーンはその興味をウー・ツァンへ向けるようになった。ある史料によれば、チンギス・ハーンはサキャ派の大ラマにあて、チベット仏教を尊重すること、また兵を出してチベット入りする旨、書に認めたという。チベット各地の勢力はモンゴル軍の威力を恐れ、対策を練ると共に 2 人の代表を派遣した。1 人はヤルルン・チョウォのデシー・チョガ（sde-srid-jo-dga'）、もう 1 人はツェルパのクンガドルジェ（tshal-pa-kun-dga'-rdo-rje）である。ヤルルン・チョウォとツェルパは当時のチベットにおいて比較的大きな勢力であり、状況を左右しうる力をもっていた。2 人はチンギス・ハーンに対し貢物の献上と服属を申し出た。当時のモンゴル軍は他の地方の征服に向かっていたため、服属を了承したものの、チベットに具体的な支配が及ぶことはなかった。この点に関しては疑わしい点もあるが、チベット、モンゴルどちら側の史書にも取り上げられている。

当時甘粛、青海の地は西夏、あるいは金に属していたが、西夏は 1227 年、金は 1234 年にモンゴルに滅ぼされ、以降この地はモンゴルの所領となった。

オゴタイ（チンギス・ハーンの子、元の太宗）が即位すると、西夏の地及び甘粛、青海のチベット地区（当時唐兀特と称された）はオゴタイの次子クデン（闊端、『蒙古源流』では騰汗。1206 ～ 1251）の領地とされた。クデンは涼州（現在の甘粛省武威）に駐在し、1230 年に将官トルタナクポ（dor-rta-nag-po：チベット語史料による。当時の肩書きはダルハン（達爾汗））を派遣してモンゴル軍をチベット入りさせた。トルタナクポはラサ北部のレディン寺（rva-sgreng）やギェル・ラカン（rgyal-lha-khang）を訪れ、あるチベットの史料によればムンユル（mon-yul：現在のブータン）やネパールにまで至ったという。トルタナクポは当時のチベットの勢力割拠状態やチベット仏教各教派の状況をよく理解しており（彼の所属地は往々にして交流の盛んな所であった）、そのためモンゴル軍が統治することの難しさを感じていた。モンゴル軍は 1240 年に甘粛、青海から撤収、トルタナクポは当地の宗教指導者を選んでモンゴルによるチベット全土の統治に協力させるよう、クデンに建議した（ガリー地区は先にモンゴルに降っていた）。ダライラマ五世『チベット王臣記』には“現在ウー・ツァン地方においてカダム派寺院を以て最多となす。タクルン教派（タクルン・カギュー）の僧は戒律最も清整であり、ディクン教派（ディクン・カギュー）のチェンガ大師は大法力を具える。サキャ教派のパンディタ（サパン）は五明に富む”との記述があるが、トルタナクポはクデンにこの中の一人を選ぶよう勧めたのである。モンゴルは、すでに征服した、あるいは征服しようとしている地域に対し、その地の宗教指導者を籠絡して統治に協力させる政策を採っていた。これはチンギス・ハーン以来の一貫した政策であり、クデンのチベット政策もこれに即したものである。1244 年、クデンは再度トルタナクポと傑門をチベットにやり、ウー・ツァン地区のモンゴル帰順について話し合いをもつべくサキャパンディタ・クンガギェンツェン（sa-kya-paṇḍita-kun-dga'-rgyal-mtshan：1182 ～ 1251、サパン）を涼州に招聘させたのであった。1244 年、サパンは 2 人の甥、チャクナとパクパを伴い涼州へ向かった。行路、ラサ付近でパクパに沙弥戒を授けて出家させ、数人の従者をつけてパクパとチャクナを先に涼州へ向かわせた。これはサパンが必ず涼州へ行くという誠意の表れだとみられる（パクパら 2 人は幼少であったがサキャ派に定められた継承者であったため、その涼州行きの意義は大きい）。サパンは各地方勢力と連絡を取ってモンゴル対策を練りつつ、1246 年になって涼州に到着した。このとき、クデンはハーン選定のためカラコルムに行って不在であったが、グユク（オゴタイの子、元の定宗）の即位が決まったため、翌年涼州に戻り、サパンとの会見に臨んだのであった。クデンとサパンの間でチベットのモンゴル帰順の条件が定められたあと、サパンは公開状をしたためて僧、俗を問わずチベットの各統治者のもとに送り、クデンの条件をのみ、モンゴルに帰順するよう勧めた。公開状は、現在もサパンの全集の中に保存されている。認められた条件は、以下のようなものであった。ウー・ツァン地区の僧俗役人と人民は等しくモンゴルの臣民となる。僧俗役人と人々は、行政分野についてはモンゴルの派遣した人員によって管理される。寺院や僧に関する宗教業務についてはモンゴルから委託されたサキャ派の僧が管理する。チベットのあらゆる僧俗役人及び人民の官職は一切旧に照らして認められ、モンゴル人に指定された者の管理を受ける。その者はサキャ派の指導者によって推薦され、金字の詔書によってモンゴルから任命されてダルハチの名で人々を管理する。ウー・ツァン地区の高級官僚は金字の詔書をもつ者を通じてモンゴル・ハーンの詔を受け任命されなければならない。金字の詔書をもつサキャ派の同意なくして商売はできず、勝手に処理してはならない。違反者の行為は厳しく処罰される。ウー・ツァン各地の官員は3部の冊子を作成し、地方官の名、管轄下の戸数及び税の品目と数量を明記したうえモンゴルのハーン、サキャ寺に1部ずつ提出し、1部は保管する。地方からの貢物は各地の産出物に照らして献上する。金、銀、真珠、象牙、牛黄、虎や豹の皮等や、土地の最もよい産物を献上のこと…。チベット各地の僧俗の統治者はみなこの条件を受け入れ、正式にモンゴルに帰順した。ここにおいて、サキャ派はチベットにおいて行政と宗教両面をつかさどる指導者の地位を手に入れたのである。しかしモンゴル帰順にこそ異議は出なかったものの、領袖としての地位を手に入れたサキャ派に対する各勢力の不満はくすぶり続けた。サパンと同時に涼州に向かっていた四川・カム・中央チベットの地方勢力、如必里らの部族代表もこのとき帰順、ガリー・コルスムはすでにモンゴル領となっていた。

1251年、クデンとサパンが相次いで世を去ると、定められた税の納付を拒む者も現れた。1252年、フビライ（元の世祖）は兵を率いて大理に攻め込んだが、右路軍は吐蕃を経由する路を採ってカムに侵入したため、カムの地方勢力は再度モンゴルに降ることになった。当時ウー・ツァンの比較的規模の大きい勢力、特に宗教指導者たちはモンゴル・ハーンの親族や重臣などと競って関係構築をはかり、その権力によってチベットにおける勢力の保持と拡大をはかろうとしていた。カギュー派のパクモドゥ派やディクン派はフラグと、ツェルパ派はフビライと関係を結び、カルマ・カギューのカルマ・パクシはかつてフビライに引見されながらも北上して憲宗（モンケ：1251～1259在位）についていた。憲宗が1251年に即位すると、弟のフビライは漠南モンゴルと華北地区の権限を与えられた。フビライはチンギス・ハーン及びクデンの政策を踏襲し、チベット地区に宗教的指導者を立ててモンゴル統治を進行させようとした。フビライは1252年使者を派遣して涼州にパクパを呼び寄せ（本来呼び寄せようとしたのはサパンであったが、サパンはすでに死去していた）、翌年六盤山の麓で対面を果たしたのち、そのまま手元に置いた。フビライは1260年帝位に就き、サキャ派を利用したチベット支配をおこなうことを決意し、その年の末にパクパを国師に任命した。続いてタメン（ta-men）をチベットに派遣して、当地の状況と戸口の調査、献上品の数量確定等を調査させると共に、各地にジャムチ（駅站）を設置させた。タメンは人口や資源の状況を調査して貢物の数量を確定し、カム地区（ドトゥー mdo-stod）に７つ、甘粛、青海地区（ドメー mdo-smad）に９つ、前チベット（ウー dbus）に４つ、後チベット（ツァン gtsang）に７つのジャムチェン（大站）を設置した。ジャムチェンの間にも小站、軍站を適宜設置している。チベット統治のための行政準備はすでに進められており、それに先立つ交通網の整備がおこなわれたとみるのが妥当であろう。1264年、フビライは都を大都（現在の北京、当時は〔金時代の名称である〕中都と称していた）に移し、総制院（総制院は1288年に宣政院に昇格した。宣政院の名は唐代に吐蕃の使者を接見した宣政殿から）を設置、全国の仏教事務とチベット地区の行政を担当させた（これには軍事も含まれたが、大規模な討伐の際は枢密院との共議のもと決定された。元代は中書省、御史台、枢密院、宣政院が置かれ、皇帝直属の独立機関とされた。中書省は内地の行政を、御史台は監察を、枢密院は軍事を管理する）。パクパは国師として総制院を率いることとなった。元朝はここにチベット族を管理する中央機構を設立したことになる。至元二十五年（1288）、当時の尚書省右丞相センゲが総制院において奏上、西蕃の諸宣慰司の統轄は軍民、財政、穀物、事務の点で非常に負担であるとした。そのため総制院は宣政院と改称、秩従一品（総制院は秩正二品であった）として三台の銀印を使用することになった。この中央組織のもと、フビライはチベット人居住地域に3か所の宣慰使司都元帥府を設置した。甘粛、青海のチベット地区及び四川のチベット地区の一部を管轄したのが一．吐蕃等処宣慰使司都元帥府で、内地に隣接したチベット、漢の両民族が往き来する地域に道路、州、県を設置して流官を置き、任免は陝西行省に帰した。チベット人居住地区には宣撫司、安撫司、招討司、元帥府、万戸府、千戸所などの地方行政機関が設置され、当地の軍民が行政の管理をおこなった。万戸府以下の職官は、当地のチベット人のうち、僧俗を問わず上流階級の者が任用され、世襲あるいは旧例を踏襲したやり方が認められている。四川西方の州県及び旧西カムのチベット地区には二．吐蕃等路宣慰使司都元帥府が設置された。ここにも安撫司、招討司、元帥府、万戸府、千戸所等の地方行政機関が設置され、流官の任免権は四川行省に帰した。万戸以下の職官については吐蕃等処宣慰使司都元帥府と同様であった（明清時代もこの制度を踏襲しており、後の土司制度につながってゆく）。ウー、ツァン、ガリー（現在のラダックも含む）を管轄するのは三．烏思蔵納里速古魯孫三路宣慰使司都元帥府である。この中に含まれるガリー・コルスム（納里速古魯孫、また納里速古児孫ともいう〔共にチベット語を漢字で音写したもの〕。225頁参照）はウー・ツァン地区より先にモンゴルに帰順していたが、宋以来の3人の土地の王（吐蕃ツェンポの末裔）の地位はそのまま保持されていたため、この地については元帥2名に軍務を統轄させたのみであった。ウー・ツァン（すなわち烏思蔵、前後チベットを指す）地区には元帥2名を置かず、モンゴル駐留軍に管理をさせた。別に万戸府と千戸所を設け、地方行政機構として当地の民政（管民官）に管理させている。サキャにはプンチェン[1]を1名設置し、前後チベットを十数の万戸に区分した。また転運1名を設置してジャムチの管理をさせた。

3つの宣慰使司都元帥府は宣政院に所属し、そのうち宣慰使司都元帥、元帥、転運、万戸、一部の重要な千戸などを担当する高級官吏は宣政院または帝師により指名されて皇帝の任命を受けた。万戸、千戸はチベットの僧俗の支配階級の者が多く担当し、旧例の踏襲が認められていた。中央の政令は帝師によって副署され、皇帝の詔が伝えられて執行された。これらの命令の及ぶところは極めて広範であった（農奴の逃亡制止等も含まれる）。万戸、千戸以下の属官については自身の署名によって任官を許した。『元史』釈老伝にはこれらの制度を総括して以下のように述べられている。すなわち“世祖……乃ハチ郡県土蕃（吐蕃）ノ地、官ヲ設ケテ職ヲ分ケ、而シテコレヲ帝師ニ領セシム”（元代の歴代帝師に関しては第5章サキャ派を参照されたい）。

チベット地方の烏思蔵納里速古魯孫等三路宣慰使司都元帥府の下に設置された万戸や千戸についての詳細な状況は、資料不足のため詳しく知ることはできない。『元史』百官志の烏思蔵納里速古魯孫等三路宣慰使司都元帥府の項にはその所属の万戸、千戸について若干の付記がある。チベット語史料には多くの書に十三万戸の名称が見られるものの、詳細な解説はなく、また食い違いが極めて多いが、比較的早い時期のものは『元史』の記載と似通った部分が多い。チベット十三万戸の問題を可能な限り明確にさせるため、これら2種類の記載を照らし合わせ、他の史料を加えて説明してみたい。

『元史』百官志の記述は以下のとおりである。

烏思蔵納里速古魯孫等三路宣慰使司都元帥府：宣慰司五員、同知二員、副使一員、経歴一員、鎮撫一員、捕盗司官一員、其ノ属附見

［一］納里速古児孫元帥二員
［二］烏思蔵管蒙古軍都元帥二員
［三］担里管軍招討使一員
［四］烏思蔵等処転運一員
［五］沙魯思（思応作田）地里管民万戸一員
［六］擦里八田地里管民万戸一員
［七］烏思蔵田地里管民万戸一員
［八］速児麻加瓦田地里管民官一員
［九］撒剌田地里管民官一員
［十］出密万戸一員
［十一］嗸籠答剌万戸一員
［十二］思答籠剌万戸一員

［十三］伯木古魯万戸一員

［十四］湯卜赤八千戸一員

［十五］加麻瓦万戸一員

［十六］扎由瓦万戸一員

［十七］牙旦不蔵思八万戸府達魯花赤一員、万戸一員、千戸一員、担里脱脱合孫一員

［十八］密児軍万戸府達魯花赤一員、万戸一員、初厚江八千戸一員、卜児八官一員

『元史』巻 87　百官志三

『ダライラマ五世伝』中のサキャの初代プンチェン、シャーキャサンポ及びその少し後の時代の記録をもとに、ウー・ツァン各万戸所轄の属民の戸数についての段を以下に訳出する。

古代文献（sngon-gyi-yig-tshang）による記載は以下のとおり。

アクン（a-kon）、ミリン（mi-gling）2 人が（チベットを）訪れた後、俗官所属の人民（mi-sde、mi-sde と lha-sde あるいは chos-sde は相対的な言い方で、後者は寺院の属民を指している。元朝は寺院の属民に対して年貢や賦役を免除しており、精査の対象になっていない。したがって今回対象となるのは俗官の属民に限られる）と土地に対して大モンゴル（chen-po-hor）の名義を以て基本の戸口（dud）の数を精査する。上部（西部）ガリー・コルスム（mnga'-ris-skor-gsum）、（ウー・ツァンの）寺院属民、地方官員職分田内の属民等、及び万戸、千戸の管轄に属さない農牧民等を除いたウー・ツァン各万戸所轄の属民戸数は以下の通りである。

［1］ラトゥー・ロ（la-stod-lho）（万戸）属民の戸数は 1990 戸。

［2］ラトゥー・チャン（la-stod-byang）（万戸）属民の戸数はちょうど 2250 戸。

［3］チュミク（chu-mig）万戸属民戸数は 3003 戸

［4］シャル（zha-lu）万戸属民戸数は 3892 戸

［5］チャンドク（byang-'brog）万戸は後になって出現する（ここでは二種の解釈が可能であろう。チャンドク万戸は今回の調査以降に封ぜられた、あるいは今回の調査以降に調査されたかである）。

［6］ヤムドク（yar-'brog）万戸（と他の万戸は異なっており）、その下に16のレプ（leb）が設けられており、（合計）750戸

［7］ディクン（'bri-gung）（万戸）所属の農民と牧民（bod-'brog）は合わせて3630戸

［8］ツェルパ（tshal-pa）（万戸の属民は合わせて）3700戸

［9］パクモドゥパ（phag-mo-gru-pa）（万戸の属民は合わせて）2438戸

［10］ヤサンパ（g·ya'-bzang-pa）（万戸の属民は合わせて）3000戸

［11］ギャマワ（rgya-ma-ba）と［12］のチャユルワ（bya-yul-ba）（郷勇の属民は）5900戸で、半分ずつ分担している（半分ずつの原文はphyed-phyed-yin）

［13］タクルンパ（stag-lung-pa）には500戸
その下のロ・ドゥク（lho-'brug）〔1〕等に散居する属民は（さらに）1400戸

この時の（戸口）精査は、モンゴルとサキャ派が施主と帰依処との関係をうち立てた後、ウー・ツァンでおこなわれた最初の調査である。
ガリーより下（以東を指す）、シャルより上（以西を指す）はアコンとミリンによって精査がおこなわれた。
これ（シャル）より以下ディクン以上の土地はストゥプアキー（su-thub-a-skyid：彼はラサ、トクーナウォドン gro-khud-sna-bo-gdong の首領で、かつてはサキャの初代～三代までの施主であった）が中心となって精査をおこなった。
ほかに、サキャのプンチェン、シャーキャサンポの有する"三路軍民万戸"（zam-gru-gun-ming-dben-hu：gru は『青史』では klu）の役目と肩書きは彼の巻物中の記録において（ウー・ツァン各万戸属民の戸数は）このように（記録）されている。これらの万戸はウー・ツァンにおいて（それぞれ）（地方行政の）権力を掌握する制度で、このように形成された。

『ダライラマ五世伝』巻1、ラサ版第20～21葉

『ダライラマ五世伝』にある上述の万戸の名称と所轄の属民戸数は『ロンドゥル・ラマ全集（klong-rdol-bla-ma'i-gsung-'bum）』にもみられ、その内容も字句の違いを除けばほぼ同じである。この2つの材料と十三万戸の名を列挙しただけのチベット語史料とは多少の差異もあるが、『元史』百官志とは比較的似通っている。そのためそれらは比較的早期の資料を根拠にしていると考えられよう。『ダライラマ五世伝』で言及される史料はシャーキャサンポ（shākya-bzang-po）の巻物までさかのぼる。シャーキャサンポはサキャの初代プンチェンであった。別のチベット語文書の記載には、アコンとミリンの2人が1268年に前後チベットの各万戸所属民の戸口調査に派遣されたとあり、そこで納税の項目や数などが決められたと思われる。シャーキャサンポはおそらくその調査に協力したのであろう（あるチベット語史料では、1287年の調査に協力したのはプンチェンのシュンヌワンチュクであるとするが、万戸の戸数や名称はほぼ同じである）。そうであれば、保存されている記録は最も古く、また比較的信用できる記載といえるだろう。

他のチベット語史料にもいわゆるウー・ツァン十三万戸（khri-skor-bcu-gsum）の記載が掲載されているものがある。叙述の便宜をはかるため、チベット文史料の書名とそこに記載されたウー・ツァン十三万戸の名称を下に記す。

［一］『パクサムジュンサン（dpag-bsam-ljon-bzang）』が引用する『イクツァン（yig-tshang）』（古史料）の記載より。出典：『スムパケンポ全集版』第102～103葉　ダース刊本P158~159

1．ディ（クン）　2. パク（モドゥ）　3. ギャマ　4. ヤサンパ　5. ツェルパ　6. チャユル、ロ・ドゥク（bya-yul lho- 'brug）〔2〕　7. ガリー（mnga'-ris）　8. ラトゥー・ロ　9.（ラトゥー）チャン　10. チュミク　11. シャル　12. チャンドク　13. ヤムドク

［二］『ネーニン寺頌』　ここではトゥッチ『西蔵画巻（Tibetan Painted Scrolls）』から引用する（第2巻P681）。原文は8つの万戸のみ記載されている。剰余

と不足がある。

1. “ガリー” 2. ラトゥー（ロ） 3.（ラトゥー）チャン 4. チュミク 5. シャル 6. キュン（khyung）、ダ・パル（sbra bar） 7. ディクン 8. ツェルパ

［三］『チベット王臣記（bod-kyi-deb-ther-dpyid-kyi-rgyal-mo'i-glu-dbyangs）』ダライラマ五世著（1643年成立　民族出版社　1957年　P138）

1. ラトゥー・ロ 2.（ラトゥー）チャン 3. クルモ（gur-mo） 4. チュミク 5. シャン（shangs） 6. シャル 7. ギャマ 8. ディクン 9. ツェルパ 10. タンポチェパ 11. パクモドゥ 12. ヤサン 13. ヤムドク

［四］『ロンドゥル・ラマ全集（klong-rdol-bla-ma'i-gsung-'bum）』ロンドゥル・ラマ著（ラサ版　23章第五葉）

1. ラトゥー・ロ 2. ラトゥー・チャン 3. チュミク 4. シャル 5. チャンドク 6. ヤムドク 7. ディ（クン） 8. ツェルパ 9. パクモドゥ 10. ヤサンパ 11. ギャマワ 12. チャユルワ 13. タクルンパ・ラ・ドゥク（stag-lung-pa lha 'brug）〔ロ・ドゥクである可能性が高い〕

［五］『正法源流（dam-chos-byung-tshul『増続源流』とも）』前半（1~129葉）はクンチョクルントゥプの著作で16世紀頃成立、後半（129～228葉）はサンギェープンツォクの著作で、18世紀頃成立。（デルゲ版　162葉）

1. ラトゥー（ロ） 2.（ラトゥー）チャン 3. チュ（ミク） 4. シャ（ル） 5. ラ（lha） 6. シャン 7. ヤ（サン） 8. パク（モドゥ） 9. ギャ（マ） 10. ツェル（パ） 11. ディ（クン） 12. タク（ルン） 13. ヤムドク

［六］『宗義の水晶の鏡（grub-mtha'-shel-gyi-me-long『宗派源流』）』トゥカン（1737～1802）著。（デルゲ版　78葉）

1.（ラトゥー）ロ　2.（ラトゥー）チャン　3. チュ（ミク）　4. チャ（bya）5. ラ（lha）　6.　シャン　7. ヤ（サン）　8. パク（モドゥ）　9. ギャ（マ）　10. ツェル（パ）　11. ディ（クン）　12. タク（ルン）　13. ヤムドク

［七］『ドリン・パンディタ伝（rdo-ring-pandita-rnam-thar）』ドリン・パンディタは18世紀の人で伝記の抄本より引用（4葉）

1.（ラトゥー）ロ　2.（ラトゥー）チャン　3. チュミク　4. ガリー　5. シャル　6. シャン　7. ギャマ　8. ディクン　9. ツェル（パ）　10. ロ・チャ・ドゥク（lho bya 'brug）[3]　11. パクモドゥ　12. ヤサン　13. ヤムドク

以下は『元史』百官志の順序に従い、『ダライラマ五世伝』及び上記のチベット語史料7冊を対比して、ウー・ツァン地区の各万戸（百官志の一から四、記載のない万戸のうち主要部分は記述済である）について述べたものである。

［八］"沙魯思（思応作田）地里管民万戸一員"（田地里は元代の文献に常用される言葉で"地面"すなわちその地方を指す）；この万戸というのは『ダライラマ五世伝』の4番目、シャル（zha-lu）万戸である。上記チベット語史料のうち、［六］『宗義の水晶の鏡』以外のすべてにシャルの名が入っている。『宗義の水晶の鏡』の中でシャルに相当するのは"チャ"であろう。チャはすでに後チベットに組み込まれており、前チベットのチャユルではなく、シャル万戸管轄区内の地名だと思われる。現在詳細な地名の史料がないため断言はできないが、おそらくシャル万戸を指す可能性もある。シャル万戸の管轄は3892戸、万戸府はシガツェの東南のシャル地方にあった。

［九］"擦里八田地里管民万戸一員"；これは『ダライラマ五世伝』のツェルパ万戸を指す。また上記チベット語史料にはすべてにおいてツェルパの名が見られる。ツェルパ万戸の実際の管轄は3700戸で万戸府はラサ東南のツェ

ルシー・クンタン地方（tshal-gzhis, gung-thang）にあった。

［十］“烏思蔵田地里管民万戸一員”；この万戸は『ダライラマ五世伝』にみられず、名称も上記チベット語史料の中にみられない。しかしサキャのクン氏が自身の属民と土地をもっていたことはわかっており、ダース（S.C.Das）によると、1268年各万戸の戸数を調査した際のサキャ所属の属民の戸数は3630戸となっているが、この数字は万戸一つに相当する規模である。初代プンチェンのシャーキャサンポはフビライから加封され印を賜っており、その印文は“烏思蔵三路軍民万戸之印”（dbus-gtsang-gi-zam-klu-gun-min-dbang-hu'i-dam-kha）である。この印文は『紅史』及び『青史』に見え、また『ダライラマ五世伝』にも“三路軍民万戸”という肩書きが見られる（上の記述を参照）。おそらく、管轄下にあった万戸のうち、シャーキャサンポはサキャ本体の万戸を直接管理していたのだろう。印文の“烏思蔵”という文字は『元史』にある“烏思蔵田地里”と同じである。しかし軍民万戸は一般の万戸より上位で、万戸府と宣慰司の中間にあたる。『元史』には軍民万戸から昇格して宣慰司になる実例が多く挙げられており、サキャ万戸もプンチェンと称してはいても万戸とは称していない。フビライはサキャの六代目プンチェンに宣慰司という職称を与えたが、チベット人はプンチェンと呼んだ。またサキャは別に管民万戸を有しているので（サキャの人口については最初にこの見解がある）サキャ自体はやはり万戸の一つと思われる。ではなぜサキャではなく烏思蔵と称するのか。サキャ地方は帝師直属の領地であり、帝師の故郷、またウー・ツァンの万戸を管理するサキャ・プンチェンの駐在地でもあったことから、ウー・ツァンの首府ともいえる立場にあった。清がラサを前チベットと称したのと同様、元朝はサキャを烏思蔵と称した可能性もある。同様に“百官志”の中でサキャ万戸に言及する場合も、烏思蔵という字をあてている。この万戸とその戸数は、『ダライラマ五世伝』に転載されているシャーキャサンポの巻物には見られない。ある史料によれば、サキャに属する土地と人民には税がかけられていなかったといい、当時の状況からすればそれはあり得る話ではある。そうであれば、シャーキャサンポの巻物の中に組み込む必要はないわけである。『漢蔵史集』においてウー・ツァン十三万戸に言及する際も、そこではラトゥー・ロ、ラトゥー・チャンに続き

“lha-sde-gzhun-pa-zur-na-gsal” すなわち “サキャ寺管轄の（戸数は）別に述べる” とあり、その後チュミク、シャルと続く。地理的に見ても、これはサキャに相当した地域である。上記7種のチベット語史料を見ると、[四]『ロンドゥル・ラマ全集』にはこの万戸の記載がなく、[三]『チベット王臣記』で相当すると思われるのはクルモ（gur-mo）である。クルモは古代チベットの著名な市場の名であり、物々交換をして金銀に代えていた。他の市場はみなクルモの価格を基準にしていたのである。サキャの管民万戸はこの地に常駐して民事を管理したためこの説があるのかもしれない。[一]『パクサムジュンサン』、[二]『ネーニン寺頌』、[七]『ドリン・パンディタ伝』の資料にはすべて “ガリー” の一万戸があげられているが、ガリー・コルスムには万戸が設置されたことがなく、所在地はガリーにあるため、この “ガリー” はガリー地区のそれではない。ここでいう “ガリー”（mnga'-ris）は地区の名称ではなく、“直属の土地や人”（直属する土地人民を “ガリー” mnga'-ris といい、それらの領主を “ガタク” mnga'-bdag という）を意味しており、11世紀頃からの言い方である。サキャに所属する土地や人民はすなわち帝師に属しており、そのため “ガリー” と称してサキャ直属の土地人民を表した。[五]『正法源流』、[二]『ネーニン寺頌』の史料のうち、[一]『パクサムジュンサン』、[二]『ネーニン寺頌』、[七]『ドリン・パンディタ伝』のガリーに相当する万戸は “ラ”（lha）とする。サキャ所属の土地人民とはサキャ寺に所属しているともいえるが、寺に属する土地や人をチベット人は “ラデ”（lha-sde）と称しており、したがってこの万戸も “ラ” 万戸であり、“ラ” は “ラデ” の略称と思われるが、チベット語史料に明確な解釈はないので推論にとどめる。しかしこれらをもとに考えると、この “ラ” 万戸はサキャ万戸である可能性もある。上記のことから『元史』百官志の文章とチベット語史料の[一]『パクサムジュンサン』[二]『ネーニン寺頌』[五]『正法源流』にある “ガリー” の記載、及び[五]『正法源流』[六]『宗義の水晶の鏡』の中の “ラ” の記述、これらはすべてサキャ万戸を示すと考えられる。

[十一] “速児麻加瓦田地里管民官一員”
[十二] “撒剌田地里管民官一員”；この2つの官職は万戸ではなく、万戸について述べたチベット語史料の中にこの名称に相当するものは見つけられな

かった。別のチベット語史料においても相当する名称は見出すことはできなかった。

［十三］“出密万戸一員”；これは『ダライラマ五世伝』内の3番目にあたるチュミク（chu-mig）万戸に相当する。上記チベット語史料すべてにもチュミクの名が見られる。管轄していたのは3003戸、万戸府はシガツェの西南、北はナルタン寺、東はゴル寺に接した。

［十四］“沯籠答剌万戸一員”この万戸に相当する名称はチベット語史料には見られない。しかし数種のチベット語史料を全面的に対比してみた結果、［一］『パクサムジュンサン』のチャンドク、［二］『ネーニン寺頌』のキュン、ダ、バル、［三］『チベット王臣記』のシャン、［四］『ロンドゥル・ラマ全集』のチャンドク、［五］『正法源流』のシャン、［六］『宗義の水晶の鏡』のシャン、［七］『ドリン・パンディタ伝』のシャンを発見、これらは同じ万戸の別称である。チャンドク、シャン、キュンダ、バルの3つはシャン河上流の牧地であったため、チャンドクと言われていた（チベット北部の牧地を意味する）。［二］『ネーニン寺頌』のキュン、ダ、バルはそれぞれヤクの群、ヤクの毛でできたテント、ヤクの毛の外套を指しており、合わせてヤクの放牧を業とする牧畜民を示している。当時シャン河流域では主としてヤクの放牧をおこなっていたためこの俗称があり、したがって上記の3つの言葉は事実上一つの地域を指す。この地域に万戸が設定されたのは比較的遅く、この地の万戸の一族は代々タクナク（stag-nag『元史』にいう“答剌”）に居住していた。この地は現在のナムリン以東の河谷南岸にあたる。沯籠はこの河谷の名称で、沯籠答剌は現在の答剌地方である。したがって『元史』に記載された沯籠答剌とは、すなわちチベット語史料［三］『チベット王臣記』、［五］『正法源流』、［六］『宗義の水晶の鏡』、［七］『ドリン・パンディタ伝』に記載されたシャン（shangs）万戸、［一］『パクサムジュンサン』、［三］『チベット王臣記』に記されたチャンドク万戸、［二］『ネーニン寺頌』にあるキュン、ダ、バル万戸に相当する。漢とチベットで名称が異なるが、実質は一つである。

［十五］“思答籠剌万戸一員”、この万戸は『ダライラマ五世伝』内の13番目、

すなわちタクルンパ（stag-lung-pa）万戸に相当する。500戸及びラ（lha）、ドゥク（'brug）に散居する1400戸と共に管轄した（合計1900戸）。上記チベット語史料には［五］『正法源流』［六］『宗義の水晶の鏡』にタクルンの文字が見え、［四］『ロンドゥル・ラマ全集』にはタクルンパ（stag-lung-pa）、ラ（lha）、ドゥク（'brug）とする。［一］『パクサムジュンサン』の史料にこの名称は見られないが、チャユル（bya-yul）、ラ（lha）、ドゥク（'brug）の名があり、［七］『ドリン・パンディタ伝』にはラ（lha）、チャ（bya）、ドゥク（'brug）とある。［三］『チベット王臣記』で相当するのはタンポチェパ（thang-po-che-pa）である。［二］『ネーニン寺頌』はこの万戸に相当する部分が欠落している。この万戸については各史料で混乱が見受けられる。比較的後になって成立した史料の中では、すべてこの万戸についてカギュー派タクルン寺のタクルン（stag-lung）を指すとする。しかし現在確認することのできるタクルン・カギューに関するチベット語史料の中に、この宗派の如何なる人物についても万戸に封ぜられたとの記載はない。別の史料においても、タクルン・カギューの者は元朝において万戸に封ぜられたことはないという記述がある。前チベットのロカ地区には同じタクルン（stag-lung：ヤムドク湖南西）という地名があり、ここはヤムドク万戸といわれる万戸長の一族が開いたために、あるチベット語史料ではヤンド・タクルン（ya-'bro-stag-lung）と称される。これはヤムドクとタクルンの関わり、また各チベット文資料に挙げられるヤムドク万戸との関係を示すものであろう（ヤムドクのある万戸長はプンチェンを務めたこともある）。『元史』百官志にはヤムドク（漢字表記では“羊卓”）の文字は見られないが、同書の思答籠剌はタクルン（stag-lung）の古い訳で、つまりヤムドク万戸のことを指しているとも言える。ラ、ドゥクの名称は地図上に見つけることができなかった。タクルンとラ、ドゥクを同じとみなしてよいか否かについて、［一］『パクサムジュンサン』の史料はチャユル、ラ、ドゥク、［七］『ドリン・パンディタ伝』にはラ、チャ、ドゥクとあり、これらは順序が異なるだけで同じものだと考えられる。しかし『ダライラマ五世伝』と［四］『ロンドゥル・ラマ全集』にはタクルン、ラ、ドゥク（以下の［十九］を参照のこと）とあり、さらなる考証が求められる〔4〕。

［十六］“伯木古魯万戸一員”これは『ダライラマ五世伝』のパクモドゥ万戸

に相当し、当時2438戸を管轄した。7種のチベット語史料には、［二］『ネーニン寺頌』にこの部分の欠字があるのを除き、すべてにパクモドゥ万戸との記載がある。14世紀中頃サキャに取って代わってウー・ツァンの大部分を支配下においたパクモドゥ派は、明初に設置されたパクモドゥ万戸府であり、その首領は後に成祖によって闡化王に封ぜられた（第6章カギュー派参照）。

［十七］“湯卜赤八千戸一員”これは万戸ではなく、『ダライラマ五世伝』の史料にもみられない。［三］『チベット王臣記』にタンポチェパ（thang-po-che-pa）という万戸があるものの、タクルンパに相応する万戸である。タンポチェパの属民はわずかに150戸で『元史』にいう千戸にはほど遠く、ダライラマ五世『チベット王臣記』に万戸とされているのは信用し難い。今後のさらなる考証がまたれる。

［十八］“加麻瓦万戸一員”
［十九］“扎由瓦万戸一員”この2つの万戸は『ダライラマ五世伝』のギャマワ（rgya-ma-ba）及びチャユルワ（bya-yul-ba）に相当し、5900戸を共有していた。加麻については、［二］『ネーニン寺頌』を除きすべての史料に記載があるが、領域は広く、ある史料ではペンユルまで管理が及んだともある。またある史料には一族が建てた寺院の総管が万戸の官職を任じられていたともある。近年の地図には一貫してギャマ・ティカン（ギャマ万戸の駐在地）という地名も見られ、ギャマをもって十三万戸の一つとすることに疑いはないであろう。

扎由については少々複雑である。元代のチベット語史料を引用する『ダライラマ五世伝』『漢蔵史集』や［四］『ロンドゥル・ラマ全集』など比較的早期のチベット語史料には、十三万戸の名称のうちに、みなチャユルワ万戸の名が記載されている。［一］『パクサムジュンサン』においてはチャユル、ラ、ドゥクと併記されて一つの万戸とされている。［七］『ドリン・パンディタ伝』ではラ、チャ、ドゥクとされて［四］『ロンドゥル・ラマ全集』とほぼ同じである。『漢蔵史集』では別の箇所にもチャユルワの属民は1000戸、トゥクパの属民900戸と合わせて1900戸とし、第13番目の万戸とする記載がある。これらをもとに『元史』は扎由を万戸としており、早期のチベット語史料とは符合するが、しかし異なるチベット語史料もあり、たとえば『チベット王臣記』や『紅史』はタンポチェ、［五］『正法源流』と［六］『宗義の水晶の鏡』のタク、すなわちタクルンとなっている。タクルンはわずか600戸、タンポチェは150戸にすぎず、万戸の設定には合致しない。おそらくチャユル万戸は比較的小さな地方勢力を合わせて万戸の規模にし、そのうえで万戸長官職を設立したのであろう。チャユルには1000戸の属民がおり、そのため『元史』及び元代のチベット語史料にはみなチャユルと記載されている。チャユルはパクモドゥやツェルパのような大規模な一族ではなく、万戸長の依拠する地方勢力と万戸長の駐在地はかなり安定していたのであろう。そのため後世の史料で万戸長の一族とその駐屯地が異なっており、異なる万戸の名称が記載されたと思われる。これらの点についてはさらなる考証の上、事実の確定が求められよう。

［二十］“牙里不蔵思八万戸府達魯花赤一員、万戸一員、千戸一員、担里脱脱合孫一員”これは『ダライラマ五世伝』のヤサンパ万戸（g･ya'-bzang-pa　古写ではg･ya'-bzangs-pa　元代の人は〔現在の黙字も読んで〕牙里不蔵思巴〔ヤルブザンスパ〕と発音した）に相当する。3000戸を管轄した。［二］『ネーニン寺頌』には欠けているが、他の資料には万戸の名称として記載がみられる。『元史』百官志の中には特に万戸府として明示され、万戸1名以外に3つの官職が設置されていた。万戸の上にはダルハチ、万戸の下には千戸が各々1名設置された。担里脱脱合孫は関合の地に設置され、専門官が人々を取調べて虚偽をただした。ヤサンに万戸府が設置されたのはその人口の多さゆえではなく、当時の交通の要衝だったためと思われる。重要な万戸とされたが、パクモドゥ万戸と数度にわたって戈を交えたのち1349年に征服、併合され、万戸の職位も消滅した。ヤサン万戸の記録もまた極めて少なく、ヤサン寺を万戸府の駐在地としたこと、それは現在のロカ地区ネドン県のヤサン寺とされていることなどがわずかにわかっている。

［二十一］“密児軍万戸府達魯花赤一員、万戸一員、初厚江八千戸一員、卜児八官一員”これは『ダライラマ五世伝』のディクン万戸（bri-'gung：古代チ

ベット人はディクンを必里公〔ブリクン〕とし、モンゴル人はそれを密児軍〔ミリクン〕と読んだ。韓儒林氏の説）にあたる。上記チベット語史料にはすべてにディクンの記載があり、農牧民3630戸を管轄していた。『元史』百官志にも万戸として記載され、万戸一員のほか、4つの官職が設けられていた。ディクンは当時も重要な万戸であったようで、チベット語史料によれば、管轄地は比較的大きく、サキャとの確執があって何度も戈を交えていたという。1290年にも大きな争いがあり、元が鎮西武靖王をチベット入りさせ、プンチェン・アグレンが統轄する各万戸と共にディクンを撃破している。これらの記述に加え、ディクン万戸のゴムチェン（sgom-chen）とサキャのプンチェンが共に元から宣慰司都元帥に任命されていることからもその強大さがわかる。ディクンは前チベットのメルト・クンカル（mal-gro-gung-kar）東北からほど近い所にあった。

『ダライラマ五世伝』にはあって、『元史』百官志にはない万戸が2つある。すなわちラトゥー・ロ（la-stod-lho）とラトゥー・チャン（la-stod-byang）である。この2か所は上記チベット語史料においても別々の万戸とされている。後チベット西部、特にラツェ（lha-rtse）以西の地域をチベット人はラトゥーと称していた。ラトゥーはさらに南北二部に分かれ、ラトゥー・ロはラトゥー地区の南にあたる。ラトゥー・ロの“ロ”とは南を意味しており、ラツェ以西、ヤルツァンポ河以南の地区のことである。この地区にあるディンリとシェルカルという2つの地域は、チベット語史料においては時にロ・ディンリ（lho-ding-ri）、ロ・シェルカル（lho-shel-dkar）と称された。チャン・ガムリン（byang-ngam-ring）の例に照らすと、この2つの地方はラトゥー・ロ地区の著名な地域だとみられる。あるチベット語史料ではラトゥー・ロの中心をシェルカルだとするが、ディンリにも元朝から司徒に封ぜられたような人物が出ている。この地域に関するチベット語史料は非常に少なく、判明しているのは地域が広大、人口が少なくわずかに1089戸にすぎないこと、首領の力が弱く、内部に不和を抱えていたこと、たびたびラトゥー・チャンと戦って敗北を喫していたこと、万戸長はサキャから派遣されて任に就いていたことなどで、たとえばサキャの十二代プンチェンはその子をラトゥーの万戸長に派遣している。また人口が少ないため万戸長は必ずしも常時中央から任命されていたわけではなく、『元史』にも記載が見られない。しかし万戸の一つには違いないのである。

ラトゥー・チャンのチャンは北を意味し、ラツェ以西、ヤルツァンポ河以北の地区を指している。チベット語史料では、どれも中心地はチャン・ガムリン地方のこの地区であるとしている。この部族は西夏王室の末裔で、チンギス・ハーンが西夏を滅ぼした際、一部がサキャを頼り、ガムリンに定住したのである。元初から明末に至るまで、一族はこの地方を掌握した。サキャのクン氏とは深いつながりをもっており、13世紀終わりから14世紀頃にはたびたび大司徒、国公、国師などに封じられている。彼らが万戸長を世襲していた可能性もあるが、資料中に彼ら一族の誰が万戸長に封ぜられたかという具体的な記述は見られない。“十三万戸”に関して我々は細かい考証を重ねてきた。満足する結果が得られたとは言い難いが、ひとまずはここまでとする。参考に供されたい。

以上述べたところをまとめると、『元史』百官志に記載されているのは11の万戸で、すべてチベット文の記載と合わせ裏付けをとることができ、各種のチベット語史料と記載が一致している。『元史』に記載されていない2か所の万戸（ラトゥー・ロ、ラトゥー・チャン）と合わせると、合計13の万戸となる。この十三万戸は後チベットに6か所、すなわち1. サキャ　2. シャル　3. チュミク　4. ラトゥー・チャン　5. ラトゥー・ロ　6. チャンドク（あるいはシャン）であり、前チベットにも　1. ディクン　2. ヤサン　3. ツェルパ　4. パクモドゥ　5. ギャマ　6. タクルンの6か所である。前後チベットの間にあるのがヤムドクである。これら万戸の詳細な状況は、未だはっきりしない部分も多い。元代には国内各地、特に少数民族地区で宣慰使司都元帥府制度推進のもと、各々万戸の制度が設けられた。チベット、ウー・ツァン地区においても同様であったことは、漢、チベットの史料から確かな事実である。

万戸の盛衰については史料の乏しさゆえ不明な点も多い。しかしチベット語史料に散見される内容からみると、それぞれ離合を繰り返した形跡が見られる。元初はサキャが重んじられ、クン氏からは帝師が多く出た。プンチェンはサキャの推薦のもとで任じられており、前後チベットにおいてサキャは統治の立場にあった。後チベットのラトゥー・チャン、チュミク、シャル、チャンドクの万戸4か所はサキャに代々依存するか、あるいは直接統治、また婚姻によるつながりなどによってサキャに服属していた。前チベットにおいて比較的大きな勢力を有していたツェルパやギャマもまたサキャとのつながりのもと支援を受け、手を組んでいた。ラトゥー・チャン万戸は勢力も弱く、史料の記載も極めて少ないため、各万戸の中でも影響力は少なかったようである。ディクンの管轄地は農区と牧区を兼ねており、交通の要衝でもあったことから、その便を利用して台頭した。元はディクンに万戸府を設置し、万戸長に加えてダルハチ等も設置した。万戸長がしばしば宣慰使を兼ねていたのは、その勢力が早くから他の万戸より大きかったからである。ディクンとヤサンは連携していたが、ヤサンにも万戸府が設置されて、官員はディクンとほぼ同程度であったが、管轄地域はやはり広大であった。パクモドゥもまた初期においてディクンと深い関係をもっており、そのためディクンの勢力はサキャと拮抗するものがあった。1290年、サキャが元軍のチベット入りを求めて武力でディクンを倒し、ディクン寺を焼き払ったため、その勢力はやや衰退している（『元史』にはディクンの叛とある）。ツェルパ万戸は当初武力で前チベットに台頭したが、後に衰えた。パクモドゥは14世紀に強大になり、1349年頃にはヤサン、ディクン、ツェルパなどを併合した。1354年にはサキャ及び後チベットをも攻略し、ラトゥー・チャン、ラトゥー・ロの両万戸を除き（他にギャンツェ地区も除く）、そのほとんどを掌握している。元朝はその勢力を認めて加封のうえ万戸長を大司徒に封じたが、間もなく元自体が滅亡してしまった。明代にはいって、パクモドゥはチベット最大の勢力となった。ギャマとヤムドクの両万戸は共に勢力も弱く、各万戸の争いの記載の中、この3つの万戸のみ記録がない。元の世祖がチベットの万戸を設けた際には当地の部族を採用して加封のうえ官職をあてており、その点内地の流官と異なっている。宣慰司を設けて統治したとはいえ、その宣慰司も往々にしてサキャについていたので、各万戸の多くはその実力に訴えて、旧来の群雄割拠に戻っていった。元朝は鎮西武靖王をチベット入りさせ、これら事態の対処をはかった。

元初、チベットはクデンによって領されたが、フビライの即位後、クデンの子孫はアリクブケと徒党を組んだものの、戻ってフビライに帰した。クデンの子孫は保身に汲するのみで、この地はついにアウルクチの手に移った。

アウルクチはフビライの第七子で至元六年（1269）に西平王に封ぜられ、その子テムルブカは大徳元年（1297）鎮西武靖王に改封されてチベットをその領地とした。その後領地は子のチュンペルに受け継がれ、元末までチュンペル系統の諸王がチベットを統轄した（テムルブカ、チュンペルのチベット処理についてはチベット語資料に見える）。明の洪武三年（1370）、鄧瘉に謁見し、吐蕃諸部を明に降らしめた鎮西武靖王卜納刺はチュンペルの孫である。

十三万戸が設置された時代、クンチョクルントゥプ（dkon-mchog-lhun-grub）とサンギェープンツォク（sangs-rgyas-phun-tshogs）共著の『正法源流』（dam-chos-'byung-tshul　別名『増続源流』）デルゲ版162頁の記載には、“パクパ34歳の頃、戊辰年（1268年）、サキャ・プンチェンのシャーキャサンポが十三万戸長に任命された”とある。この年はパクパが1265年に大都から戻ってから4年目であり、アコンとミリンが元帝の命を奉じてチベットに戸口調査へと赴いた年でもある。元朝は1264年に総制院を設け、国師としてパクパに運営させたが、最初におこなったのは、チベット族管轄のための中央組織と人事の確立であった。それに先だって、タメン等をチベットに派遣、状況把握をさせた上でジャムチの制度を制定している。その後一定の期間をとって、チベットの実情を考慮し、地方行政機構体系を構築した。1265年にはパクパをチベットにやり、人事確定の下ならしをしている。『正法源流』には1268年パクパが大都に戻り、シャーキャサンポが“ウー・ツァン三路軍民万戸”となってプンチェンと称し、プンチェンはまた各万戸の万戸長を任命したことが記載されている(2)。元朝は1268年、再度アコンとミリンをチベットに派遣して各万戸の属民戸数を調査させると共に各万戸の万戸長を任命する詔を下した。こうして元のチベットにおける地方行政制度は確立したのであった。

チベットにおける政教一致制度はパクパの時代から始まったとも言われる。我々はまず漢、チベットの史料の内容を見たうえで、政教一致について述べてみたい。

チベットにおいて、中央政府が直接掌握していた行政機構は2つある。一つは宣慰使司都元帥府で、これは地方における最高の行政機構である。もう一つがいわゆる万戸（一部の重要な千戸を含む）で、これは別の機関となっている。万戸、千戸に属する官吏は万戸長等の管理の下にあった。宣慰使司については、チベット語史料において宣慰使が各万戸間の抗争の処理をおこなっていたこと、万戸長、千戸長に対して任免や処罰の権利を有していたことがたびたび記載されているが、詳細な内容についてはチベット僧が体制に明るくないため、彼らの著作の中にも詳細な記録は見いだせない。当時のチベット僧も行政人員についてつねづね言及しているものの、そのほとんどはサキャ・プンチェンについてである。プンチェンという言葉は元以前のチベットの地方職官中に見られないので、新しい職名だと考えられる。サキャ・パンディタが1247年にチベットの領袖にあてた降伏を促す書状には、サキャで金字の詔書をもつものが、ダルハチの名義を以てチベットの僧俗官吏を管轄すると言及されている。ダルハチはモンゴル語で軍民を兼ねる地方長官であり、漢文史料では長官と訳されることもある。プンチェンも長官を意味しているが、来源がダルハチであるかどうか、根拠となるものは見いだせない。しかしその地位と職権を見ると、プンチェンとダルハチには何らかの関係があるようにも思われる。上述のようにサキャにおいてプンチェンが設置されたのがいつかははっきりしないが、1268年にはすでに出現しており、パクパがチベットに戻った1265年以降、詔が下されて任命がおこなわれた可能性がある。どのチベット語史料でも、初代プンチェンはシャーキャサンポとされているが、彼はサキャ・パンディタが西涼に滞在していた折、その代理としてウー・ツァンの行政を司っていた人物である。プンチェンに任命されて以降は、“喇嘛が宗教事務を管理し（元朝当時の口語では、帝師をラマと称したことが『南邨輟耕録』巻2にある。『青史』原文には「ラマによってラマの事務がなされた」“bla-mas-bla-ma'i-bya-ba-mdzad”とあり、意訳すれば“宗教事務の管理”となろう）、歴代プンチェンは世俗の事務を管理した”（dpon-chen-rims-su-bskos-pa-rnams-kyis-'jig-rten-gyi-bya-ba-mdzad）と『紅史』『青史』に記載されている。つまり、帝師が宗教事務を管理し、プンチェンが世俗の事務を管理したということで、宗教権と行政権は分割されていたことになる。『チベット王臣記』に言及されていた万戸間の訴訟や争いなどの事例は、プンチェンによって処置された。おそらく上記の引用も根拠があるのだろう。元朝がプンチェンを任命するのは帝師の指名をもととするが、帝師の指名はたいていサキャ寺座主の推薦によった（歴代プンチェンは二十数人存在するが、クン氏出身者は皆無である。おそらくその才能をもとに、クン氏との関係性を考慮した結果の推挙であろう）。つまりプンチェンの任免権は帝師あるいはサキャ寺の座主の手中にあった。クン氏一族の中には王だけでなく国公、司徒、司空等に任ぜられた者が多数おり、“前後相望む”などと称された。帝師が出るとその一族も帝師の係累となり、特に栄誉を加えられた。そのため朝廷の職官とはいえプンチェンの爵位はクン氏より低く、サキャ寺座主に抗するのはほぼ不可能であった。したがってプンチェンは事実上帝師あるいはサキャ座主の意向をもってことにあたることが多かったようだ。二代目プンチェンのクンガサンポはもとパクパの侍者であったが、パクパの意に反したため、チャロクゾン（bya-rog-rdzong）[5]で元の兵に殺害されている。この事件の顛末は定かではないが[6]、元の朝廷がクン氏を支持しているという一例であろう。プンチェンになったもののうち、宣慰司に任命された明確な記載があるのは2人で、さらに1人は宣政院の印を掌握していた（恐らく宣政院を指す）とチベット語史料にある。これらのことから元朝はプンチェンを非常に重視していたようである。現存の史料からは、歴代プンチェンの事跡、たとえば初代プンチェンのシャーキャサンポが十数の万戸の戸口調査をしたことや、七代目プンチェンが中央政府のチベット状況調査に協力してある機構（おそらく1287年フビライがチベット調査をおこなってジャムチ等を設置したことを指す）の改組をおこない、また元の法律にもとづいてチベットの民間の刑律令を改訂したことなどを見ることができる。またほかにもプンチェンが関わったこととして見ることができるのはほとんどすべて、サキャのために民を徴用して大殿の建設や周壁の修理などをおこなったという事跡である。元朝の滅亡に至るまでプンチェンは重要な職位であり続けた。三代目プンチェンは勅命によって宣慰司都元帥に任ぜられており、当時の元朝が、クン氏を尊重していたとはいえ、プンチェンについても相当重視していた様がうかがえる。これらのことからは、制度上政教分離の原則が存在していたものの、宗教的権利を掌握していた者は政治的権利を握った者より地位が高く、その命に従っていたという実情がわかるだろう。万戸の事例においても、同様の状況が見られた。

帝師あるいはサキャ寺の座主は、依然としてチベット地区で宗教事務を司どっていたが、彼らの下にも実務者の組織が形成されていた。その詳細について、系統だった記載は見られないものの『サキャ世系』に一部の役職が以下の通り記録されている。

| | |
|---|---|
| 一．スルプン（gsol-dpon） | 飲食を管理する意味であるが、実際には秘書長に相当する。 |
| 二．シムプン（gzim-dpon） | 寝室や服飾の管理に携わる官。 |
| 三．チュープン（mchod-dpon） | 供仏などの宗教儀礼に携わる官。 |
| 四．ジェルプン（mjal-dpon） | 接見や招待に関する事務に携わる官。 |
| 五．イクプン（yig-dpon） | 文書檔案に関する事務に携わる官。 |
| 六．ズープン（mdzod-dpon） | 財務管理の官。 |
| 七．タププン（thab-dpon） | 飲食やその調理に関する事務に携わる官 |
| 八．デンプン（'dren-dpon） | 引率、案内などの事務に携わる官 |
| 九．デンプン（gdan-dpon） | 席次を決める官 |
| 十．キャプン（skya-dpon） | 移転や運搬に携わる官。 |
| 十一．タプン（rta-dpon） | 馬を管理する官 |
| 十二．ゾプン（mdzo-dpon） | 犏牛〔アカウシとヤクとの一代交配種〕を管理する官 |
| 十三．キプン（khyi-dpon） | 犬を管理する官。 |

これらの職務を担当する人々は、一見個人の生活を管理しているように見えるが、実際のところは帝師あるいは座主の近侍であり、主人がおこなう宗教業務の補佐を担った。これらの組織は我々が見た史料によって初めて示されるものである。後世、転生ラマ（ダライラマ、パンチェンラマ及びフトゥクトゥなど）のラタン組織もたいていこの形式が踏襲された。

前チベットの万戸について、『チベット王臣記』によれば、勢力が盛んなのはディクン、パクモドゥ、ツェルパとしている。『元史』百官志ではディクンとヤサンのみが万戸府を設置してダルハチを置いていたとあり、恐らくは百官志の記載が初期の状況を、『チベット王臣記』がその後の状況を示しているのだろう。現在ディクンやヤサンの詳細な状況を知ることはできず、両万戸の万戸長（万戸長はチベット語でティプン（khri-dpon）と称したが、ディクン万戸ではゴムパ（sgom-pa）と称している）の任免状況も不明である。しかしパクモドゥ万戸については『チベット王臣記』にわずかな記載がある。ここではパクモドゥ万戸を例として、元代のチベット地方における万戸長の任命と、万戸内の僧俗勢力の盛衰を見ていきたい。しかし各万戸の状況は異なっており、ここで示すのは万戸状況の一端にすぎないことを了解されたい。

すでに見てきたように（第6章4.パクモドゥ・カギュー参照）、パクモドゥ派（phag-gru）はラン（rlangs）氏が統治する一地方勢力であった。ラン氏はデンサティル寺とツェタン寺を所有し、パクモドゥ・カギューをも支配下においており、両寺院を通じて各宗派の僧と結びつきがあった。ラン氏の中で最初にデンサティル寺の座主になったのはタクパジュンネー（grags-pa-'byung-gnas：1175 ～ 1255）である。タクパジュンネーのもとで執務をおこなっていたのがデンマ・ゴムツゥン（ldan-ma-sgom-brtsun：西カムのデンコク 'dan-khog の人）という名のものであった。チベットの各勢力が元朝に帰順した後、パクモドゥ派はフラグがかつて占領した地域を手に入れた。このとき、デンマ・ゴムツゥンはこの地方を管理する責任者になったのである。後にフビライから了承を得て、デンマ・ゴムツゥンはついにチプン（spyi-dpon：総管の意）となった。タクパジュンネーが職を辞した後、デンサティル寺は弟のギェルワリンチェン（rgyal-ba-rin-chen：1203 ～ 1267）に継承された。ギェルワリンチェンは家畜管理を担当していた部下のドルジェペル（rdo-rje-dpal）をサキャに推薦、3度にわたって上京のうえ陳情させ、ついにドルジェペルはパクモドゥ万戸長（すなわち『元史』百官志にある伯木古魯）に任ぜられた。ギェルワリンチェンの強い推挙とその勢力下にある地域の万戸長に就いたことで、ドルジェペルはギェルワリンチェンの意を汲んで、ラン氏のために動かざるを得なかった。ドルジェペルはその管轄区内に12の荘園（gzhis-kha：砦式の荘園。農奴を集中管理しており、中にはネドンを含む）をつくったという。彼自身も僧服をまとって、戒律を守ったため、僧俗を問わず人々から尊敬を集めた。また荘園をよく管理したため、その権力は拡大した。

ギェルワリンチェンの後を継いでデンサティル寺の座主となったのはリンチェンドルジェ（rin-chen-rdo-rje：1218 ～ 1280）である。リンチェンドルジェの着任後、ドルジェペルは世を去り、弟のシュンヌギェンツェン（gzhon-nu-rgyal-mtshan）が万戸長に就任した。『チベット王臣記』によれば、シュンヌギェンツェンはモンゴルの装束を身につけ、“夜ハ歌舞ニ耽（フケ）リ、日午ハ猶ホ眠ス”といった有様でラン氏一族の利益を大いに損なった。彼の死後、リンチェンドルジェは人を派遣して万戸長任命のための勅印を都に求め、チャンチュプシュンヌ（byang-chub-gzhon-nu：ヤムドク地方の人である）をパクモドゥの万戸長の座に就けた。チャンチュプシュンヌの後はシュンヌギェンツェンの甥シュンヌユンテン（gzhon-nu-yon-tan）が万戸長となり、6年間在位した。チャンチュプシュンヌとシュンヌユンテンは共に享楽をむさぼり、慎みのない人物であったという。これと同じ時期、デンサティル寺の座主も交代してリンチェンドルジェの甥タクパイェシェー（grags-pa-ye-shes：1240～1288）がその座に就いた。その後は弟のタクパリンチェン（grags-pa-rin-chen：1250～1310）が地位を継承している。タクパリンチェンは帝師タクパウーセル（第五代帝師）と交わりを結んでおり、そのためタクパウーセルと鎮西武靖王テムルブカ（元世祖の第七子アウルクチの子。吐蕃地区は鎮西武靖王の領地であった）はタクパリンチェンを支援し、タクパリンチェンは自身で万戸長の勅印を得たのであった。彼は万戸長の地位を他に譲らず、パクモドゥ・カギューのデンサティル寺座主の地位とパクモドゥ万戸長とを兼任してラプン（bla-dpon：ラマ・ティプンの略称のようである。ティプン khri-dpon は万戸長の意）と名乗った。こうしてパクモドゥ地区には中央からの任命により、政教両権を一身に受けた職官が登場したのである。ここにおいて、政教一致制度の一つの典型が出現したともいえるだろう。

タクパリンチェンが世を去った後、甥のタクパギェンツェン（grags-pa-rgyal-mtshan：1293～1360）がデンサティル寺の座主となった。彼は兄ギェンツェンサンポ（rgyal-mtshan-bzang-po）を都へ送って万戸長の勅印を求めさせ、チベットに戻った後その弟のタクパサンポ（grags-pa-bzang-po）を万戸長とした。しかしほどなくして二代目万戸長シュンヌギェンツェンの子ギェンツェンキャプ（rgyal-mtshan-skyabs）を万戸長としている。その後大司徒チャンチュプギェンツェン（byang-chub-rgyal-mtshan）が万戸長を継承した。チャンチュプギェンツェンはウー・ツァンの大部分を併合し、パクモドゥ・ラン氏によるウー・ツァン地区統治を確立した人物である。チャンチュプギェンツェン本人は出家者であり、彼の職位を次ぐ者は必ず出家して戒を守るよう規定した。その後の歴史にも記載されているように、彼以降の継承者数名はみな出家してツェタン寺（rtsed-thang：チャンチュプギェンツェンが1351年建立した）の座主を数年務め、そのあとネドン〔行政の中心地〕に戻って行政トップの地位についた。明朝はチャンチュプギェンツェン以降、二代目から四代目までの行政職務の継承者をすべて灌頂国師に封じ、五代目の継承者であるタクパギェンツェン（grags-pa-rgyal-mtshan：1374～1440）にはさらに加封して灌頂国師闡化王に封じている。これは中央政府により、政教両権を一身に受ける制度が肯定されたためであろう。

その他の万戸、例えばディクン万戸では宗教界首脳の甥が万戸長を担当していた。ツェルパ万戸ではガル氏一族が万戸長を父子継承していたが、彼らとツェル・クンタン寺とは深い関わりがある。シャルやラトゥー・チャンなどは俗人が万戸長を務めたが、僧を招聘して寺院を建立させ、自身の子弟をそこで僧にすることによって宗教界の支持を取りつけていた。これらの行為は、寺院の勢力強化につながり、貴族勢力は衰退していった。

11世紀頃よりチベットの人々の間で仏教が勢力を得て以来、その影響は一貫して強まっていった。12世紀になると、一部の寺院は土地と属民を所有するようになる。13世紀の初めには、宗教勢力と結びついた、より強い勢力が出現した。13世紀の中頃には、各地の勢力がモンゴルに帰順し、元朝はチベットに地方行政機構をおくと共に、中央にもチベット統轄のための組織をおいた。こうしてチベットは元の行政の管轄下におかれていったのである。当時は農奴制の封建社会であり、元朝はこの地区の統治にあたって有力勢力である農奴主を利用しないわけにはゆかず、加えて宗教指導者の協力も得て統治を進めていった。これはチンギス・ハーン以来の、元朝の伝統的な政策でもあった。フビライがパクパを帝師に任命して宣政院を任せて以来、中央、地方を問わず、仏教寺院僧徒を管理する部門だけでなく、チベット人地区を管理する軍事と行政の部門でもチベット僧が重用された。『元史』には“宣政院……使、第二ニ位居スルモノ、必ズ僧ヲ以テコレヲ為ス、帝師出デテ闢挙スル所ナリ；而シテ総テ内外ヲ政スル者、帥臣以下、亦タ必ズ僧俗併用シテ而シテ軍民通摂ス”と記載されている。僧は寺院に所属する土地や人民に対して免税や免役などの特権を与えられたが、これは僧の権勢を助長する結果をもたらし、チベットにおける“政教一致”制度の形成を促した。フビライ以降の皇帝は数代にわたってチベット仏教に耽溺し、都のチベット人で官職にあるものは、色目人として重用される一方、帝師に近い者として栄誉を与えられるなど特に優遇されており、時の人には“帑蔵ヲ罄竭シテ以テ西僧ノ好事ニ供ス”、“国家ノ財賦西蕃ニ半入ス”などと揶揄された。これらの僧は“勢ヲ恬ンデ恣睢ス”として法に反し民を害したのであった。『元史』には、江南のある僧官（パクパの弟子）が田23000畝を専有したうえ民戸23000戸を隠しもち、さらには南宋の皇帝や臣下の陵墓100か所以上を盗掘したという記載がある。またいたずらに民を殺したり財物を取り上げたりなど、枚挙にいとまがない。都にいるチベット僧は適当な名目を立てるのに長け、仏事ばかりをおこない国費を非常に浪費するだけでなく、“祈福”と称して囚人の釈放を奏上したり、統治者の法規を乱して統治者間の政争を左右したりなどした。ほかにも朝廷から任命された役人を殴る、駅舎で騒ぎを起こすなど、“気焰薫灼ニシテ四方ニ延ビ、害ヲ為シテ言フニ勝ヘルベカラズ”といわれた。まさに目に“法規”なく、ただ利ばかりを求めるゴロツキ僧の劣悪な姿が推察できる。『青史』には、元代の僧は絶対的大部分がただ利を求めるばかりで、飲食や男女の仲など俗な享楽を楽しんでいるとあるが、これは一種の遠慮した言い方であろう。他にも密教の修行と称して人の財物や田畑・財産をかすめ取る、また他人の妻女を奪ったり、平民の命を残酷に奪ったりというありさまは、内地よりひどい状況であったという。元朝においてチベット僧を重用し、また地方の職官に任命したことの結果は、多くの僧が官職を求めて謀ごとをし、財貨をかすめ取って勝手気ままに行動する途をひらいてしまった。この情況は元末明初の時代、さらに悪化したのであった。

## 原注

(1)　dpon-chen：プンチェンは大官の意を含むが、チベット人が旧来からもっていた官職の名称ではなく、その意味は今なおはっきりしない。クデンがチベットに設置したダルハチと似た意味があり、共に長官あるいは大官を示す。しかしフビライのダルハチ設置も明確な記録がなく、あるいはサキャが軍民管理の職に就く者を“烏思蔵三路軍民万戸”の職に封じたとも思われる。“軍民万戸”は元初、地方行政のために置かれたもので、地位は宣慰司の下、万戸府の上にあたる。『元史』においては軍民万戸が昇格して宣慰司になるという実例の記載がある。1280年以降、宣慰司の肩書きをもつプンチェンはいたが、チベット史のうちではプンチェンを称する者は宣慰司を名乗っていない。チベット人で宣政院の副使者を務める者をチベット史では“ツァウェープンチェン rtsa-ba'i-dpon-chen”と称した。チベット人は内地の複雑な官職の呼称になじまず、プンチェンと略称していたのかもしれない。

(2)　プンチェンの任命が何年であったか確認できるのは、わずかに1史料のみで、今後の考証がまたれる。チベット文の『サキャ世系』デルゲ版の102頁では、シャーキャサンポが1262年にシトク・ラタンを建てた際、すでにプンチェンの肩書きを使用している。しかしチベット人の歴史の筆はさほど厳格なものではなく、1262年すでにプンチェンという職位があった根拠とすることはできない。サキャ・プンチェンの正式な任官は1264年の総制院設立以降か1268年にパクパが大都に戻ったときだと考えられるが、シャーキャサンポはこれ以前からサキャの事務を担当しており、世祖から"ウー・ツァン三路軍民万戸"という正式な職称に封ぜられている。

## 訳注

〔1〕 ダライラマ五世伝の刊本に基づいて訂正した。
〔2〕 ダース刊本に基づき訂正した。
〔3〕『ドリンパンディタ伝』の刊本に基づき修正した。
〔4〕 近年刊行された資料には、ラ・ドゥクではなくロ・ドゥクとある。
〔5〕 原著では bre-rog-rdzong とするが、他の資料に基づき bya-rog-rdzong に訂正した。
〔6〕 パクパがサキャで急死したとき、毒殺の疑いをかけられたためとされている。

［表9－1］　元代サキャ歴代プンチェン

1. シャーキャサンポ (shākya-bzang-po)
2. ナンニェルワ・クンガサンポ (nang-gnyer-ba-kun-dga'-bzang-po)
3. シャンツゥン (zhang-btsun)
4. チュクポ・ガンカルワ (phyug-po-sgang-dkar-ba)
5. チャンリン (byang-rin)
6. クンシュン (kun-gzhon)
7. シュンワン (gzhon-dbang)
8. チャンド (byang-rdo)
9. アグレン (ag-len) この後、シュンワンが再任したが、任期途中に死去
10. レクパペル (legs-pa-dpal)
11. センゲペル (seng-ge-dpal)
12. ウーセルセンゲ ('od-zer-seng-ge)
13. クンガリンチェン (kun-dga'-rin-chen)
14. トゥンユーペル (don-yod-dpal)
15. ユンツゥン (yon-btsun)
16. ウーセルセンゲ ('od-zer-seng-ge) 再任
17. ギェルサン (rgyal-bzang)
18. ワンチュクペル (dbang-phyug-dpal)
19. スーナムペル (bsod-nams-dpal)
20. ギェルサン (rgyal-bzang) 再任
21. ワンツゥン (dbang-btson)
22. ナムカテンパ (nam-mkha'-brtan-pa)：この頃、サキャ氏はすでに没落し、その権勢はパクモドゥの手に渡っていた。ダライラマ五世『チベット王臣記』のプンチェンの記載はここでとまっている。

『紅史』『チベット王臣記』より作成

# 第10章 明代におけるウー・ツァンの政治状況

1368年のはじめ、朱元璋は南京で皇帝を称して国号を明、元号を洪武と定めた。秋には北京入城を果たし、元の順帝は北走して元朝は滅亡した。翌年陝西を安定させた朱元璋は、詔を下してチベット各部に対し明に帰順するよう呼びかけた。1370年5月、明の将軍鄧愈が河州を攻略した。元の吐蕃宣慰使司宣慰使であった何瑣南普（『元史』によれば吐蕃等処宣慰使司都元帥府の治所は河州にあった。何は賜姓で、瑣南普ともいう）等は元から授かった金銀の牌子を持参して河州で鄧愈と会見、明に降った。元の鎮西武靖王であった卜納剌（フビライの第七子アウルクチの曾孫、チベット族の土地はすべて彼の一族が世襲する領地であった）も吐蕃諸部と共に誓紙を提出した。12月、明に入った何瑣南普ら13人は、次の年、全員が官職を授けられた。何瑣南普は河州衛指揮同知となって世襲も認められている。こうして甘粛、青海、四川のチベット人はその多くが明へと降った。洪武五年（1372）、ウー・ツァン摂帝師のナムギェル・ペルサンポは使者を遣わして進貢し、翌年には自らが入朝、熾盛仏宝国師に封ぜられて玉印を賜った。その他、ウー・ツァン地区の元の旧役人ら60人余も洪武帝から官位を賜った（1374年にも進貢してきた地元の官58人がおり、彼らを合わせると100人超となる）。こうしてチベット地区の支配層は僧俗を問わず先を争って朝貢し、地位を賜らんことを請うて元朝の勅印を差し出しては明朝のそれとの交換を求めた。元朝の統治下にあった僧俗職官はそのほとんどが新王朝に帰順し、所属の職官となった。元中央政府のチベット地区統治権は、明の中央政府によって継承されたのである。一部の外国人は明代のチベットについて、勅印を交換しただけでは明朝がチベットに主権を行使した根拠にならないとするが、論評するまでもない妄人のたわごととでも言うべきものであろう。ダライラマ五世『チベット王臣記』には、明に封ぜられた法王、諸王、行都指揮使司及びその官員の指揮同知、指揮僉事などについての詳細な記載がある。明の成化年間に闡化王タクパジュンネーの秘書やグー訳経師の著作『青史』によって言及されているように、大司徒チャンチュプギェンツェンの時代、ウー・ツァン地区の官吏は大司徒に古い公印を上納し、大司徒が新たにくだす公印を受け取っていた。これは大司徒の支配下に帰順するための必要条件であった。古来から漢でもチベットでも、政権の交代時などに官僚が旧印を返還して新印を受け取るということはあり、それは新権力者への帰順を示すものとしてなんら不思議はない。最高権力をもつ当局は、時宜を斟酌して時に応じた政策を採用する。主権の帰属と政策の寛厳というのは性質の異なる別の事柄である。

武力で中国統一を果たした元の初期、慮南人（南宋旧領の漢人を指す）は未だ不穏であり、チベット地区は政治的にも軍事的にも重要な地位を占めていた。チベットは峻険かつ遠方であったため、武力によるコントロールは容易でなく、元はその支配にあたり地元勢力を利用せざるを得なかった。当時のチベットにおいて仏教はすでに大きな力をもっており、地方勢力の統治者は僧であることが多かった。そのため世祖は僧パクパを帝師に任じて宣政院を統轄させたのである。このような状況の下、元帝室はチベットの行政上の統一のためにサキャのクン氏一族と結び、もり立てようとした。宗教的にもサキャ派による統一をはかったが、こちらは時宜を得ず実現していない。元末になると、内地各処では農民の起義が頻発したため、朝廷に西方を顧みる余裕はなくなった。チベット地区内においても地方勢力間で争いが起こり、それぞれが割拠する状態となっていたが、中でもカギュー派のパクモドゥ派（phag-mo-gru-pa）の勢力が最も強く、その支配地域も最大であった。明の太祖は元を滅ぼして中国を手に入れたものの、元の残党は依然大砂漠の南北に陣取り、明の宿敵となっていた。そのため明初のチベット政策といえば、まず甘粛・青海一帯に衛を設けて軍を駐屯させ、モンゴル・チベット間の交通を遮断することで両者が連合して内地へ侵入することを防御、また別途9か所に大軍をおいてモンゴル各部を防衛した。チベット人地区では、甘粛・青海一帯で漢人と地元民の官僚を同様に採用し、チベット地区では旧来のやり方に従って安撫した。洪武年間に来朝したチベット人や元の旧官僚にはことごとく官職を与えている。河州には西安行都指揮使司をおいてド・カム、ウー・ツァンを統轄させ、後にド・カム、ウー・ツァンの二衛を行都指揮使司に昇格させた上、その下に州県以外に宣慰司、宣撫司、万戸府、千戸所などを設けた。明は北方で軍事力を費やしたためチベット地区に大軍を置くことができず、茶課司（後に茶馬司と改めた）を設けて中国、チベット間の交易を支配しようとした。明帝室は、チベット内部の安寧を最優先に、各勢力を分割し、僧を重用した。地方勢力はみな中央で直接統轄されたが、その慰撫を容易にするため、やはり僧が活用されている。また彼らには貢物や市場の優先権を与えることによっても（明は貢物の3倍の下賜品を与えていた。互市や官市を廃止し、民間の私市を許可している）安定がはかられた。永楽年間になるとチベット各勢力はさらに分封され、僧官には3人の法王、5人の王及び若干数の国師（灌頂大国師、灌頂国師、大国師、国師など数十人を含む）、禅師などの号を、俗官には指揮同知、指揮僉事など（永楽年間に万戸はすでに有名無実になったとして廃止している）を定めた。官職は旧例によって世襲が認められたが、法王、国師といった号は、転生制を用いていない場合には世襲を認めていない。僧官で国師以上の者、俗官で部族の長を務めている者には期日に従った朝貢が許可された。『明史』では“彼らはみな天子に自らの称号を承認され、その勢力は分割された。また貢市の利に焦がれ、世官を保つことを欲し、敢えて変化を求めずに古来の西陲に安穏としている。明の世を通じて、遂に大戦乱はなかった”とある。明がチベット地区に施したのは多封衆建、貢市羈縻といった政策であり、これらは予定通りの効果が得られたのである。

元朝晩期にはサキャ派とディクン派の争いがあり、その後にはヤサン万戸、ツェルパ万戸、ディクン万戸とパクモドゥ派の紛争があった。1349年になるとパクモドゥ派は前チベット、ヤサン、ツェルパ、ギャマ、ディクンといった各万戸の領地を併合し、1354年にはサキャ・プンチェン率いる万戸の連合軍を撃ち破って後チベットの大部分を手中に収めた（当時ギャンツェ、ラトゥー・チャンはまだ独立を保っていた）。パクモドゥ派はサキャ派の内紛に乗じて兵を進め、元朝がサキャに与えた封勅を手に入れてサムトゥプツェのゾンプンとサキャのプンチェンを兼任、後チベットの勢力を震え上がらせた。しかしラツェ以西では、依然としてサキャが勢力を保っていた。明初期のチベットの状況といえば、政治分野では、後チベットにサキャ、前チベットにはパクモドゥとディクンという強大な勢力があり、宗教的には、元の帝師時代の余勢をかって、サキャがなお一定の勢力を保っていた。カルマ・カギューは前チベットの一部と西カムの大部分でその影響が大きく、パクモドゥ政権が支援したゲルク派も新興勢力として力をつけつつあった。ニンマやシャル、チョナンといった小さな教派はその勢力も小さく、政治的にはほとんど影響を及ぼしていない。明初のチベット地方僧俗領袖に対する封爵任職も、当時の各勢力の実情をもとに対応がはかられた。

永楽四年（1406）、洪武帝皇后のための仏事という名目で、カルマ・カギュー派黒帽系の第五世転生ラマ、テシンシェクパ（de-bzhin-gshegs-pa：1384 ～ 1415、もとの名はチューペルサンポ chos-dpal-bzang-po）は南京に向かった。翌年の春、霊谷寺で普度大齋を設けて太祖の后の冥福を祈ったのである。仏事終了後、テシンシェクパは“万行具足十方最勝円覚妙智慧善普応佑国演教如来大宝法王西天大善自在仏領天下釈教”（略称は大宝法王 rin-chen-chos-rgyal）に封ぜられ、印と“如来”の名（テシンシェクパは“如来”のチベット語）を授けられた。弟子にも大国師、国師などの名号が与えられている。永楽六年（1408）に帰郷する際には金幣を与えられ、警護の官が同行するといった厚遇ぶりであった。明朝が封じた 3 種の法王のうち、大宝法王テシンシェクパの得た封号とその礼遇は、最も厳粛なものであった。その後永楽八年には中官を派遣してサキャ派の僧クンテーパ（kun-bkras-pa：すなわちクンガタシー kun-dga'-bkra-shis を省略した名称。1349 ～ 1425：彼は元の帝師クンガギェンツェンの孫にあたり、ラカン・ラタンの支系に属している）を招聘している。クンテーパは永楽十一年（1413）に永楽帝と接見したうえ大蔵経と銀幣などを賜ったうえ“万行円融妙法最勝真如慧智弘慈広済護国演教正覚大乗法王西天上善金剛普応大光明仏領天下釈教”（大乗法王 theg-chen-chos-rgyal と簡称する）に封ぜられて印を賜り、大宝法王に次ぐ礼をうけた。帰郷の際（永楽十二年）にも賜物が追加され、中官が同行している。永楽六年と十二年には、ゲルク派の創始者ツォンカパも招聘されたが、永楽六年の折は、その次の年初めておこなわれることになっていたムンラム・チェンモの準備で忙しく、永楽十二年はその前年の 11 月以来の病が治ったばかりの時期であったので、ツォンカパ自身は永楽帝の招聘には応じていない。しかし十二年の招聘の際に弟子シャーキャイェシェー（shākya-ye-shes：1352 ～ 1435）を代理で上京させている。シャーキャイェシェーは永楽十二年末に南京入りし、永楽帝からは大乗法王に次ぐ礼遇をうけた。翌年には“妙覚円通慈慧普応輔国顕教灌頂弘善西天仏子大国師”に封ぜられ、印を賜った。十四年に帰郷の際は仏経（ここでいう仏経とは永楽八年頃に内地で刻印されたチベット文『カンギュル』108函で、大乗法王クンテーパに賜ったというチベットの経もまた同じである。それ以前には大宝法王にも与えられた）や仏像なども与えられている。また永楽帝は自ら賛辞の詩をつくって賜ったという。宣徳九年（1434）、シャーキャイェシェーは再び上京したが、宣宗は彼を留めて“万行妙明真如上勝清静般若弘照普慧輔国顕教至善大慈法王西天正覚如来大円通仏”（簡称は大慈法王 byams-chen-chos-rgyal）に封じた。翌年帰途についたが、途中で客死しており、大慈法王の封爵も途絶えている。『明史』では、大宝法王テシンシェクパと大乗法王クンテーパを遊行僧として扱っており、“ソノ居常ナラズ”、と記している。元末、サキャがパクモドゥに敗北したため大乗法王クンテーパはウー・ツァンを放浪、ギャンツェのペンコルチューデ寺（dpal-'khor-chos-sde）と関係を結んだが、常駐はしていない（当時サキャ派のラカン・ラタンはパクモドゥに占拠されており、リンプンパが派遣されてサキャ・プンチェンを兼任した上、ラカン・ラタンを管理していた）。クンテーパの死後、その甥の孫スーナムギェンツェン（bsod-nams-rgyal-mtshan）は正徳十年（1515）に使者を出して進貢し、名号の継承を願い出たが、当時の礼官は対応をおろそかにしたまま許可している。嘉靖十五年（1536）には、曾偕輔教王が進貢した。大宝法王テシンシェクパはカルマ・カギュー黒帽系の五世転生者であるが、長期にわたりカム・チベット各地を遊行した（第6章カギュー派参照）。この系統は転生によって継承がおこなわれており、彼らの“理論”からすると転生者の前後の人はすべて同一人物の異なる化身であるという。同様に大宝法王という名号も黒帽系の歴代転生ラマが継承していくことになる（最近でも、カルマ派の僧は“黒帽系十六世は大宝法王である”と口にする）。大宝法王と大乗法王の“ソノ居常ナラズ”という理由のため、明朝は彼らのための貢期を定めなかったが、明朝が終わるまで進貢は絶えなかったと歴史書は伝えている。明朝は、宗教分野において、カルマ・カギューの代表はテシンシェクパ、サキャの代表は帝師の後裔であるクンテーパ、ゲルク派代表はツォンカパの弟子シャーキャイェシェーであるとして、積極的に名号を与えた。タクルンなど規模の小さな教派に対してもその領袖に国師の称号を与えている。国師も朝貢を認められており、こうして称号を与えられた者は多いときで20～30人ほどに達した。法王や国師は時期にしたがって進貢し、与えられる下賜品は莫大であった。互市も優先的に配慮された。明帝からその度ごとに与えられた勅護符（寺院の財産を守るための皇帝の詔書）は、折に触れて寺院の額に掲げられた。こうしてチベット寺院の名声と財産は明代に急成長を果たした。明初のチベット政策は、チベットの宗教を一気に拡大させるのに相当の作用を及ぼしたように見受けられる。

明初、チベット地区では5人の王が封ぜられた。賛善王は甘粛・青海地区を管轄し、護教王は西カム地区を、闡化王・闡教王・輔教王は前後チベットをそれぞれ支配下においた。

賛善王チューペルギェンツェン（明史の訳例をもとにすると原文はおそらくchos-dpal-rgyal-mtshan：？～1425）は『明史』で霊蔵の僧とされているが、四川の国境外、ウー・ツァンを至近に見る地とされている。訳例をもとに霊蔵にチベット語をあてるとリンツァン（gling-tshang）となり、これはカム人がリンツォンと呼ぶ地、すなわち現在の林叢である。『明史』の記述によると、チューペルギェンツェンは永楽四年（1406）に入貢して灌頂国師に封ぜられ、翌年、国師のままで賛善王に加封された。洪熙元年（1425）に世を去ったため、命によって賛善王はその継承者ナムギェルギェンツェンに継承された。正統六年（1441）、ナムギェルギェンツェンは年老いたことを理由に、息子ペンデンギャムツォに位を譲り、次子パククンサンパを指揮とした。帝はペンデンギャムツォを都指揮使とし、父に代わって本都司事を管理させ、パククンサンパを指揮僉事とした。正統十年、パククンサンパをさらに賛善王に任じた。成化三年（1467）にはタルパギェンツェンを賛善王としている。

闡化王・闡教王・輔教王・護教王の四王は現在のチベット地域内に属している。

護教王宗巴斡即南哥巴蔵卜（宗巴は意味不明。『青史』では彼をプンチェンとしており、おそらく元末に吐蕃等路宣慰使司都元帥府宣慰司をしていたと思われる。斡即南哥巴蔵卜は『青史』にいう“ウーセルナムカ・ペルサンポ”の漢字音写であろう）は『明史』において館覚の僧とされている。館覚は現在のチャムド東南のクンキョ県（kon-kyo）である。『青史』には、1401年頃テシンシェクパがクンキョに遊行した際、護教王が大量の財物を供養したとある。護教王はカルマ・カギューと関わりがあったと思われ、その地域最大の地方勢力であった。『明史』には1406年に入貢し、詔により灌頂国師を授けられたとある。1407年にはその礼のための使いを送り、その際護教王に加封されて金印を賜った。1414年、宗巴斡即南哥巴蔵卜は世を去り、継承者の斡些児吉剌思巴蔵卜（ウーセルタク・ペルサンポの音と似る）を護教王にした。斡些児吉剌思巴蔵卜には後継者がなく、その死後護教王は絶えた。万暦年間にも護教王進貢の記録が見られるが、その詳細は不明である。

チベット語史料の記載によると、元朝には宣慰司都元帥府が3か所にあったとされている。すなわちサキャ、クンキョ、リンツァンで、それぞれプンチェン1名が置かれ、軍民の事務を管理した。クンキョとリンツァンの豪族は、元代にすでに基盤があったため、明初になってクンキョには護教王、リンツァンには賛善王が置かれたと思われる。あるいは元代の三区分治にならったのかもしれない。これは元代のサキャ・クン氏の一族を白蘭王に封じた制度の廃止に止まらず、チベット地区の宗王の領地制度の廃止でもあり、都指揮使司制度を推進するには有効であった。

輔教王はサキャ派の僧で、永楽十一年（1413）に封じられた。僧の名はナムカレクパ（nam-mkha'-legs-pa：『サキャ世系』ではdbang-nam-mkha'-legs-pa'i-rgyal-mtshan-dpal-bzang-poとあり、王ナムカレクペーギェンツェン・ペルサンポと読める。王とは輔教王（1399～1444）のことであろう）である。彼はトゥンチュー・ラタン（dus-mchod-bla-brang）の後裔（パクパの五代あと）であった。『明史』巻311列伝西域3の中には、ナムカレクパが思達蔵の僧であるとの記載がある。思達蔵はすなわちタクツァン（stag-tshang）で、サキャの西、旧濟曨（キーロン）の北を指し、もとは宗喀、現在は改名して吉隆（キーロン）といわれる土地である。ナムカレクパの曾祖父クンガレクページュンネーは元代に長公主を娶って白蘭王に封ぜられており、祖父と父も世襲して王を称した。彼らはタクツァンを拠点としており、サキャの四ラタンのうちでも有力であった。1354年、パクモドゥのチャンチュプギェンツェンがサキャ寺を占領して以降、彼ら一族はタクルンを拠点としてサキャの勢力を保持していた。『明史』で思達蔵の僧とされるのはそのためである。『サキャ世系』ではナムカレクパが1415

年に明から輔教王に封ぜられ（『サキャ世系』デルゲ版には tu-kya-ho-vang とあるが、hu-kya'o-vang の誤りであろう）、ラツェ（lha-rtse）、ナカルツェゾン（原文ではヤムドク yar-'brog）の首領となり、またリンプン（rin-spungs）のナンソ（nang-so：リンプン・ゾンプンの重要人物）も輔教王を非常に敬ったとある。ナムカレクパの時代、サキャ派は勢力を回復しつつあり、ナムカレクパ自身も地方の有力者の支持を得ていた。そのため明の多封衆建政策のもと、サキャのクン氏を代表する人物として輔教王に封ぜられたのであろう。この王位は彼の後 3 ～ 4 代にわたって引き継がれ、継承ごとに詔のもと使者が派遣され、改めて王に封じられた。サキャ派は 4 つのラタンに分かれていたが、15 世紀半ばから 16 世紀初めまでの間にトゥンチュー・ラタン以外の 3 つのラタンはすべて途絶えており、残ったトゥンチュー・ラタンがサキャ寺の主となった。

闡教王はディクン・カギューの僧ワンリンポチェ・リンチェンペルギェル（dbang-rin-po-che-rin-chen-dpal-rgyal、dpal-rgyal は dpal-gyi-rgyal-mtshan すなわちペルギギェンツェンを縮めたもの。生没年不明）が務めた。14 世紀の末頃にディクン寺の座主を務めたチューキギェルポ（chos-kyi-rgyal-po：1335 ～ 1409、1351 ～ 1400 の間ディクン寺の座主を務めた。ツォンカパの師の一人でもある）の甥で、おじの後を継承してディクン寺の座主となった。『明史』には必力工瓦の僧とあり、必力工瓦とはディクンワ（'bri-gung-ba）の当時の発音である。リンチェンペルギェルは永楽十一年（1413）闡教王に封ぜられた。ディクンは元初において大きな勢力をもつ万戸（『元史』にいう“密児軍万戸府”）の一つであったが、1290 年にはサキャ派との争いで大きな打撃を受け、1349 年頃になるとその領地の大部分をパクモドゥに併合された。寺院所属の農奴を管理するゴムパ（sgom-pa）も一時はパクモドゥに管理されていた。15 世紀初め頃にはその勢力を盛り返している。リンチェンペルギェルの領地は農地と牧地両方があって交通の要衝であったため、農牧交易の市場が開催されていた。明代になって闡教王に封ぜられたとき、同じディクン派の別の人物も国師に封ぜられているが、おそらく、前チベットに対パクモドゥの勢力を樹立する意図があったと思われる。闡教王の地位は彼の子孫によって世襲され、16 世紀頃まで続いた。

闡化王はパクモドゥ派の僧タクパギェンツェン（grags-pa-rgyal-mtshan：1374

〜 1432、『明史』には吉剌思巴監蔵巴蔵卜とするが、タクパギェンツェン・ペルサンポの漢字音写である）である。パクモドゥ派は、元末期すでに前後チベットにおいて最大の地方政権となっていた。支配地域は広大で、その拡大は、14 世紀頃のチャンチュプギェンツェン（byang-chub-rgyal-mtshan：1302 〜 1364、タクパギェンツェンの祖父の世代の人物）が各万戸を武力で併合したことに始まる。併合後、タクパギェンツェンは農奴制経済や地方行政組織、またパクモドゥ派の教務についてさまざまな新機軸を打ち出した。これらの措置はチベット地区に新たな局面を開き、後世に大きな影響を与えている。経済的にはその主な支配地域、つまり前後チベットの大部分において農奴主荘園制度を開始、行政的には宗（rdzong）を基本的な行政単位とし、宗を司るゾンプン（rdzong-dpon：宗本）を設けた。ゾンプンはチャンチュプギェンツェンによって任免される、内地の流官に似た役職である。しかし彼のもとで功を立てた家臣に対しては荘園（gzhis-ka）を与えて世襲の領地としており、新たな貴族階級を形成している。またチベットで“十六法”（zhal-lce-bcu-drug）といわれる法律のような規定を設けた。これらの施策の多くは、その後チベットを統治した者たちにも踏襲されている。宗教面では、デンサティル寺におじのタクパジュンネー（grags-pa-'byung-gnas：1175 〜 1255）を初代とするチェンガ（spyan-snga）の職位を設け、ラン氏一族で継承した。しかしデンサティル寺は密教修行を主とする寺院であり、顕教を論じる伝統がなかった。そのため 1351 年にツェタン寺（rtsed-thang：現在のロカ地区ツェタン）を建立、ここで顕教の経論を講じさせた。ツェタン寺の宗教活動はパクモドゥ派に限定せず、他教派の著名な僧を多く招聘して講義をさせた。寺院の僧も教派によって差別されることはなかったという。ツェタン寺の建立後、寺院内の経費や僧らの生活費など、さまざまな負担はすべてパクモドゥ政権によってまかなわれ、寺院の座主はチャンチュプギェンツェンの一族が務めた。ツェタン寺の初代座主はチャンチュプギェンツェンの甥で、当時 13 歳のシャーキャギェンツェン（shākya-rgyal-mtshan：1340 〜 1373、『明史』は章陽沙加監蔵とする。すなわちジャムヤンシャーキャギェンツェンの音写）が務めた。シャーキャギェンツェンは元末の 1365 年に順帝から灌頂国師に封ぜられており、章陽国師と呼ばれた。同年シャーキャギェンツェンはツェタン寺座主を退位し、ネドン（sne'u-gdong-rtse パクモドゥ派の行政の中心地）でパクモドゥ政権の二代目デシーとなった。ツェタン寺の座主はシャーキャギェンツェンの甥タクパリンチェン（grags-pa-rin-chen：1349 ～ 1367、座主就任時は 17 歳）に継承された。洪武五年（1372）、シャーキャギェンツェンは明からも灌頂国師に封ぜられた。1367 年、タクパリンチェンが世を去った後、寺務は寺院内の僧に一時任されたが、1368 年末になってタクパリンチェンの弟スーナムタクパ（bsod-nams-grags-pa：1359 ～ 1408、『明史』では鎖南扎思巴噫監蔵卜とされる）に継承された。彼は当時 10 歳であった。1381 年、スーナムタクパはツェタン寺座主を辞してネドンでパクモドゥ派の行政トップを継承した。ツェタン寺の座主はスーナムタクパのいとこタクパギェンツェンがわずか 8 歳で継承した。タクパギェンツェンは 1385 年にツェタン寺の座主を辞してネドンへ行き（スーナムタクパはその地位をタクパギェンツェンに譲り、タクパギェンツェンはパクモドゥ派の当主となった）、ツェタン寺はタクパギェンツェンの弟チャンチュプドルジェ（byang-chub-rdo-rje：1377 ～ 1428）に継承された。洪武二十一年（1388）、明はタクパギェンツェンのパクモドゥ派当主継承を許可すると共に灌頂国師に封じ、永楽四年（1406）には灌頂国師闡化王に加封して玉印を賜った。1428 年、チャンチュプドルジェが世を去り、ツェタン寺の座主は甥のタクパジュンネー（grags-pa-'byung-gnas：1414 ～ 1448?）に継承された。1432 年、タクパジュンネーはツェタン寺を辞してネドンで闡化王を継承している。その後 12 年間にわたり（1432 ～ 1444）、ツェタン寺の座主の座は空位となり、寺務はタクパジュンネーが兼任した。パクモドゥ派の勢力はその後徐々に衰え、ツェタン寺の地位も新興のゲルク派に取って代わられた。ツェタン寺の座主こそ闡化王の兄弟あるいは甥が就任していたが、宗教界におけるその地位は往時と比べるべくもなかった。

デンサティル寺では、1289 年から 1310 年にかけてタクパリンチェン（grags-pa-rin-chen）がチェンガの座に就いていた。タクパリンチェンはまたパクモドゥ派の万戸長も兼ねており、ラプン（bla-dpon：この名称は第 9 章元代の十三万戸についてに既出）と称していた。タクパリンチェンが世を去った後、その甥、大司徒チャンチュプギェンツェンの兄タクパギェンツェン（grags-pa-rgyal-mtshan：1293 ～ 1360、明の闡化王とは同名の別人である）がチェンガを継承した。タクパギェンツェンが 1360 年に世を去ると、弟のタクパシェーラプ（grags-pa-shes-rab：1310 〜 1370、すなわち大司徒チャンチュプギェンツェンの弟）が継承し、タクパシェーラプが 1370 年に世を去った後はタクパチャンチュプ（grags-pa-byang-chub：1356 〜 1386、ツォンカパはかつて彼を師とした）が継承した。タクパチャンチュプも 1374 年にはチェンガを辞してネドンの当主となっている（『明實録』洪武七年 12 月甲寅条記には“烏思蔵帕木竹巴輦卜闍吉剌思巴賞竺監蔵巴蔵卜等、使ヲ遣ハシテ表及ビ方物ヲ進ス”とあり、この人物を指している）。1381 年、タクパチャンチュプは行政トップの地位を弟のスーナムタクパ（bsod-nams-grags-pa）に譲り、デンサティル寺に戻って再びチェンガとなった。タクパチャンチュプは 1386 年に世を去り、スーナムタクパもその地位をいとこタクパギェンツェン（明から闡化王に封ぜられた本人である）に譲ってチェンガに復帰した。1377 年から 1381 年の間、タクパチャンチュプはネドンの当主とデンサティル寺のチェンガを兼任したが、彼もラプンと称している。1405 年、スーナムタクパはチェンガを辞した。そして 1434 年に至るまで闡化王の 3 人の弟、すなわちタクパロドゥー（grags-pa-blo-gros：1383 〜 1407、チェンガ在任は 1405 〜 1407）、スーナムサンポ（bsod-nams-bzang-po：1380 〜 1416、チェンガ在任は 1408 〜 1416）、スーナムギェンツェン（bsod-nams-rgyal-mtshan：1386 〜 1434、チェンガ在任は 1417 〜 1434、ナルタン寺の寺務も兼任していた）等が相次いでデンサティル寺のチェンガを担当した。1434 年以降、チェンガは 12 年ほど空位となったため、ネドンのタクパジュンネーがデンサティル寺の寺務と兼任した。その後徐々にパクモドゥの勢力は衰え、デンサティル寺もまた衰退していった。

デンサティル寺とツェタン寺、及びパクモドゥ地方政権の領袖はすべてラン氏一族が担ったことを見てきたが、これらの関係は別に簡単な表〔280 〜 282 頁表 10–1 〜 3〕を付した。

ここまでの叙述で見えてくるのは、パクモドゥ地方政権の勢力が比較的強い時期、政治と宗教の両権を掌握したのは二、三名のラプンを除き、複数のラン氏出身者が、それぞれ政教両権を分掌したことである。デンサティル寺のチェンガ出身者はタクパギェンツェンのみで、それ以外のパクモドゥ当主はシャーキャギェンツェンに始まり、すべてツェタン寺を経ての着任となっている。かつてチャンチュプギェンツェンは、パクモドゥ派の継承者はすべて出家して戒を守る人物でなければならないと規定したが、六代目のタクパジュンネーまでをみると（大司徒チャンチュプギェンツェンを初代として計算）、すべてこの規定に合致している。大司徒チャンチュプギェンツェンの在任時（1351～1352）に建立された比較的規模の大きいツェタン寺であるが、ここではおもに顕教の経論が講じられた。この寺院で経を講じ学問を修めようとする僧は、その教派を問われることなくすべて同等とされた。これらはサキャなどとも異なり、むしろカダム派のサンプ寺に類似するやり方である（第4章カダム派参照）。チャンチュプギェンツェンがどのような意図をもってこの寺院を建立したのか、それを示す史料は見当たらない（チベット仏教の資料は“仏教発展のため”とするが）。しかし仏教、特に顕教は、社会が安定している時期において、被支配者の農奴階級に対し、より麻酔作用を発揮して階級意識を鈍らせ、搾取、圧迫といった環境に追い込むのだと思われる。チャンチュプギェンツェンのおこなった経済的、あるいは行政的政策はこの点と相俟って前後チベット支配をより強固なものとし、有効なものとなった。支配者側にとって、戒律を含む顕教は彼らの荒淫や残虐行為を制限、あるいは隠匿する作用をもたらし、また顕教が広める煩瑣で細かい唯心哲学は、当時のチベット社会において統治者を訓練することのできる唯一の思想でもあった。支配者にとって、顕教のこのような両義性は、彼ら及びその子孫による長期にわたる支配を維持するのに有効であったといえよう。大司徒チャンチュプギェンツェンに始まるラン氏一族は顕教を非常に重視しており、ツェタン寺は当時デンサティル寺に勝る重要な地位を占めていた。ゲルク派が興る前、ツェタン寺は前後チベットで非常に有名かつ勢力を有した寺院となっていた。チャンチュプギェンツェン以降、パクモドゥ派の当主が幼いときからツェタン寺の座主を務め、その後ネドンに入る理由は、この点によって説明できるだろう（タクパギェンツェンを除く）。まずツェタン寺の座主を務めてパクモドゥ政権当主に必要な“声望”を形成し、封建社会の統治者に必要とされる思想や行動を訓練したのである。当時の仏教は、前後チベットの社会文化教育事業を支配する一連の思想意識となっており、それと同時に当時の人々の思想に大きな影響を与えていた。そのためパクモドゥ政権が仏教を極めて重視し、その統治に利用しようとしたのはごく自然な行動であった。『チベット王臣記』には、パクモドゥ地方政権が人を評価するための基準が記載されており、それはすなわち“家柄”“学問”“権勢”(rigs-rus、yon-tan、mnga'-thang)であった。“家柄”には中国魏晋時代の“門弟”“門閥”、またインドの“カースト”等の意味が含まれており、封建社会で人の社会的地位を評価するための一つの基準となっている。“学問”は、当時において事実上仏教への造詣の深さと修養を指す。“権勢”もまた官職のことであり、3番目に重要とされた。当時の統治階級と知識人の考える仏教の地位がよくわかる。

14世紀中頃、パクモドゥ派のチャンチュプギェンツェンは前後チベットの多くの万戸を相次いで併合したが、彼が元の順帝の承認及び大司徒の地位を得ると、この地域では80～90年にわたって安定した時期が続いた。シャーキャギェンツェンが後チベットで1度、タクパギェンツェンがギャンツェで2度兵を動かしたほか(これらの戦闘の規模は小さく、干戈を交えず戻る者もあったという)に、大きな戦乱はなかった。パクモドゥの歴代統治者は支配下の荘園を頻繁に見まわっており、チャンチュプギェンツェンは属民の生産のやり方を重視してその状態を保護した。チベット語史料にある多くの事象は、この時期のチベット社会が比較的安定し、生産性も向上していたことを伝えている。闡化王タクパギェンツェンは40年にわたって統治し、その間ウー・ツァン地方は繁栄、文化は発達して一つの到達点に至った。ダライラマ五世『チベット王臣記』には、タクパギェンツェンが規定によって衣服の等級を定めたことが記されている。春節を祝う宴席で、彼の臣下はみな宝石をつけた華美な衣装を身にまとったが、平日でも宝石のついた耳飾りをつけて“貴賤”を区分したという。ここからは統治者が奢侈に流れていたこと、封建等級制度がすでに完成の域に達していたことなどが見てとれるだろう。タクパギェンツェンは14世紀の終わり頃からゲルク派の創始者ツォンカパに対する支援と利用を始めており、1409年のチベット新年の際は自ら配下の貴族に呼びかけて大量の物資を提供させ、ラサのチョカンにおいて大規模なムンラム・チェンモを開催している。ムンラム・チェンモの名義上の主催者はツォンカパであるが、実際はパクモドゥ派の支援により、“パクモドゥの誉れ”(付録1. ツォンカパ伝論参照)のために開催されたのであった。ムンラム・チェンモ終了後には、ツォンカパのためにガンデン寺を建立、ここからゲルク派が形成されていった。タクパギェンツェンの弟たちやパクモドゥの後継者たち、さらには重臣（パクモドゥ政権下の貴族たち）とその後継者らもみなゲルク派の支持者となった。タクパギェンツェンは闡化王に封じられ（1406）、明の帝室と深い関わりをもった。1407年、永楽帝の命を受けたタクパギェンツェンは、護教王、賛善王、ディクンワ国師、及び必里、ド・カム、隴答の各衛のチベット首領等と共同で、漢とチベットが隣接する地域の大小ジャムチを修復し、両地区を結ぶ交通をより円滑なものとした。これは明中央とチベット地区との往来をより頻繁にし、交易をも促進するものとなってチベットの繁栄を後押しした。タクパギェンツェンの重臣の多くが明からの任命を受けており、たとえばネドン（sne'u-rdzong）のナムカサンポ（nam-mkha'-bzang-po）はネドン宗行都指揮使司都指揮僉事に任ぜられた(1)。ナムカサンポはタクパギェンツェンの家臣の中で一、二を争う重臣であり、ラサ一帯を管理していた。その兄弟にもサムトゥプツェ（bsam-grub-rtse）のゾンプンを務めた重要人物がいる。またリンプン宗（rin-spungs-rdzong）のナムカギェルポ（nam-mkha'-rgyal-po）も都指揮僉事に封ぜられた（『明實録』太宗實録巻101に“永楽十四年五月……西蕃ノ領司奔寨行都指揮使司ヲ設ケ、頭目ノ葛加児卜ヲ以テ都指揮僉事トナス、遣使シテ誥印ヲ給フ”とある。領司奔寨はリンプン宗の異訳で、葛加児卜がナムカギェルポの古訳である）。ナムカギェルポもまたタクパギェンツェンの重要な家臣の一人であり、リンプン宗ではゾンプンを務めている。リンプン宗ゾンプンはサキャ寺管轄の責任者であり、ナムカギェルポもサキャとチュミクの万戸長を兼任していた。またクンカル宗（gung-dkar-rdzong）ゾンプンのプンシゾム（dpon-gzhi-'dzom）、タクカル宗（brag-dkar-rdzong）ゾンプンのリンチェンペル（rin-chen-dpal）も明から都指揮僉事（他にも多くの人物が同様に委任を受けている）の職を授かっている。これらの人々はパクモドゥ政権下の貴族であり、ゾンプンでもあった。それと同時に明王朝から職を授かっており、中央の官僚でもあったのである。当時の文章によると、都指揮僉事はみな昭勇将軍を授かる正三品の武官で、これは元代の上万戸の正三品と同様である。明代の武官である指揮等の官職はみな世襲が許されており、それはチベット地区でも例外ではない。チベット人子弟が指揮職の世襲許可をたびたび奏上していたことは『明實録』に見られる。チベット史の記載によると、ゾンプンを流官にするという大司徒チャンチュプギェンツェンが定めた制度は、闡化王タクパギェンツェンの時代に変更され、ゾンプンの職位は世襲されるようになった。この変更は、明代の中央体制と決して無関係ではない。封建農奴社会において世襲は当然の行為であり、貴族の地位と権勢をさらに強化するものとなった。その結果、タクパギェンツェンの死後、チベット地方では再度貴族が割拠するという状態が出現した。パクモドゥ政権は明から封を受け（明は歴代の闡化王に対し、等しく使いを送って加封している）、ウー・ツァンの大部分で最高の行政長官の名義を保持していたにもかかわらず、タクパギェンツェン時代のようにすべての支配地域を掌握できず、衰退の道をたどるのを阻止できなかった。

ゲルク派が興ったとき、タクパギェンツェンはその拡大に尽力した。1409年に開催されたムンラム・チェンモの際、配下の重要貴族のほとんどはその施主となっており（法会は15日にわたって開催され、施主は法会の開催費用と参加するすべての僧の飲食を供養した。ある者は1人で1日分を、ある者は数人で1日分を負担した。付録2. ツォンカパ年譜参照）、なかでも熱心な協力者はネドン宗ゾンプン、ナムカサンポであった。ツォンカパがガンデン寺を建立した際、最も多く出資したのはタクカル宗ゾンプンのリンチェンペルとリンチェンルンポ（rin-chen-lhun-po）父子であったし、ナムカサンポはジャムヤンチュージェ・タシーペンデンが1416年にデープン寺を建立した際にも支援をおこなっている。大慈法王シャーキャイェシェーは内地より資材を募ってセラ寺を建立した。この3寺院はツォンカパの意向を色濃く反映して建立された。彼らの主な活動は顕教経論の伝承であり、その内容はツォンカパがカダム派の教義を発展、充実させて形成した“新カダム派”すなわち“ゲルク派”の教義である。パクモドゥ派のツェタン寺でも顕教経論を教えていたが、タクパチャンチュプ以降はカダム派寄りとなりつつあった（タクパチャンチュプとその弟たちは一部のカダム派史書ではカダム派の人物とされている）。かつてパクモドゥ配下の貴族の子弟は多くがツェタン寺で学んだが、ゲルク派三大寺が建立されて以降は、その教義がツェタン寺のそれと似通っていること、また筋道の“精密さや広範さ”において三大寺が勝っていたこともあって、その多くが大挙して三大寺、特にデープン寺へと押し寄せた。当時の習慣により、貴族たちは寺院に対してすべての荘園あるいは一部の土地を喜捨した。それらは荘園付きの農奴も含め、すべて寺院の財産となった。比較的安定かつ繁栄していた当時の社会状況のもと、貴族、平民らにとって仏教は出世の路ともなっており、三大寺は短期間でそれぞれ千を数える僧と大量の土地、農奴を手にすることになった。またそれぞれの信徒や末寺はウー・ツァン各地に広まって、一つの独立した勢力が形成されていった。

15世紀の終わり頃から、パクモドゥ・ラン氏の一族内では分裂が生じ、配下の貴族の争いも日ごとに激しさを増して、土地と農奴を所有している寺院も自然とその争いに巻き込まれていった。その結果、僧俗が結びついた複数の集団が形成されてしのぎをけずり、武力衝突という状況にまで至った。

闡化王タクパギェンツェンはナムカギェンツェン（nam-mkha'-rgyal-mtshan）をリンプン宗のゾンプン（これ以降、ナムカギェンツェンとその一族はリンプンパ rin-spung-pa を名乗ることになる）に任命、合わせてチュミク万戸長、サキャのラカン・チェンモのプンチェン（チャンチュプギェンツェン以来リンプンのゾンプンがサキャ・プンチェンを兼任、これはサキャ派の行動を監視するための措置であった）をも兼任させた。後に子のナムカギェルポ（nam-mkha'-rgyal-po：生没年不詳）がその職位を継承している。1416年、永楽帝はリンプンに行都指揮使司を設けてナムカギェルポを都指揮僉事に任じ、昭勇将軍に封じた。1426年、ナムカギェルポの子ノルブサンポ（nor-bu-bzang-po：生没年不詳）がリンプン宗のゾンプンを継承すると、明の宣徳帝はノルブサンポにリンプン行都指揮使司の都指揮僉事、昭勇将軍を継承させた。ノルブサンポは武力で後チベットの弱小勢力を併合し、リンプン家はここから繁栄に向かったのである。ノルブサンポはサキャのクン氏の後裔及び永楽十一年（1413）に輔教王に封ぜられたナムカレクパと関係を結んだ。またリンプン地区にロン・チャムチェン寺（rong-byams-chen-chos-sde）を建立して物資や食糧を供給している。パクモドゥの配下ながら事実上の独立状態となったのは、彼の時代からである。ノルブサンポの子クンサンパ（kun-bzang-pa：生没年不詳）兄弟の時代になると、クンサンパはリンプン宗のゾンプンを継承し、弟のトゥントゥプドルジェ（don-grub-rdo-rje）はサムトゥプツェ（bsam-grub-rtse 今日のシガツェ）のゾンプンとなった。もう一人の弟ツォキェードルジェ（mtsho-skyes-rdo-rje）はヤルルン地区のカルトク宗（mkhar-thog-rdzong）を占拠し、後にネドンでパクモドゥの行政を掌握する大臣代理（dpon-tshab）となっている。さらに別の弟シャーキャギェンツェン（shākya-rgyal-mtshan）はニャンコク宗（nyang-khog-rdzong）を占拠した。こうしてクンサンパの時代にリンプン家は大きく発展した。クンサンパとサキャ派の僧とは深い連合を結んでおり、彼らが建立したいくつかの寺院に援助をおこなっている。クンサンパの子トゥンユードルジェ（don-yod-rdo-rje）は、パクモドゥの重要な家臣であるネドン宗のゾンプン（前述のナムカサンポの後継者である）が属するタクカル荘園（gzhis-ka-brag-dkar）、チュシュル（chu-shul）、ルンポツェ（lhun-po-rtse）などの地（ネドン宗ゾンプンを務めた貴族は有力なゲルク派支持者であった。タクカル荘園は一族世襲の土地で、一族の名もタクカルワと言った。トゥンユードルジェの攻撃により滅亡）を武力で奪取している。トゥンユードルジェはカルマ・カギュー派紅帽系第四世チュータクイェシェーと結んでおり、チュータクイェシェーが1490年にヤンパチェン寺（yangs-pa-can）を建立した際に支援し、土地と民を寄進して寺の財産としている。ここにリンプンパとカルマ派、特に黒帽系は結託し、ゲルク派とパクモドゥ及びゲルク派支持の貴族が連合した勢力と激しい闘争を続けたのであった。

1481年、カルマ・カギュー派はラサ近郊に2つの寺院を建立した（紅帽系、黒帽系各1寺ずつ）。その目的はゲルク派のデープン、セラ両寺の排斥であった。またディクン・カギューと共に規模の小さなゲルク派の所属寺院を暴力により改宗させ、デープン、セラ両寺所有地の一部を奪っている。このためゲルク派はカルマ派、ディクン派と敵対状態となった。1497年頃、リンプンパは武力でラサを制圧した。その翌年から1517年までの約20年にわたり、リンプンパはデープン、セラ両寺院の僧が、ツォンカパが創始した年に一度のムンラム・チェンモへ参加することを禁止した。ゲルク派の評判を下げ、さらに経済的打撃を与えるためである。1518年頃、パクモドゥ派がその勢力を回復するとリンプンパ勢力はラサから撤退、セラ、デープン両寺院はムンラム・チェンモへの復帰をようやく可能にした。1537年、ディクン派はガンデン寺攻撃のために出兵、兵はウルカ宗（'ol-kha-rdzong：この宗のゾンプンは代々ゲルク派支持であった）にまで至ったものの、ジンチ地方（rdzing-phyi）で伏兵に遭い、ガンデン寺を破壊するには至らなかった。そこで計画を改め、18のゲルク派所属寺院を改宗（ゲルク派→ディクン派）させた。1565年、リンプン派のガクワンジクタク（ngag-dbang-'jig-grags：生没年不詳、ツォキェードルジェの孫）がゾンプンとなった。彼の家臣シンシャクパ・ツェテンドルジェ（shing-gshags-pa-tshe-bstan-rdo-rje：生没年不詳）は後チベット西部の一部勢力と結び、リンプン宗属民の不満を利用して蜂起をそそのかし、リンプン派の統治を覆した。彼は農民反乱の果実を自身のものとし、リンプンパの支配下にあった後チベットの大部分を攻略してガムリンのラトゥー・チャン万戸の実力をそぎ、ツァントゥー王（gtsang-stod-rgyal-po：後チベットの王の意味。漢文史料に見られるツァン・デパの祖である）を名乗ったのであった。シンシャクパ・ツェテンドルジェはカルマ・カギューとの古い結びつきからゲルク派と敵対した。1581年、ディクン派で内乱が起こると、同派は再起不能の事態に陥った。この時期、パクモドゥ派のラン氏もいたずらに“闡化王”を名乗るのみで統治能力を失っており、前後チベットにおける勢力争いは、ゲルク派及び支持貴族対ツァン・デパとカルマ・カギュー連合軍という両陣営の争いの構図が明確となった。

ツァン・デパに関する資料は少なく、カルマ派の史料に表れるそれはすでに紹介済みであるのでここでは繰り返さない。シンシャクパの後裔（彼の孫プンツォクナムギェルとその子テンキョンワンポ）は、カルマ・カギュー紅帽系との連合に加え、サキャ派、チョナン派、後チベットの小規模な宗派とも結びついていた。特にテンキョンワンポ（bstan-skyong-dbang-po：1606～1642）はチョナン派を大いに支持しており、ターラナータ（Tarānātha：1575～1634、生没年には異説あり）のためにタクテン・プンツォクリン寺（rtag-brtan-phun-tshogs-gling）を修理している。ターラナータは後にテンキョンワンポの求めに応じてモンゴルに行くことになる。ツァン・デパ政権のその後の統治者も複数寺院の建立や法会の開催をおこなった。政治的には武力で支配地を拡大し、後チベットを支配している。1610年頃、プンツォクナムギェル（phun-tshogs-rnam-rgyal：1586～1621?）は後チベットの大部分を支配下においた。そこにはパクモドゥ派の支配が及ばなかったラトゥー・チャン（la-stod-byang）、ギャンツェ（rgyal-rtse）のほか、前チベットのコンカル（gong-dkar）、ヤムドク湖東南のロタク（lho-brag）地区等も含まれていた。とはいえその統治は不安定で、支配地域ではその後十数年にわたり、武力をもって反乱を鎮圧するという状態が続いた。1618年には前チベットの大部分を支配下におさめ、前後チベットを共に統治する、チベット史上において大規模な地方政権を形成した。カルマ・カギュー紅帽系もまたその権力をかさに繁栄を謳歌した。彼らはゲルク派やゲルク派支持の勢力を敵とみなして抑圧し、その後二十数年にわたり圧倒的優位を保ったが、ゲルク派がモンゴル軍を引き入れると、その状況は根本から転換することになった。

ゲルク派は、15世紀頃すでに中心となる寺院を建立しており、パクモドゥやその配下の貴族からの支持のもと、カダム派の寺院を大量に改宗させるなどして経済的な基盤を強化した集団を形成した。その後パクモドゥ政権の衰退とリンプンパの台頭という混乱した状況の中、ゲルク派はダライラマ二世及び三世が各地をめぐることによって所属寺院の発展をうながし、集団のさらなる強化をはかることをその主要手段とした。世俗の貴族が流転していく中、ゲルク派は拡大の一途をたどった。16世紀後半、ダライラマ三世とアルタン・ハーンが結びつくと、ゲルク派は急速にモンゴルへと浸透していく。これらの状況は、チベット内部における両勢力の対立だけでなく、モンゴル・チベット両民族のその後の歴史にも大きな影響を及ぼした。清初における対モンゴル・チベット政策の方針も、これらの状況をもとに決定されていった。

明が興り、元が北遷して数十年の後、モンゴル族は祖国の北部で、いくつかの部族に分化した。1435年頃にはオイラート（瓦剌、衛拉特、厄魯特などと表記。チンギス・ハーンの非直系）諸部の勢力が強まり、モンゴル各部の盟主となった。50年ほど経つと、ダヤン・ハーン（フビライの後裔、チンギス・ハーン二十九代の子孫）はチンギス・ハーンの直系諸族と連合してオイラート（トルボト部、チョロスすなわちジュンガル部とホシュート部）を天山南北に追い、モンゴル地区を再統一するに至る。しかしダヤン・ハーンが1543年に世を去ると、モンゴルは再び分裂して、チャハル部、カラチン部、オルドス部、トゥメト部（以上が漠南）、及びハルハ部（漠北、さらに5小部に分割）という5大部が成立した。中でもオルドス部（河套一帯）、トゥメト部（フフホト一帯）の勢力が最も強かった。16世紀の初め、明の辺境の官が失職し、あるモンゴル貴族が部族を率いて青海に止まったが、当時の明はモンゴル人が大挙して南下し、チベット地区に入ることを阻止するだけの力をもっていた。しかし1559年にトゥメト部のアルタン・ハーンが衆を率いて青海に入った際、明にはそれを防ぐ力はなく、計略を以てアルタン・ハーンを宣撫せしめるのみであった。1571年、明はアルタン・ハーンを順義王に封じた。もはや明にはモンゴル・チベットの交通を妨げる力はなかった。

チベット仏教は元代の政治と文化に一定の影響を与えたとはいえ、それは朝廷や貴族の崇敬にすぎず、モンゴル地区でモンゴルの民から信奉を受けていたわけではない。元の北遷以降、元の朝廷とサキャ派との関係、またチベット仏教に対する信仰は、断続的なものであった。当時の統治階級とモンゴルの一般人民の大部分は固有のシャーマニズムを信仰していたが、トゥメトのアルタン・ハーンとダライラマ三世スーナムギャムツォが青海の仰華寺で会見をもった1578年以降、ゲルク派はモンゴル地区で急速に拡大していった。やがてゲルク派はトゥメトの統治階級だけではなく民間にも浸透していき、その後オルドス部、チャハル部、ハルハ部、カラチン部や天山一帯のオイラート諸部にまで広がるのに時間はかからなかった。カギュー派やサキャ派を信仰するハーンもいたものの、多くはゲルク派を信奉し、ゲルク派寺院が次々と建立されていった。モンゴル地区とゲルク派、特にダライラマのいるデープン寺との関係は日々密接となり、アルタン・ハーンの孫ユンテンギャムツォがダライラマ四世に認定されてからは、両者のつながりはよりいっそう強まった。モンゴル地区にはダライラマの代理人（トンコル・フトゥクトゥなど）が常駐し、ラサにはモンゴルの僧俗の貴族が常駐していた。モンゴルの寺院にいる上層ラマはみなラサの三大寺で学んでいる。各部ハーンの師弟もまた三大寺、特にデープン寺に向かう者が多くおり、ダライラマの弟子と称する者もいた。モンゴル諸部のハーン（彼らは往々にして軍隊を率いていた）も常にチベットを訪れてはダライラマやパンチェンラマに拝謁し、多くの寺院に布施をおこなった。これらの宗教活動の背景には、チベットとモンゴルの上層階級が政治上の利害で結びついたことに加え、さらに重要なこととして、両民族、両地区の貿易活動が、これらの行動を推進したことがある（彼らは往来の道中、大荷物をもって売買をおこなった）。モンゴルの各部ハーンは互いに支配関係になく、時には紛争も起こした。しかし彼らはみなゲルク派を信奉しており、個別にダライラマと直接連絡を取っていたため、ゲルク派、特にダライラマという存在は、モンゴル諸部のハーンたちにさまざまな影響を与えることになった。1630年代から40年代にかけ、チベットにおける各部ハーンの活動には、政治及び領土への野心が顕著に表れつつあった。まずチャハルのリンダン・ハーンがモンゴル各部の間の紛争を引き起こし、部の人々は多くが北のハルハへと移動したが、ハルハではこれを原因とする紛争が起こった。チョクトゥ・ホンタイジは、この争いを機に部族の者を率いて西遷し、最終的には青海に至り（1630年代初め頃）、土地のトゥメトを征服した。チョクトゥ・ホンタイジは代々カルマ・カギュー派を信奉しており、カルマ・カギューの上層ラマを通じてツァン・デパのテンキョンワンポと関わりをもっていた。さらにはリンダン・ハーンと連携した上、カギュー派に改宗するよう説得し（リンダン・ハーンはゲルク派を信奉、当時は清の太宗ホンタイジから圧迫を受けていた）、ツァン・デパと共に連合して事を起こそうとした。しかしリンダン・ハーンは青海に向かう途中、病没した。チョクトゥ・ホンタイジは子のアルスランをチベットに向かわせ、ゲルク派を潰滅させてツァン・デパと共にチベットの支配を目論んだものの、アルスランはゲルク派からの賄賂を受け取り、ゲルク派とカギュー派の間で躊躇したあげく、カギュー派の僧の告発によって1636年に処刑されてしまった。同じ頃、ゲルク派ではすでにホシュート部のグシ・ハーンに対して救援を求めていた。ホシュートはオイラート四部のうちの一つで、もともと天山北路にいたものが、この時期すでに天山南路に移動してきていた。グシ・ハーンは青海攻略の意志をもっていたが、1637年期に乗じてついに青海に入り、トゥメトの残党と連合してチョクトゥ・ホンタイジを撃ち破った上で殺害、その勢力数万人を併合して青海にホシュートの根拠地を成立させた。同じ年、グシ・ハーンは巡礼を装ってラサ入りし、パンチェンラマ四世ロサンチューキギェンツェン及びダライラマ五世ガクワンロサンギャムツォと協議、共同で清に使者を派遣して清の後ろ盾を得、チベットの長期支配をおこなわんとした。グシ・ハーンは1639年に西カムに向かい、翌年西カムのペリ土司（当時西カムで最も強大な地方勢力であった）を滅亡させた。1641年には雲南の麗江土知府であった木氏の管轄地を一部含む西カムを支配下においている。年末に兵を率いてチベットに戻ると、1642年にツァン・デパのテンキョンワンポを攻撃して殺害、前後チベットをも支配下においた。チベット地区の2つの僧俗勢力が対決した結果は、グシ・ハーンとゲルク派の全面的勝利となって収束したのであった。グシ・ハーンは全チベットをその支配下においたものの、当時西北には強大なジュンガル部が、東北にはモンゴル諸部があって、グシ・ハーンのチベット支配、特にダライラマとの結びつきに対して不満をもっていた。そのため、外では援軍を恃んでモンゴルの侵入を防ぎ、内ではダライラマと結んでチベット支配をおこなうことになる。彼は1637年頃にダライラマ及びパンチェンラマと共同で清に使者を送ったことがあるが、その後も合同で数度の遣使に及んでいる。グシ・ハーンは子らを甘粛、青海のチベット地区に駐屯させ、カムに賦税を課すことによってモンゴル軍五百余戸の費用にあて、平素、軍はダム地区に駐屯させた（ダム・モンゴル八旗の由来）。こうして彼は全チベット地区のハーンとなった。当時の甘粛、青海、カムの状況は極めて複雑であった。ツォンカパの弟子たちがこの地に寺院を建立して以来、ダライラマ三世、四世時代の発展もあり、ゲルク派はすでに相当の勢力を有していた。グシ・ハーンはウー・ツァンの税収を餌にダライラマと結び、ダライラマ及びその統治地区内のゲルク派寺院（グシ・ハーンはカンゼ一帯に13の寺院を建立したのをはじめ、甘粛、青海地方にもゲルク派の寺院を建立した。これらの寺院は彼の指揮下にあった）にその統治の協力をさせると共にダライラマを手元に置いてモンゴル諸部のハーンに対し優勢を保った。これらは統治者が得意とするやり方ではあったが、このとき以降、中央チベットではモンゴルのハーンとゲルク派の領袖が連合して統治に当たるという状況が形成されていった（第8章ゲルク派（黄教）参照）。1644年、清軍が北京入りして、明は滅亡した。清朝のその後数十年にわたる制御のもと、チベットはまたさまざまな変化を遂げていった。

ゲルク派の歴史については別の専門書もあり、清代チベットの宗教状況についてもゲルク派史の中で説明されている。第8章でも一部述べたため、清代の状況については専門の章を設けない。

## 原注

(1) 『明實録』太宗實録巻87には“永楽十一年（1413）二月己未、烏思蔵牛児宗寨ニ行都指揮使司ヲ置キ、喃葛監蔵ヲ以テ都指揮僉事トナス”とある。永楽六年（1408）12月辛丑条には牛児宗寨官の喃哥蔵卜が遣使して進貢するとの記載があり、チベット文の記載によればナムカサンポはこの前後一貫してネドン宗のゾンプン rdzong-dpon であった。牛児宗寨はすなわちネドン宗のことであり、もともとはネドン荘園 gzhis-ka といった。永楽十一年の項に記載される喃葛監蔵は永楽六年の項に記載される喃哥蔵卜＝ナムカサンポであろう。漢文史料にあるチベット人の訳名は異訳が多い。

[表10－1]　パクモドゥパ系譜

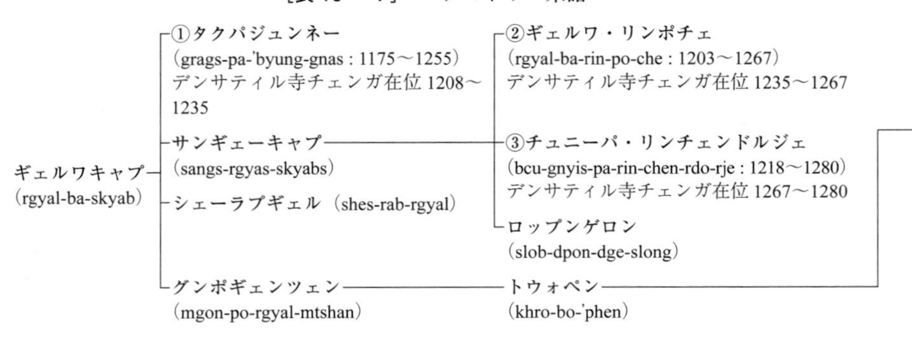


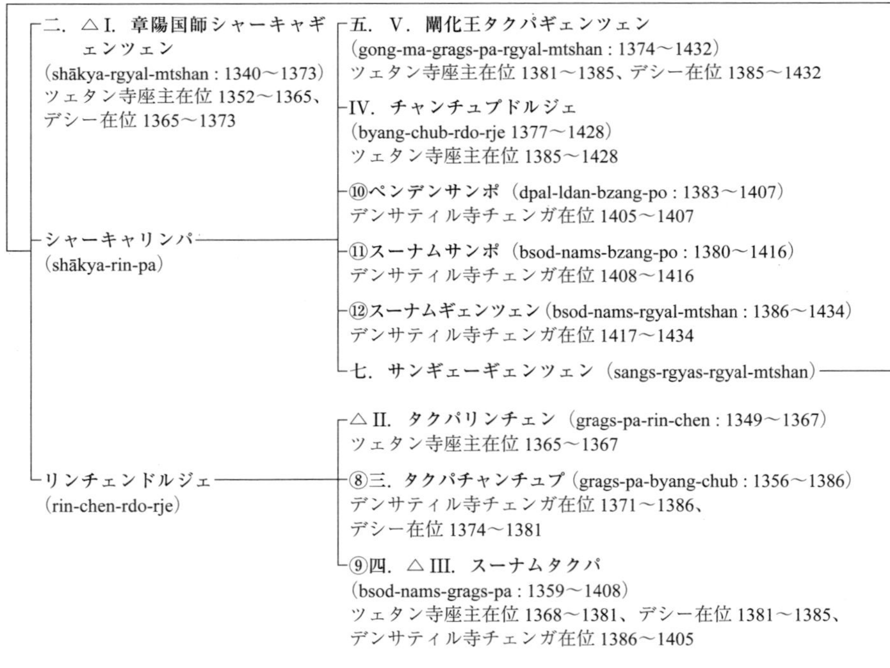


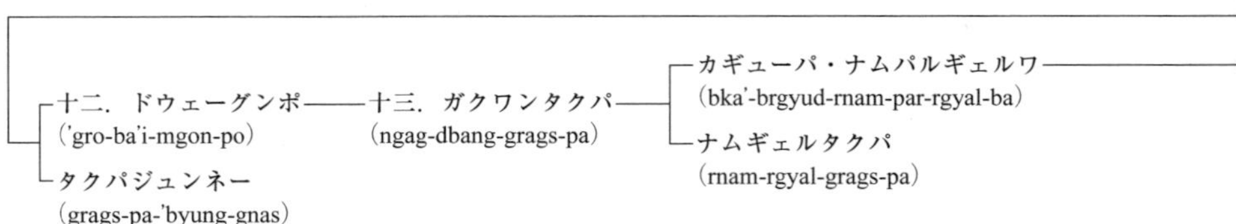

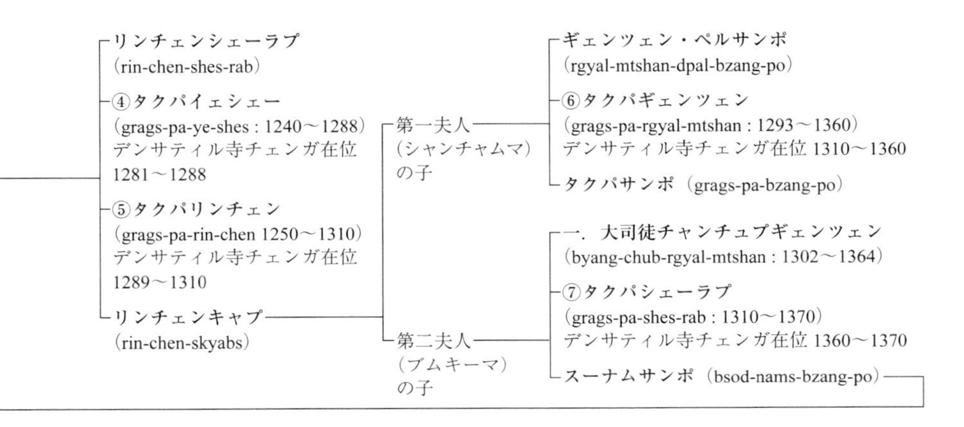


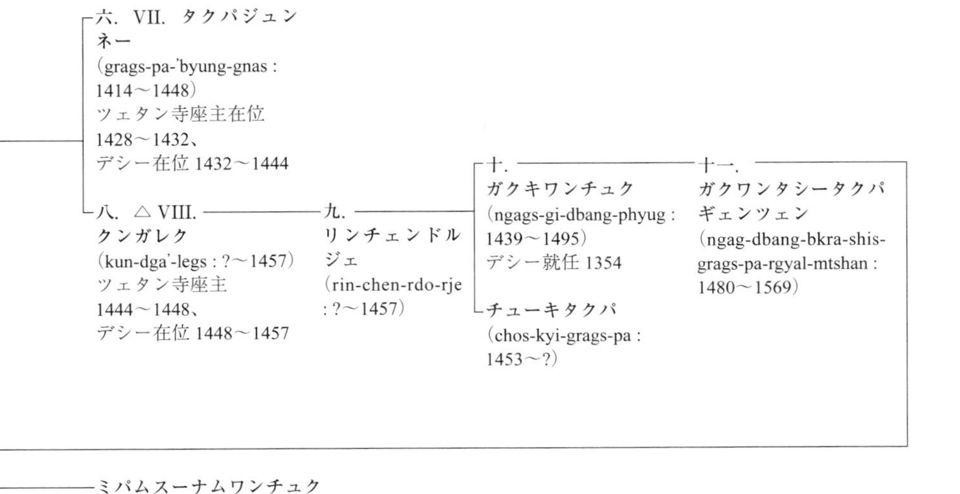


算用数字はデンサティル寺チェンガの就任順位
△ローマ数字はツェタン寺座主就任順位
漢数字はネドンのデシー就任順位

民族出版社『チベット王臣記』1957年版による

### ［表10－2］　デンサティル寺歴代チェンガ系譜

1. タクパジュンネー（grags-pa-'byang-nas : 1175 ～ 1255）1208 ～ 1235 チェンガ在任
2. ギェルワ・リンポチェ
（rgyal-ba-rin-po-che、本名タクパツゥンドゥー grags-pa-brtson-grus : 1230 ～ 1267）
1235 ～ 1267 チェンガ在任
3. チュニーパ・リンチェンドルジェ
（bcu-gnyis-pa-rin-chen-rdo-rje : 1218 ～ 1280）1267 ～ 1280 チェンガ在任
4. タクパイェシェー（grags-pa-ye-shes : 1240 ～ 1288）1281 ～ 1288 チェンガ在任
5. タクパリンチェン（grags-pa-rin-chen またはニーチューパ gnyis-mchod-pa : 1250 ～ 1310）
1289 ～ 1310 チェンガ在任
6. タクパギェンツェン
（grags-pa-rgyal-mtshan またはチューシーパ・ニンマ chos-zhis-pa-rnying-ma : 1293 ～ 1360）
1310 ～ 1360 チェンガ在任
7. タクパシェーラプ（grags-pa-shes-rab またはチュニーサルマ bcu-gnyis-gsar-ma : 1310 ～ 1370）
1360 ～ 1370 チェンガ在任
8. タクパチャンチュプ
（grags-pa-byang-chub またはチューシーパ・サルマ chos-zhis-pa-gsar-ma : 1356 ～ 1386）
1371 ～ 1386 チェンガ在任
9. スーナムタクパ（bsod-nams-grags-pa : 1359 ～ 1408）1386 ～ 1405 チェンガ在任
10. ペンデンサンポ（dpal-ldan-bzang-po またはタクパロドゥー grags-pa-blo-gros : 1383 ～ 1407）
1405 ～ 1407 チェンガ在任
11. スーナムサンポ（bsod-nams-bzang-po : 1380 ～ 1416）1408 ～ 1416 チェンガ在任
12. スーナムギェンツェン（bsod-nams-rgyal-mtshan : 1386 ～ 1434）1417 ～ 1434 チェンガ在任

### ［表10－3］　ツェタン寺歴代座主系譜

ツェタン寺は大司徒チャンチュプギェンツェン（ta'i-si-tu-byang-chub-rgyal-mtshan : 1302 ～ 1364）が1351年からその翌年にかけて建立。

1. 章陽国師シャーキャギェンツェン（shākya-rgyal-mtshan : 1340 ～ 1373）座主在位 1352 ～ 1365
2. タクパリンチェン（grags-pa-rin-chen : 1349 ～ 1367）座主在位 1365 ～ 1367
3. ジャムグンパ・ラチュースンパ（'jam-sngon-pa-bla-chos-gsung-pa）座主在位 1367 ～ 1368
この人物はラン氏出身者ではない。
4. スーナムタクパ（bsod-nams-grags-pa : 1359 ～ 1408）座主在位 1368 ～ 1381
5. タクパギェンツェン（grags-pa-rgyal-mtshan : 1374 ～ 1432）座主在位 1381 ～ 1385
6. チャンチュプドルジェ（byang-chub-rdo-rje : 1377 ～ 1428）座主在位 1385 ～ 1428
7. タクパジュンネー（grags-pa-'byung-gnas : 1414 ～ 1448?）座主在位 1428 ～ 1432
8. クンガレク（kun-dga'-legs : ? ～ 1457）座主在位 1444 ～ 1448
9. タクパジュンネー（grags-pa-'byung-gnas : 1414 ～ 1448?）1446 年再任
10. サンギェーギェンツェン（sangs-rgyas-rgyal-mtshan : ? ～ 1457）1448 年座主就任

# 付録1 ツォンカパ伝論

## 一

ツォンカパ（tsong-kha-pa：1357～1419）の本名はロサンタクパ（blo-bzang-grags-pa）、現在の青海省西寧にあるタール寺の付近で生まれた。チベット人は古来西寧一帯をツォンカ（tsong-kha）と呼んだ。ゆえに彼をツォンカパと呼ぶ。ツォンカパの父の名はルブムゲ（klu-'bum-dge）といい、元末にダルハチ（da-ra-kha-the：モンゴル語 darugači）を務め、メル氏族（mal）に属していた。兄弟は6人おり、ツォンカパはその4番目である。7歳のときシャキュン寺（bya-khyung-dgon-pa）にて出家、カダム派の大ラマであるトゥントゥプリンチェン（don-grub-rin-chen：1309～?）に師事した。10年の間にチベット語、密教、顕教経論などを学んで基礎を身につけたが、さらなる学問を求め、16歳でチベットへと旅立った。

1373年（洪武六、17歳）に前チベットにたどり着き、以来1381年（洪武十四）に至るまで、ツォンカパはさまざまな寺院で五部にもとづく問答をおこなった。この9年間は、中央チベットで顕教を中心に学んだ時期であった。

1373年から翌年にかけ、ツォンカパはニェタン（snye-thang）のデワチェン寺（bde-ba-can）に住んで『現観荘厳論』を中心とする弥勒五法を学んだ。1375年から1376年には前後チベットの寺院で経を講じ、『現観荘厳論』をもとにした問答をおこなっているが、これは彼が“弥勒五法”の内容をすでに学び終えたことを示している。その後も1376年にはクンガペル（kun-dga'-dpal）から、1380年にはレンダワ（red-mda'-ba）からも再び『現観荘厳論』を学んでおり、この論を極めて重要視していたことがうかがえる。

1375年から1380年にかけての6年間、ツォンカパはサキャ派のレンダワなど学問あるラマたちから顕教及びその他の重要な論書を学んだ。中でも

『俱舎論』は 1375 年にトゥンサンワ（don-bzang-ba）から一通り学んだのちに、1376 年、1380 年の 2 度にわたり再びレンダワから学んでいる。『大乗阿毘達磨集論』は、おそらく故郷にいた頃トゥントゥプリンチェンから学んだと思われ、1377 年にこの書について講じているが、その後も 1378 年と 1380 年の 2 度、レンダワから学んでいる。『入中論』は同じくレンダワから 1376 年、1378 年、1379 年、1380 年の 4 度にわたり学んでいる。『量釈論』も 1378 年、1379 年、1380 年の 3 度にわたりレンダワから、1380 年にはトゥンサンワから学んでいる。1379 年には『量釈論』を自ら修訂すると共にウユクパ（'u-yug-pa：サパンの弟子）の『量釈論詳註』を精読、誤りなき“修道成仏”の道理を悟ったという。1377 年、『戒経』について、キョルモルン（skyor-mo-lung）のロセルワ（blo-gsal-ba）から経文及びその註釈について学んだ。1380 年から 1381 年にかけては中央チベットの複数の寺院で『俱舎論』『大乗阿毘達磨集論』『量釈論』『戒経』の四論について問答をおこなっている（『入中論』については、当時まだ問答をおこなうことのできる寺院がなく、『現観荘厳論』は 1375 ～ 6 年に経験ずみである）。ツォンカパはこの時点でこれら代表的な論をすでに学習し終えていたことになり、後年のゲルク派の学習制度にあてはめて考えると、25 歳で“ゲシェー”の域に達していたといえるだろう。上記の論書は顕教の発展段階を代表するもので、ツォンカパがこれらをすでに学習し、把握していたということは、仏教哲学を全般的に了解し、確かな基礎力を有していたということになり、顕教全般の学習段階を終えていたともいえる。以降も顕教に対する研鑽を積み、さらなる造詣を深めることになった。

1385 年（洪武十八）頃、ツォンカパはヤルルン地区（yar-lung）のナムギェル・ラカン（rnam-rgyal-lha-khang）でツルティムリンチェン（tshul-khrims-rin-chen）から比丘戒を受けた。この頃から経を講じ、弟子を取り始めた。

1385 年から 1392 年にかけて、ツォンカパは求めに応じて経を講じるほか、師友を訪ね、疑義を討論するなど顕教についての研鑽を積んでいた。密教については縁に任せて学ぶ程度であったのが、この時期から専門的に学びはじめ、自ら体験もしている。特に 1390 年から 1392 年の間にプトゥン（bu-ston）の 2 人の弟子と 1 人の孫弟子から密教経典の注疏を詳しく、かつ系統的に学んでおり、特に孫弟子のグンサンワ（mgon-bzang-ba）からは各部タントラの事相の儀軌を学んだ。ツォンカパにとってこの時期は密教学習の完成段階となった。

チベットに伝わる主な密教経典、たとえば『秘密集会』について、彼は1379年すでにレンダワから『秘密集会』と『パンチャクラマ』を学んでいたが、1390年にロン（rong）の地でタクパシェーニェン（grags-pa-shes-gnyen）から『パンチャクラマ』を、同年レンダワから再び『秘密集会』を、1392年プトゥンの弟子チュンペルワ（chos-dpal-ba）から『秘密集会』二大派（聖者流とジュニャーナパーダ流）の解釈を改めて学んでいる。『サンヴァラ』については、1375年にシャル寺のリンチェンナムギェル（rin-chen-rnam-rgyal：プトゥンの弟子）から学ぶと同時に灌頂を受けており、1392年にも同じシャル寺のプトゥンの弟子キュンポレーパ（khyung-po-lhas-pa）から学んでいる。『時輪』は、同年チョモナン寺（jo-mo-nang）のチョクレーナムギェル（phyogs-las-rnam-rgyal）から『時輪』「六支瑜伽」を学んだ。1389年、彼はキョルモルン寺においてツェル寺のイェシェーギェンツェン（ye-shes-rgyal-mtshan）講じる『時輪』の大註『ヴィマラプラバー』を聞くと共に歴算と事相〔事相とは、密教で修法・灌頂など実践的な面を指す〕を学んでいる。1390年、ツォンカパはデチェン寺（bde-chen）でプトゥンの弟子チューペルワから『時輪経疏釈』を学んで事相や六支瑜伽を修行した。これらの3つの経典は無上瑜伽タントラ（四部タントラの第四）に属するものである。いわゆる下三部（瑜伽部、行部、事部）について、当時は一般に学ぶに値しないものと思われていたが、ツォンカパは1392年にプトゥンの弟子キュンポレーパから系統的に学んでいる。サキャ派の“ラムデー”やカギュー派の“大印”、“ナーロー六法”等各宗派の著名な教えも積極的に学んでいるが、彼がより重視したのは大部の密教経典の註釈解説と事相儀軌であった。とはいえどの教えが主であるとも標榜せず、どの修行にも過重にのめり込むことはなく（風（ルン）、脈（ツァ）、明点（ティクレ）〔チベット密教の生理学説〕といったものは気功に似たもので、当時密教修行者の中で尊ばれた）、顕教の教義と密教を修行した体験とを結びつけることに重きを置いた。これはツォンカパ自身が顕教の基礎を身につけてから改めて密教を学んだことで、密教を仏教の別個の体系とみなしたことと関係があるだろう。これらは、密教を学ぶには顕教の学習が必須であるとし、また密教にも次第と順序があるとしたツォンカパの主張に大きな影響を及ぼしたと思われる。

1393年（洪武二十六）から1399年（建文元）までは、ツォンカパの思想体系が徐々に形成され、その宗教活動が始まる時期であった。

比丘戒を受けた後、ツォンカパは求めに応じて常々経を講じていた。1387年とその前後にはツェル寺に住み込んで『チベット大蔵経』（ツェル寺には『カンギュル』写本が所蔵されていた〔現在は失われている〕）を読み込み、師や友と研鑽を重ねた。1390年頃には17部論（ここには大乗顕教各派の重要な著作が含まれる。付録2. ツォンカパ年譜の1389年の項参照）を一度に講じることができたという。彼の学問が年々深まり、その思想が成熟に向かっていたことがうかがえる。1395年からその翌年にかけて、ツォンカパはロタク（lho-brag）のトウォ寺（gro-bo-dgon-pa）やニェルトゥー（gnyal-stod）のタコル（bra-gor）寺に滞在してカダム・ダムガク派のナムカギェンツェン（nam-mkha-rgyal-mtshan）とカダム・シュン派のチューキャプサンポ（chos-skyabs-bzang-po）から教えを受け、カダム派の教義を悟るに至った。またニェルトゥーではトルンパ（gro-lung-pa）の『菩提道次第』と『教次第』（テンリム）を入手している。これらはツォンカパに綱領の原型を提供し、彼自身の仏教思想体系構築に大きく寄与した。ツォンカパは、1398年にウルカ（'ol-kha）のオデグンギェル地方（'o-de-gung-rgyal）のラディン寺（lha-sding）において『中論』のブッダパーリタ註を得た。それらを精読した際、彼は中観性空義について決定的な見解を得、さらに中観派のチャンドラキールティ（月称）、バーヴァヴィヴェーカ（清辯）という両派の区別についても明確な理解を得て、仏教哲学中の根本的問題を解決したという。ここにおいて、彼の思想は成熟し、体系は定まった。後にツォンカパは1401年から1402年にかけて『菩提道次第広論』を執筆したが、そのとき思想体系はすでに確立しており、ただ書き出すだけであったのだという。

こうしてその思想が成熟に向かいつつあった頃、ツォンカパは宗教活動を始めた。この活動は3つの分野に分けられる。一つは自身も厳守した戒律の提唱、二つ目は寺院の修復、三つ目は法会の創設である。

1388年、ツォンカパは僧帽を黄色のそれに代えた（付録2. ツォンカパ年譜1388年の項参照）。これは戒律を重視し、必ず遵守するという決意の表れであった。1395年には、ナムカギェンツェン（nam-mkha'-rgyal-mtshan）の勧めに応じ、ジンチ寺（rdzing-phyi）の弥勒菩薩像に比丘の衣装一式を供え（菩薩像を比丘像に改めたという意味。その意図は真の菩薩もまた比丘戒を守るべきであるとし、菩薩が僧であるとの自負を明確に示さず、比丘戒を守れないのは過ちであるとするものである）、大小顕密一切の僧は等しく比丘戒を守るべきであると宣言したのであった。1396年、ニェル地区のセルチブムパ（gser-phyi-'bum-pa）で開催した法会では、比丘戒や律の施行細則について僧や民衆に講じた。ツォンカパやその弟子たち（合わせて30人ほど）自身もこのとき以来、諸事にあたって等しく戒律に沿った行動を始めている。翌年にも、ニェル地区ガンチュン地方（sgang-chung）の信徒のため、在家者及び出家者がいかに戒律を守るべきかという講義をおこなった。1399年にはネドンのゾンプン、ナムカサンポ（nam-mkha'-bzang-po）及びサンプ寺（gsang-phu）ケンポの要請に応じてラサに戻り、ポタラ（po-ta-la）で比丘戒を講じた。その後も戒律を提唱する活動はますます積極的になったが、それはまた別の段階に区分されるものであろう。

1393年の夏、ツォンカパの弟子9人はウルカ宗北部にあるジンチ寺の弥勒像に詣で、発願をおこなった。ジンチ寺は10世紀の古刹で、弥勒の銅像が有名であったが、当時はかなり荒廃していた。翌年、ツォンカパはウルカ宗のゾンプン親子にジンチを修復するよう勧め、自身も殿堂内の彩色の費用負担を申し出た（このとき弟子は3人増え、12人となっていた）。著名な古寺の復興により、彼らは仏教徒の中で名声を得ることになった。

1397年、ツォンカパはニェル地区のラプロン寺（rab-rong）で初めて法会をおこなった。ニェル地区4部のデパ（sde-pa）はその順番を争って不和となっていたが、ツォンカパは間に立って調停をおこない、最終的にはラプロン寺での法会を4人の会見と和解の場所とした。4人のデパはこのとき以来ツォンカパの施主となっている。ツォンカパはその後も毎年のように法会を開催し、それに伴ってニェル4部の紛争を解消あるいは和解させる場所とした。こうした行動により、ツォンカパはあらゆる立場の人から声望を受けるようになった。

1399年、チベット歴正月元日から15日間にかけ、ツォンカパ師弟は（弟子は増加して30人余となっていた）ジンチ寺の弥勒像前で祈願法会をおこなった。参加した僧は200人以上に達したという。この法会は、釈迦が六師外道（6種の沙門集団）を折伏したという『賢愚因縁経』の故事にもとづきおこなわれた。六師外道は釈迦牟尼と同じく沙門団体に属してバラモン教に反対していたが、みな互いに自身が“正道”で、他者が“邪道”であると考えていた。故事は、釈迦がいかにして六師一人ひとりを打ち破ったかを説いている。ツォンカパの学問はすでに成就し、その思想も体系化していた。この故事をもとに法会をおこなったことは、“正法”をたたえ、“邪道”を破壊するという意味をもっており、のちの1409年、ツォンカパが大昭寺（チョカン）前でおこなったムンラム・チェンモ（大祈願祭）も規模やその社会的影響の差こそあれ、本質的に同様のものである。したがってこの時期を、1.戒律の宣伝、2. 旧寺の復興、3. 法会の開催とつらなるツォンカパの“仏教改革”の端緒とみなすことができよう。

1400年（建文二、ツォンカパ44歳）から1409年に至る10年間、ツォンカパは積極的に宗教活動をおこなった（いわゆる“仏教改革”）。これらの活動は大きく2つに分けられるが、互いに補完されたものである。ツォンカパはこの時期、主要な著作の著述とその宣伝を積極的におこなうと共に、宗教活動も継続した。そのピークとなったのが1409年に開催されたムンラム・チェンモである。前段階における宗教活動では、ツォンカパは師や友人など、人間的なつながりの中で行動していたが、この段階ではパクモドゥ派によるツォンカパへの支援と協力があり、ツォンカパ自身援助を受けると同時に、利用されもした。前段階とは一線を画して考えるべきであろう。

パクモドゥのデシーで明から灌頂国師に封ぜられていたタクパギェンツェン（grags-pa-rgyal-mtshan）は、1398年頃からツォンカパと書簡を交わしている。1399年秋、ネドンのゾンプン、ナムカサンポとサンプ寺のケンポ、クンチョクツルティム（dkon-mchog-tshul-khrims）が中心となってツォンカパをラサに呼び、ツォンカパはサンプ、デワチェン、クンタン、ガワドン、キョルモルン等の僧数百人の前で経を講じ、同時に比丘戒についても説いた。各寺院の僧が集ってツォンカパ一人の講義を聴くということはかつてもあったが、規模は格段に大きくなっていた。1400年の春、ツォンカパはガワドン寺で『菩薩地』戒品『事師五十頌』『密宗十四根本戒』等を講じ、聴衆450人余が集まった。この三部はすべて大乗戒であり、比丘戒は小乗戒に含まれる。小乗戒の戒条規定は極めて細かく、融通の利かないものであった。チベット僧のうちでも大乗を学ぶ者、特に密教の修行者は比丘戒の拘束を受けることはないとしつつも、実際は比丘戒を順守しており、チベット地区においても混乱が生じていた。ツォンカパは大乗戒を講じる際に修正を施し、話の前には必ず経論の文字を引用して戒律を守る必要性を説いた。『密宗十四根本戒』を説く際には特に著名な密教典籍を広範に引用して戒律厳守をより強調しており、その主張をますます推し進めたのであった。1401年の夏、ツォンカパはナムツェデン（gnams-rtse-sdeng）でレンダワとキャプチョクペルサン（skyabs-mchog-dpal-bzang）に会い、600人余の僧と共に過ごした。3人は戒文を斟酌し、時代や土地の条件を考慮してチベット僧に適切で実行可能な戒律条の改訂をおこなった。当時暮らしを共にした六百余人の僧は、すべてのふるまいを戒律に照らして行動した。これはツォンカパが戒律厳守を提唱して以降初めてとなる重大な法会であり、彼の宗教活動において重要な一歩となった。

この後、ツォンカパはキャプチョクペルサンと共にレディン寺（rva-sgreng）に戻り、重要な著作である『菩提道次第広論（ラムリム・チェンモ）』の執筆を開始した。『菩提道次第広論』は1402年に完成し、引き続き『菩薩地戒品釈』『事師五十頌』『密宗十四根本戒釈』に取りかかっている。1403年春、レディン寺では自身が執筆した『菩提道次第広論』及び『現観荘厳論』を講じ、また弟子のタルマリンチェン（darma-rin-chen）に托して『現観荘厳論釈』（ナムシェー・ニンポギェン）を執筆させた。1404年の初め、かつてジンチ寺でおこなったものと同様の祈願会をレディン寺で開催した。夏にはパクモドゥのデシー、灌頂国師タクパギェンツェンの求めに応じ、ウン地区（'on）にあるデチェンテン寺（sde-chen-sdeng）の僧数百人に自著『菩提道次第広論』などを講義した。ウルカ地区でもチャムパリン寺（byams-pa-gling）で同様に講じている。1405年、ツォンカパはチャムパリン寺で第2の重要著作『密宗道次第広論（ガクリム・チェンモ）』の執筆を開始した。著作は翌年完成し、ただちに人々に広く伝えられた。この年の冬にはウルカ地区のチャンチュプルン（byang-chub-lung）に移住して、ここでも数百の僧を前に『菩提道次第広論』を講じている。1407年、ツォンカパはラサに戻り、セラ・チューディン（se-ra-chos-sding：現在のセラ寺の地）に居を構えた。このときパクモドゥ派の君臣と相談の上、1409年の初めにラサでムンラム・

チェンモを開催することを決定したのであった。また『中論広釈』の執筆を始めている。1408年の春には『了義未了義決択論』を、夏には『中論広釈』を完成させ、600人の僧の前で『菩提道次第広論』『密宗道次第広論』『了義未了義決択論』『密宗十四根本戒』『事師五十頌』等と共に講じている。

ツォンカパはこの数年の間に（1401～1408）8部の著作（この中に『安立次第論註釈』も含まれるが、これは密教に関する著作であり、ここでは紹介しない）を完成させた。『菩提道次第広論』『密宗道次第広論』は顕教、密教の系統について論述したもので、合わせてツォンカパの仏教に対する見方のすべて、つまりその思想体系を代表するものである。『菩薩地戒品釈』『事師五十頌』『密宗十四根本戒釈』は僧衆に戒律の遵守を呼びかけるもので、同時にいかに戒律を守るかについて記されている。『中論広釈』はツォンカパの仏教哲学に対する根本的な見解を明らかにするものである。『了義未了義決択論』は中観、唯識という2派の優劣を分析し、自身の見解の正しさを主張する。これらの著作は完成と同時に広く伝えられ、ツォンカパ自身の仏学の体系化を確立したものであると考えられる。これも教派創立のための活動であり、まさにチベット仏教を改革する活動であった。一連の活動は、パクモドゥ派の絶大なる支持のもと展開された。パクモドゥ派統治者がツォンカパの名声と威信を形成するため、周到につくり上げたものだともいえるだろう。1408年、明の永楽帝は使者を出してツォンカパを招聘、使者はタクパギェンツェン（彼は1406年闡化王に封ぜられた）とナムカサンポを介してセラ・チューディンに滞在していたツォンカパに面会した。翌年に開催予定であったムンラム・チェンモの準備に忙殺されるツォンカパが要請に応じることはなかったが、この事もまたツォンカパの名を高めるものとなった。

1408年の秋、タクパギェンツェンは自らツォンカパを指名してトゥムブルン（grum-bu-lung）に招き、各寺院からやって来た僧約1000人のために『菩提道次第広論』等を講じさせた。冬になるとツォンカパはラサに戻り、ついに準備の整ったムンラム・チェンモが開催されたのであった。

1409年正月の元旦から15日にかけ、ラサのチョカンでムンラム・チェンモ（smon-lam-chen-mo）は開催された。各地から参加した僧は万余にのぼり、碩学の俗人もまた数万人に達した。闡化王タクパギェンツェンが法会の施主となった。この法会は全チベットに向けておこなわれた、教派を限定しない最初の大会であった。チベット史上に残るような大規模法会は過去にも2回開催されている。1回は1076年にガリーのグゲ王ツェデが開催したもので、丙辰法会と呼ばれている〔34頁参照〕。丙辰法会はツェデが武力で領地を拡大した後、グゲ王国の最盛期におこなわれた。もう1回は1277年、パクパがチュミクのリンモ寺でおこなったチュミク法会といわれるものである。元に協力して吐蕃の地に官を設け職を分割し、中央による政令が成功裡に推し進められた後、パクパは帝師大宝法王に封ぜられ、皇太子軍による護衛のもとチベットに戻ったが、法会はその2年後に開催された。皇太子チンキムが臨席し、フビライが施主となって挙行されている。今回のムンラム・チェンモは過去2回の法会と性格が異なるとはいえ、統治者がその財富を誇示し、仏教を宣伝しつつ、また僧の歓心をかって自身の地位を固め、さらには名声をも求めた末におこなわれたという点では同様であったろう。ムンラム・チェンモは1407年に計画され、1409年のはじめに開催されたが、これはタクパギェンツェンが永楽帝から闡化王に封ぜられた（1406）その直後のことであった。当時タクパギェンツェンはウー・ツァンの大部分で安定した統治をおこなっており、中央政府によって正式に王に封ぜられている。彼にとってはさらなる栄華と安定を求めつつ、その栄華を見せつけるための法会であった。しかし法会の主催者が彼自身でも（彼もまた僧であった）、その支配下にあったデンサティル寺やクンタン寺のトップでもなく、ツォンカパであったところに、彼の意図が明確に見てとれよう。ツォンカパがこの法会を成功させることにより、タクパギェンツェン自身は全チベット仏教界で最高の地位を得たのである。

会が終了すると、ツォンカパはラサの東50キロ程の所にあるワンクル・リ（dbang-bskur-ri）付近に滞在し、パクモドゥの貴族リンチェンペル（rin-chen-dpal）とリンチェンルンポ（rin-chen-lhun-po）親子を主な施主としてこの地にガンデン寺（dga'-ldan-rnam-par-rgyal-ba'i-gling）を建立した。ここにツォンカパを創始者とした新教派――ゲルク派（dge-lugs-pa）が成立し、ガンデン寺を拠点として拡大していくことになる。

1410年（永楽八）から1419年に至る10年は、ツォンカパにとって“功成り名を遂げ”、さらに影響力を拡げた時期であり、また人生最後の段階でもあった。

1409年の末頃、ツォンカパは隠語で詩を創作したが、その後彼はアティーシャ（Atīśa：カダム派の創始者）の教えを直接受け継いでいると表明して宣伝した。そもそもツォンカパとカダム派とは密接な関係がある。ツォンカパの学問手段はカダム派との類似が指摘されるが、その思想体系や主要著作はカダム派の思想体系を継承、発展させたものであった（そのため、ゲルク派は長い間新カダム派 bka'-gdams-gsar-ma と称された）。しかしツォンカパの名声とその地位はすでにカダム派を凌駕しており、この宣言は彼がカダム派の領袖でもあると宣言するに等しい。数では勝るものの組織的に緩みのあったカダム派寺院は相次いでゲルク派に改宗していき、ゲルク派の勢力はさらに拡大していった。

1414年、永楽帝は再び使者を派遣してツォンカパを招聘した。当時ツォンカパは大病から回復したばかりで、長旅に耐えられる身体ではなかった。そのため自身の代理として弟子のシャーキャイェシェー（shākya-ye-shes）を派遣して上京させた。1415年、永楽帝はシャーキャイェシェーを大国師に任じ、ツォンカパをその師に封じている。

この10年、ツォンカパのおこなった主な活動は著作と布教であった。この時期の著作は、顕教の注疏である『入中論広釈』を除くとそのほとんどが密教典籍の注疏であった。また各地で経を説いており、特にタクパギェンツェンの求めでおこなったウン地区タシードカ（bkra-shis-do-kha）における布教は、彼の宗教的地位の高さを示すものとなった。タシードカではデンサティル寺（パクモドゥ派の拠点寺院）、ツェタン寺（パクモドゥ派の経論を伝承する寺院）及びネドン（sne'u-gdong-rtse：パクモドゥ派の行政の中心。この時期までのパクモドゥ派の歴代デシーはみな出家者であったため、ネドンにいた多くの者も僧であった）の僧官や僧に対し経が講じられたもので、このとき、当時デンサティル寺のチェンガ（寺の最高実力者、パクモドゥ派の最高首領でもある）を務めていた闡化王の実弟に比丘戒を授けている。この布教は、タクパギェンツェンとその一族が擁するパクモドゥ派のツォンカパに対する崇敬の念を表しており、それは同時にツォンカパが立ち上げた新たな教派——ゲルク派の社会的地位を示すものでもあった。

1416年、ツォンカパの弟子ジャムヤンチュージェ・タシーペンデン（'jam-dbangs-chos-rje-bkra-shis-dpal-ldan：1379～1449）はラサの西郊にデープン寺を建立、翌年の1418年から1419年にかけてはシャーキャイェシェーがラサの北郊にセラ寺（se-ra-theg-chen-gling）を建立した。これら両寺院はガンデン寺（合わせて三大寺という）と共に、ゲルク派が発展するにあたっての安定的基盤となった。

1419年チベット暦10月25日、ツォンカパは世を去った。

ツォンカパの生涯における各時期について振り返ってみると、真の仏教徒として顕密の教えを学ぶその態度は極めて真摯であり、ずば抜けた成果を残している。特に仏教哲学理解の深さ、修行の完璧さをもとに形成された自身の仏教体系は、独自の境地に達している。前人の功績を踏まえつつ、その学問の深さ、広さは前人をはるかに超えて、ひときわ優れた業績を残したのであった。彼がタクパギェンツェンの多大なる支持のもとで新教派を創設したことは、単なる偶然ではないのである。

## 二

ツォンカパの生涯は元末明初の時期にあたる。その主要な活動はウー・ツァン地区においておこなわれたが、それはパクモドゥ地方政府の支配のもと、その地が比較的安定し、繁栄していた時期とも重なる（パクモドゥ政権は1354年頃から領地拡大を進めたが、1434年には分裂と衰退が始まっている）。記述の便をはかるため、ここでパクモドゥ政権の主たる人物を紹介したい。

パクモドゥ派（『元史』には伯木古魯、『明史』では帕木竹巴とする）は元初に万戸長を設けて烏思蔵納里速古魯孫など三路宣慰使司都元帥府に従属、サキャ・プンチェンのもと、ロカのヤルルン地区を支配下においていた。元末、内地の農民はあちこちで反乱を起こしていた。元がその対応に追われている隙を狙い、ウー・ツァンの万戸は各地に侵入、征服をおこなった。パクモドゥ万戸長のチャンチュプギェンツェン（1302～1364）は1349年にまず前チベットの各万戸を併合、1354年にはサキャ・クン氏の内紛に乗じて後チベットの大部分も手中にした。その後サキャ大寺（ラカン・チェンモlha-khang-chen-moを指す）を占領するに至って、駐チベットの元官である宣慰史の求めに従い、親書に珍奇な貢物を添えて元の順帝にその意向を問うた。順帝は彼の併合を承認し、加えて大司徒を加封して世襲を許可した。こうして後チベット西部のラトゥー一帯（もとは万戸2か所の領地であった）とギャンツェを除いた前後チベットの支配権は、サキャ派からパクモドゥ派の手に移ったのであった。

チャンチュプギェンツェンは前任者の荒淫暴虐、苛斂誅求により、多くの領民が他の領主の許に逃亡してパクモドゥ万戸が衰退したことに鑑み、1334年頃万戸長に就任すると、状況を改善して実力の強化をはかるため、さまざまな改革をおこなった。彼は倹約に励み、属民の生産に気を配った。

領地内では道路や橋を修繕し、荘園の修復もおこなった。また植樹や開墾を奨励している。ロカの地は肥沃であり、農民の十数年に及ぶ努力と相俟って、パクモドゥは力を蓄えた。それによって1349年から1354年に至る軍事上の勝利を挙げることができたのである。ウー・ツァン地区の大部分を支配下においたチャンチュプギェンツェンは、デシー（sde-srid）を名乗って生産活動や属民を計画的に管理する荘園制度を設け、宗を基本とする行政単位を確立した。宗の長たるゾンプンは流官として、パクモドゥ派の領袖によって任命される。また交通の要衝には13の宗（トーチカ式の建築も宗と称した）を新設し、旧来の4か所は修繕してそれぞれに守備兵をおいた。家臣のうちでは功績ある者、忠節ある者を選んで荘園を与えて世襲の領地とし、新たな貴族階級が誕生した。さらにはサキャ派の時代から通用していたチベットの法規も改めている。こうして統治体制を強化し、パクモドゥ地方政権80年の統治の基礎を確立したのであった。

チャンチュプギェンツェンの大叔父の時代より、この一族（ラン氏 rlangs）はデンサティル寺（gdan-sa-mthil）のチェンガ（spyan-snga）の職を掌握していた。つまりカギュー派のパクモドゥ支派（パクモドゥとは教派の名でもあり、地方政権の名称でもある。また時にはチャンチュプギェンツェン個人の名としても使用される）トップの座をラン氏一族で掌握していたということになる。チャンチュプギェンツェンはさらに1351年ツェタン寺（rtsed-thang）を建立、そこに顕教の経論を講じる組織を設立し、寺の最高指導者には一族の者を就けた。デンサティル寺、あるいはツェタン寺においては、パクモドゥ派のデシーを継承する者が、その就任前にいずれかの寺院の最高位に就いた。最高位とはいえ彼らは往々にして十代であったため、寺院の実権を握ったのはデシーであった。このようにパクモドゥの統治と宗教権力を共に掌握するやり方は、同時に農奴を支配する手段となった。

チャンチュプギェンツェン自身は幼いときに出家しており、一貫して僧としての生活を送った。ダライラマ五世『チベット王臣記』によれば、彼の支配するネドンには3重の門があり、3番目の門からは飲食や女性の入場が禁止された。本人も飲酒をせず、昼を過ぎると食事を摂らない（僧の戒律にある）など、出家者としての生活を送っていたという。彼が定めたという別の規定では、デシーを継承する者は、出家者で戒律を守ることが必須とされ、そうでない者はデシーを継承できなかった。パクモドゥ出身者によるデシー就任はチャンチュプギェンツェンを初代として五代まで続いたが、事実彼らはすべて出家者であった。六代目になると、出家人であるかどうかで争いが生じているため、前述の規定は歴史的事実と思われる。これらの手段を用いて統治者の荒淫横暴を制限し、その統治の永久を願うことは幻想にすぎないが、パクモドゥ派の一族が僧の戒律厳守を非常に重視していたことがうかがえよう。

パクモドゥの二代目デシーは『明史』巻331、闡化王条に洪武五年（1372）灌頂国師に封ぜられたとあるジャムヤングシ・シャーキャギェンツェン（'jam-dbyang-gu-shri-śākya-rgyal-mtshan：1340~1373、元末にも灌頂国師に封ぜられており、チベット人は章陽国師と呼んだ）である。彼は13歳でクンタン寺の初代座主（寺の最高指導者）となったあと、26歳で退位してネドンへ行き、パクモドゥのデシーを継承した。明の洪武帝は彼に命じてド・カム地区のチベット族首領を招撫させており、その功によって灌頂国師に封ぜられると共にパクモドゥに万戸府が設置された。パクモドゥ地方政権は明の朝廷によって承認されたものであった。

三代目のデシーはツォンカパの師であったチューシパ・タクパチャンチュプ（chos-bzhi-pa-grags-pa-byang-chub：1356～1386、『明實録』洪武朝巻95には吉剌思巴賞竺監蔵とあり、洪武七年に進貢をおこなっている。『明史』には記載なし）である。彼は16歳のときにデンサティル寺のチェンガになり、19歳でデシーを継いだ。名のチューシパは称号で、直訳すると四法の者すなわち四条の決まりを守ることのできる者、の意である。四条の決まりとは1. 飲酒しない、2. 女性を見ない、3. 貪欲にならない、4. 遊びに誘わない（『新旧カダム史』17頁によると、書によっては名をツェシパ tshes-bzhi-pa とするものもある。こちらだと月の4日に生まれた者、の意である）というものであった。

四代目デシーはスーナムタクパ（bsod-nams-grags-pa：1359 ～ 1408、『明實録』洪武朝巻188では鎖南扎思巴とする）で、10歳でツェタン寺の座主となって23歳でネドンのデシーを継承した。数年後にはその地位を従兄弟のタクパギェンツェンへ譲っている。ここまで、二代から四代までのデシーは、みな明から灌頂国師に封ぜられている。

五代目デシーのタクパギェンツェン（1374 ～ 1432、『明史』では吉剌思巴監賛として正統五年（1440）卒したとするが、チベット語史料では59歳で卒したとする。1374年生まれだとすると、59歳になるのは1432年である）はツォンカパがラサでムンラム・チェンモを開催した際の支援者である。8歳でツェタン寺の座主となり、12歳で退位、1386年から1388年の間ネドンでデシーを務めた。15歳（1388）のとき洪武帝から灌頂国師に、33歳のとき（1406）には永楽帝から灌頂国師闡化王に加封されている。ダライラマ五世『チベット王臣記』によれば、彼がデシーを務めていたとき、服装で官職の上下を、耳飾りで地位の尊卑を示し、また正月に君臣が集まって慶賀し、錦の服を着てぞろ歩くという制度を始めたという。かつてチャンチュプギェンツェンは宗のゾンプンを流官と定めたが、タクパギェンツェンはこの重要な規定を改め、配下のゾンプンに世襲の許可を与えている。タクパギェンツェンが世を去ると、次の後継者についてラン氏内部で争いが生じ、その死から3年の後（1434年）、パクモドゥ派は分裂を始め（リンプン氏が半ば独立する）、すこしずつ衰退していった。

ツォンカパがウー・ツァンで活動していた（1373 ～ 1419）のは、チャンチュプギェンツェンが改革を始めてから二十数年が経過した頃で、パクモドゥ政権の分裂が始まる十数年前となる。

この四十数年間、中央チベットのほとんどはパクモドゥ派の支配下にあったが、パクモドゥ地方政権は極めて安定した統治をおこなった。章陽国師のシャーキャギェンツェンが後チベットで兵を動かし、タクパギェンツェンが2度にわたって兵をギャンツェに向けつつも未遂に終わったことを除けば戦乱も起こっていない。万戸間で争いが絶えなかったサキャ政権時代や、ウー・ツァンの地方勢力と各教派で連合と対立を繰り返しながら争った1434年以後に比べ、この時代は社会の安定と繁栄を享受し得た時代であった。

チベットの農奴制は、10世紀から12世紀にかけて前後チベットで徐々に形成された。チャンチュプギェンツェンによってウー・ツァン地区の大部分で推進された荘園制は既存の農奴制の基礎の上に成立したものである。荘園制晩期こそ搾取によって彼ら自身の生産発展を阻害する制度となっていたが、制度の始まった最初の数十年においてはパクモドゥ派の採用した改良措置と相俟って、生産は拡大している。荘園制は分散して暮らしていた農奴を荘園内に集めたため、農奴主が農奴から搾取するのに便利であった事に加え、組織的生産と生産効率の向上という効果が見られた。当時の社会は極めて安定しており、ウー・ツァン地区の農牧業生産量はこの数十年間で顕著に上昇、ツェタンの街は商業の中心地となって、発展、繁栄した。タクパギェンツェンが取り決めた服装による区別、元旦の慶賀、高価な衣服を身につけての周遊などの封建制度も、これらの繁栄を反映するものだといえよう。

経済の発展や社会の安定により、文化教育分野の発展も求められるようになった。10 ～ 11 世紀頃より、チベット地区における文化教育はチベット仏教の独壇場であった。子供の教育については識字に始まり専門知識や技能、また仏経経論に至るまでラマを師（ラマすなわち師の意）としており、他に代わる者はいなかった。これらのラマは社会に分散して住み、ほとんどが所帯をもっていた。教学組織もなく、家塾に似た個人的活動のみをおこなっていたようである。11 ～ 12 世紀になると、チベットにも大規模寺院が出現し、教派が形成された。寺院の教育職能は、かつて中国にあった「書院」に似ていた。寺院の教育もまずは識字に始まり、仏教経論やその教派の著述の修得へと進んだ。その目的は他教派に勝る優秀な専門家の養成であった。それぞれの教派や寺院の間では教える内容やその重視するところは少しずつ異なっていたようだ。当時の大寺院はほとんど例外なく特定の有力氏族が所有するものとなっており、寺院の規模や人材の多さはその一族の勢力の盛衰に直結していた。13 世紀の中頃になると、元朝はチベットに対し釈教を採用して粗野な習俗を導き、官の分職をすすめ、僧を尚んで採用した。各派の僧は、都へ赴いて職を乞い、ある者は地元で居官となった。100 年の間、学風は変わらず、戒行と経義が相応することもなく、ただ官職権勢に傾倒していく。多くの者が権勢に耽溺し、冥利を追い求め、宗教においても奇を衒って民を煽り、自らを売り込む手段にするといった状況であった（『元史』及び元人の記す史料によれば、人のために病を治すチベット僧はみなこの類に属したという）。

彼らは統治者のために民衆を教育するといった目的をすでに失っていたといえよう。しかし当時でも、カダム派（この教派の寺院は最も数が多かったが、他教派と異なり、政治との結びつきがなかった）などではアティーシャやドムトゥン、多くの訳経師たち（彼らもまたカダム派をもって任じていた）のやり方を尊重し、自派こそ純正な仏教であると自負する人びとがいた。それは一般民衆から見ても同様であったと思われる。闡化王タクパギェンツェンは先代がうち立てた事業を承けて明からも特別な地位を与えられ、その支配はチベットの大部分に拡大していた。行政が統一されると、同様に教育上の統一も求められるようになったが、タクパギェンツェンの権限は、宗教分野におけるカギュー派パクモドゥ支派に及ぶに過ぎず、他教派に対して無力であった。そして当時のラン氏及びパクモドゥは、人々の手本となり、新風を提唱するような人物こそが教育を進めうるというような意識を欠いていた。

ツォンカパは中央チベットの仏教界にあって、学問の足は衆を服させ、行の足は世の模範となっていたが、その飛翔する翼は十分ではなかった。また有為の位に居していたわけでもなく、ウー・ツァンの僧徒の学風を改める志をもってはいたものの、いまだ成果も挙げていなかった。ツォンカパは1398年タクパギェンツェンに意見書を提出、仏教の教えをもって世を治めんことを建言した。それがいかなるものであるか、明確に示されたものは見当たらない。しかし当時の情勢からすれば、戒律にもとづいた行動や、教義にもとづいた治政、人々を仏の規範や教えにならわせるということにほかならなかった。これは同時にタクパギェンツェンが求めてやまないものでもあった。1385年頃、ツォンカパは三代目デシーのタクパチャンチュプ（タクパギェンツェンの従兄弟）に師事し、パクモドゥ派とも師友の交わりを結んでいた。〔東北辺境出身の〕異郷の者であったが、はからずも自身の勢力をなし、一派をなしたのであった。ツォンカパは戒律、また顕教を重視したが、パクモドゥ派の歴代デシーも同様の考えをもっていたようだ（チャンチュプギェンツェンは1351年にツェタン寺を建てて顕教を広めたが、当時（＝タクパギェンツェンとツォンカパの時代）の人の中には“パクモドゥとゲルクの二派は、心は一つ”という考え方があったと伝えられる。彼らの仏教観が一致していたことを示す）。そのためもあってか、1399年以降、タクパギェンツェン及びその配下のナムカサンポ等はさまざまな方法でツォンカパの名を挙げようとした（付録 2. ツォンカパ年譜の記事参照）。特に 1409 年のムンラム・チェンモでは、その主催者にツォンカパを据えて彼を全チベットにおける仏教の第一人者に仕立て上げ、その後ガンデン寺と寺内の 3 つのタツァン（寺院内の教学機構）の建立をもおこなっている。1416 年にはツォンカパの弟子タシーペンデンがデープン寺を建立して 7 つのタツァンを設置、1419 年には別の弟子シャーキャイェシェーがセラ寺を建立して、同様に 5 つのタツァンを設置した。パクモドゥ配下の貴族や豪商は率先してこれらの寺院に多くの子弟を送り込み、唱導した。三寺院の僧はたちまち数千人規模にふくれあがり、その名声も他教派を凌駕するものとなった。タクパギェンツェンのツォンカパ支援は、大きな効果をもたらしたのであった。

## 三

上に述べたように、ツォンカパが自身の教派を立ち上げる過程は、まさに彼が当時のチベット仏教に対して進めた改革の過程でもあった。そのため、その改革の主要部分こそが当時のゲルク派の特徴といえるだろう。

ゲルク派最大の特徴は、その信徒に戒律の厳格な遵守を求めたことにある。ケートゥプジェ・ゲレクペルサン（mkhas-grub-rje-dge-legs-dpal-bzang：1385 ～ 1428）の『ツォンカパ伝』及びシュンヌペル（gzhong-nu-dpal：1392 ～ 1481）の『青史』、さらに各種チベット語史料に見られるツォンカパに言及した部分では、ツォンカパが戒律を提唱して以降、一部の弊害を除いてチベット仏教は一新したのだと極めて高く評価する。これらはチベット仏教徒の観点から見たものであるが、ツォンカパの提唱が当時のチベット仏教に大きな影響を与えたことが推測できる。

上記『ツォンカパ伝』には、当時の紅帽僧（ゲルク派以外の他教派ラマ）を批判して“一般に大多数の僧は時を選ばず酒を飲み、食事をする（不飲酒誡を守らず、午後は食事を摂らないといった戒律を守っていないということ）、至る所で遊び歩き、歌舞に耽溺する。あちらこちらで喧嘩をして人と殴り合いまでする。ある密教を修めたというラマなどは、戒律とは小乗の僧のためのものであり、我々には関係がないなどと言い放っている。堂々と妻を娶って子を儲け、酒食をむさぼり、淫蕩を恣にしている”という記載がある。これらは一部の破戒僧の姿を描写したものであるが、彼の筆はそれでもまだ寛大であるというべきであろう。元以降、密教を修めた一部のラマたちは暴虐の限りを尽くした。彼らは、修行には女性が必要と言いつのって民間の未婚の娘を無理やり連れてきたり、法事という名目で他人の内臓を供物に捧げたりした。これらの所業は枚挙にいとまがない。『元史』や同時代の人々の記録に残るチベット僧の不祥事、また元宮のジョル（演揲児法）や人の全身の皮を剝いで仏像や座布団をつくるなどの身の毛もよだつような事象は、そのごく一部だと思われる。これらチベット僧は異術で人を惑わし、一度取り入る機会があれば、皇帝から褒美をもらってチベットの地方の官となるのであった。ツォンカパがすべての僧は厳しく戒律を守るべきであるとした呼びかけは、まさにこれらの人々に対するものであった。酒に酔って人を殴ったり、人々から衣食をだまし取るような僧は、取締りをすればかえって人々に迷惑を及ぼす。したがって戒律厳守を提唱することは当時の支配者パクモドゥの利益でもあり、戒律を守ってきた歴代デシーの誇るべき点ともなった。“パクモドゥとゲルク、教えは異なっても心は一つ”と称されたのは、僧による戒律遵守を、両者ともに極めて重視していたことを示している。闡化王タクパギェンツェンがツォンカパを支持した原因の一つも、彼らが戒律の厳守を提唱したからであろう。1415年、タクパギェンツェンはツォンカパをタシードカに招き、デンサティル寺、ツェタン寺、ネドンの僧のため経を講じさせた。このとき、彼の同腹の弟でデンサティル寺のチェンガをしていたスーナムサンポはツォンカパに請うて比丘戒を授けられたが、これもまた戒律遵守の意志を示すものであった。

ゲルク派のもう一つの特徴は、その計画的かつ系統だった教学組織である。これはツォンカパの仏教に対する見解に由来したもので、その仏教大系の根拠であり、数十年にわたる学問の集大成であるといえよう。顕密を問わず、戒律を厳格に守ることが基礎となるため、戒律が最初の要となることはすでに述べた。また密教を学ぶためには顕教の習得が必須であり、顕教に通じてから密教を学ぶことが求められる。顕教は誰でも学ぶことができるが、密教は合格を果たしたわずかな人材のみに限られた。これはツォンカパの二大著作である『菩提道次第広論』及び『密宗道次第広論』にも明確に記されている。顕教を学ぶ際にも、仏教史上の各段階、さまざまな書籍に通じている必要があり、そのため『現観荘厳論』『入中論』『量釈論』『戒経』『倶舎論』という五部をゲルク派僧必読の書としている。顕教を学び終えた後密教に進むには、一定の順序に従うことが求められる。四部の密続の経釈を系統的に学び、"修行" と結合させたその "証験" が求められる。それらは一足飛びに飛び越えることは許されず、一つだけを学んで他をうち捨てることも許されない。このような系統的な学習過程は、ゲルク派内に一連の教学の過程及び組織を成立させた。どの経であれ学ぶには多くの時間、あるいは年数を費やし、そのために教えを授けるケンポや戒律を検査するシェーゴ、読経を指導するウムゼー（dbu-mdzad）等、また教学の単位となるタツァン（学堂）、その下の組織で地区によりふり分けられるカムツェン（学寮）、ミツェンなどがある。これらの組織にはまた一連の規則制度が必要とされた。ゲルク派寺院の組織の厳密さ、制度の確かさは当時の他教派のそれとは比較にならないものであった。これらの制度はツォンカパの思想体系に適応しており、その教学を実践するため、また寺院の教育作用を十分発揮するために欠かせないものであった。

我々はゲルク派の顕教の教学状況について見てきた。ツォンカパ自身、顕教について系統的な見方をもっており、『菩提道次第広論』にも彼自身の思想体系が記載されている。彼とその二大弟子ギェルツァプジェ・タルマリンチェン（rgyal-tshab-rje-dar-ma-rin-chen：1364 〜 1432、もとはレンダワの弟子で、名を成してからはカチュパ（10 の難典をマスターした者）と称された。1397 年からツォンカパに師事）とケートゥプジェ・ゲレクペルサン（mkhas-grub-rje-dge-legs-dpal-bzang：1385 〜 1438、同様にレンダワの弟子で 1407 年よりツォンカパに師事）は、当時流行していた顕教の重要論書のほとんどについて詳細な註解を作成しており、ゲルク派における顕教教学の基礎をうち立てている。ガンデン寺建立後、多くの僧が寺に入って学んだが、寺では彼らを 2 つのタツァンに分けている（3 つに分けたという史料もある）。数年後に建立されたデープン寺でもタツァンを 7 つ設置して僧を収容した（後に 4 つに統合している。寺院建立後 3 年たった 1419 年にツォンカパがデープン寺を訪れた際、僧はすでに二千余人に達していた）。1418 年からその翌年にかけてはセラ寺が建立され、5 つのタツァンが設けられた（後に現代と同様に 3 つに統合された。1697 年、セラ寺の僧は 2850 人となっていたことがサンギェーギャムツォ『黄瑠璃』にみえる）。この三大寺の規模は大きく、当時所属した僧の数は今でははっきりしないものの、各寺院のタツァンの数や、デープン寺は1419年の段階で2000人を超えていたと推測されるので、三大寺すべて合わせるとおそらく4000～5000人に達すると思われる。これほどの僧が寺に常駐して学問を修めていたことは、当時極めて突出した出来事であった。1396年当時のツォンカパの弟子はようやく三十余人であったのが、1409年のムンラム・チェンモの開催で名声が高まり、同年のガンデン寺の建立以降10年ほどで三大寺を建立し、僧数千人を擁するに至ったのである。この発展速度の速さと規模の大きさは、ただツォンカパ個人の声望の故とは解釈できず（レンダワも当時極めて声望があったが、彼は晩年、人里離れた小さな寺で修行していた）、また当地の最高権力者であった闡化王タクパギェンツェンの強力な支援の故とも考えにくい（ツェタン寺は彼自身が座主を務めた寺院であり、デンサティル寺は彼の所属するパクモドゥ派の寺院であるが、タクパギェンツェンはこれらの寺院をこれほど迅速に発展させることはできなかった）。おそらく何らかの社会の力があってこそ形成されたのであろう。出家して僧になるチベット人の多さ、その主な原因を農奴制の階級社会、土地使用権の継承制度や婚姻制度（一妻多夫など）といった社会、経済制度などとの関わりに求めることは可能であろうが、これら社会的、経済的制度は普遍的に生じる要素にすぎない。ゲルク派が極めて迅速な発展を遂げたことには、当時から作用していた別の要素が必ずあると思われる。当時ウー・ツァンの社会では、政治上の大規模な統一のもと、社会は安定し、経済状況も上昇傾向にあった。そのような状況の下、統治階級であれ非統治階級であれ、人々は文化や教育の分野においてもさまざまなものを求めはじめる。これらの要求は歴史的条件の制限（ここで指摘したいのは僧が統治の文化教育を独占していたことで、そこには上述した社会の経済制度も含まれる）にくわえ、統治者の誘導（ある史料によれば、デープン寺建立以降、パクモドゥ派の人々は先を争ってその子弟をデープン寺に入れており、各地の豪商や一般の人々もそれにならった）、さらにツォンカパの仏教に対する造詣の深さ、その声望といったさまざまな要因によって、人々は“新カダム派（つまりゲルク派のことである）”の寺院に吸い寄せられていったのだろう。また当時各地のカダム派寺院は次々とゲルク派へと改宗しており、これもゲルク派拡大の原因となった。

我々はここでゲルク派の密教教学の状況を再度見てみたいと思う。ツォンカパは、密教についても彼独自の見方があった。『密宗道次第広論』には、密教修行の際に守るべき順序と内容が記載されている。彼とその弟子たちは、その主要な密教聖典に対してすべて詳細な註解をつけた。これは当時の他教派、特にこれら密教の修行をひけらかす者たちと比べ、明らかに異なるところであった。密教修行の前に必ず顕教に通じていなければならず、その中で合格を果たしたごくわずかな者だけが学ぶ資格を有するとの考えは、ツォンカパの堅持するところであった。密教を修行する場合は、当然戒律の厳守が求められ、すべては観想を重視する。女性との接触は許されず、突飛な供物もよしとされない。これら一切はすべて仏典にその根拠を求めることができるのである。このようなやり方は、前述のような似非密教修行者に大きな打撃をあたえた。後の三大寺の規定を例に取ると、僧はまず五部（既述）の顕教の大論を学んでゲシェーの資格を得る。その後ようやく上下密院で密教を修行することができる。期間中は監督によってその行動を極めて厳格に管理される。密教を学ぶ僧が社会や俗人の間で劣悪な行為をおこなうことや、悪影響を及ぼすことを防止するためであるが、仏教的迷信が色濃く残る社会において、密教の“信用と評判”を回復させるためでもあったと思われる。さらにはすべてのチベット仏教にいえることであるが、群衆を惑わす力を増幅させるためでもあったろう。ゲルク派寺院において、系統だった教育を受けて顕密に通じたラマこそが、農奴主に服従するという仏教教義を人々に宣伝する資格をもつ者となった。ゲルク派の初期、三大寺はこのような人々を大量に養成したのであった。

ガンデン、デープン、セラの三大寺、及びツォンカパの弟子ゲンドゥントゥプパ（dge-'dun-grub-pa：1391 ～ 1474）が 1447 年に建立したタシールンポ寺（bkra-shis-lhun-po）における各タツァンの数とその詳細な規則は、寺院によってそれぞれ異なるものの、15 世紀からその少し後まで、一貫して顕教教学、あるいは仏教教義を説く教学を第一の要務としており、これらはすべてツォンカパ自身の仏教観と彼の定めた原則を順守あるいは発展させることによって成立した。ツォンカパは戒律厳守を提唱して、顕密の修行についての規定を定め、仏学に対し一貫した理解を求めている。これらはあらゆる仏典の共に要求するところであり、仏教徒としては本来当然の行為である（そのためチベット仏教の徒はツォンカパがおこなったことはチベット仏教に溜まった澱を取り除き、純正を回復させたのみで、いかなる改革をおこなったとも認めていない）。そのためツォンカパのゲルク派形成の過程、つまりチベット仏教の改革の最中において、外部ではパクモドゥ派の強力な支援を得ることになり、内部においては僧俗のいかなる反対も受けることはなかった（一人だけツォンカパの仏教学説を認めなかった者がいたが、よりよい理論を出せなかったため、社会への影響はなかった）。むしろ援護を得たといってもよい（特にカダム派の僧やその信徒からの援護があった）。四大寺建立以降、ゲルク派は極めて迅速に実力ある新教派へと成長していった。

これらの寺院及び膨大な数の僧を維持する経済的な来源について、我々は確実な根拠となる資料を見出せていない。ゲルク派が興る以前、すでに別のある寺院には所属の農奴がいたとの記載が見られる。また貴族が寺院に荘園を寄進すると、それは寺院の荘園となり、寺院派遣の者によって管理されて収入も寺院のものとなったという記載もある。当時のゲルク派寺院もおそらく寺院所属の農奴や荘園をその財源としていたと思われる。封建農奴制社会の中では、貴族、職官、また官庁に至るまでみな荘園を所有してその搾取生活の手段としていた。寺院も封建社会の重要な機構の一つであり、例外ではないだろう。

ツォンカパは元末の官吏に相当する家から出て、1373年前後から中央チベットに遊学、封建統治階級に服するための仏学を真摯に学んだ。学んでは布教をおこない“成績はずば抜けていた”という。40歳頃にはその学問体系が形成され、思想も成熟しつつあるなか、宗教界において、古い習慣を改める活動を始め、それは一定の成功を収め、人望も高まった。当時のウー・ツァン社会の求めによって、闡化王タクパギェンツェンはツォンカパを支持、その支援のもとで1409年に開催されたムンラム・チェンモは彼の名を大いに高める結果となった。その後パクモドゥ派の支持のもと大寺院を建立して、強大な実力を擁するゲルク派を創設する。その影響は大きく、ツォンカパ以降、他教派においても多少にかかわらず旧弊を改めるに至った。またチベット仏教を回復させると同時に農奴制に奉仕する作用をさらに推し進めていった。彼の死後、ゲルク派は寺院の強大な勢力をもとに、他教派との闘争を経て17～18世紀にはチベットの政治に対し介入をはかった。それはツォンカパ以来の信条をうち捨てることであり、彼自身が想像もしなかったであろう所行であった。歴史は一人の手で左右できるものではない。故にここでひとまず筆を置きたい。

# 付録 2 ツォンカパ年譜

## 1357 年　丁酉　(元順帝　至正十七年)

現在の青海省湟中県タール寺付近に生まれる。西寧一帯は唐代からツォンチュ（現在の湟水）の岸辺を意味するツォンカ（tshong-kha）と呼ばれ、この地域を含むさらに大きな地区はツォンカチェンポ（tshong-kha-chen-po）といわれていた。ツォンカパが名をなした後、人々は彼の名を直接呼ぶことをはばかり、ツォンカパという尊称で呼んだ（ツォンカの人の意。これは漢人がかつて地名をもって人の名としたのと同様である）。

父の名はルブムゲ（klu-'bum-dge）、チベットのメル族（mal-gyi-rigs）の出身で元末にダルハチ（達魯花赤：darugači）を務めた。母の名はアチュー（a-chos）、シン族（shing）の出身である。6 人兄弟で、ツォンカパはその 4 番目であった。

メル族とシン族について、チベット語史料、漢文資料いずれにもそのはっきりした記載はない。『明史』巻 320“西蕃諸衛条”には“其他ノ種族、西寧十三族ノ如キハ、岷州十八族、洮州十八族ノ属ナリ、大ハ数千人、小ハ数百ナリ”とあり、西寧一帯の諸族だと思われる。

ダルハチは元代の職官名で、一般的に地方で軍民の管理を兼ねた長官である。チベット地区において元朝は宣慰使司都元帥府及び規模の大きい万戸府にこの職を置いたが、その品級や職権の大小は一致しない。

現在見られる史料によると、この一帯では、ダルハチは千戸にも置かれた。一般に千戸の所轄した戸数は 300 ～ 400 戸にすぎなかったが、ケートゥプジェの『ツォンカパ伝』には“親里眷属ハ時二千人ニ足ル”とあり、ルブムゲが一族の長官という立場であれば、千戸に相当する立場であったと考えられる（数族を管轄する長官とするなら万戸の可能性もある）。『ツォンカパ伝』

にはツォンカパが生まれたときの話として、大ラマ、トゥントゥプリンチェン（下記参照）が慶賀の礼をとった、3歳のとき父に連れられてルルペードルジェ（下記参照）を訪ね、優婆塞戒を受けた、あるいは1379年、ツォンカパ23歳（当時まだ無名であった）で遠くはウー・ツァンに滞在していた折に順帝の孫がモンゴルより自ら書を認めて送ったなどの逸話を掲載する。これらが示しているのは、父のルブムゲが元に忠節を尽くした、当地において優秀な地方官であったこと、そしてツォンカパは一般にいわれるように貧困の牧民出身ではなく、統治者家庭の出身であったということである。

### 1359年　己亥　（至正十九年）

ツォンカパ3歳。カルマパ・ルルペードルジェより優婆塞戒を受けて、クンガニンポという名（kun-dga'-snying-po）を授かる。

カルマパ・ルルペードルジェ（kar-ma-pa-rol-pa'i-rdo-rje：1340～1383）はカルマ・カギュー黒帽派（拠点はツルプ寺）の第四世転生者である（二世転生者であるカルマ・パクシはかつてモンゴルのモンケから黒い帽子を贈られた。五世転生者は明の成祖に大宝法王に封ぜられたテシンシェクパである）。当時は元の順帝の招聘を受け都に向かう途中であったが、西寧を通過する際、父親のルブムゲがツォンカパを連れて拝謁しに来た。その求めに応じて優婆塞戒を授けたのである。

優婆塞はあるいは居士とも訳される。優婆塞戒には五つの戒めがあり、すなわち不殺生、不偸盗、不邪淫、不妄語、不飲酒である。優婆塞戒は、在家の者がその長幼の区別なく受けられた。

### 1363年　癸卯　（至正二十三年）

ツォンカパ7歳。大ラマ、トゥントゥプリンチェン（意訳で義成宝とも）のもとで出家、沙弥戒を受けてロサンタクペーペル（blo-bzang-grags-pa'i-dpal：通常はロサンタクパと称される）という名を授かった。これに先立ち（チベット文のモンゴル仏教史にはツォンカパ6歳のときとある）、ツォンカパはすでにトゥントゥプリンチェンから密教の灌頂を受けており、密号トゥンユードルジェ（don-yod-rdo-rje）という名を受けていたともいう。しかしツォンカパ自身の著作ではロサンタクペーペルが一番用いられている。7歳から

16歳（1372）まで、ツォンカパはシャキュン寺（bya-khyung-dgon-pa：トゥントゥプリンチェンが1349年に建立）に籍をおき、トゥントゥプリンチェンからチベット語と経典を学んだ。10年間で、チベット語の顕教経論、密教儀軌などの分野においてしっかりと基礎を打ち固めた。

トゥントゥプリンチェン（don-grub-rin-chen：1309～?）はアムド出身のチベット人である。幼い頃に出家し、成長するとウー・ツァンに行って経を学んだ。ラサの西南ニェタン地方のデワチェン寺（bde-ba-can：この寺院は当時前チベットにおけるカダム派六大寺院の一つであった）である。この寺でケンポのタシーセンゲ（bkra-shis-seng-ge）から『現観荘厳論』など弥勒五法を学んだ。その後は後チベット、ナルタンのナルタン寺（snar-thang：後チベットにおけるカダム派の大寺院。経論の講義で著名であり、『カンギュル』『テンギュル』写本の最初の刻本を所蔵する〔最近の研究では古ナルタン版の存在は疑問視されている〕）でリクペーセンゲ（rig-pa'i-seng-ge：ナルタン寺のケンポ。『カンギュル』『テンギュル』写本の収集整理にあたったチョムデン・リクペーレルティbcom-ldan-rig-pa'i-ral-griの弟子で、元の仁宗のときにモンゴル小文字の字母を改良したチューキウーセルの同輩である）から『量決定論』（仏教徒の論理と認識論を講じた書）を学んだ。その後シャル寺（zhva-lu）でも学んだが、当時のシャル寺は著名な学者であったプトゥン・リンチェントゥプ（bu-ston-rin-chen-grub：1290～1364）が住持を務めていた時期であった。トゥントゥプリンチェンはシャル寺で一連の顕密経論を学んだ後、シャル寺の問答会（チベット人の習慣で、ある経典を学び終えるとすべからくその経典に関する問答会に参加する。他者が問い、自身が答える。間違いなく答えられれば、その学問がなったとする）に参加して“智慧善巧”の誉を得たという。アムドに戻り、臨洮（チベット名シンクンshing-kun。元初よりチベットの有力者がウー・ツァンと大都を往来する際に立ち寄った地）の新寺院でケンポを務めた。あるとき、ニェタンのデワチェン寺より使者があり、ケンポ就任を請われた。トゥントゥプリンチェンは新寺院のケンポを辞してニェタンに向かったものの、デワチェン寺でのケンポ就任は果たせず、持参の財物をデワチェン寺とナルタン寺に寄進し、自身はヤプ・チューディンという地へ行って静かに修行して暮らしていた。その後アムドの西寧近くに戻ってシャキュン寺とシャダン寺（sha-sbrang）を建立した。シャキュン寺は西寧の西寄りの南方、黄河の北岸にあり、己丑年（1349）に完成した寺院である。申年（1356）に至り、彼は両寺院内で『現観荘厳論』及び『量決定論』『入菩提行論』『ヘーヴァジュラ・タントラ』などを講じたが、優れた弟子をもつことができないのが悩みの種であった。この年以降、トゥントゥプリンチェンは甥のシャーキャサンポ（shākya-bzang-po）をシャダン寺のケンポに就任させ、自身はシャキュン寺で修行し、ヤマーンタカの法を修行したことで著名となった。彼はカダム派の学識あるラマであり、ツォンカパは彼のもとで出家し、10年間学んだ。経典の学習法や思想構造など、ツォンカパが彼から受けた影響は大きかったと思われる。

### 1368年　戊申　（明太祖　洪武元年）

ツォンカパ12歳。

### 1372年　壬子　（洪武五年）

ツォンカパ16歳。師の命により、ウー・ツァンに同行して経を学ぶ[1]。

出発前、トゥントゥプリンチェンは別れの言葉としてツォンカパに、ウー・ツァンにおける学問の順序と方法を伝えた。まず『現観荘厳論』を主とする“弥勒五法”を学ぶこと。次に『量釈論』を中心としたダルマキールティ（法称）の因明七論[2]を、さらに学問を進めるならば『中論』を主とした龍樹の“理聚六論”をと続く。その後一切の顕密経論を広く学べとしたのであった。学習法の指示は、まずよき師から講義を聴くこと。次に自身の思弁によって経論の深義をつかむ。さらには経論の述べるところを修行して実証せよとする。これらの指示は、ツォンカパの前後チベットにおける学問を基本的に規定することになり、実際ツォンカパはおおむねこの指示に沿って行動した。ツォンカパの学問がカダム派に近い理由の一つでもある。

当時の旅行は隊商を組んで身の安全を保ちつつ往来した。ツォンカパの旅の友は、ディクン寺の化縁ラマであるリンチェンペル（rin-chen-dpal）や2人のおじらである。一行は南路に沿ってチャムド経由でチベットを目指し、1年ばかりかかってラサにたどり着いた。

## 1373 年　癸丑　（洪武六年）

ツォンカパ 17 歳。秋、前チベットのディクン寺（'bri-gung、あるいは 'bri-khung）に到着した。

ツォンカパはディクンティル寺（ディクン寺は 3 つの部分に分かれており、ティル mthil 寺はそのうちの一つ）に滞在し、ディクン派（カギュー派の一支派）の指導者チューキギェルポ（chos-kyi-rgyal-po：1335 ～ 1409、本名リンチェンペル、当時著名な人物であった）に謁見、彼のもとで“大印五法”や“ナーロー六法”（共にカギュー派の主要な密教の教え）やディクン派大ラマの著述（大部分は密教）を学んだ。

ディクン寺で学んだ後は再度連れだって西へ向かい、途中クンタン（gung-thang：ラサ東南のツェル・クンタン）で当地の医者クンチョクキャプ（dkon-mchog-skyabs）からチベット医学を学んだ。クンタンからニェタンへ行き、デワチェン寺（意訳で極楽寺とも）へ入った。ここで 2 年過ごして『現観荘厳論』などの弥勒五法を学んだ。

デワチェン寺は、おそらくツォンカパ最初の目的地であったと思われる。この寺院は師トゥントゥプリンチェンの母寺であったため、前述の彼の略伝にも登場する。トゥントゥプリンチェンはその晩年においてもなおアムドの地で得た財物をデワチェン寺に送っていた。トゥントゥプリンチェンが弟子をこの寺院で学ばせたのは、デワチェン寺が彼の出身寺院であり、当時カダム派の著名な寺院であったこと、また彼との関係によって、弟子であるツォンカパはこの寺院でそれなりの待遇を得ることができると考えたためであろう。寺では座主イェシェーセンゲ（ye-shes-seng-ge）と後のケンポ、タシーセンゲ（bkra-shis-seng-ge）から受講したほか、寺院側はツォンカパの学習のため別途 2 人の僧をつけている。一人はユンテンギャムツォ（yon-tan-rgya-mtsho）、もう一人はウギェンパ（'u-rgyan-pa）といい、当時は共に阿闍梨（旧訳は規範師）の地位にあった。ツォンカパは 2 人から『現観荘厳論』の本文とインド人ハリバドラ（獅子賢）の註釈、チベット人ジャムキャ（'jam-skya）の疏釈を学んだ。また他の寺から訪れていたラマより『大乗荘厳経論頌』『中辺分別論』『法法性分別論』『宝性論』（これらと『現観荘厳論』を合わせて弥勒五法という）を学んだ。2 年の間、ツォンカパはこの 5 部をよく学び、その学問の第一部分を完成させた。それはこの後の学習に向けての基礎となっただけでなく、その学説思想上大きな影響を与えるものであった。

### 1374年　甲寅　（洪武七年）

ツォンカパ18歳。引き続きデワチェン寺で学習。この頃、サキャ派の元座主で、著名な学者でもあったラマタムパ・スーナムギェンツェン（bla-ma-dam-pa-bsod-nams-rgyal-mtshan：1312～1375、通称ラマタムパ、パクパの兄弟の孫にあたる。1344年から1349年までサキャ派座主の地位にあった）がニェタン近くのチューゾン地方（chos-rdzong）を訪れていた。ツォンカパは彼のもとを訪ね、密教の灌頂を授かっている。

### 1375年　乙卯　（洪武八年）

ツォンカパ19歳。問答会に参加するようになる。この年はサンプ寺の問答会に参加し、『現観荘厳論』を答弁、優秀な成績を収めたという。この頃から前後チベットで頭角を現し始めることになる。

サンプ寺（gsang-phu）はラサの南、ニェタンの東に位置し、カダム派の創立者ドムトゥン（'bron-ston-rgyal-ba'i-'byung-gnas：1005～1064）の学友ゴク・レクペーシェーラプ（rngog-legs-pa'i-shes-rab）が北宋時代、神宗の熙寧六年（1073）に創建した寺院である。著名な訳経師であったゴク・ロデンシェーラプ（rngog-blo-ldan-shes-rab：1059～1109、レクペーシェーラプの甥）によって継承されている。サンプ寺は当時から経論の講義で有名であり、特に因明と弥勒五法を伝授するカダム派の寺院として、多くのラマがその門を叩いていた。サンプ寺は後に上下2院に分かれたが、デワチェン寺は、サンプ寺上院の支寺である。サンプ寺の問答会に参加した後、ツォンカパは後チベットのサキャ寺に向かった。途中通過したシャル寺では座主のリンチェンナムギェル（rin-chen-rnam-rgyal：プトゥンの弟子）から密教の灌頂を受け、ナルタンを経てサキャ寺へ至った。サキャでは経を講じる者がいなかったので、近くのササン（sa-bzang）でマティパンチェン（mati-pan-chen：レンダワの師で、チョナン派に属す）から詩論（サンスクリットの詞藻韻律の学。『ロンドゥル・ラマ全集』による）を学んだ。サキャで経を講じた際には『現観荘厳論』の答弁もおこなっている。

サンプ寺は11世紀から因明論の講義で名を馳せた。“弥勒五法”を学び終えたツォンカパは、２番目の学習課題である因明に取りかかろうとしたが、サンプ寺にとどまらず遠方のサキャに向かっている。おそらく当時のチベット因明学の学風の変化と関わりがあるのだろう。サキャ寺はクン氏のクンチョクギェルポ（'khon-dkon-mchog-rgyal-po：1034 ～ 1102）が 1073 年に建立した寺院で、13 世紀には仏教学を伝授する寺院として最も著名であった。特にサパン・クンガギェンツェン（sa-pan-kun-dga'-rgyal-mtshan：1182 ～ 1251、モンゴルのクデンと西涼で会見し、チベットのモンゴル帰順をまとめあげたかの人物である）の名声は絶大であった。サパン以来およそ 100 年、サキャはウー・ツァンの行政の中心となっていた。サパンの因明分野の著作である『正理蔵論』は、ダルマキールティ（法称）の『量釈論』をもとにして書き上げたもので、チベット仏教に大きな影響を与えており、ゲルク派隆盛前には因明に関するチベット人の著作として極めて権威があった（明初に北京で翻刻されている）。サパンの弟子ウユクパ（'u-yug-pa-rig-pa'i-seng-ge）は『量釈論』の詳細な註解を著しており、これによって『量釈論』を中心とする因明学は、サキャ派の僧による提唱と継承がおこなわれていた。しかし、サンプ寺では当時なお 11 世紀以来の伝統に従ってダルマキールティ『量決定論』を主とする因明学を講じており、『量釈論』を講ずるようになったのはようやく 15 世紀になってからであった。そのためツォンカパがサキャ寺で因明をまなぶということはすなわち『量釈論』を学ぶということであった。しかし当時サキャ寺は政治的に衰退に向かっており（1354 年サキャ地区の行政権はパクモドゥの手に落ちており、配下のリンプン宗のゾンプンがサキャ寺を管理していた）、学問的にもまた同様の傾向にあった。サキャ派の僧は学識者であっても寺に常駐しているわけではなかったので、サキャ寺に向かったツォンカパは結局あてが外れた形となった。

サキャで問答をおこなった後、ツォンカパはラトゥー・チャン（la-stod-byang：ラツェ以西、ツァンポ河以北、ラカ・ツァンポ〔ヤルツァンポの北岸支流〕以南の一帯。中心地はガムリン ngam-ring）に向かい、ガムリン寺で『現観荘厳論』による問答をおこなっている（ガムリン寺はサキャ派であったが、その後ダライラマ五世の時代にゲルク派に改宗した）。その後はチョモナン（jo-mo-nang：簡称チョナン、チョナン派の本山）でチョナン・チョクレーナムギェル（bo-dong-phyogs-las-rnam-rgyal：1306 ～ 1386、当時『時輪タントラ』に長けた人物として名を馳せていた)[3]から『時輪』「六支瑜伽」(密教)を学んでいる。さらにポトンエ寺(po-dong-e)に向かう途中、チウォレー寺(spyi-bo-lhas)では寺のケンポからカダム派の『菩提道次第論』の教えを受けた。ポトンエ寺でも『現観荘厳論』の問答をおこなっている。

ポトンエ寺からナルタン寺に戻ると、ナルタン寺のトゥンサンワ(don-bzang-ba)から『俱舎論』の註釈を学んだが、満足するには至らなかった。しかしその寺ではクンガペル(kun-dga'-dpal)の『現観荘厳論註』を入手しており、かつてデワチェン寺で学んだ註釈よりこちらの方が優れていると感じたツォンカパは、〔ニャウン・〕クンガペル(サキャ派の著名なラマで、ツォンカパの師であるレンダワの師にあたり、ツェチェン寺に住んでいた〔教派的にはサキャ派よりチョナン派に近い〕)から再度『現観荘厳論』を学びたいと思うようになる。

ニャントゥー(ギャンツェ一帯をチベット人はニャントゥー地区と呼ぶ)に戻り、ネーニン寺(gnas-rnying)に滞在、ここでも『現観荘厳論』の問答をおこなった。

## 1376年　丙辰　(洪武九年)

ツォンカパ20歳。ツェチェン寺(rtse-chen ギャンツェ以北の山上)のクンガペルより本人著作の『現観荘厳論』註解について講義を受け、非常に満足する。ツォンカパはさらに『俱舎論』の講義も求めたが、クンガペルから高齢を理由に、その弟子レンダワを紹介された。折よくレンダワはツェチェン寺を訪れており、ツォンカパは『俱舎論』の講義を受けた。その言葉や筋道が悉く明らかになる講義にツォンカパは崇敬の念を起こし、以降共に学ぶようになる。

レンダワの本名はシュンヌロドゥー(red-mda'-ba-gzhon-nu-blo-gros：1352～1416または1349～1412。後チベット、ラツェ近くのレンダ村出身で、故にレンダワと称される)で、サキャ派の顕教分野で当時最も学識あるラマというだけでなく、大学者プトゥンとツォンカパの間に位置する、チベット仏教有数の学識者とされている。顕教、中でも中観や因明に長じており、特にチベットにおける中観の隆盛は彼の提唱によるものである。密教分野では『秘密集会』や『サンヴァラ』に長じていた。ツォンカパの顕教経論注疏の解釈はレンダワの見解をもとにしたものが多く、そのためレンダワをツォンカパの主要な師としている書籍もある。少なくともツォンカパに多くの影響を与えた人物の一人であることは確かであろう。ツォンカパの２人の大弟子ギェルツァプとケートゥプも、もとはレンダワの弟子であり、その後ツォンカパに師事したものである。

秋、ツォンカパはレンダワとニャントゥーのサムテンリン寺（bsam-gtan-gling：スムパケンポ『パクサムジュンサン』及び『広伝』による。ニャントゥーはギャンツェ一帯を指す。サムテンリン寺の場所は不詳）に赴き、レンダワから『入中論』（インド人チャンドラキールティ（月称）によるもので、中観思想の自立論証派、中観帰謬論証派という二派のうち後者を構成した重要な著作。これはレンダワが『入中論』を論じた最初の講義となった）を学んだ。

秋の終わり頃、ツォンカパはニャントゥーからラサに向かい、チャンチュプツェモ（byang-chub-rtse-mo：パクモドゥの統治者と深い関わりをもつ当時著名な人物）の『大乗阿毘達磨集論』講義を聴こうとしたものの果たせず、デワチェン寺に戻って冬を過ごした。

### （1377 年　丁巳　（洪武十年））[1]

ツォンカパ 21 歳。デワチェン寺からキョルモルン寺（skyor-mo-lung）に行き、ケンポのロセルワ（blo-gsal-ba）からグナプラバ（徳光・インド出身）の『律経』と、シャーキャプラバ（釈迦光・インド出身）の『律経疏』及び他の戒律の註釈について学ぶ。

キョルモルン寺はベルティ・ダチョム・ワンチュクツルティム（sbal-ti-dgra-bcom-dbang-phyug-tshul-khrims：1129 ～ 1215）によって 1169 年に建立された。戒律の伝授、講義で著名な寺院である。ロセルワはベルティ・ダチョム・ワンチュクツルティムの戒律解釈を伝承し、顕教経論に通じた人物であった。ロセルワの次のケンポとなったチューギェルワ（chos-rgyal-ba）はツォンカパの弟子であり、彼以降キョルモルン寺はゲルク派の寺院となった。チベット仏教の戒律は、8 世紀以来、すべて小乗説一切有部の律、すなわち漢訳『根本説一切有部律』（漢とチベットの訳ではわずかに食い違いあり）及びその膨大な解説によって授けられてきた。チベット人はグナプラバの『律経』（説一切有部律を含むさまざまな分野の一部分を集めたアンソロジーのような書）とその註釈書を重んじており、故にツォンカパも律を学ぶにあたり、最初にこの書を選んだのであった。

背中に痛みを感じ、トゥールンプ（stod-lung-phu：ラサの西北）で病気の治療法を学ぶが効果がなく、デワチェン寺に戻って医者に診てもらうものの、同様であった。その頃デワチェン寺の僧と諍いがあってサキャ寺に向かうことを計画したが、寒さのため、ギャンツェ地区のネーニン寺で冬を越した。

ネーニン寺では、僧に請われて『大乗阿毘達磨集論』を講じたが、これはウー・ツァン地区における最初の講義であった（『パクサムジュンサン』による）。

### 1378年　戊午　（洪武十一年）

ツォンカパ22歳。春、ネーニン寺からナルタンを経てラサに至り、レンダワと会見、11か月にわたって同居する。その間、レンダワはツォンカパに『大乗阿毘達磨集論』を評講、またダルマキールティ『量釈論』を中心に『入中論』等も講じ、さらに律蔵などの経論の伝承もおこなった。同じ時期、ツォンカパはドルジェリンチェン（rdo-rje-rin-chen）から『ヘーヴァジュラ・タントラ』（無上瑜伽タントラの一つ。サキャ派密教の根本聖典）第2品をサキャ派の註釈で学んでいる。またこの頃、ある哈字法をよくする者〔不明〕から病気の治療法を学び、背中の痛みを全快させている。

### 1379年　己未　（洪武十二年）

ツォンカパ23歳。レンダワと共にラトゥー・チャンのガムリン寺で春夏を過ごす。この間、レンダワは『大乗阿毘達磨集論』の詳解『善説解』を著し、執筆の合間にはツォンカパに講義もおこなった。その他『量釈論』や『秘密集会』（無上瑜伽タントラの一つ）及び『パンチャクラマ』等も講じている。

秋、ツォンカパはサキャを経て前チベットに戻り、家から送られた財物を入手する。母親は手紙で帰郷を強く求めていたため、仏事に関する一通りのことを学んだツォンカパはラサを後にして東に向かった。しかし、メルト・ラルン（mal-gro-lha-lung：ラサとディクンの間にある地名）に至り、帰郷しないことを決意する。

メルトではラマ・スーナムタクパ（bla-ma-bsod-nams-grags-pa）から一連の法を学び、『量釈論詳註』を自習した（サパンの弟子ウユクパの著作である『量釈論詳註』は13～14世紀チベットにおいて極めて権威ある註釈書であった。チベット僧のウユクパに対する評価も高い）。ツォンカパはこの書、特に第二品（成量品）から、因明論に包括された、仏教徒が仏となる階位次第の学説を悟ったという（この点でゲルク派とサキャ派の解釈は異なっており、重要である）。

冬、ツォンカパはデワチェン寺に滞在し、今まで学んだ諸論について復習すると共に、来春参加予定の問答会の準備をする。この頃、元帝の後裔を名乗る者より書と贈り物を受け取った。12月27日にツォンカパが返信した内容自体に目新しいものはないが、手紙の末にゲシェー・スーナムギェルワ（dge-bshes-bsod-rnams-rgyal-ba）による詳しい状況の説明が記されている。

元の順帝は1368年の旧暦八月に北走、1370年に応昌で崩御した。1372年に子のアユルシリダラが位を継いだが、彼も1378年に世を去っており、子のトグス・テムルが位を継いだ。ツォンカパに書を出したのはあるいはこの人物かもしれず（ツォンカパは返信で相手をミイ・ワンポ mi'i-dbang-po と称しているが、これはチベット人が地方政権の統治者に対して用いる尊称である。この名称は14～15世紀の闡化王タクパギェンツェンや18世紀の郡王ミワン・ポラネーにも用いられた）、ツォンカパの伝記でもこの人物をテムルとしているものがある。トグス・テムルは即位後たびたび兵をもって中国に侵入、洪武十二年に“洮州十八族番酋等叛ス”として明軍に討伐されている。この人物の謀略とツォンカパが関係しているという疑いもあるが、当時ツォンカパは23歳で学問も大成しておらず、名声もなかった。元の後裔たる人物がはるばる書を与えたというのはツォンカパの家系と関わりがあるのかもしれない。そうだとすれば、ツォンカパの父親のダルハチの官位は、万戸品級を下るものではなかった可能性もある。

## 1380年　庚申　（洪武十三年）

ツォンカパ24歳。後チベットへ向かう途中、ナルタンに立ち寄っている。1375年ツォンカパに『倶舎論』の講義をおこなったトゥンサンワはこのときナルタンで『量釈論釈』を著しており、ツォンカパは彼から『量釈論』の講義を受けた。

夏、ナルタン寺にて『量釈論』『大乗阿毘達磨集論』『倶舎論』『律経』の問答会をおこなう。

これはツォンカパの四部にもとづく最初の問答会であった。当時四つの論点の問答をよくする者はカシパ（dka'-bzhi-pa）と称された。これは顕教経論を修めた者の称号である（10の論にもとづき問答をおこなった者はカチュパと呼ばれた。カチュパの称を始めたのはツォンカパの弟子ギェルツァプである）。ツォンカパはその後も前後チベット各地で四論にもとづく問答をおこない、それはすでに顕教の学習段階を完成させたことのあかしとなった。

ナルタン寺では、ツォンカパはクンガタシー（kun-dga'-bkra-shis：1349～1435、略称クンテーパ、『明史』では昆沢思巴とされ、サキャのクン氏の後裔とされる。パクパの兄弟の曾孫であり、レンダワの師でもある。1413年勅に応じて上京し、明の成祖から大乗法王に封ぜられた）から一連のサキャ派の密教を学んだ。またナムカネルジョル（nam-mkha'-rnal-'byor）から『蘇悉地法』（四部タントラの第一部、所作タントラで、当時密教を学ぶ場合第四部の無上瑜伽タントラが尊ばれたが、ツォンカパは下部タントラを学んだところが特徴的である）を学んでいる。

秋、レンダワがポトンエ寺に行くと聞いて後を追い、再度『入中論釈』『量釈論』『大乗阿毘達磨集論』『倶舎論』等を学んだ。また『現観荘厳論』『戒経』の重ねての講義を要望している。ポトンエ寺ではナムカサンポ（nam-mkha'-bzang-po）からも『詩鏡』（snyan-ngag-me-long：サンスクリット語の本のチベット語訳で、チベット人が詩の音韻や修辞を学ぶ際の重要書籍である）を学んだ。

この頃、ツォンカパはナルタン寺のケンポ、クンガギェンツェン（kun-dga'-rgyal-mtshan）から中観六論（『中論』『廻諍論』『空七十論』『宝行王正論』『六十頌如理論』『広破論』を含む。すべて2世紀のインド人ナーガールジュナ（龍樹）の手によるもので、龍樹の"理聚六論"ともいう）を入手したが、当時チベットにおいてこれらの論を講じられる者はほとんどおらず、ツォンカパは書籍を入手したものの、講義を受けることはできなかった。後になって、デワチェン寺のジャムリンパ（'jam-rin-pa）に請うて、一通りの講義を受けている。

レンダワとサキャ寺へ赴き、『量釈論』『大乗阿毘達磨集論』『倶舎論』『戒経』によった問答会をおこなった。

### 1381年　辛酉　（洪武十四年）

ツォンカパ25歳。春頃、前チベットへ戻り、クンタン寺（ラサ東南にある。12世紀建立）、サンプ寺、ツェタン寺など当時の著名な寺院を訪れて上記四論による問答会をおこなった。

クンタン寺（gung-thang）はもとカギュー派ツェルパ支派の拠点寺院で（建立は1187年）、元代には十三万戸のうちの一つツェルパ万戸府の所在地でもあった。14世紀になってパクモドゥに併合された後は、サンプ寺下院に属する支寺の一つとなっている。ツォンカパがチベットで学んでいた頃、クンタン寺は前チベットにおける経論講義で著名な六寺院のうちの一つであった。サンプ寺については既述の通りである。ツェタン寺（rtsed-thang）はツェタンの地にあり、1351年にパクモドゥ派の大司徒チャンチュプギェンツェン（1302～1364）によって建てられた、パクモドゥ地方政権と命運を共にした寺院である。寺では宗派に関わりなく僧を受け入れたが、その最高権力者の地位はパクモドゥのラン氏一族の手に握られていた。パクモドゥ派の歴代領袖はみな幼少時にこの寺院の座主となり、時期が来ると退位してネドンに行き、パクモドゥの指導者を継承したのである。この時期、ツォンカパの中央チベットにおける顕教の学問は一段落していた。

ここでいくつかの顕教の書籍について、仏教史上における地位を紹介したい。仏教学におけるツォンカパの到達点について了解することは、その理解の一助となるだろう。ツォンカパは各地で問答会をおこなっているが、その際以下の典籍五部を主に用いている。すなわち、1.『現観荘厳論』、2.『量釈論』、3.『倶舎論』、4.『大乗阿毘達磨集論』、5.『律経』である。後にゲルク派の僧が学ぶことになる5大書籍には、4.『大乗阿毘達磨集論』がなく、代わりに『入中論』が含まれる。『入中論』はツォンカパがレンダワから数度にわたって教えを受けた書であるが、この書を用いての問答はおこなっていない。当時この書を学んでいる者が少なかったためだと思われる。チベット語史料によると、中観派論書の講義は13～14世紀頃にはかなり廃れていたが、レンダワが『入中論』研究を重ね、講義もおこなったことで、復興しつつあった。とはいえ当時の各寺院の問答会場ではまだそれを可能にする条件が整っていなかったのだろう。

大乗仏教の唯心哲学の変遷について簡単に説明すると、インドにおいて、3度の重要な段階があり、それぞれが一つの流派とも考えられよう。最初はナーガールジュナ（龍樹。2世紀頃の人）、アーリヤデーヴァ（ナーガールジュナの正式な弟子）を中心とする中観派である。この派の主な著作はナーガールジュナの“理聚六論”（上記参照）とアーリヤデーヴァの『百論』『広百論』などで、中でも“理聚六論”に含まれる『中論』をその代表とする。『中論』は主に縁生性空義を論じる。ここには一種の弁証法的な部分があるが、ナーガールジュナは唯心的な、かつ唯心を用いて彼の客観的な唯心哲学と宗教的信念のために務めるとする。2番目は、アサンガ（無著）、ヴァスバンドゥ（世親）（2人は兄弟で、4世紀頃の人）の瑜伽行唯識派である。この派は成仏の修行の段階分類をその教えの主としている。唯心哲学は中観派の性空義を継承しているが、一部を改編、発展させて複雑な主観唯心論へと展開させている。この派にはアサンガの『瑜伽師地論』、ヴァスバンドゥの『唯識三十頌』等二十数点の論書があるが、この中に“弥勒五法”の一部が含まれる。3番目はディグナーガ（陳那、5世紀の人）、ダルマキールティ（法称、7世紀の人）の有相唯識派である。この派は仏教徒の唯心論の一連の認識と論理を重要視して説く。主な著作はディグナーガ『集量論』、ダルマキールティ『量釈論』等十数点である。これら3流派のそれぞれの著作には、後世膨大な註釈がつけられた。チベットでは8世紀から12世紀にチベット訳本がつくられると共に、多くの講義や伝承がおこなわれた。これらがインド大乗仏教における3つの主要な学派となるが、チベットでは上述の6人を“世界の六厳”と称しており、彼らがいかに重視されていたかがうかがえる。しかし漢とインドの僧による争論のあった8世紀末頃から、チベットでは修行と実践の特別視をその特徴とするようになる。

『現観荘厳論』はチベット人が“弥勒五法”とする書の最初に掲げられるものである。修行の階位をもってその要とする。『般若経』（『般若経』は中観、瑜伽両派が共に尊重した経典である）を概括した内容で、そこで用いられる唯心哲学の観点は、中観派を継承する理論となっている。チベット人、中でもツォンカパは特にこの書を重視し、8世紀以来のインドの晩期仏教の影響はもとより（当時インドの僧もこの書を極めて重視していた）、チベット人が中観を尊重し、また特に修行を重視した学風という点で符合するものがある。そのため、チベット人から見るとこれらは弥勒・アサンガの学派を代表するに足る書物とされる。

『入中論』は中観派に属する学者チャンドラキールティ（月称。7～8世紀インドの人）の著作である。中観派に関する著作は十数点を数え、そこには『中観』の詳細な註釈である『プラサンナパダー』があり、ゲルク派では極めて重要視している。『入中論』は、チャンドラキールティが自身の見解を述べた書である。書では菩提心の10種の分意をもって、『華厳』十地の名を品名とし、十品に分けて記している。うち第六品（この品だけで全体の3分の2を占める）の菩提心現前地の中では、唯識をことごとく論破している。これもまたチベット人の学風と符合しており、中観派を代表しうる書とみなされている。

『量釈論』はダルマキールティ（法称。7世紀インドの人）の代表的著作で、もとはディグナーガの『集量論』についての批評と解釈である。『集量論』の認識論と論理学説は大体において唯識哲学をその基礎としており、『量釈論』は『集量論』の主な思想を継承しているとはいえ、哲学の基本概念については小乗経部の義を採用し、また“唯識”の影響も随所に見られる。さらに（『集量論』にあった）現量（感官認識）を除いて、為自比量（弁論中で用いる推理形式）としているほか、成量品を著して、その中で詳細な論証をおこなって仏及び仏の示す苦、集、滅、道といういわゆる四諦を正量としている（正智標準の意で、まさに正確な知識の標準となっている）。ツォンカパはこの一品から量論には成仏に至る修行の理論があるのだと悟るのである。したがってこの書もディグナーガ、ダルマキールティの学派を代表する書籍であるとされる。

『現観荘厳論』『入中論』『量釈論』は3つの学派をそれぞれ代表し、また大乗仏教唯心哲学発展における3つの重要な段階を代表する書でもある。この書を通読しようと思えば、さらに多くの関連書物が必要になるだろう（これらの書にはだいたいにおいて大乗各派の重要な著述が含まれており『パクサムジュンサン』にはツォンカパが顕教を学ぶ際、大量の書名を書き連ねたことが記されている）。そのため真にこれらの書を理解したということは、大乗各派、つまり大乗仏教家唯心哲学それぞれの重要発展段階の全面的な了解をしたということである。
『俱舎論』はヴァスバンドゥが小乗の説一切有部を学んでいて、まだ大乗に転向していないときに著した書である（漢訳本で30巻）。当時のインドでは“聡明論”（この書を読むことで人は聡明になるとの意）と称された。実際この書は仏教徒の宇宙観や人生観を極めて明瞭かつ体系的に描写しており（自然は幻想であるとの宇宙観、造業受報・輪廻解脱の宗教観）、うち一部分は後に大乗にも踏襲されており、仏教哲学の基本知識を知るテキストとみなすことができるだろう。そのためこの書もまた五部に含まれるのである。
『律経』は、グナプラバ（徳光、5世紀インドの人）によるものである。上記四部はすべて思想に関するものであったが、『律経』は僧の行為行動の規範規則について述べられている。とはいえ比丘戒を受ける際、また僧が戒を犯していないかどうかの検査のための項目で当時朗読もされたような説一切有部の“戒本”二百五十数か条のようなものではない。『戒経』は得会、持戒、還浄の次第などをもって説一切有部における各戒律（通称十七事）を概括したものであり、戒律についての代表的書物として五部の一部に入った。
以上、五部の書の歴史的地位について簡単な説明を加えてきたが、それぞれ顕教の各段階あるいは各分野を代表するものである。これらを学んだ後のツォンカパの系統的かつ成熟した思想が、単なる一教派、一段階あるいは一分野に止まらない、あらゆる大乗仏教に対するものであることがこれらの書から推測されるだろう。彼の成熟した思想系統はすべての仏教に対する系統的な見方、系統的解釈を代表しており、これは仏教宗派として必須の条件だといえるだろう。これこそがその場限りの説教に終始することのない、他教派と異なる、少くとも初期ゲルク派に備わっていた特徴であった。
ツォンカパはすでに四部論による問答を各地で済ませ、相応する名声を手に入れていた。彼に学び、弟子となる者も少しずつ増えていった。

**（1385年　乙丑　（洪武十八年））**

ツォンカパ29歳。おそらくこの年、ナムギェル・ラカンで比丘戒を受けた。
ツォンカパが比丘戒をいつ受けたのか、早期の伝記には明確な記載がない。チベット文『モンゴル仏教史』には30歳のときとあり、その場合1386年となる。法尊訳述『ツォンカパ大師伝』が典拠するチベット文によれば、受戒の翌年タクパチャンチュプが世を去ったとする。タクパチャンチュプの死は1386年であり（チベット語『青史』参照）、これによれば比丘戒の年は1385年となる。比丘戒は大戒ともいわれ、これを受けて初めて寺院の正式な僧となるのであり、それ以前はあくまで準備段階であった。ツォンカパの戒師はツルティムリンチェン（tshul-khrims-rin-chen）といい、シャーキャシュリーバドラ（śākyaśibhadra：1127～1225、カシミール出身で、1207年にチベットに至り、サパンの戒師となった）所伝の戒律を伝える一人であった。

ナムギェル・ラカン（rnam-rgyal-lha-khang）はツェタンの南、タンドゥク寺の北にあって、ヤルルン河西岸からほど近い小さな寺院である。

ツォンカパは比丘戒を受けてから、デンサティル寺（gdan-sa-mthil：パクモドゥ・カギューの拠点寺院）へ行き、師への礼をもってタクパチャンチュプに謁見を果たした。2人は互いに学び合い、ツォンカパはタクパチャンチュプから“ラムデー（道果）”（サキャ派の密教）や“ナーロー六法”（カギュー派の密教）、及びパクモドゥ派のドルジェギェルポの著作などを学んだ。タクパチャンチュプはツォンカパを非常に評価したという。

デンサティル寺はパクモドゥパ・ドルジェギェルポ（phag-mo-gru-pa-rdo-rje-rgyal-po：1110～1170）によって1158年に建立された。その後弟子たちによって拡張され、最初パクモドゥ・カギューの拠点寺院になった後、その座主の地位はパクモドゥ地方政権の統治者ラン氏の手に渡った。

タクパチャンチュプ（grags-pa-byang-chub：1356～1386）はパクモドゥ政権の三代目デシー（地方政権の統治者）で、また“四条の決まりを守ることができるもの”を意味する“チューシパ”とも称した。『新旧カダム史』の解釈によれば四条の決まりとは、1. 譬え死すとも酒を飲まない。2. 女性を見ない。3. 財産を貯蓄しない。4. 家にも籠もり、外出を控える〔295頁参照〕であり、これを見る限り、極めて自己抑制のできる僧であったと思われ、酒を楽しみ女性をはべらせ、蓄財に励む当時の上層ラマの多くとは趣を異にしていたようである。彼はかつてデンサティル寺のチェンガ（寺院の最高指導者で、名称は継承された）であった。デシー就任後、明の太祖に上表進貢して（『明太祖實録』巻95）灌頂国師に封ぜられている。当時はデシーを退き、チェンガに再任されていた。彼はツォンカパより1歳年上で、その地位の高さもあり、ツォンカパは弟子の礼をもって対応したが、両者は意気投合した。ツォンカパとパクモドゥ家との関係はここに発する。

**〔1386年　丙寅　（洪武十九年）〕**

ツォンカパ30歳。この年の春、タクパチャンチュプは世を去った。ツォンカパは彼のために伝賛を作成している（『ツォンカパ全集』第2函）。

ウン（'on：ウン河河谷）、タシードカル（bkra-shis-rdo-dkar：河東）、ケル（ke-ru：河西）などの寺院を訪れ、随行の弟子ガクワンタクパ（ngag-dbang-grags-pa）や当地の僧に『現観荘厳論』『量釈論』『入中論』等を講義する。

その後はツェル・クンタンのツェル寺（tshal）で『カンギュル』『テンギュル』等を閲読する。

**〔1387年　丁卯　（洪武二十年）〕**

ツォンカパ31歳。引き続きツェル寺で閲読。

ツェル寺はカギュー派ツェルパ支派の創始者ツゥンドゥータク（brtson-'grus-grags：1123～1193）が1173年から1175年にかけて建立した、ツェルパ支派の拠点となる寺院である。ツェルパは11世紀末頃、強大な勢力をもち、元に帰してからは実力ある万戸の一つとして名を馳せた。しかし14世紀にはパクモドゥ万戸のチャンチュプギェンツェンによって併合され、ツェルパ支派も滅亡した。その少し前、14世紀前期にはツェルパの万戸長クンガドルジェ（『紅史』作者）がここで『カンギュル』（写本であり、ナルタン寺所蔵のものと少し異なる）を編纂しており、ナルタン版『テンギュル』抄本も所蔵されている。これは『チベット大蔵経』の重要な写本であり、後に翻刻された原本の一つとなった。ツォンカパはこの寺に滞在して閲蔵、つまり『チベット大蔵経』写本を閲読した。『カンギュル』には千余の、『テンギュル』には三千余の書や経典が収録されており、ツォンカパの学問に関わる部分だけでも400～500冊を下らない。ツォンカパはすべての書を見る必要はなかったが、それでも閲蔵と称する以上、比較的多くの書籍に目を通し、相当な時間をも必要としたであろう。閲読はこの時期（1387年前後）におこなわれたと思われる。

### 1388 年　戊辰　（洪武二十一年）

ツォンカパ 32 歳。ツェル寺に居住し、『現観荘厳論獅子賢釈広釈』（書名は『善説金鬘（レクシェー・セルテン）』全集 17 函に所収）の執筆を開始した。

冬、デワチェン寺に滞在して寺の僧に講義をおこなう。

この頃、法会に使用する帽子を黄色に改める（ツォンカパが開いた黄教を、チベット人はゲルク派と称する。これはガンデン寺の名称に由来するもので、ガンデン派を意味する。また黄帽派とも称されるが、これは彼らの使用する黄色い帽子に由来する。中国で黄教というのは、黄帽派の略称である）。

ツォンカパがこの時期帽子を改めたというのは『パクサムジュンサン』による。原文では帽子のことを“パンシャ”（pan-zhva）としており、これは先がとがり、2 本の長い帯を肩まで垂らしたもので、現在もツォンカパの画像でよく見られるものである。この様式の帽子はもともとインド人でパンディタの称号をもつ者（五明に通暁した人物をパンディタと称する）が使用したものである。“パンシャ”はすなわち“パンディタの帽子”である。しかしインド僧や他派のチベット僧がこの帽子を使用する際、多くは深紅のもので、ツォンカパの使用したものとは色が異なっている。チベット仏教史上、ツォンカパ以前に黄色い帽子をかぶった人物は 2 人いる。1 人はゲワラプセル（dge-ba-rab-gsal：892 ～ 975）で、ランダルマの廃仏の際、西寧まで逃がれた 3 人の僧から授戒した人物である。仏教再興の際、最初に出家した 10 人は彼から授戒しており、チベット人にとってゲワラプセルはランダルマの廃仏を経て十数年のちにようやく再興を果たした仏教の功労者といえる。彼はチベット人から“ラチェン（bla-chen：大ラマ、大師の意味）”と称された。8 世紀にシャーンタラクシタがチベットに伝えた仏教の戒律や伝承が、ダルマ王の廃仏という数十年の断絶を経たのち、再びチベットに伝えられたのは彼の功績であると考えられており、そのゲワラプセルのかぶっていたのが黄色い帽子であった。2 人目は、カシミールの人シャーキャシュリーバドラ（Śākyaśribhadra）で、インドはナーランダー寺院の最後の座主（これはインドの仏教界において極めて高位の職である）であった。インドでは 12 世紀頃イスラム教徒の侵略を受け、仏教寺院は大きな損害を被った。彼は数人の弟子を伴い 1204 年にチベットへと向かった。チベットでは非常な尊敬をうけ、チベット仏教に大きな影響を与えている。シャーキャシュリーバドラはかのサパンなどにも戒を授けている。シャーキャシュリーバドラが伝えた戒律は説一切有部律であるが、その細かい項目は、すでにチベットで流行していた2つの戒律伝承（一つはゲワラプセルがアムド地方から伝承した低地律、もう一つはダルマパーラがガリーからでウー・ツァンに伝えた高地律で、後にこれらが一つになった）と一部異なっている。チベット人はこれをカチェパンチェンの伝承とした（シャーキャシュリーバドラはカシミール出身で、チベット人はカシミールをカチェと呼んだ。パンチェンは大パンディタの意味）。彼もまた黄色い帽子を用いており、ツォンカパの戒師であるツルティムリンチェンはこのカチェパンチェンを継承する人物であった。ツォンカパが黄色い帽子に改めたのは、紅帽を放棄して戒律を伝えた祖師の帽子を纏うことを意味する。この行為は彼が戒律を重視していたことと無関係ではなく、さらにいえば、戒律を改めて整える意志があったと思われる。

### （1389年　己巳　（洪武二十二年））

ツォンカパ33歳。春。チャユル（地名、タクポ地区東南）に赴き僧七十余人に『量釈論』『現観荘厳論』『入中論』『大乗阿毘達磨集論』等を講釈する。ツェル寺へ戻ると『善説金鬘』の執筆に取りかかった。この書は後にデワチェン寺で完成する。

ツェル寺のイェシェーギェンツェン（ye-shes-rgyal-mtshan）は『時輪タントラ』に長けており、ツォンカパは彼に教えを請うて、共にキョルモルンへ向かった。ツォンカパは彼から『時輪』の大註『ヴィマラプラバー』（『時輪タントラ』の権威ある注疏）の詳細な講義をうけて、合わせて学問の方針についても相談している。ツォンカパ自身もキョルモルンで講義をおこなった。

これはツォンカパが『時輪タントラ』を正式に学んだ最初となった。この経典は独自の密教を説いており、暦法も含まれる。12～13世紀頃、チベットの一部の僧の間ではこれは仏教の経書ではないという認識があったものの、13～14世紀のチョナン派の大ラマとシャル寺のプトゥンは共にこの経典を非常に重視している。ツォンカパ以来、ゲルク派においても重要な地位を占め、歴代パンチェンラマは時輪法主となっている。

夏、デワチェン寺において講義をおこなう。

冬、トゥールン（stod-lung）に滞在して『時輪タントラ』を修行する。また随行の弟子のため説法もおこなった。

トゥールン地区はラサの西方、やや北寄りにある。ツォンカパの滞在した寺院はツォメー（mtsho-smad）、ガンカル（ngang-dkar）などといわれるが、トゥールンのどこにあるかは特定できていない。

春、ヤルルンのムンカル地方（mon-mkhar）にあるゾンチ寺（rdzong-ji）のタクパリンチェン（grags-pa-rin-chen）の要請でトゥールンに向かう。途中シンポ・リ（srin-po-ri）でコンカル・チューギェル（gong-dkar-chos-rgyal）のためリクデン・ラカン（rigs-ldan-lha-khang）に滞在する。当地で『現観荘厳論』『量釈論』『大乗阿毘達磨集論』『倶舎論』『比丘戒』『入中論』等を講釈する。ツォンカパ師弟の滞在費用はコンカル・チューギェルが負担した。

夏、引き続きゾンチ寺に滞在して講義をおこなう。この際の滞在費用はタクパリンチェンが負担した。

冬、タシードン寺（bkra-shis-gdong）に滞在し、3か月間で17の論を同時に講義（同時進行での講義）する。17の論とは、弥勒五法、中観五論、『大乗阿毘達磨集論』『倶舎論』『律経』『量釈論』『入中論』『入菩提行論』『四百論』（すなわち『広百論』）、等を含んでいる。

夏、ヤルルン地区のオカルタク寺（'o-kar-brag）に滞在してチャクラサンヴァラ及びニグマ六法を修行する。

秋、ラサにいく。レンダワも偶然ラサに来ており、共にポタラ（po-ta-la：当時まだポタラ宮はなく、山の上に小さな廟があったのみ）に滞在して経論の義理を研究、また学僧に講義をおこなった。

冬、レンダワは後チベットに戻り、ツォンカパはキョルモルンに滞在して当地の僧に『時輪タントラ』『現観荘厳論』『量釈論』『大乗阿毘達磨集論』『倶舎論』等を講義する。

手元にあるさまざまなツォンカパ伝によると、いずれにも1388年から1390年の干支及びツォンカパの年齢が明記されている。しかしこの期間の出来事を季節順に並べると2年を超えてしまい、事柄の順番もそれぞれ一致しない。検証しうる史料もないため、この2年についてはそれらの伝にもとづき、暫定的に掲載し、年号と干支を記載しなかった。今後の考証と訂正をまちたい。

## 1390年　庚午　（洪武二十三年）

ツォンカパ34歳。春、密教を学ぶため、またレンダワと会うためにキョルモルンからタクツァン（stag-tshang：タクツァン・ツォンカとも。古地図上のツォンカで、現在は吉隆に改称されている〔263頁参照〕。当時この地にはサキャのトゥンチュー・ラタンの後裔が住んでいた）に向かう。途中ロン（rong：ヤムドク湖西北のロン河河谷）のブプチュールン（sbubs-chos-lung）のツォク寺（tshogs）でケンポのタクパシェーニェン（grags-pa-shes-gnyen）から『パンチャクラマ』の講義を受ける。

その頃、西寧出身のツゥンドゥーセンゲ（brtson-grus-seng-ge：中観をよくし、ラマ・ウマパとも）というラマがいたが、ロンのデムチョクテン寺（bde-mchog-steng）に滞在していた。2人は会って、中観義について互いに論じたという。

ツゥンドゥーセンゲは生没年不詳、西寧の人である。幼時に出家し、長じてウー・ツァンに遊学した。サンプ寺で『現観荘厳論』を学んでいる。修行に専念した後、コンポでカルマ・カギュー派の密教とカギュー派の大印などの法を学び、オギェンパ（o-rgyan-pa）の弟子となった。その後サムイェー寺でトクデン・ツォカルマから『時輪タントラ』「六支瑜伽」を、次にバラワ（'ba'-ra-ba：ドゥクパ・カギューのラマ）のところで大印法を学んだ。あるときレンダワの『入中論』『戒律』を聞き、ロンのチュールンを訪れてツォンカパと出会ったのであった。彼もまたツォンカパに大きな影響を与えた人物の一人である。彼は貧しいながらも自制心をもって一心に修行を重ねており、後にツォンカパが雑事を放擲して修行を重ねたのは彼の影響であると言われ、その後も2人はたびたび会見している。しかしツゥンドゥーセンゲが著名であるのは、文殊菩薩の姿を見ることができ、文殊がその疑問に答えたという伝説によるものである。その内容は中観宗義であったという。ツゥンドゥーセンゲの別名ウマパというのは“中観義に長けた人”の意である。ツォンカパの中観義は彼からの教えによるものが大きい。

その後ツォンカパはタクツァンで訳経師タクパギェンツェン（grags-pa-rgyal-mtshan）、同トゥンサンポ（don-bzang-po）、レンダワと会見した。互いに経論の教理について討論し、随行の僧や現地の僧にそれぞれ講義をおこなっている。これら費用の一切はキャプチョクペルサン（skyab-mchog-dpal-bzang：室利跋陀羅とも）が負担した。これは小規模な法会ともいえよう。

法会終了後、ツォンカパはレンダワとバウバニェル（'ba'u-'ba'-gnyer）に赴いた。ここでレンダワの『秘密集会タントラ』（チベット密教において重要な経典）講義を聴いている。これはツォンカパが正式に『秘密集会タントラ』を学んだ最初である。

レンダワはサキャに戻り、ツォンカパはチュールンへ行ってツゥンドゥーセンゲと再会、中観要義について研究討論を交わす。ツォンカパはここで密教を専門的に学ぶ決意をしている。

密教を専門的に学ぶにあたり、ツォンカパはデチェン寺（sde-chen：ギャンツェ地区）に行くことを計画した。秋にはチュールンから出発したが、途中、ギャンツェ攻めの帰路にあったパクモドゥの兵に遭遇するなど旅には適さなかったため、ロンのリールンプク（rid-lung-phug）に一時留まっている。秋にようやくデチェンに到着し、チューキペルワ（chos-kgyi-dpal-ba：プトゥンの弟子。プトゥンは『時輪タントラ』を最も詳しく解釈した人物である）から『時輪タントラ』の疏釈を学び、修行し、「六支瑜伽」などをおこなって、1391年の春、終了した。

## （1391年　辛未　（洪武二十四年））

ツォンカパ35歳。密教を学ぶには、さまざまな事前学習を必要とする。1391年夏から翌年春まで、ティーツァカン（'khris-rtsva-khang：ギャンツェとシガツェの間、パナム宗付近）でプトゥンの司供儀者（俗称香灯。密教の事相について最も習熟している）であったツェワン（tshe-dbang）の弟子グンサンワ（mgon-bzang-ba）から金剛界及び『金剛頂タントラ』をはじめとする瑜伽タントラ所説の一切の大曼荼羅の画法規則、午賛、結壇、結印など儀軌事相のすべてを学び、それぞれに習熟した。

## 1392年　壬申　（洪武二十五年）

ツォンカパ36歳。春、デチェンに戻り、そのまま秋までチューキペルワから『ヴァジュラーヴァリー』の灌頂のほか伝承、密授、指導、午賛、画壇など一切と大輪金剛手の法を学ぶ。

秋の末、シャル寺に赴いて（シャル派の拠点寺院。またプトゥンの住んだ寺院でもある）、プトゥンの弟子キュンポレーパ・シュンヌスーナム（khyung-po-lhas-pa-gzhon-nu-bsod-nams）から密教を学んだ。この秋から翌年の夏にかけては四部のタントラ（所作、行、瑜伽、無上瑜伽）及び12種類の曼荼羅を学んでいる。また特別に無上瑜伽部に属するチャクラサンヴァラについても学んでいる。

再度デチェン寺に戻り、チューキペルワから『ヘーヴァジュラ』の『ヴァジュラガルバ註』及び『時輪』「灌頂略説」のナーローパの大註、『秘密集会』の二大流派（聖者流とジュニャーナパーダ流）の解釈について学ぶ。

デチェン寺には、もとシャル寺のラマであったギェンツェンタクパ（rgyal-mtshan-grags-pa）という僧がいた。ツォンカパはこの僧と瑜伽密儀について研究を重ねると共に、彼からプトゥンの『一切金剛出現大疏』について学んでいる。

1390年から1393年までの間、ツォンカパはすべての時間を密教の学習にあてた。主としてプトゥン（1290～1364）の直弟子チューキペルワとキュンポレーパ・シュンヌスーナム、くわえて孫弟子であるトゥンサンワなどから学んでいる。学習範囲には“四部タントラ”も含まれた。チベット密教を総括すると四部の“タントラ”となる。プトゥンが『チベット大蔵経』を整理編集したことによって確定したとされる（これが先人の作かどうかははっきりしない）。四部のうち、所作、行、瑜伽の三部の主要経典は唐代すでに一部の漢訳がなされており、無上瑜伽部は宋代の初め頃にようやくわずかな漢訳が出ている。大まかには四部のタントラの出現順序、歴史の発展、あらましもまたこの順に沿っている。当時のチベット僧が密教を学ぶ際、無上瑜伽部の一部経典、あるいは一部の密教だけを学ぶなど、その内容の偏ることが多かった。歴史発展の上からも、これらをきちんと系統立てて理解した者は少ない。プトゥンは最初に密教を系統化しようとした人物で、その次がすなわちツォンカパである。これらの学問は後に彼が密教の組織体系化をする際の基礎となった。密教を系統的に語った『密宗道次第広論』は、ツォンカパが黄教を立ち上げるきっかけとなっている。またツォンカパはサキャ派のラムデー、カギュー派の大印なども学んでいるが、ニンマ派の密教に限ってはその伝に記載がなく、これはあるいは早期のチベット僧がニンマ派の依拠したタントラを否定していたことと関係があるのかもしれない。

秋（1393年の秋となるべきであるが、伝では1392年となっている。季節にもとづいて推算すると1年の誤差が生じるが、以下に記述する2年分の記載は特に少なく、誤解を避けるため特に記す）、ツォンカパは前チベットに戻り、ガワドン（dga'-ba-gdong）に滞在してウマパ・ツゥンドゥーセンゲと再会した。2人は共にラサに向かい、チョカンの釈迦牟尼像を参拝した後またガワドンに戻り、それぞれ修行に励んだ。伝説によれば、このときツォンカパには文殊菩薩が現身で説法する姿が見られたという。

ウマパ・ツゥンドゥーセンゲが故郷に戻るため、ツォンカパは彼をラサまで見送った。その際再度チョカンの仏像を参拝している。ウマパを見送ったツォンカパはキョルモルンに戻り、秋には講義もおこなった。

10月の間にツォンカパは弟子8人と共にキョルモルンから船に乗り、ウルカ・チュールン（'ol-kha-chos-lung：ウルカはパクモドゥ政権下の宗の一つで、ウンの東側にある河谷という）に向かい、ここで春まで過ごしている。ツォンカパと弟子8人の費用一切はウルカ宗のゾンプン親子が負担した。これ以前、ネウ宗のゾンプン、ナムカサンポやその他のゾンプンからも費用の提供を受けており、これらはツォンカパがパクモドゥ統治集団から供養される最初であった。

### （1393年　癸酉　（洪武二十六年））

ツォンカパ37歳。夏、ツォンカパ師弟はジンチ寺（rdzing-phyi：ウルカ宗内）の弥勒像を参拝、供養して発願をおこなっている。

ジンチはウルカ宗内の川に沿って北に十数里向かったところである。ジンチ寺及び弥勒の銅像はガルミ・ユンテンユンドゥン（gar-mi-yon-tan-g·yung-drung：10世紀頃の人。『大乗阿毘達磨集論』を伝えた一人であった）によって建立されたもので、チベット内で著名な仏像の一つであったものの、当時は修繕もなされておらず、ひどく荒廃していた。

冬、師弟9人はタクポ地区（dvags-po：コンポ以南、チャユル以北）にあるメンルン（sman-lung）に滞在、修行に専念した。

### 1394年　甲戌　（洪武二十七年）

ツォンカパ38歳。春、ツォンカパ師弟は（このとき弟子はすでに12人となっていた）ウルカ宗のゾンプン親子にジンチ寺の改修を勧める。寺院の彩色画はツォンカパ師弟が勧進を引き受け、寺院の改修後、ツォンカパは弥勒の賛文と発願文をも作成した。これがツォンカパによる社会活動の始まりとなる。

### （1395年　乙亥　（洪武二十八年））

ツォンカパ39歳。ロタク（lho-brag：地名。ヤムドク湖東寄りの南方）のナムカギェンツェン（nam-mkha'-rgyal-mtshan：1326 ～ 1402）の要請に応じてロタクを訪れる。途中タコル（bra-gor：地名かつ寺院名。寺院はカダム派の古寺）で寺の大ケンポ、チューキャプサンポ（chos-skyabs-bzang-po：カダム・シュン派）と互いに教義について研究した。6月4日にはロタクのドワ寺（bgro-ba-dgon-pa）でナムカギェンツェン（カダム・ダムガク派）と会見した。ドワ寺には7か月滞在し、まず求めに応じて寺僧に『集菩薩学論』を講義し、次にナムカギェンツェンによる『菩提道次第論』（これはカダム派の先人による著作）等、カダム派の講義を聴いた。

当時、ツォンカパはインドへ行って数々の疑問の解決をはかろうという考えをもっていたが、ナムカギェンツェンに止められたため、インド行きを断念している。ナムカギェンツェンの勧めにより、“梵冠”という名をつけた弥勒の賛をつくり、出家者の道具を捧げた（すなわち比丘僧が身につけるべき衣、もつべき鉢、錫杖などの一揃）。

このとき、弥勒菩薩の面影が比丘のそれに変わったという。比丘の道具は戒律に規定があるもので、菩薩の面影が変わったというのはすなわち菩薩もまた比丘戒を守るという意味になる。これは当時大乗の行を修すると自称するラマが、自ら菩薩と名乗り、比丘戒を守らないことに対して発せられたものであった。したがってこのエピソードには比丘戒を尊重し、戒律を守らない僧を非難するという意図が含まれていよう。

### （1396年　丙子　（洪武二十九年））

ツォンカパ40歳。春、ロタクからニェル（gnyal：チャユル宗北寄りの西側）を経てロロ（lo-ro：チャユル宗南寄りの西側）に滞在し、5か月間の修行をおこなった。

ニェルではトルンパ（gro-lung-pa）の著した『教次第』を入手した。詳しく読み込んで悟るところもあり、弟子に解説している。

トルンパのトルンは地名で、本名はロドゥージュンネー（blo-gros-'byung-gnas：ティンレー寺 brin-las を建立したため、ティンレーパとも呼ばれる）という。チベットの著名な訳経師ゴク・ロデンシェーラプ（rngog-blo-ldan-shes-rab：1059 ～ 1109、アティーシャの孫弟子）の弟子で、アティーシャの曾孫弟子となる。11 世紀から 12 世紀の人で、『道次第』『教次第』（早い時期にカダム派教義を系統的に解釈した重要書籍である）、また顕密経論の註釈書数点を著している。この『道次第』と『教次第』はツォンカパの代表作『菩提道次第広論』の種本となった。

この頃、ツォンカパはタコルに行ってチューキャプサンポと会い、共に教義を研究した。またチューキャプサンポからはドムトゥン（'brom-ston：1005 ～ 1064）、ポトワ（po-to-ba：1031 ～ 1105）、シャルワパ（shar-ba-pa：1070 ～ 1141）らから伝承された『菩提道次第』のハンドブック（3 人は師弟でドムトゥンはカダム派の創始者、後の 2 人はカダム派初期の重要人物である）、『教次第』の本文及び詳細な註釈などのカダム派の著作に加え、『入菩提行論』『律経』『倶舎論』等を学んでいる。ツォンカパもチューキャプサンポに対しアティーシャの“教授”（口伝の指示）及び『秘密集会』『パンチャクラマ』などを講じた。

夏の終わり頃、ニェル東部のヤルデン寺（yar-'dren）に滞在した。このとき、ツォンカパに付き従う弟子は 30 人にまで増加していた。師弟はツァリ（tsa-ri：ニェルの東にある有名な“神の山。”珞瑜地区〔位置不明〕に近く、近年、チベット人が 12 年に 1 度の巡礼をおこなうツァリ山のこと）に参拝した。

ニェルに戻ってからはセンゲ宗（seng-ge-rdzong）に滞在し、『時輪』の究竟次第及び「六支瑜伽」などの修行をおこなう。この頃、菩提道（修行について仏教が概括する一つの概念）の体相（自体と徴相）、次第（前後の段階順位）、数量（どの段階で何を包括しているか）などについて、その見解が確定しつつあった。

ツォンカパの思想が成熟に近づいた証であり、その体系は形成されつつあったといえる。

1395 年からその翌年にかけては、ツォンカパがカダム派の教義を系統的に深く学んだ時期であった。師のほとんどはカダム派出身者であり、学ぶ道筋もまたカダム派のそれであったとはいえ、その影響が決定的に現れたのはこの2年であった。影響とは単にツォンカパがカダム派の教義を受け入れたというだけではなく、ツォンカパの思想が体系的に形成されようとしていた時期にあって、思想面の成長を含む過去の学問がカダム派の思想を受入れ、彼自身の体系の骨子となった。これらツォンカパの身につけた顕密経論の心得を生かしてカダム派の大系の内容は芳醇かつより深いものとなり、学説を発展させたのである。これこそ、黄教が新カダム派と呼ばれた所以であった。

ニェル東部のセルチブムパ（gser-phyi-'bum-pa）を訪れたツォンカパは、ここで供養の法会をおこなった。法会では比丘戒（説一切有部）の宣伝と説明をおこない、何事にも戒をもってその指針とするよう強調した。これ以降、ツォンカパ師弟も起居衣食等の一切において、戒律にもとづいた行動をとるようになった。これが黄教での戒律の重視と、身をもっておこなうことで、戒律遵守の重要性を訴える始まりである。

戒律の重要視はツォンカパ師弟の特徴であった。シュンヌペル（1392～1481：カギュー派出身者によりカギュー派の人物であるとされる）の『青史』（1476年成立）は、ツォンカパ師弟が戒律を厳守していることやその影響力について極めて高く評価している（英訳本83頁）。これもまたツォンカパのいわゆる仏教改革の重要な一項目である。当時の宗教界や一般社会への影響は『ツォンカパ伝論』ですでに述べたため、ここでは繰り返さない。この後1～2年のうちにツォンカパとパクモドゥ派との関係は再び深まり、以降ツォンカパは長期にわたってパクモドゥ派から供養を受けつつ、戒律の必要性を訴えていくのであるが、戒律は統治者に利用されうるものであることにも注意すべきであろう。

### （1397年　丁丑　（洪武三十年））

ツォンカパ41歳。春、ニェル東部のガンチュン（sgang-chung）を訪れ、僧と俗人のために出家在家二種の律儀を講義する。

律儀とは仏教用語で防護を意味する。すなわち悪行、悪言、悪念から身を守ることである。

夏、ニェル西部のロプトン（rob-grong）にて安居し（安居とは遊行のための外出をせず修行すること。夏は虫が多く、遊行による無用な殺生を避けるために仏教徒が用いる制度)、経を講じた。ギェルツァプジェ・タルマリンチェンが訪れ、一番弟子となる。

ギェルツァプジェ・タルマリンチェン（rgyal-tshab-rje-dar-ma-rin-chen：1364～1432）はもともとレンダワの弟子であった。レンダワには7人の大弟子がいたとされるが、その中で最も有名なのがツォンカパで、最も弁論に長けていたとされるのがタルマリンチェンである。タルマリンチェンは各地の寺院で十部の論書による問答を経たのちツォンカパと問答をおこなうべくやって来たのであるが、最終的に折伏されその弟子となったのであった。ツォンカパが世を去った後、その地位を継承したのはタルマリンチェンであり、故にギェルツァプと称される。ギェルツァプとは王位を継承することになる王子の意味で、もともとはインドに由来する言葉であるが、チベット人はしばしば宗教的な事柄に使用する。“ジェ”は尊称で、“主”の意味である。

この頃、ニェル四部のデパ（sde-pa：部落あるいは地方の統治者）がその序列の前後について争い（恐らくは他に税金の多寡などの理由もあると思われる)、不和になっていた。ツォンカパは調停を試み、4人のデパをロプトンでおこなう読経会に参加させ、和解にもちこんだ。読経会はロプトン寺座主が施主となったもので、これ以降、4人のデパはツォンカパの施主となった。読経会は毎年おこなわれ、四部の紛争を解消あるいは調停する場ともなった。

### （1398年　戊寅　（洪武三十一年））

ツォンカパ42歳。ニェルからウルカへ行き、オデグンギェル（'o-de-gung-rgyal）のラディン寺（lha-sding）に滞在、修行と講義をおこなった。このとき、『中論』のブッダパーリタ註を入手、読後、中観性空義と中観派のバーヴァヴィヴェーカ（清辯)、チャンドラキールティ（月称）両者の見解の異同優劣について、決定的な見解を得たという。この頃『縁起讃』を著す。

性空義の解釈は、大乗仏教哲学の中心問題となっている。この問題に対し確固不動の理解をえたと言うことは、ツォンカパの哲学思想の成熟を表している。またこの問題について深い理解があってこそ、中観派支派を代表するバーヴァヴィヴェーカとチャンドラキールティの優劣を判断することができる。バーヴァヴィヴェーカは中観自立論証派（svatantra）の、チャンドラキールティは帰謬論証派（prasaṅgika）の創始者で、各派を代表する人物である。『縁起讃』は縁起すなわち空性であることの解説、すなわちツォンカパが性空義に関しての見解を示した書で、現在は全集の第 2 函に所収されている。ツォンカパは前の年に顕教の体系について系統的な見解を示しており、この段階において彼の仏教哲学における理解はいっそう深まり、成熟の域に達したと言ってよいだろう。

この頃、ツォンカパはパクモドゥ派の統治者で明の灌頂国師でもあるタクパギェンツェン（grags-pa-rgyal-mtshan：1374 ～ 1432、1385 年にデシーに就任）に手紙を出している（全集の第 2 函、散著部の 201 頁から 204 頁に所収）。これはタクパギェンツェンからの信書に対する返信だと思われ、タクパギェンツェンに、仏法にもとづく治政をおこなうよう勧めている。

この手紙には明確な日時が記載されていないが、オデグンギェルのラディン寺で認めたという記述がある。ツォンカパのどの伝記でも触れられてはいないが、この地で書かれたとはっきり記載があるのはこの手紙だけであり、ツォンカパがオデグンギェルに滞在していた時期にも関わっている。おおよその状況として、ツォンカパの学問はこの時期成熟の域に達しつつあり、ウー・ツァン地区でも相応の名声を得ていた。ツォンカパとその弟子 30 ～ 40 人ほどはニェルの地で戒律に厳格にもとづいた行動をとっており、社会の注目を浴びてその名は広まっていった。また経を講じる法会を創立している。四部のデパの確執を和解させたことも、彼の社会活動が一定の効果を示しているといえるだろう。ツォンカパは、この時期すでに時の統治者によって利用価値のある人物となっていたということができる。タクパギェンツェンに仏法による統治を勧めたのも、彼としては経験あってのことで、したがってそれなりの自信もあり、ここに賛同が得られれば、ツォンカパの宗教活動は果てしなく広がっていったろう。

タクパギェンツェンは 1385 年、パクモドゥ派の第五代デシーとなった。1388 年、明の洪武帝より灌頂国師に封ぜられ、1406 年には永楽帝により闡化王に加封されている。彼の時代はパクモドゥ政権の最盛期であった。当時半独立状態であったギャンツェ及び後チベットのラトゥー、ラギェルリ（lha-rgyal-ri：ロカ地区チュスム県）の管轄外の地区を除き、ウー・ツァン全区のほとんどが間接的あるいは直接にパクモドゥ地方政権の統治下にあった。17

世紀にゲルク派が政治の実権を握るまでのおよそ800年間の歴代政権のうち、タクパギェンツェンの時代は領地も大きく、確固たる統治がおこなわれた時期であった（統治地域だけを比較するとサキャ政権時代に劣るが、権力の強固さにおいてはパクモドゥ派が勝る）。また、産業が安定的に発展した時期でもある。1385年から翌年にかけ、ツォンカパはタクパギェンツェンと師弟関係にあった。タクパギェンツェンの死後その関係が中断した時期もあったが、その期間はパクモドゥ政権の重臣であるネドンのナムカサンポがツォンカパの重要な施主となっていた。その後パクモドゥ派との関係は復活、それは年を追うごとに親密なものとなった。

秋の末、レディン寺よりウルカへ向かった。

冬。ウルカの僧に講義をおこない、その後タクドン（brag-gdong：ウルカ地区）で二次第瑜伽（密教）の修行をおこなう。

### （1399年　己卯　（建文元年））

ツォンカパ43歳。正月にウルカからジンチへ向かう。弥勒像の前で『賢愚因縁経』所伝の釈迦牟尼現大神変故事による供養の祈願法会を1日から15日までおこなう。法会の期間、ツォンカパは参加した僧二百余人に顕密の経論を講義した。

後の1409年正月、ラサのチョカン前ではムンラム・チェンモ（大祈願祭）が開催されることになるが、これも『賢愚因縁経』の同様の故事にもとづき15日間にわたっておこなわれており、両法会の規模は異なるものの、内容はほぼ同様であると思われる。ジンチでおこなわれたこの法会の効果や影響についての記録は見出せないが、パクモドゥ政権の期待に足る効果はあったのだろう。

夏。ニャンポの人の要請に応じ、当地のダンド寺（mdangs-mdo）にて安居すると共に所属の僧のために講義をおこなう。

秋。ネドンのゾンプン、ナムカサンポ（タクパギェンツェン配下の重要人物）及びサンプ下院（これは古サンプ寺の本寺）のケンポ、クンチョクツルティム（dkon-mchog-tshul-khrims）らの要請に応じてラサに戻り、ポタラ（当時は小さな廟があるのみ）に滞在する。サンプ寺、デワチェン寺、クンタン寺、ガワドン寺、キョルモルン寺などの僧数百人に『中観光明論』『菩提道次第論』及び比丘戒について講義をおこなう。ツォンカパをラサに招聘したのがタクパギェンツェン配下の僧俗の重要人物であったこと、重要寺院の僧を数百人単位で組織したことなどからみて、背後にタクパギェンツェンの意図があったのではないかと思われる。

**（1400年　庚辰　（建文二年））**

ツォンカパ44歳。春、ガワドン寺に赴き、『菩薩地』戒品『事師五十頌』『密宗十四根本戒』等を講義する。

ガワドン寺はラサの西、ニェタンの東北にあり、前チベットにおける、カダム派の経を講ずる著名な六寺院の一つである。11世紀の建立で、ギャ律師（rgya-'dul-'dzin：1047～1131）がかつて滞在し、1080年には戒を講じたこともある。

これまでツォンカパが講じた戒の多くは比丘戒、すなわち小乗戒に分類される。出家者の根本戒でもあった。今回講じられたのはすべて大乗戒である。『菩薩地』戒品は『瑜伽師地論』のうちの「菩薩地」の一品であり、大乗戒を説くものの中で比較的整った体裁をもっており（2巻余りの書）、顕密を問わず大乗の出家者、在家者がおこなうべき戒となっている。『事師五十頌』はラマが師に就くための規則である。『十四根本戒』は密教の戒で、三昧耶戒とも称される。密教の戒は多岐にわたっており、チベット仏教各派と密教を学ぶ各段階に遵守すべき戒はそれぞれ異なるが、『十四根本戒』は、密教を学ぶすべてのラマが尊ぶべき戒となっている。上記3種の戒は、チベット仏教（各宗派はみな大乗を自称している）において顕密、僧俗すべてのものが共に遵守すべき戒律について概括している。ツォンカパがナムカサンポ等に請われてラサ入りして以降、戒律遵守はより強く叫ばれ、提唱される戒は比丘戒から大乗戒へと変化した。より広範に戒律を広めようという目的であることは明らかである。

秋。タクツァンからラサに来たレンダワをガワドン寺で迎える。2人は400～500人の僧の前で経を講じた（経の内容が記載されているものによるとアティーシャ及びドムトゥンの著作という）。

冬。レンダワ及び他の僧たちとレディン寺に赴く。レディン寺では、レンダワが『六十頌如理論』及び『秘密集会』等を、ツォンカパが『大乗荘厳経論』『中辺分別論』『瑜伽師地論』『声聞地』等を講義した。2人は互いに講義をおこなってもいる。

レディン寺はカダム派の拠点寺院で、カダム派の創始者ドムトゥン（'brom-ston：1005～1064）によって1056年に建立されたが、当時すでに衰退していた。ツォンカパは数度にわたりこの地を訪れて経を講じると共に、1402年にはその代表作である『菩提道次第広論』を執筆するために滞在しているが、カダム派再興の意図があったと思われる。

### 1401年　辛巳　（建文三年）

ツォンカパ45歳。春、ディクン寺の主チューキギェルポ（chos-kyi-rgyal-po）との約束に応じ、ディクン寺に赴き経を講じる。チューキギェルポからは"ナーロー六法"の修行法などの密教を学んだ。春の終わりにはレディン寺に戻り、レンダワとナムツェデン（gnam-rtse-sdeng：レディン寺付近にあったカダム派の古寺）に赴いてキャプチョクペルサン（skyabs-mchog-dpal-bzang）と会見、各寺院から集まった僧と共に夏安居を過ごした。

このとき、ツォンカパはいかに僧を秩序だて、重ねて仏教を振興させるかについて、レンダワ、キャプチョクペルサンと協議している。彼らは僧が諸事においてひたすら戒律を遵守すれば、世間における仏教の信頼は増し、信仰も強固になると考え、そのためにも僧に戒律を遵守させることが何よりも重要であるとした。3人は『律経』十七事の詳細な解説から戒律の違反項目の細かさを整理、時代や地域、遵守の可否などを考慮して新たな寺の規則を策定し、僧らに遵守させるようにした。当時安居に滞在していた僧六百余人はみな過去の違反や逸脱があらわになったことを悔い、再び罪を犯さないよう誓った。以降、事の大小にかかわらず、僧はみな寺規によって行動するようになった。これはツォンカパが戒律を提唱した最初の大規模な法会で、彼がチベット仏教の改革をはかった重要な一歩であった。この法会の開催費用、僧の必要経費などその費用の一切はタクルン地方の役人ユンテンギャムツォ（yon-tan-rgya-mtsho）が負担している。

期間中、3人は中観・因明等の経論をそれぞれ講義した。

秋の初め、レンダワは後チベットへ、ツォンカパはキャプチョクペルサンと共に人々を率いてレディンへ戻った。レディンではキャプチョクペルサンが『中観』などの論を、ツォンカパはカダム派の人物が著した『菩提道次第論』を講じている。

またキャプチョクペルサン及びチューキギェルポ等の要請に応じ、レディン寺で『菩提道次第広論』の執筆を始めている。

## 1402年　壬午　（建文四年）

ツォンカパ46歳。レディン寺に滞在し、トルンパの『教次第』をもとに、引き続き『菩提道次第広論』の執筆をおこなう（全集第13函に所収）。『菩提道次第広論』は漢文訳で24巻、ツォンカパの最も重要な著作である（『密宗道次第広論』も重要な作品であるが、その影響力は『菩提道次第広論』に及ばない）。これはツォンカパの顕教における思想体系を代表するもので、ゲルク派の根本典籍となっている。ゲルク派の信徒は在家、出家にかかわらずみなこの書を読んでいる（すべて読みこなせない者は"略論"を読んだ）。この書は、遠くは弥勒の『現観荘厳論』にさかのぼり、近くはアティーシャの『菩提道灯論』等に範をとって、三士（下士、中士、上士）の道をもって仏に至るまでの修行という観点から顕教すべての教義を概括しており、その体系の構成にはツォンカパの独自性が遺憾なく発揮されている。『密宗道次第広論』はその姉妹編となっており、両書合わせてチベットに伝わるすべての仏典を概括、チベットで最も優れた伝統に、ツォンカパの深い知識に裏打ちされた体験を加えてその体系をなした。仏教発展上の地位でいえば、内地の仏教には、漢魏両晋南北朝にわずかな論師（1～2部の経典にのみ長けた法師）がいるだけだし、隋唐には某かの宗派〔ここでは天台宗、華厳宗といった宗のことを指している〕が誕生している。宗派というものは、すべて独特で系統的な見方をもつが、チベットにおいて、ツォンカパ以前の仏教各派は多くが特定の密教や経論を伝えるのみで、仏教全体の系統の解説を試みようとしても欠けるところが多かった。ツォンカパの著作はその水準からみて中国隋唐期の仏教隆盛時代の著作に比しても遜色がない。そのことが、ゲルク派が教派として形成されたのちも一定の方向性を保ち、複数の支派に分裂しなかったことに重要な作用をもたらしたと思われる。

この時期、同様に『菩薩地戒品釈』『事師五十頌釈』『密宗十四根本戒釈』を著した（すべて全集第1函所収）。

### （1403年　癸未　（永楽元年））

ツォンカパ47歳。春。キャプチョクペルサンが後チベットより戻る。ツォンカパはレディン寺に滞在して自身の『菩提道次第広論』について講じた。また『現観荘厳論』と『般若経』も合わせて講じたが、以前に著した『現観荘厳論釈』〔『レクシェー・セルテン』〕と一部異なっていたため、タルマリンチェンに依頼し、現在の解釈にもとづいた『現観荘厳論広釈』、書名『ナムシェー・ニンポギェン』を作成させた。ゲルク派寺院では今に至るまでこれを『現観荘厳論』講義のための規範としている。

### 1404年　甲申　（永楽二年）

ツォンカパ48歳。正月、レディン寺で法会を開催する（主な内容は以前ジンチ寺でおこなわれたものと同様）。その後ラサのレープ寺（lhas-phu）に移動して『量釈論』の講義をおこない、特にその中の第2品「成量品」にある成仏の道について解き明かした。これはタルマリンチェンが筆記して書籍化している（全集第14、15函に所収）。

夏。パクモドゥ派のデシー、タクパギェンツェンの要請に応じてウンの地に赴き、デチェンテン寺（sde-chen-steng）に滞在して数百の僧と共に安居する。ツォンカパは自著『菩提道次第広論』『入中論』『量釈論』等を講じた。費用の一切はタクパギェンツェンが負担した。

次にウルカ地区に向かい、チャンパリン寺（byang-pa-gling）に滞在して自著『菩提道次第広論』及び密教の二次第（生起次第と究竟次第）について講義する。

冬。ツォンカパ師弟はこもって（対外活動の一切を停止）修行に入った。ツォンカパは『安立次第論註釈』（密教を述べた書）を著し、この書は広く人々に伝えられ、講説がおこなわれた。

### （1405年　乙酉　（永楽三年））

ツォンカパ49歳。引き続きチャンパリン寺に滞在していたが、キャプチョクペルサン等の勧めによって『密宗道次第広論』（漢訳版全22巻、全集第3函に所収）の執筆を始める。

### (1406年　丙戌　(永楽四年))

ツォンカパ50歳。チャンパリン寺で執筆を続けていた『密宗道次第広論』を完成させ、広く講説がおこなわれた。

『密宗道次第広論』は『菩提道次第広論』に次ぐツォンカパの重要作品である。この書ではプトゥンによる密宗典籍の分類法を採用し、密教に関する自身の見解と修行法について述べており、ツォンカパの密教における集大成といえる。『菩提道次第広論』の巻末で、ツォンカパは"顕教を学んだ後はかならず密教の修行に進むべし"と記しており、『密宗道次第広論』の最初には"顕教をよく学んだものは、密教の修行に進むことができる"とあって、両者は互いに関連づけられている。両書合わせ、ツォンカパの仏教すべてに対する見解を代表するものとなっている。一仏教徒としての思想体系のすべてであり、当時チベットはもとよりインドにもこのような体系は存在していなかった。

3月、明の永楽帝は使いを送り、タクパギェンツェンを灌頂国師闡化王に封じた。冬。ツォンカパはウルカ地区のチャンチュプルン寺(byang-chub-lung)に移動し、数百の僧の前で『密宗道次第広論』を講じる。

### 1407年　丁亥　(永楽五年)

ツォンカパ51歳。春、ラサに赴き、セラ・チューディン(se-ra-chos-sdings:現在のセラ寺の地)に滞在する。ネドンのゾンプン、ナムカサンポは施主として一切の費用を負担した。

夏。引き続きセラ・チューディンに滞在。ケートゥプジェ・ゲレクペルサン(mkhas-grub-rje-dge-legs-dpal-bzang:1385〜1438)が前チベットのさまざまな寺院で十部にもとづいた問答会をおこなった後、レンダワの紹介状をもって訪問し、ツォンカパの弟子となる。

おそらくこの頃、パクモドゥ派の首脳と協議し、1409年のチベット暦正月に、チョカンにおいて大規模な祈願法会をおこなう旨決定する(ムンラム・チェンモ)。

密教を学ぶ弟子のために『秘密集会』『パンチャクラマ』及び『サンヴァラ』究竟次第を講義する。『中論広釈』の執筆を開始する。

### 1408 年　戊子　（永楽六年）

ツォンカパ 52 歳。ラカタク（ra-ga-brag）に移動し、『了義未了義決択論』を著す。

この年、明の永楽帝はツォンカパを招聘するべくチベットに使いを送った。使者はタクパギェンツェン及びナムカサンポを通じてセラ・チューディンでツォンカパと会見した。ツォンカパは上書して招聘を辞退している。その書は全集第 2 函に所収されているが、末尾の署名の日付は戊子年 6 月 19 日となっている。

『中論広釈』はこの夏完成し、直ちに六百余の僧に伝えられ、同時に『菩提道次第広論』『密宗道次第広論』『了義未了義決択論』『四百論』『密宗十四根本戒』『事師五十頌』等も講じられた。ツォンカパはセラ・チューディンに 2 年ほど滞在したが、その費用はすべてネドンのゾンプン、ナムカサンポから提供された。

秋の初め。闡化王タクパギェンツェンの要請により、ツォンカパは僧五百余人とトゥムブルン（grum-bu-lung：ラサ河の下流）に赴き、各地から集まった僧 1000 人余りの前で『菩提道次第広論』等の講義をおこなった。その際の費用はすべてタクパギェンツェンが負担している。

セラ・チューディンに滞在していた際（1407）、1409 年にムンラム・チェンモを開催することはすでに決定していたが、加えてネドンのゾンプンがチョカンの修繕をおこなうことも合意されていた。秋には、チョカンの倒壊、破損していた部分が修繕された。

ツォンカパはトゥムブルン滞在の費用、またムンラム・チェンモの費用一切――物資や人の供給、政治的配慮等々――についてタクパギェンツェンが全面的に協力することについても合意している。

同時にツォンカパは自身の弟子をディクン、レディン、ウン、ウルカなどの関連する寺院や地方官、荘園の役人のもとに派遣し、勧進をおこなって広く資財を集め、大祈願祭に提供した。それらの資財は“山のように集まった”とツォンカパ伝には記載されている。秋の末、各地の絵師に依頼して、チョカンにある壁画や仏像に金銀の彩色を施した。仏像の衣装を絹や錦で新調、幡などの飾り物も製作している。冬の末、すべての準備は整い、ツォンカパは 12 月下旬、トゥムブルンからラサへと出発した。30 日、すでに 8000

人余の僧がラサに集結していた。ツォンカパ師弟が施主となって寺院内に奉献し、僧や人々に施しをおこなった。

### 1409年　己丑　(永楽五年)

ツォンカパ53歳。チベット歴正月の1日から15日まで、ラサのチョカンでムンラム・チェンモがおこなわれた。ツォンカパは名義上の創始者かつ主催者となった。各地から参加した僧は1万人以上にのぼり、参拝の俗人も数万人に上ったという。

この大会をおこなうにあたり、法会に参加する各地の僧俗役人や有力者への対応を担当し、一切の事務を取り仕切ったのは、ネドンのゾンプン、ナムカサンポ(キーシュープンポ skyid-shod-dpon-po とも称せられた。キーシューとはラサ一帯のことであり、彼の支配地域にラサも含まれていたことから)とその甥ペンジョルギェルポ(dpal-'byor-rgyal-po)であった。

大会の総施主はタクパギェンツェンが担った。

15日の間、施主は一人、あるいは十数人と日々変わって定まらなかった。これらの施主はみなタクパギェンツェンの配下の者か、関係者だと思われる。

ロサンティンレーナムギェル(blo-bzang-'phrin-las-rnam-rgyal:おそらく清乾隆年間の人)はその著書『ツォンカパ広伝』(この伝はチベット文で376葉に及び、別に長い題名もついているが、チベット人は引用の際、簡略に『ツォンカパ広伝』としている)の186頁から203頁には古い記録をもとに、15日間それぞれの施主及びその供物の品数が詳述されている。重要日である初日はツォンカパ師弟、その弟子の中でも特にタクパギェンツェンの弟でデンサティル寺のチェンガ(spyan-snga:寺の最高指導者の呼称)を務めたスーナムサンポ(bsod-nams-bzang-po:1380～1416、1408年には南京に進貢したこともある)が施主を務めている。2日目はタクパギェンツェンが自身の名のもとに、8日にはネドンのゾンプン、ナムカサンポがそれぞれ施主を務めている。3日から5日及び13日の4日間の施主はタクパギェンツェンの部下の地方官(多くはゾンプンである)が施主を務めた。また6日、7日、14日の施主については、手元の史料からはタクパギェンツェンとの関係がはっきりしないが、その願文にパクモドゥ政権の統治者(パクモドゥ派の二代目デシーなど)の恩に報い、などの文句が見られるため、やはりパクモドゥ政権の配下あるいは関係の深い者であろう。9日から11日までの3日間はパクモドゥ派の配下で僧俗の事務に関わる者が単独あるいはグループで施主を務めている。12日だけはキョルモルン寺とツェル・クンタン寺及びその他6か所の僧が施主を務めた。彼らはみなツォンカパ自身と関わりをもち、またパクモドゥ派の管轄下にある者たちである。供物の総数は、ケートゥプジェの『ツォンカパ伝』によれば（407～418頁）黄金921ショ（おおよそ内地の1銭に相当）、白銀550銭相当、37060ケルのバター、18211ケルのチンコー麦及びツァンパ、白茶416ショ、黒茶163個、干し肉2172個（牛、羊のみ）、僧侶の食用に供する牛や羊2073ショ相当、その他大量の物資（ロサンティンレーナムギェルの『ツォンカパ広伝』（202～203頁）に記載の数と比べると不一致あり）などである。

これらの施主の多さ、大量の供物は、何らかの大きな力なしにはあり得なかったであろう。おそらくはタクパギェンツェンの強い呼びかけがあり、配下が意向に沿って布施したと思われる。複数のツォンカパ伝には、タクパギェンツェンが施主を務めたとだけ記載されている。1399年以来、ツォンカパ師弟の生活は、その大部分がタクパギェンツェンの支援により成り立っていた。ツォンカパがその主要な2著書と3種の戒律註釈書を急いで書き上げたこと、執筆後、ただちにパクモドゥ派統治下のいくつかの寺院で講義をおこなったこと、それは往々にしてタクパギェンツェンの要請でもあり、講義のほとんどはツォンカパの新たな著作に関するものであった。読経会の規模の大きさ、集まる僧の多さはすべてツォンカパ以前にはなかった規模であり、すべては1398年のツォンカパとタクパギェンツェンが交わした書簡の後に発生している。これらの出来事はすべて両者の合作の賜であり、ツォンカパの威光を高め、その影響の拡大を狙ったものであろう。1409年という年は、10年の準備期間を経た後の最高の到達点であった。ムンラム・チェンモ終了後、すぐにガンデン寺が建立されたが、その施主もまた貴族リンチェンペル（rin-chen-dpal）、リンチェンルンポ（rin-chen-lhun-po）父子を中心とするパクモドゥ派の臣民であった。新たなチベット仏教の教派――ゲルク派は、こうして急激に成長したのであった。ツォンカパ師弟がこの後建立したゲルク派の諸寺院も、パクモドゥ派統治者の援助を受けていたことが史料から確認できる。ムンラム・チェンモの意義、パクモドゥ派がツォンカパを支援した思惑、そしてツォンカパのチベット仏教改革の社会的意義は、ただ当時の社会状況や歴史背景からのみ推論される。これらの点については「ツォンカパ伝論」〔本書付録1〕を参照されたい。

大会の期間、ツォンカパは訪れる僧のため、毎日のように『仏本生経』を講じた。

大会の少し前、ラサの東50キロ付近にあるワンクル・リ（dbang-bskur-ri、またドクリウォチェ 'brog-ri-po-che とも）の地に、ツォンカパのための寺院を建てることが決められた。大会終了後、ツォンカパは自らワンクル・リに赴いて地鎮法要をおこない、大弟子タルマリンチェン（ギェルツァプジェ）及びタクパギェンツェン（grags-pa-rgyal-mtshan：著名な弟子の一人、闡化王タクパギェンツェンとは同名の別人）2人にツォンカパの計画、戒律に沿ったやり方で寺院を建立するよう命じたのであった。これがすなわち後のガンデン寺である（ガンデン・ナムパルギェルウェーリン dga'-ldan-rnam-par-rgyal-ba'i-gling）。

ツォンカパの創始した教派黄教はゲルク派と称される。それはこの寺院に由来するもので、すなわちガンデン寺派の意味である。“派”はチベット語で“ルク（lugs）”となり、“ガンデンペー・ルク”がなまって“ガル”となり、さらにチベット語の読み方の変化の規定によって“ゲル”とかわり、結果“黄教”が“ゲルクパ（漢字では格魯巴）”となったのであった。後には“格”に同様の意味で“善（dge）”の字をあて、“善規派”としたとあるが、これは俗説である。

ワンクル・リで加持祈禱をおこなった後、ツォンカパはラサに戻りセラ・チューディンに滞在した。ここで『中論』『菩薩地』戒品『菩提道次第広論』等を講義している。

タクパギェンツェンの弟でデンサティル寺のチェンガ、スーナムサンポの要請に応じて、サンリ・プチェン（zang-ri-phu-chen）に赴き、ディクン寺の僧に向けて『菩提道次第広論』を講義する。夏にも要請を受けてウルカに向かい、サムテンリンに滞在、『秘密集会』の究竟次第及び『パンチャクラマ』などを講義している。

講義の終了後は籠もって『秘密集会究竟次第釈』の執筆に専念した。

この年の12月3日、ツォンカパは隠語の詩を作成する。そこに隠された意味は、自身がアティーシャ・カダム派の伝承を受け継ぐものであるという宣言であった。

これは、黄教の隆盛にとって極めて重要な問題である。当時のツォンカパの名声は大変なもので、またタクパギェンツェンの支援を受けていたものの自身はカダム派の継承者であるとの認識をもっており、カダム派の寺院に対しても同一教派としての関係を保っていた。しかし、この後カダム派寺院はその多くが自主的にゲルク派へと改宗しており、結果としてゲルク派の勢力増強の上で、決定的な作用をもたらしたのであった。

### 1410 年　庚寅　（永楽八年）

ツォンカパ 54 歳。年の初め、ガンデン寺の仏像が落成する。2 月 5 日、ツォンカパはガンデン寺に赴き、開眼法要（仏像完成後、良き日を選んで供物を供えておこなう儀式）をおこなう。『菩提道次第広論』、『秘密集会』の『灯作明釈』、『パンチャクラマ』、『大乗阿毘達磨集論』『瑜伽師地論』、因明の理解が困難な問題（dka'-gnas）等を講じた。

この年『秘密集会』の釈タントラ『四天女請問』の釈、『秘密集会』の釈タントラ『智金剛集』の釈を著し、『リムガ・セルドゥン（rim-lnga-gsal-sgron)』の執筆を開始する。

### 1411 年　辛卯　（永楽九年）

ツォンカパ 55 歳。『リムガ・セルドゥン』が完成する。冬。弟子 30 人と共に籠もって修行に専念する。

### 1412 年　壬辰　（永楽十年）

ツォンカパ 56 歳。引き続き籠もって修行する。8 月には 40 人と共に修行。11 月、病を得る。

### 1413 年　癸巳　（永楽十一年）

ツォンカパ 57 歳。病に伏す。

### 1414 年　甲午　（永楽十二年）

ツォンカパ 58 歳。年初あるいは前半年の頃、永楽帝が再度使者を派遣してツォンカパを招聘する。弟子のシャーキャイェシェー（shākya-ye-shes：

1352 〜 1435、ツェル・クンタンの人）が名代として上京し、翌年永楽帝から西天仏子大国師に封ぜられた（1434 年には宣宗から大慈法王にも任ぜられる）。
6 月 5 日、ツォンカパ全快する。

### 1415 年　乙未　（永楽十三年）

ツォンカパ 59 歳。夏。闡化王タクパギェンツェンの要請に応じ、ウンの地へ赴いてタシードカ（bkra-shis-do-kha）に安居する。デンサティル寺、ツェタン寺及びネドン（2 寺院はパクモドゥ派の拠点寺院、ネドンはパクモドゥ派歴代デシーの官庁所在地）などのラプン（ラプンは貴族と僧を兼ねる地方官の称）僧数百人に対し『中論』『菩提道次第広論』『入菩提行論』等を講じる。このとき、タクパギェンツェンの弟チェンガ・スーナムサンポ（spyan-snga-bsod-nams-bzang-po：1380 〜 1416、このときすでにツォンカパの弟子となっていた）に比丘戒を授ける（シュンヌペル『青史』によると、スーナムサンポがタシードカでツォンカパから比丘戒を受けたのは乙未年とする。ケートゥプジェ『ツォンカパ伝』によるとツォンカパがタシードカに滞在する既述の前にただ次年とあるのみで、これもまた乙未だと考えられる。したがってここでは 1415 年と比定する）。
ゲンドゥントゥプパ（dge-'dun-grub-pa：1391 〜 1474、後世にいうダライラマ一世である）がナルタン寺を訪れ、ツォンカパの弟子となる。
弟子タシーペンデン（bkra-shis-dpal-ldan：1379 〜 1449、チベットでの通称ジャムヤン・チュージェ）がデープン寺の建立計画を立てる（翌年から着手）。
ガンデン寺に戻り、『秘密集会』根本タントラと大註『灯作明』のテキストを校訂して割註を施し、理解が困難な点（dka'-gnas）には解説を付して摂義を作成した。
また初心者向けに『菩提道次第広論』を要約した『菩提道次第略論』を著す。

### 1416 年　丙申　（永楽十四年）

ツォンカパ 60 歳。タシーペンデンがデープン寺を建立、ツォンカパは自ら地鎮法要をおこなう。ネドンのゾンプン、ナムカサンポも主な施主として関わった。
シャーキャイェシェーがチベットへ帰還、ツォンカパのもとを訪れ、大量の財物を献上する。

この年ヤンパチェン殿（ガンデン寺内にある、密教の修行を専門におこなう建物）を建設する。この建物は1415年に建設が始まっていた。

### 1417年　丁酉　（永楽十五年）

ツォンカパ61歳。3月、職人を招聘し、銀や銅、上質の土などを用いてヤンパチェン殿の密教仏像を作成する。年末には完成し、開眼の法要をおこなう。各“ツォンカパ伝”では、この後ウー地区では雨が続いて潤い、豊作となった旨記載されている。

### 1418年　戊戌　（永楽十六年）

ツォンカパ62歳。ガンデン寺に滞在して顕密の経論を講義する。『入中論広釈』完成する。シャーキャイェシェーがセラ寺の建立を開始する。

年末、ツォンカパは『秘密集会』根本タントラ及び大註『灯作明』の翻刻を命じる。翻刻は翌年完成した。

ゲンドゥンチュンペル（dge-'dun-chos-'phel：近代の人。『白史』の著者）はその著書『白史』で、チベットにおける大量の印刷された経典はツォンカパに始まる、としている（中国の永楽版チベット『カンギュル』は永楽八年に作成が始まっている）。

### 1419年　己亥　（永楽十七年）

ツォンカパ63歳。春から夏までガンデン寺に滞在し、チャクラサンヴァラ根本タントラなどを講じた。

『チャクラサンヴァラ広釈』（ベートゥン・クンセル：sbas-don-kun-gsal）はこの頃完成している。

秋。ガンデン寺よりトゥールン（stod-lung）の温泉に向かう。帰途デープン寺に立ち寄り、デープン寺密教学堂の落慶法要をおこなう。また僧二千余人の前で『菩提道次第広論』、“ナーロー六法”、『入中論』、『秘密集会』等を講じた。かつて『菩提道次第広論』は俗人には伝えていなかったが、このときその禁を破っている。『秘密集会』第九品まで講じると講義を停止し、ガンデン寺へと戻っていった。その際ラサを経由してチョカンの釈迦像に参拝している。シャーキャイェシェーの要請に応じてセラ寺に向かい、そこで半月間、布薩（半月ごとに僧が集まって250件余の戒を朗唱し、戒を破っていないか検査する。サンスクリット Upavasatha）に参加、『秘密集会』の経書をロドゥーセンゲ（blo-gros-seng-ge：後にラサにギューメー密教学堂を建てる）に授けた。

デチェンに至る。タクカルトゥプシ（brag-dkar-grub-bzhi）の宴に招かれる。デチェンからガンデン寺に戻り、10月19日頃ガンデン寺に落ち着くが、病を得る。

10月23日、衣と帽子をタルマリンチェンに托す（ガンデン寺の地位をタルマリンチェンに継承させるとの意味）。

10月25日、ツォンカパ円寂。63歳。ギェルツァプジェ・タルマリンチェンがガンデンティパを継承した。

## 原注

(1)　資料にもとづいて年代を推算したものは（ ）にて示す。以下同じ。

## 訳注

〔1〕 他の史料では、トゥントゥプリンチェンはツォンカパに同行せず、そのままアムドで遷化したことになっている。

〔2〕『量釈論』『量決択論』『正理一滴』『因一滴論』『諍正理論』『観相続論』『他相続成就論』

〔3〕 王森はポドンのチョクレーナムギェルとチョナンのチョクレーナムギェルを混同している。

# 原著参考文献


1. 『舊唐書』（晉）百衲本、巻196、吐蕃伝
2. 『新唐書』（宋）百衲本、巻216、吐蕃伝
3. 『元史』（明）百衲本、巻86-87、百官志巻202、釈老伝
4. 『明史』（清）百衲本、巻331、西域3
5. 『西蔵地方歴史資料選輯』（内部資料）、三聯書店、1963
6. 王忠『新唐書吐蕃伝箋証』科学出版社、1958
7. 『衛蔵通志』（清）漸西村舎本
8. 『西蔵喇嘛教事例』（清）北京図書館蔵抄本
9. 妙丹撰『蒙蔵仏教史』2冊、仏学書局活版本、1935
10. 法尊撰『西蔵民族政教史』6巻、四川北碚木版本、1940
11. 劉立千編訳『続蔵史鑑』成都華西辺境研究所、1945
12. トゥカン・チューキニマ『善説諸宗源流及教義晶鏡史』成都市西南民族学院蔵抄本、民族研究所、1961複製
13. 牙含章『達頼喇嘛伝』（内部発行）、三聯書店、1963
14. 沈曾植箋考証、張爾田校補『蒙古源流箋証』8巻、活版本
15. 韓儒林「元朝中央政府是怎様管理西蔵地方的」『歴史研究』1959年第7期
16. 王忠「中央政府官吏西蔵地方制度的発展」『歴史研究』1959年第5期
17. 王忠「評理査遜“西蔵簡史”関于明代西蔵地方歴史的謬説」『歴史研究』1963年第5期
18. ツェルパ・クンガドルジェ（tshal-pa-kun-dga'-rdo-rje）『紅史（deb-ther-dmar-po）』民族研究所所蔵抄本
19. スーナムギェンツェン（bsod-nams-rgyal-mtshan）『王統明示鏡（bod-kyi-

rgyal-rabs-chos-'byung-gsal-ba'i-me-long)』民族研究所所蔵抄本、1388成立
20. シュンヌペル（dgos-lo-gzhon-nu-dpal）『青史（deb-ther-sngon-po）』ラサ・功徳林蔵版（参考：G.N.Roerich, *The Blue Annals*, Ⅰ, Ⅱ, Calcutta, 1949, 1953.）
21. パウォ・ツクラクテンワ（dpa'-bo-gtsug-lag-phreng-ba）『賢者喜宴（chos-'byung-mkhas-pa'i-dga'-ston）』前西蔵山南洛紮岱瓦宗拉壠寺版、1564成立
22. 『サキャ世系（sa-kya-gdung-rabs）』デルゲ版、1643年成立
23. ダライラマ五世ロサンギャムツォ（ngags-dbang-blo-bzang-rgya-mtsho）『西蔵王臣記（チベット王臣記：bod-kyi-deb-ther-dpyid-kyi-rgyal-mo'i-glu-dbyangs）』民族出版社、1957年活版本
24. クンチョクルントゥプ（kun-mchog-lhun-'grub）、サンギェープンツォク（sangs-rgyas-phun-tshogs）『正法源流（dam-chos-'byung-tshul-kha-skang-dang-bcas）』デルゲ刻本
25. ロンドゥル・ラマ（klong-rdol-bla-ma）『ロンドゥル・ラマ全集（klong-rdol-bla-ma'i-gsung-'bum）』ラサ刻本
26. スムパケンポ（sum-pa-mkhan-po）『パクサムジュンサン（dpags-bsam-ljon-bzang）』フフホト蔵松巴堪布全集版
27. トゥカン・チューキニマ（thu-kvan-blo-bzang-chos-kyi-nyi-ma）『宗義の水晶の鏡（トゥカン grub-mtha'-thams-cad-shel-gyi-me-long）』デルゲ刻本
28. ジクメーリクペードルジェ（'jig-med-rig-pa'i-rdo-rje）『蒙古蔵伝仏教史（hor-chos-'byung）』蒙蔵典籍刊行会、1930年復刊本
29. G. Tucci, *Tibetan Painted Scrolls*, 3 vols, Rome: SDI Publications, 1999.
30. H.Hoffmann, *The Religions of Tibet*, 1956（Translated by E.Fitzgerald, London: George Allen & Unwin, 1961）.
31. L.Petech, *China and Tibet in the Early 18th Century*, Leiden: Brill, 1950
32. H.Richardson, "The Karmapa Sect", *Journal of the Royal Asiatic Society*, 1958, part3-4; 1959, part1-2.
33. T.V.Wylie, *The Geography of Tibet According to Dzam-Gling-Rgyas-Bshad'*, Rome: Serie Orientale Roma, XXV, 1962
34. A.Ferrari, *Mk'yen Brtse's Guide to the Holy Places of Central Tibet*, Rome:

Serie Orientale Roma, XVI, 1958.
35. 佐藤長『古代チベット史研究』（上）（下）、『東洋史研究叢刊』第 5、東洋史研究会、1958、1959
36. 佐藤長「元末明初のチベット状勢」、田村実造編『明代満蒙史研究―明代満蒙史料研究篇』pp. 485-585、京都大学文学部、1963
37. 羽田明「ガルダン傳雜考」、石浜先生古稀記念会編『東洋学論叢―石浜先生古稀記念』pp.459-470、1958
38. 佐藤長「明代チベットのリゴンパ派の系統について」『東洋学報』45（4）、pp.118-125、東洋文庫、1963
39. 佐藤長「明代チベット八大教王について」（上）（中）、『東洋史研究』21（3）；22（2）、東洋史研究会、1962、1963

# 日本語版参考文献


石濱裕美子『チベット歴史紀行』河出書房新社、1999

――・福田洋一『聖ツォンカパ伝』大東出版社、2008

玄奘『大唐西域記』1、東洋文庫、水谷真成訳注、平凡社、1999

貞兼綾子『チベット研究文献目録 日本文・中国文篇　1877年～1977年』亜細亜大学アジア研究所、1982

――『チベット研究文献目録II　1978～1995』高科書店、1997

W. D. シャカッパ『チベット政治史』貞兼綾子監修・三浦順子訳、亜細亜大学アジア研究所、1992（=W. D. Shakabpa, *Tibet: A Political History*, New Haven: Yale University Press 1967）

R. A. スタン『チベットの文化　決定版』山口瑞鳳・定方晟訳、岩波書店、1993（=R. A. Stein, *La Civilisation Tibétaine. Édition Définitive*, Paris: L'asiathèque, 1987）

D. スネルグローブ・H. リチャードソン『チベット文化史』奥山直司訳、春秋社、1998（=D. Snellgrove and H. Richardson, *A Cultural History of Tibet*, Boulder: Prajñā Press 1980）

田中公明『活仏たちのチベット』春秋社、2000

――『図説　チベット密教』春秋社、2012

――『大乗仏教の根本〈般若学〉入門』大法輪閣、2014

――『チベット仏教絵画集成』1～7、臨川書店、1998～2015

チレ・チュジャ『チベット』池上正治訳、東方書店、1999

ロラン・デエ『チベット史』今枝由郎訳、春秋社、2005（=L. Deshayes, *Histoire du Tibet*, Paris: Fayard, 1997）

ドーソン『モンゴル帝国史』2、東洋文庫、佐口透訳注、平凡社、1968

長尾雅人『西蔵佛教研究』岩波書店、1954
長尾雅人他編著『チベット仏教』岩波講座東洋思想、11巻、岩波書店、1989
山口瑞鳳『吐蕃王国成立史研究』、岩波書店、1983
——「チベット」玉城康四郎編『仏教史Ⅱ』、山川出版社、1983所収
——『チベット』（上）、東洋叢書3、東京大学出版会、1987
——『チベット』（下）（改訂版）、東洋叢書4、東京大学出版会、2004

※日本では1980年代からチベット仏教がブームを迎え、本書で言及された宗派や人物、文献・行法に関しても、多数の個別研究、概説書、和訳等が発表されている。ここでは紙数の関係で一々の個別研究にまで言及できないので、代表的な書物のみを挙げた。

# 人名索引

## き



## く



## け

## こ



## さ



## し

## す



## せ



## そ



## た

## ち

## つ



## て



## と

## な



## に



## ぬ



## ね



## の



## は



## ふ

## へ



## ほ



## ま



## み



## む



## も



## や



## ゆ



## よ



## ら

## り



## る



## れ



## ろ



## わ

# 事項索引

## あ



## い



## う



## え



## お



## か

## き



## く

## け



## こ



## さ

## し

## す



## せ

## そ



## た

## ち

## な



## に



## ぬ



## ね



## の



## は

## ひ



## ふ



## へ

## ほ



## ま



## み



## む



## め



## も

## や



## ゆ



## ら



## り

## る



## れ



## ろ



## わ

## ■著者略歴

**王　森**（ワン　セン）

1912年河北省安新県生まれ。1931年北京大学哲学系に入学、インド哲学と仏教哲学を学んだ後、仏教学者湯用彤（1893～1964）の助手を務め、46年に北京大学文学院東語系講師。52年に中央民族学院研究部に派遣、副教授を経て、58年より中国科学院哲学社会科学部民族研究所に着任。副研究員の後、研究員、歴史室主任、学術委員を歴任、同研究生院教授として教育にも携わる。また、世界宗教研究所研究員、中国蔵学研究センター顧問等多くの役職を兼務した。専門はチベット学、宗教学、因明学、古代文字学等多岐にわたる。本書のほか、チベット因明学の関連などで著書多数。教育者としてチベット研究の後継者育成にも力を注いだ。1991年没。

## ■監訳者略歴

**田中　公明**（たなか　きみあき）

1955年福岡県八幡市（現北九州市八幡東区）生まれ。1979年東京大学文学部卒（印度哲学専攻）、84年同大学大学院博士課程満期退学。東京大学文学部助手（文化交流）を経て、88年（財）東方研究会専任研究員。2014年公益法人化にともない（公財）中村元東方研究所専任研究員となる。専攻は密教学、仏教美術、チベット学。利賀ふるさと財団「瞑想の郷」（富山県）主任学芸員、北京日本学研究センター短期派遣教授等を務める。2009年、文学博士（東京大学大学院）。この間、東京大学、慶應義塾大学等で非常勤講師として教鞭を執る。また、ネパール（1988～89）、オックスフォード大学（1993）への留学や、十数次にわたりチベット仏教圏の調査をおこなう。インド・チベット・ネパールの仏教と美術に関する著書50冊（共著を含む）、論文約150点。

## ■翻訳者略歴

**三好　祥子**（みよし　よしこ）

1969年三重県生まれ。龍谷大学大学院文学研究科東洋史学専攻修了（文学修士）。修了後、青海師範大学、青海師範大学民族師範学院へ語学留学、中国語とチベット語を学ぶ。会社員を経て現在はフリーランス翻訳者。

翻訳論文に張生「一九三七年の選択—性格と運命［周仏海日記解読］」（『中国21』Vol.31, 2009）、黄美娥「『台湾文学』と『中国文学』の接木及びそれに関連する言語と文字の問題—戦後初期の国語運動から論ず（一九四五－一九四九）」（『近代台湾の経済社会の変遷 日本とのかかわりをめぐって』東方書店、2013）、黄秀端「民主化と台湾国会政治」（『民主と両岸関係についての東アジアの観点』東方書店、2014）など。

# チベット仏教発展史略

2016年 5月20日　初版第1刷発行
著　者　王　森
監　訳　田中公明
翻　訳　三好祥子
発行者　向安全
発行所　科学出版社東京株式会社
〒113-0034　東京都文京区湯島2-9-10　石川ビル1階
TEL 03-6803-2978　FAX 03-6803-2928
http://www.sptokyo.co.jp
発売所　株式会社国書刊行会
〒174-0056　東京都板橋区志村1-13-15
TEL 03-5970-7421　FAX 03-5970-7427
http://www.kokusho.co.jp
編　集　塩田敦士
装　丁　真志田桐子
組版・印刷・製本　株式会社三秀舎

ISBN 978-4-336-05969-7　C0015